DROIT SÉNÉGALAIS DE LA PROTECTION SOCIALE

Ouvrages du même auteur :

- *Santé et sécurité au travail en Afrique – Aspects juridiques et pratiques*, Dakar, L'Harmattan, 2019, 332 p.
- *Droit du travail sénégalais*, Dakar, L'Harmattan, 2017, 506 p.
- *Négocier et rédiger au mieux ses contrats dans l'espace OHADA,* Paris, L'Harmattan, 2010, 186 p.
- *Sécurité, hygiène et médecine du travail en Afrique noire francophone,* Paris, L'Harmattan, 2009, 233 p.
- *L'action des syndicats professionnels en Afrique noire francophone,* Paris, L'Harmattan, 2006, 366 p.
- *Une nouvelle vision syndicale : de la mondialisation des économies,* Ouvrage collectif sous la coordination de Francisco MONTEIRO, BIT, ACTRAV, Dakar, 2003, 62 p.

Henri-Joël TAGUM FOMBENO

DROIT SÉNÉGALAIS DE LA PROTECTION SOCIALE

Sénégal
L'Harmattan

10 VDN, Sicap Amitié 3, Lotissement Cité Police, DAKAR

http://www.harmattansenegal.com
diffusion.harmattan@wanadoo.fr
senharmattan@gmail.com

ISBN : 978-2-343-19696-1
EAN : 9782343196961

À mon épouse Chantal,
À mes enfants Laurine et Enzo,

À tous ceux qui œuvrent pour une Afrique meilleure.

AVANT-PROPOS

« *Rien n'est jamais acquis à l'homme, ni sa force ni sa faiblesse.* »

Louis Aragon

Le droit de la protection sociale est au carrefour de plusieurs disciplines. Même s'il est étroitement lié au droit du travail, car l'un et l'autre composent le droit social, ses champs de compétence n'ont cessé de s'élargir. À cet effet, il entretient des rapports avec le droit du travail, le droit des assurances, le droit civil des obligations, le droit pénal et les finances publiques.

Malheureusement, en dépit du rôle important que joue le droit de la protection sociale dans notre société, cette discipline semble ne pas avoir bonne presse. Il est perçu comme une matière complexe, avec des règles souvent très techniques et peu lisibles. Le fait que ses règles soient en constante évolution ne semble pas faciliter les choses.

Rendre le droit de la protection sociale accessible à tous est donc l'objectif de cet ouvrage. Dans une approche pédagogique, l'ouvrage présente les différentes facettes du droit sénégalais de la protection sociale. Il démêle et décrit les règles de la protection sociale. Il fait le tri entre des règles éphémères qui relèvent de la conjoncture et celles qui ont une vocation plus durable. Il intègre les textes législatifs et réglementaires les plus récents, y compris l'importante jurisprudence rendue dans la matière.

L'ouvrage ne se limite pas à l'étude des règles juridiques. Au-delà de l'acquisition des savoirs juridiques et techniques, l'étude aborde les aspects socio-politiques qui entourent la matière, afin de faciliter la compréhension des enjeux de cette branche du droit et de ses dynamiques.

De même, pour rendre son utilisation plus concrète et opérationnelle, l'ouvrage comporte une partie annexe où l'on retrouve le barème des rentes, le barème des taux de cotisations de la branche accidents du travail et maladies professionnelles, le tableau des maladies professionnelles, l'état de ratification des principales conventions internationales de l'OIT relatives à la protection sociale. Un index très complet de plus de 1600 entrées permet de retrouver rapidement les informations sur une question.

Conçu pour un usage pratique et aisé, cet ouvrage s'adresse aux chefs d'entreprise, salariés, fonctionnaires civils et militaires, magistrats et avocats, juristes, personnes vulnérables. Il intéressera aussi tous ceux qui ont besoin de parfaire leurs connaissances dans le domaine de la protection sociale. Nous formons le vœu qu'ils y trouvent les réponses aux interrogations qu'ils se posent quotidiennement.

Henri-Joël TAGUM FOMBENO
Docteur d'État en droit privé
www.tagumjoel.com

LISTE DES ABRÉVIATIONS

Adde	ajouter
Aj.	ajouter
al.	Alinéa
ANSD	Agence Nationale de la Statistique et de la Démographie
Arch. mal. prof.	Archives des maladies professionnelles
Art.	Article
BIT	Bureau International du Travail
C.A.	Cour d'Appel
CDD	Contrat de travail à durée déterminée
CDI	Contrat de travail à durée indéterminée
Cass. ass. plén.	Cour de cassation, assemblée plénière
Cass. ch. Mixte	Cour de cassation, chambre mixte
Cass. civ.	Cour de cassation (chambre civile)
Cass. crim.	Cour de cassation (chambre criminelle)
Cass. soc.	Cour de cassation (chambre sociale)
C. civ.	Code civil
C. pén.	Code pénal
C. séc. soc.	Code de la sécurité sociale
C. supr.	Cour suprême
C. trav.	Code du travail
chron.	chronique
CIT	Conférence Internationale du Travail
COCC	Code des obligations civiles et commerciales
concl.	Conclusion
CSS	Caisse de Sécurité Sociale
D.	Recueil Dalloz
D.-L.	Décret-Loi
Dr. soc.	Droit social
EDJA	Éditions juridiques africaines
EN3S	École nationale supérieure de sécurité sociale
et al.	et autres
FCFA	Franc de la communauté financière de l'Afrique de l'Ouest
Gaz. Pal.	Gazette du Palais
ILO	International Labour Organisation
Infra	plus loin
IPM	Institution de Prévoyance Maladie

IPP	Incapacité Permanente Partielle
IPRAOF	Institut de Prévoyance et de Retraite de l'Afrique Occidentale Française
IPRES	Institution de Prévoyance Retraite du Sénégal
ITT	Incapacité temporaire totale
J-CI. (civil)	Jurisclasseur, Responsabilité civile et assurances
JORS	Journal officiel de la République du Sénégal
JOS	Journal officiel du Sénégal
L.	Loi
L.N.	Legal Notice
Loc. cit.	À l'endroit précité
not.	notamment
Obs.	Observations
OMS	Organisation Mondiale de la Santé
OIT	Organisation Internationale du Travail
Ord.	Ordonnance
op. cit.	dans l'ouvrage précité
p.	page
Penant	Recueil Penant
préc.	précité
Rec.	Recueil
RJS	Revue de jurisprudence sociale
RPDS	Revue pratique de droit social
S.	Sirey
s.	suivant
SMI	Solde mensuelle indiciaire
SMIG	Salaire minimum interprofessionnel garanti
somm.	sommaire
supra	plus haut
t.	tome
T.P.O.M.	Travail et Professions d'Outre-Mer, devenu Droit Africain du Travail depuis 1977
Trib. trav.	Tribunal du travail
V.	voir
Vol.	Volume

INTRODUCTION GÉNÉRALE

1. Le droit à la protection sociale occupe une part importante de notre vie, même s'il n'a pas souvent bonne presse. Ce droit, un peu à l'image du droit fiscal[1], est considéré à tort comme peu lisible avec des réglementations complexes et pas harmonisées. Cette perception est due au fait que le droit de la protection sociale reste une terre inconnue, un champ, aujourd'hui encore, peu défriché par les juristes.

Il figure parmi les matières traitées en parent pauvre dans les curricula officiels d'enseignement du droit. Cela ne facilite pas la découverte et la compréhension de cette branche du droit social[2], pourtant très importante pour le bien-être des salariés, de leurs familles voire de la société toute entière.

2. Au traditionnel droit de la sécurité sociale, a progressivement succédé un droit de la protection sociale, en raison des limites objectives des régimes de sécurité sociale. La protection sociale recouvre une notion plus large que la sécurité sociale.[3] En plus des régimes classiques de sécurité sociale, la protection sociale inclut les interventions sociales directes de l'État, les actions des organismes de droit privé ou public, tels que les mutuelles, les sociétés d'assurances, qui se sont développées en marge du système de sécurité sociale. Au-delà des prestations contributives de la sécurité sociale, la protection sociale permet de venir en aide aux personnes qui sont dans l'indigence, par des prestations non contributives.

3. L'appréhension du droit de la protection sociale, qui est une discipline souvent chargée d'affect, passe par une présentation introductive. Sous ce rapport, définir le droit de la protection sociale (**I**), retracer son évolution historique (**II**) et présenter ses sources (**III**), constituera la trame de cette introduction.

---

[1] Le droit fiscal est la branche du droit qui étudie les principes juridiques relatifs aux impôts, taxes, contributions et cotisations sociales. Il regroupe l'ensemble des normes de droit qui les concernent.

[2] Le droit social recouvre à la fois le droit du travail et le droit de la sécurité sociale. Il régit ainsi les rapports du salarié avec l'employeur et ceux du salarié avec le régime de protection sociale auquel il a le droit.

[3] Jacques BARTHELEMY, « Protection sociale et sécurité sociale – Réflexions à propos du colloque du Conseil d'État « impôts et cotisations : quel financement pour la protection sociale ? » », *Revue Regards – EN3S*, 2014, n° 46, pp. 221-226.

I. LA DÉFINITION DU DROIT DE LA PROTECTION SOCIALE

4. Le droit de la protection sociale est constitué de règles juridiques destinées *à protéger* les personnes physiques contre la survenance et/ou les conséquences d'un ensemble d'événements ou *risques sociaux*. Il permet donc d'organiser la protection sociale (**B**) contre les risques sociaux (**A**).

A. / Le risque social

5. Le risque social est une notion importante en droit de la protection sociale. Il convient de définir cette notion (**1**) avant de présenter les différents types de risques sociaux (**2**).

1. La définition du risque social

6. Le risque social renvoie à deux réalités, suivant les mots qui la composent. La *notion de risque* est empruntée au droit des assurances. Selon le professeur Francis KESSLER, le risque est un événement futur et incertain donc la réalisation ne dépend pas exclusivement de la volonté de l'homme.[4] Lorsqu'il se réalise, il entraîne un préjudice. Parler de risque, c'est accepter que l'existence humaine puisse rencontrer des aléas, c'est-à-dire un évènement futur et incertain qui *impacterait le niveau de vie*, soit parce que les dépenses augmentent, soit parce que les ressources diminuent.

Le *mot social*, quant à lui, serait dérivé du mot latin *socialis*. Il désigne ce qui appartient à la société ou est relatif à celle-ci. Le risque est dit *social* à partir du moment où il est *pris en charge par la collectivité*. Le risque social est donc le risque que courent certaines personnes de subir un événement qui affectera leur *position sociale, financière ou économique*. Il peut provoquer chez celles-ci des dépenses importantes, comme par exemple la maladie ou la naissance d'un enfant, ou entraîner une diminution sensible des revenus habituels, comme la perte d'emploi.

---

[4] Francis KESSLER, *Droit de la protection sociale*, Paris, Dalloz, 3ème édition, 2009, p. 8. – *Pour aller plus loin* : Jean-Pierre CHAUCHARD : – « Les métamorphoses du risque social. Éléments de réflexion », *COMPTRASEC-WPS/2013/2*, mars 2013. – « De la définition du risque social », *Travail et Protection sociale*, 2000, juin, p. 4. Pierre-Yves VERKINDT, « Faut-il repenser la notion de risque social ? », *Travail et Protection sociale*, 2017, juin, p. 107.

7. Le risque social est d'abord individuel avant d'être collectif. Il est individuel parce qu'il pèse sur une personne en particulier. Il est aussi collectif parce qu'il concerne au moins une partie de la population. La couverture collective du risque social pose souvent deux problèmes : l'*aléa moral* et la *sélection adverse* (ou *antisélection*). L'aléa moral signifie qu'un individu assuré peut avoir un comportement plus risqué sachant que le coût éventuel du risque supplémentaire qu'il prend sera pris en charge par la collectivité. La sélection adverse, qui est liée à une asymétrie d'information, engendre une situation où seuls les individus de risque élevé décident de souscrire une police d'assurance.

8. La notion de risque social n'a pas de limites précises et peut se rétrécir selon les politiques et les idéologies prévalant dans les pays.[5] On peut y loger toute sorte d'évènements, heureux ou malheureux, mais coûteux. Ainsi, peuvent être considérés comme des risques sociaux, les *risques physiques* qui impactent la capacité de travail de l'individu (maladie, maternité, etc.), qui entraînent une réduction de la capacité de travail, une perte de salaire. Les *risques sociaux* peuvent aussi être des risques économiques : chômage de courte ou de longue durée.

2. Les différents types de risques sociaux

9. Les risques sociaux auxquels sont confrontés les individus aujourd'hui ne sont pas nécessairement les mêmes que ceux rencontrés il y a un siècle. Si plusieurs facteurs sont à l'origine ou influencent les risques sociaux, il faut également admettre que les nécessités et les besoins des individus évoluent avec le temps.

10. Les risques évoluent avec la société. On distingue les risques sociaux dits « traditionnels » des risques sociaux dits « émergents ». Les risques sociaux traditionnels sont ceux pris en charge depuis longtemps par la protection sociale, donc reconnus par la collectivité. Ce sont : le *risque santé* (maladie, invalidité, maternité, accident du travail et maladie professionnelle), le *risque vieillesse* (retraite, veuvage), le *risque famille* (maternité, enfants), le *risque emploi* (inadaptation professionnelle).

Les risques sociaux émergents sont de nouveaux risques. Ils concernent un nombre de plus en plus important de la population. Ils ne sont pas encore ou pas assez couverts par le système de

---

[5] Joseph ISSA-SAYEGH, *Le droit sénégalais de la sécurité sociale*, Dakar, NEA, 1992, p. 10.

protection sociale. Il en est ainsi de la *pauvreté* qui conduit à l'exclusion sociale, en raison du ralentissement économique et de la dégradation durable du marché du travail. On peut également citer le risque de *dépendance* lié à l'allongement de l'espérance de vie. Dans l'environnement immédiat des risques émergents, encore appelés nouveaux risques, on trouve les jeunes sur le marché du travail, les personnes peu qualifiées, les femmes, les personnes âgées.

11. Sur le plan mondial, l'Organisation internationale du travail (OIT) œuvre pour l'harmonisation des systèmes de protection sociale entre eux, à travers notamment les socles de protection sociale. Les socles de protection sociale sont un ensemble de garanties élémentaires de sécurité sociale définies au niveau national, visant à assurer au minimum à toute personne dans le besoin, tout au long de la vie, l'accès à des soins de santé essentiels et une sécurité élémentaire de revenu qui ensemble garantissent un accès effectif aux biens et services définis comme nécessaires à l'échelle nationale.[6]

12. À travers la *Convention n° 102*, l'OIT définit des seuils de protection sociale pour neuf branches de risques sociaux.[7] Ce sont les risques suivants :

1. la maladie (soins) ;
2. la maladie (indemnités compensant la perte du revenu) ;
3. le chômage ;
4. la vieillesse ;
5. l'accident du travail et la maladie professionnelle ;
6. les charges familiales ;
7. la maternité ;
8. l'invalidité ;
9. le décès.

La couverture de ces neuf risques n'est pas obligatoire pour les États qui ratifient cette Convention. *Seuls trois de ces risques doivent obligatoirement être couverts*, dont au moins un des risques suivants : le risque accident du travail et maladie professionnelle, le risque vieillesse, le risque décès et le risque chômage. Les deux autres risques sont choisis parmi les risques restants sur la liste des neuf risques. Par conséquent, les États peuvent faire leur choix sur la liste privilégiée de la Convention ou

---

[6] OIT, *Socle de protection sociale pour une mondialisation juste et inclusive – Rapport du Groupe consultatif sur le socle de protection sociale*, Genève, Bureau international du Travail, 2011, 130 pp

[7] Convention n° 102 du 4 juin 1952 portant sur la norme minimum de la sécurité sociale. Elle est entrée en vigueur le 27 avril 1955.

choisir un ou deux risques de cette liste et la compléter avec les autres risques figurant sur la liste des neufs.

Conformément aux dispositions de l'article 3 de la Convention n° 102, les États *dont l'économie et les ressources médicales n'ont pas atteint un développement suffisant* peuvent bénéficier des dérogations. Cette souplesse permet de prendre en compte les inégalités de développement entre les États. Le système sénégalais de protection sociale offre une protection sociale contre différents risques sociaux.

B. / La protection sociale

13. La protection sociale renvoie à un ensemble de dispositifs permettant de garantir aux individus un minimum de sécurité économique, lorsqu'ils sont confrontés à certains risques sociaux. Elle constitue l'essence même du droit de la protection sociale ; il convient d'en présenter les techniques (**1**), avant d'aborder son organisation (**2**).

1. Les techniques de protection sociale

14. La protection sociale fait appel à plusieurs principes et techniques pour la couverture des risques sociaux. On peut les regrouper en deux catégories : les techniques relevant de la solidarité (**a**) et les techniques relevant de l'assurance (**b**).

a) Les techniques relevant de la solidarité

15. La solidarité est créée entre des personnes qui ont conscience d'une communauté d'intérêts. Elle est basée sur une obligation morale, légale ou contractuelle, de se venir réciproquement en aide. La solidarité peut s'exercer entre membres d'une catégorie sociale ou professionnelle ou encore entre les citoyens. Elle suppose la réciprocité du financement, chacun y cotisant selon ses moyens et en bénéficiant selon ses besoins. Au moins, trois techniques ont pour fondement le principe de la solidarité : l'entraide familiale (***a.1***), la mutualité (***a.2***) et l'assistance (***a.3***).

a.1 – L'entraide familiale

16. L'*entraide familiale* est la forme la plus ancienne de protection contre les risques.[8] Cette solidarité s'exerce au sein de la famille, du clan ou de la tribu. L'entraide consiste à la prise en charge financière des membres de la famille ou du clan qui ne peuvent plus subvenir à leurs besoins, du fait notamment de l'âge, de la maladie ou de la situation financière.

L'entraide familiale, comme mode de couverture des risques sociaux, présente des limites.[9] Son opérationnalisation dépend de la capacité financière des membres de la famille ou du clan. En outre, du fait de la mondialisation, on assiste de plus en plus en Afrique, à l'éclatement de la famille traditionnelle au profit de la famille nucléaire.

a.2 – La mutualité

17. La *mutualité* est une technique qui permet de diffuser la charge du risque sur les membres du groupe. Elle repose sur la solidarité et le volontariat. Le regroupement se fait sur une base volontaire dans un but d'entraide mutuelle. Chaque membre paie une cotisation, ce qui lui permet de prétendre à une prise en charge en cas de réalisation du risque. Le coût des cotisations s'adapte mieux aux revenus des personnes modestes ; il est moins onéreux car il n'y a pas à rémunérer l'assureur.

18. La mutualité comporte, cependant, des limites. Elle est inadaptée à la prise en charge de certains risques, comme le chômage, dont la prévision est difficile. De même, elle s'adapte difficilement à la couverture des risques importants comme le risque vieillesse ou des risques dépourvus de tout caractère véritablement aléatoire (charges de famille).

La mutualité reprend les principes de l'assurance mais s'en différencie par le mode de calcul de la contribution du mutualiste qui est indépendant du niveau d'exposition au risque. La cotisation peut être forfaitaire ou proportionnelle aux revenus. La

---

[8] Jean François FUNCK, *Droit de la sécurité sociale*, Bruxelles, Éd. Larcier, 2014, p. 14.

[9] Valentine TREPIED, « L'entraide familiale », in *L'entraide familiale : régulations juridiques et sociales*, Françoise LE BORGNE-UGUEN, Muriel REBOURG (dir.), Rennes, *Presses Universitaires*, 328 p. – N. JONAS, « La famille ressource ou handicap ? Les solidarités familiales en faveur des jeunes adultes », *Colloque « Jeunes adultes entre solidarités familiales et solidarités sociales », Caisse d'allocations familiales d'Ille-et-Vilaine* - Janvier 2007.

mutualité est dépourvue de caractère commercial. Il n'y a pas de lien direct entre la cotisation versée et le risque.

a.3 – L'assistance

19. L'*assistance* est fondée sur la charité. C'est une solidarité qui s'exerce à l'égard de personnes indigentes, c'est-à-dire des personnes qui ne peuvent contribuer au financement de la couverture du risque. Elle a des origines assez anciennes, car les institutions religieuses la pratiquaient déjà à travers l'assistance aux personnes démunies pendant les périodes de famine, de crises, de catastrophes naturelles (sécheresse, inondations), etc.

L'assistance fait désormais appel aux formes modernes de la générosité publique et du bénévolat. La couverture du risque n'est pas soumise à une quelconque contrainte d'affiliation ou de versement de cotisations. Il n'y a pas de contrepartie à l'aide apportée. Cependant, cette technique peut être humiliante car il faut exposer sa situation difficile et l'insuffisance de ses ressources pour bénéficier de l'aide. Enfin, la protection ne couvre pas toute la population. En effet, la charité est individuelle, elle repose sur l'amour de son prochain et n'est pas obligatoire.

b) Les techniques relevant de la responsabilité

20. Les techniques relevant de la responsabilité sont au moins au nombre de trois. Ce sont : la responsabilité civile (***b.1***), l'épargne (***b.2***) et l'assurance (***b.3***).

b.1 – La responsabilité civile

21. La *responsabilité civile* permet de faire supporter la réparation d'un dommage à la personne qui a créé le risque ou commis la faute. Ce principe permet de compenser le dommage subi. La *responsabilité civile est une technique d'indemnisation de certains risques.* Sur le plan juridique, la responsabilité de principe de l'employeur s'appuie sur la théorie du risque professionnel. D'après cette théorie, l'employeur doit réparation parce qu'il expose les travailleurs à un risque dans l'exercice d'une activité dont il tire profit.[10] Le système basé sur la responsabilité permet

---

[10] La théorie du risque-profit a été construite par la doctrine de la fin du XIXe siècle. C'est à Raymond SALEILLES que revient le mérite d'avoir érigé cette théorie sur les fonts baptismaux. Louis JOSSERAND rejoignit plus tard son

donc de rendre l'employeur responsable de la prise en charge du travailleur en cas d'accident ou de maladie. Dans ce système, l'employeur est responsable de la mise en place des prestations pour les accidents du travail et les maladies professionnelles.

22. Lorsque certaines conditions sont réunies, la responsabilité civile transfère la charge du risque sur la personne tenue de réparer le dommage. Toutefois, son efficacité suppose la solvabilité de l'auteur du dommage. Elle est en outre peu adaptée au risque qui ne provient pas du fait d'un tiers (maladie, vieillesse, chômage).

b.2 – L'épargne

23. L'*épargne* consiste à constituer un patrimoine utilisable en cas de besoin. L'individu se constitue une réserve financière pour faire face ultérieurement à un risque social. L'épargne est une renonciation à une consommation actuelle pour une consommation future.

L'individu peut confier son épargne aux organismes de prévoyance qui vont la faire fructifier. C'est, notamment, la capitalisation pour les retraites ou pour le décès. Cette partie de revenu peut servir à faire face aux dépenses imprévues (maladie, vieillesse, etc.). L'individu peut utiliser, suivant sa volonté, les sommes épargnées.

24. La technique de l'épargne présente, cependant, de nombreuses limites. L'efficacité de cette technique dépend de la capacité de l'individu à épargner, cela suppose qu'il dispose d'un revenu suffisant. Par conséquent, seules les catégories sociales les plus fortunées peuvent épargner.

En outre, une épargne judicieuse suppose une certaine stabilité monétaire en raison du risque d'inflation monétaire. Ce sacrifice peut donc s'avérer vain si la valeur réelle des sommes épargnées se détériore.

25. En définitive, l'épargne s'analyse comme un effort de prévoyance individuelle. Rigoureusement, il ne constitue pas une véritable technique de garantie, car en cas de réalisation du risque, c'est le patrimoine de l'épargnant qui supportera l'incidence de la couverture.

---

analyse en l'affinant. *Pour en savoir plus* : – Geneviève VINEY, Les obligations, *La responsabilité : Conditions*, tome IV, Traité de droit civil (sous la direction de J. GHESTIN), LGDJ, 1982, p. 65. – Raymond SALEILLES, *Les accidents du travail et la responsabilité civile*, 1897. – Louis JOSSERAND, *De la responsabilité du fait des choses inanimées*, Thèse Paris, 1897.

b.3 – L'assurance

26. L'*assurance* garantit, moyennant le versement d'une prime dépendant du niveau d'exposition au risque, une couverture en cas de réalisation de risques convenus. L'individu cotise ou paie une prime pour pouvoir bénéficier d'une protection qui se matérialise par le versement de prestations en cas de réalisation du risque. Pour bénéficier d'un niveau de prestation élevée il faut payer une prime conséquente, car il existe une corrélation entre le niveau de prestations et celui de la prime, c'est-à-dire des cotisations.

27. Le principe de base de l'assurance consiste à répartir sur la totalité des membres d'un groupe les conséquences financières d'un risque survenu à l'un des membres du groupe. L'assureur conserve un bénéfice dans l'opération, d'où son caractère lucratif. L'assurance constitue la principale technique de prise en charge du risque social. Cependant, elle reste inaccessible aux couches sociales les moins aisées.

28. Les deux dernières techniques, épargne et assurance, peuvent être individuelles ou collectives. En général, les techniques collectives s'exercent dans un cadre professionnel (le risque est alors évalué par le groupe), en souscrivant des contrats collectifs d'entreprises. Elles peuvent aussi être facultatives ou obligatoires.

2. L'organisation de la protection sociale

29. Tout système de protection sociale moderne associe les techniques examinées supra dans des proportions diverses, selon le contrat social, l'idéologie dominante et la perception des risques propre à chaque pays.[11] Pour mieux appréhender la question, il convient de présenter les bénéficiaires du système de protection sociale (**a**), avant de s'appesantir sur l'organisation administrative (**b**) et financière (**c**) de ce système.

a) Les bénéficiaires de la protection

30. Les principaux bénéficiaires du système sénégalais de protection sociale sont les travailleurs salariés des secteurs privé,

---

[11] Didier TABUTEAU, « La nécessaire clarification des logiques de la protection sociale », *Travail et Protection sociale*, 2017, juin, p. 23.

public et parapublic, et les personnes qui sont à leur charge.[12] Les travailleurs indépendants ne sont pas couverts par le régime de sécurité sociale.[13] Toutefois, ils ont la possibilité d'adhérer aux assurances mis en place.

Ce système a donc été conçu, à l'origine, au profit des travailleurs salariés, probablement à cause de leur vulnérabilité physique et économique. Il est destiné à protéger les travailleurs et leurs familles contre les conséquences économiques et sociales que peuvent avoir pour eux, la perte partielle ou totale, temporaire ou définitive de leurs capacités de gains ou de leurs moyens de pourvoir par eux-mêmes à la satisfaction de leurs besoins essentiels.

31. Les fonctionnaires de l'État ne bénéficient pas du même régime de protection sociale que les travailleurs salariés. La protection des fonctionnaires contre les risques sociaux est gérée par des services de l'administration ou des établissements publics.

32. Depuis lors, on observe une extension de la protection sociale vers des personnes qui n'ont pas la qualité de travailleur. Il en est ainsi de l'action sanitaire et sociale mise en place au niveau de l'IPRES en faveur des retraités, de la couverture médicale des élèves et étudiants.

On peut ajouter à cette liste les travailleurs non-salariés qui bénéficient de la protection sociale contre les accidents du travail. Dans cette catégorie, on peut citer :

- les apprentis et détenus exerçant un travail pénal ;
- les membres de sociétés coopératives ouvrières et de production ainsi que les gérants non-salariés de coopératives et leurs préposés ;
- les élèves des établissements d'enseignement technique, des centres d'apprentissage, des centres de formation professionnelle, publics ou privés et des mineurs placés dans les centres de rééducation ;
- les gérants d'une société à responsabilité limitée, lorsque les statuts prévoient qu'ils sont nommés pour une durée limitée, même si leur mandat est renouvelable, et que leurs pouvoirs d'administration sont, pour certains actes, soumis à l'autorisation de l'assemblée générale, à condition

---

[12] Couty FALL, *Etendre l'assurance santé au Sénégal : possibilités à travers les régimes statutaires et les organisations mutualistes, Document n° 9*, Genève, Bureau international du Travail, 2003, p. 4.

[13] Cyril COSME, « Le lien entre travail et protection sociale vu de l'OIT », *Travail et Protection sociale*, 2017, juin, p. 89.

que lesdits gérants ne possèdent pas ensemble plus de la moitié du capital social[14] ;
- les présidents directeurs généraux et directeurs généraux de sociétés anonymes.

b) L'organisation administrative

33. Le régime sénégalais de protection sociale est géré par les organismes qui sont chargés d'exécuter la politique définie par l'État en matière de protection sociale. Ils doivent mettre en œuvre la politique de protection définie par l'État.

34. La protection sociale est un secteur largement dépendant de l'État qui exerce une tutelle sur les différents organismes de ce domaine. Suivant leur statut juridique, on peut regrouper ces organismes en trois grandes catégories :
- les organismes de droit privé chargés d'une mission de service public : la Caisse de Sécurité Sociale (CSS), l'Institution de Prévoyance Retraite du Sénégal (IPRES) et l'Institution de Prévoyance Maladie (IPM) ;
- les services administratifs : la Direction de la Solde, des Pensions et Rentes viagères, le Fonds National de Retraite (FNR) ;
- les établissements publics administratifs ou agences : l'Agence de Couverture Maladie Universelle (la CMU).

35. La Caisse de sécurité sociale gère la branche prestations familiales, le régime de prévention et réparation des accidents du travail et maladies professionnelles, le recouvrement des cotisations. Elle dispose d'agences régionales, de centres de protection maternelle et infantile, de cliniques et de plannings familiaux. Les *agents fonctionnaires de l'État relèvent de la Direction de la Solde pour les prestations familiales.*

36. La gestion des retraites est assurée par l'Institution de prévoyance retraite du Sénégal pour les travailleurs du secteur privé et les agents non fonctionnaires de l'État. Le Fonds National de Retraite (FNR) assure la couverture des agents fonctionnaires civils de l'État et des militaires. L'Institution de prévoyance retraite du Sénégal gère deux régimes : la retraite de base et la retraite complémentaire.

---

[14] Les parts sociales possédées par les ascendants, le conjoint ou les enfants mineurs d'un gérant sont assimilées à celles qu'il possède personnellement dans le calcul de sa part.

37. La gestion de la maladie est confiée à divers organismes. Les Institutions de prévoyance maladie sont chargées de la gestion de la maladie des travailleurs salariés et des agents non fonctionnaires de l'État. Les mutuelles de santé sont, en priorité, compétentes pour les travailleurs indépendants, les assurés volontaires, les travailleurs agricoles, les étudiants, les personnes en situation de pauvreté bénéficiant d'une bourse de sécurité familiale. La gestion de la maladie des pensionnés est assurée par l'Institution de prévoyance retraite du Sénégal.

c) L'organisation financière

38. Les ressources destinées à la protection sociale des travailleurs salariés du secteur privé et des agents non fonctionnaires de l'État proviennent essentiellement des cotisations sociales. Elles sont assises sur la masse salariale et comprennent une part dite « salariale » et une part dite « patronale ». L'assiette des cotisations, c'est-à-dire la base sur laquelle les cotisations sont calculées, est très large. Cette assiette peut être plafonnée. En général, les cotisations sont à charge des employeurs à concurrence des deux tiers, et à la charge des salariés pour un tiers.

Les placements mobiliers et immobiliers, les subventions, les dons et legs représentent une faible part dans le financement de la sécurité sociale. Il s'y ajoute que seuls les organismes disposant d'une réelle autonomie financière peuvent réaliser des placements.

39. Le financement de la protection sociale pour les agents fonctionnaires de l'État est assuré, pour la branche vieillesse, conjointement par l'État en tant qu'employeur et par les agents fonctionnaires.[15] Les prestations familiales et la maladie sont financées par le budget de l'État.

40. Les ressources collectées par les différents organismes de protection sociale permettent de servir les prestations aux assurés sociaux. Les prestations sont de deux types : les prestations en nature et les prestations en espèces.

Les *prestations en nature* sont destinées à compenser une augmentation des dépenses liées au risque social. Elles correspondent, par exemple, aux frais de médecine générale et spécialisée, frais pharmaceutiques et d'appareillage, frais de soins et de prothèse dentaire, frais d'hospitalisation et/ou des sorties ambulatoires, frais d'accouchement, frais d'analyse et d'examens

[15] Voir infra n° 953 et suivants.

de laboratoire, dans des limites préalablement définies. Elles sont servies, soit sous forme de remboursement de frais engagés, soit elles font l'objet d'une dispense d'avance de frais (tiers payant).

Les *prestations en espèces* sont destinées à compenser la perte partielle ou totale de salaire. Il en est ainsi de l'indemnité journalière de congé de maternité allouée à la femme et qui vise à pallier la perte de revenus consécutive à une interruption temporaire de l'activité professionnelle pendant le congé de maternité.

C. / Les caractères du droit de la protection sociale

41. Le droit de la protection sociale a une pluralité de caractères qui marquent son originalité et sa finalité par rapport aux autres banches du droit. C'est un droit fondé sur un rapport d'obligation et de créance (**1**), un droit d'ordre public (**2**), un droit d'application territoriale fondé sur le principe de la non-discrimination en matière de nationalité (**3**), un droit mixte (**4**).

1. Un droit fondé sur un rapport d'obligation et de créance

42. Le droit de la protection sociale est fondé sur un rapport d'obligation et de créance. Cet élément, dont il n'est pas souvent fait mention, est cependant très important et il faut le garder à l'esprit. La conséquence est que, même si la prise en charge des organismes sociaux conditionne de fait l'accès aux soins, il n'en reste pas moins que le droit de la protection sociale ne se confond pas avec le droit à la santé et donc ne concerne pas le statut des personnes.

43. Le rapport d'obligation qui caractérise le droit de la protection sociale se distingue de l'idée d'assistance et de charité qui relève de l'action sociale. En effet, le système de sécurité sociale est un système d'assurance obligatoire et *le lien cotisations - prestations, quoique pas toujours évident, existe toujours.* En conséquence, le droit aux prestations est toujours lié aux cotisations. À cet égard, il faut être à jour de cotisations pour avoir droit aux prestations, en particulier pour le régime des travailleurs indépendants. Par ailleurs, le droit aux prestations est généralement subordonné à des conditions d'immatriculation et de travail.

Pour être complet sur cette question, il faut signaler que l'idée d'un revenu de base, universel et inconditionné, alimente, aujourd'hui, les débats internationaux. Suivant cette idée, la protection sociale est un droit humain fondamental[16] et chaque citoyen a, à ce titre, une créance sur la société. Par conséquent, chaque citoyen doit pouvoir disposer, sans contrepartie, d'un minimum de protection sociale. La mise en œuvre de cette idée se heurte à la question du financement qui est au cœur de la protection sociale. C'est d'ailleurs sa principale limite.

2. Un droit d'ordre public

44. Le droit de la protection sociale, même s'il tire sa source principale des lois et règlements qui sont souvent le fruit des négociations avec les partenaires sociaux, revêt un caractère accentué d'ordre public. À cet effet, les personnes concernées par le droit de la protection sociale (organismes sociaux, assurés) *ne sont pas maîtres de leurs droits et ne peuvent les aménager à leurs convenances.* Les règles de protection sociale s'imposent aussi bien aux usagers du service public (bénéficiaires des prestations, redevables des cotisations, personnel de santé, etc.) qu'aux organismes eux-mêmes.

45. En raison du caractère d'ordre public des règles de la protection sociale, il n'est pas possible d'y déroger ni dans le cadre des conventions collectives de travail, ni par le biais d'un accord bilatéral. Il n'est pas possible de recourir à des conventions dérogatoires. Ce caractère d'ordre public justifie l'existence de sanctions civiles, pénales et administratives, en cas de violation des dispositions de la législation de la protection sociale. À titre d'illustration, les dispositions du Code des Obligations Civiles et Commerciales, notamment l'article 173, permettant au juge civil d'accorder des délais de paiement à un débiteur, ne s'appliquent pas en la matière, sauf dispositions contraires de la loi.

46. Le droit de la protection sociale est aussi un droit de *statut.* En effet, les rapports entre les organismes de protection sociale et leurs usagers ne s'inscrivent pas dans un contrat, mais dans un statut légal et réglementaire. Par conséquent, l'usager est placé, à l'égard de la règle de droit, dans une situation légale et réglementaire, à charge pour l'organisme de faire application des règles de droit en ne recourant pas à des décisions unilatérales. Ce droit procède donc d'une logique statutaire.

---

[16] Marie-Christine VERGIAT, « Le droit à la sécurité sociale », *Hommes & Libertés,* n° 139, juillet - août - septembre 2007, p. 48.

3. Un droit d'application territoriale

47. Le principe de territorialité qui sous-tend le droit de la protection sociale signifie que les lois de protection sociale ne s'appliquent pas hors du territoire national. Donc, toute personne travaillant et résidant au Sénégal est obligatoirement assujettie à un régime sénégalais de protection sociale, quelle que soit sa nationalité. Ce principe de territorialité signifie également que le droit aux prestations sociales est lié à la résidence au Sénégal.

48. En principe, c'est la présence sur le territoire national qui fonde l'assujettissement et le droit aux prestations. Toutefois, le principe de territorialité est consacré par la législation de la sécurité sociale, sous réserve des traités et accords internationaux régulièrement ratifiés ou approuvés.[17]

4. Un droit mixte

49. Le droit de la protection sociale est un droit mixte, car il relève à la fois du droit privé et du droit public. À l'origine, le droit de la protection sociale était essentiellement une branche du droit privé. Il était destiné à régler les rapports entre des personnes privées, c'est-à-dire les employeurs et les salariés.

50. La dimension purement privatiste du droit de la protection sociale a aujourd'hui disparue sous l'influence de plusieurs facteurs juridiques. De plus en plus, on assiste à une intervention accrue de l'État dans les rapports de travail à travers l'administration du travail, particulièrement l'inspection du travail et de la sécurité sociale. Ce droit est donc de plus en plus colonisé par des règles d'ordre public.

Toutefois, en dépit de cet aspect institutionnel plus marqué qui semble rapprocher cette discipline du droit public, il n'en demeure pas moins que *le droit de la protection sociale reste une matière du droit privé*. Il entretient des liens étroits avec le droit du travail dont il est originaire. Ces deux disciplines ont d'ailleurs en commun une fonction protectrice.

---

[17] Voir not. : – Article 33 de la Convention de Vienne du 18 avril 1961 sur les relations diplomatiques (entrée en vigueur le 24 avril 1964, ratifiée par le Sénégal le 12 octobre 1972). – Article 48 de la Convention de Vienne du 24 avril 1963 sur les relations consulaires (entrée en vigueur le 19 mars 1967, ratifiée par le Sénégal le 29 avril 1966).

II. L'ÉVOLUTION HISTORIQUE DU DROIT SÉNÉGALAIS DE PROTECTION SOCIALE

51. Le droit de la protection sociale qui est une branche du droit social a connu une évolution plus ou moins semblable à celle du droit du travail, en raison de l'interdépendance entre ces deux disciplines.[18] Deux périodes sont à considérer dans cette évolution : la période avant l'indépendance (**A**), et celle après l'indépendance (**B**).

A./ La période avant l'indépendance

52. L'évolution du droit sénégalais de la protection sociale avant l'indépendance s'est faite en deux étapes qui peuvent être examinées suivant qu'elles se situent avant (**1**) ou après (**2**) la seconde guerre mondiale.

1. La protection sociale avant la 2e guerre mondiale

53. La protection sociale, en tant que mécanisme faisant appel à la solidarité active des travailleurs pour assurer une couverture contre les risques de l'existence, est un système de création relativement récente. Les premiers régimes d'assurance sociale obligatoire n'apparurent que vers la fin du 19ème siècle.

54. Deux systèmes sont à l'origine du droit de la protection sociale dans le monde.[19] Il s'agit du système de Bismarck et du système de Beveridge. Le modèle Bismarckien, fondé sur la conception du chancelier Bismarck, a pour objectif de garantir aux travailleurs, essentiellement aux salariés, *un maintien de leur revenu*, en tout ou en partie, *en dépit de la réalisation d'un risque ou d'une charge* (maladie, invalidité, grossesse...).[20] Selon le

---

[18] *Pour aller plus loin* : – Jacques BARTHELEMY, « Peut-on dissocier le droit du travail et le droit de la sécurité sociale », *Droit social*, juillet-août 2007, p. 787. – Alain SUPIOT, « L'avenir d'un vieux couple », *Droit social*, 1995, p. 830.

[19] Voir not. : – Chantal EUZEBY, Julien REYSZ et François LEGENDRE, *La dynamique de la protection sociale en Europe : bilan, propositions, perspectives*, Grenoble, PUG, 2011, 112 p. – Bruno PALIER et Giuliano BONOLI, « Entre Bismarck et Beveridge « Crises » de la sécurité sociale et politique(s) », *Revue française de science politique*, 1995, 45-4, pp. 668-699. – OIT, « De Bismarck à Beveridge : la sécurité sociale pour tous », *Magazine Travail 67*, décembre 2009, p. 2.

[20] Ce système qui porte le nom de son auteur, le chancelier allemand Otto von Bismarck (1815-1898), qui est devenu une figure emblématique de la protection sociale, a été mis en œuvre en Allemagne à la fin du XIXe siècle. Il

modèle Beveridgien, qui repose sur les idées de l'économiste Beveridge, la sécurité sociale permet de garantir à chacun un minimum pour vivre.[21] Le premier système renvoie à la *logique assurantielle* et le second à la *logique assistancielle.*

55. En Afrique, les valeurs de prévoyance et de solidarité tirent leur origine de nos traditions qui accordent une place prépondérante à la solidarité et l'entraide entre les différents groupes de la société. Mais, les systèmes de protection sociale ont emprunté des éléments bismarckiens et beveridgiens.

56. Au Sénégal, il est difficile de parler d'un véritable régime de protection sociale avant la seconde guerre mondiale. Le constat vaut, d'ailleurs, pour les autres pays d'Afrique francophone. Avant la seconde guerre mondiale, seule une protection minimale existait en vue de stabiliser la main d'œuvre. Dès le début de la colonisation, l'action sanitaire avait prioritairement pour but de protéger la santé des européens affectés dans les colonies et, dans une moindre mesure, leur personnel auxiliaire africain. C'est par la suite que l'administration coloniale entreprit, dans le cadre de l'Assistance médicale indigène (AMI), la protection sanitaire des populations autochtones.[22] L'AMI avait pour but de procurer aux populations indigènes des soins médicaux gratuits, et des conseils d'hygiène générale. Cet effort sanitaire était concrétisé par la lutte contre les endémies et les épidémies.

57. Dans le même registre, on peut mentionner le décret du 18 septembre 1936 relatif au travail des femmes et des enfants.[23] Le but principal de ce texte était de protéger la femme lors de la gestation, mais surtout de protéger le bébé, et de limiter le travail des enfants. Suivant ce décret, la femme salariée avait le droit de suspendre son contrat de travail, sans indemnité, pendant huit semaines avant et après son accouchement. À travers le décret de

---

a mis en place un système de protection sociale contre les risques maladie (1883), accidents de travail (1884), vieillesse et invalidité (1889). Ce système est basé sur une logique assurantielle, suivant laquelle les prestations sont versées aux individus qui se sont assurés contre le risque.

[21] Le modèle Beveridgien a été mis en œuvre par l'économiste Lord William BEVERIDGE (1879-1963). En 1942, à la demande du gouvernement britannique, il rédige un rapport sur le système d'assurance maladie. Dans ce rapport, il pose les bases théoriques d'une nouvelle doctrine qui constituera une étape fondamentale dans l'histoire de la protection sociale. Ce système est fondé sur une logique assistancielle, suivant laquelle les prestations sont versées aux individus qui en ont besoin.

[22] Arrêté du 8 février 1905 portant création d'un service d'Assistance médicale indigène en AOF.

[23] JORF du 29 septembre 1936 – JOAOF du 29 mai 1937.

1936, l'administration coloniale avait probablement pris conscience de la nécessité de protéger la vie de l'enfant, voire de la mère, lors de la gestation. Cette considération transparaît d'ailleurs dans la Circulaire du 4 novembre 1936 sur le travail des femmes et des enfants en Afrique Occidentale Française.[24]

58. Comme on le constate, avant la seconde guerre mondiale, seules les bases de l'action sanitaire étaient en place. Les contours du risque maladie étaient fixés.

2. La protection sociale après la 2e guerre mondiale

59. Les premières mesures légales de protection sociale en faveur des travailleurs africains remontent à 1949 dans les territoires belges et à 1955-1956 dans les territoires français. Déjà en 1945, on note une première tentative de codification de la protection sociale parallèlement au droit du travail. Ainsi, le code du travail indigène de 1946, jamais promulgué, prévoyait-il la gratuité des soins pour les travailleurs africains.[25]

60. La deuxième tentative de codification est celle du code Moutet de 1946 du nom de son auteur, Marius MOUTET, alors ministre des colonies, dont l'application a été rapportée. Ce code, malheureusement, illustrait la volonté de transposer en Afrique des institutions et valeurs européennes sans tenir compte des particularités africaines, assez souvent opposées aux valeurs européennes.

61. En 1950, avec la loi Lamine GUEYE[26], les fonctionnaires africains ont obtenu une protection sociale comparable à celle dont bénéficiaient les agents métropolitains en matière de sécurité sociale. Mais, il faudra attendre l'adoption du Code du travail des territoires d'Outre-mer de 1952 pour voir se renforcer la sécurité sociale. Ce code met, en effet, fin à la discrimination entre les

---

[24] « Dans certaines tribus la tâche qui leur incombe est parfois lourde. Si les soins ménagers, y compris le pilage du mil, ne peuvent guère compromettre l'heureux aboutissement de la gestation, il n'en va pas de même pour certains rudes travaux des champs et de la ferme. »

[25] Joseph ISSA-SAYEGH, *Le droit sénégalais de la sécurité sociale,* Dakar, NEA, 1992, p. 23.

[26] Loi n° 50-772 du 30 juin 1950 fixant les conditions d'attribution des soldes et indemnités des fonctionnaires civils et militaires relevant du Ministère de la France d'outre-mer, les conditions de recrutement, de mise en congé ou à la retraite de ces mêmes fonctionnaires (JORF du 1er juillet 1950, p. 6989). Cette loi proclame l'égalité de traitements et d'avantages de toutes sortes à tous les fonctionnaires civils et militaires servant Outre-Mer, sans distinction de race, de religion ou de statut.

travailleurs européens et africains. Il consacre notamment le principe des allocations familiales en faveur des travailleurs du secteur privé, garantit le risque maladie.

Le Code du travail des territoires d'Outre-mer sera complété par une série de textes législatifs et réglementaires. Il en est ainsi de l'arrêté n° 70-83/ITLS/S du 5 décembre 1955[27] qui a institué le premier régime de prestations familiales en faveur des travailleurs salariés. Il en est de même du décret n° 57-245 du 27 février 1957[28] relatif aux accidents du travail et maladies professionnelles qui accordait une réparation à toutes les victimes de tels risques.

62. Le 29 décembre 1955, la Caisse de compensation des prestations familiales est portée sur les fonts baptismaux.[29] Cette Caisse est chargée de payer des prestations familiales aux familles des salariés du secteur privé. Le 1er janvier 1959, le régime unique de réparation des accidents du travail et des maladies professionnelles, mis en place par le décret n° 57-245 du 24 février 1957[30], alors géré par les employeurs et les compagnies d'assurances, est confié à cette Caisse qui devient la Caisse de Compensation des Prestations Familiales et des Accidents du Travail du Sénégal.

63. Le 27 mars 1958[31], un accord instituant la couverture du risque vieillesse est signé entre les organisations syndicales patronales et ouvrières. La gestion de ce risque est confiée à l'Institution de Prévoyance et de Retraite de l'Afrique Occidentale française (IPRAOF)[32] qui est une institution privée. C'est sous ce registre que le Sénégal accède à l'indépendance.

---

27 JO du 10 décembre 1955.

28 JORF n° 28 février 1957, p. 3205. Ce décret a par la suite été modifié par le décret n° 57-829 du 23 juillet 1957, JOAOF 1957, p. 1539.

29 Voir l'Arrêté n° 76-32 du 29 décembre 1955 portant organisation et fonctionnement Caisse de compensation des prestations familiales. La Caisse de compensation a pour missions : les allocations au foyer du travailleur, l'aide à la mère et aux nourrissons sous forme d'allocations prénatales et de maternité, les prestations en nature, les allocations familiales, les indemnités journalières de maternité en faveur de la femme salariée.

30 Décret n°57-245 du 24 février 1957 relatif à la réparation et la prévention des accidents du travail et des maladies professionnelles dans les TOM.

31 JOAOF du 29 avril 1958.

32 Cette institution recouvrait les 8 territoires composant l'Afrique Occidentale Française (AOF) : Sénégal, Côte-d'Ivoire, Guinée (Conakry), Mali, Mauritanie, Niger, Dahomey (actuel Bénin), Haute-Volta (actuel Burkina Faso). L'article 3 des Statuts de l'IPRAOF stipule que cette institution a pour objet l'organisation d'un régime général de retraite unique (conventionnel) pour l'ensemble des

B./ La période après l'indépendance

64. La période postcoloniale inaugure une nouvelle ère dans l'histoire du droit sénégalais de la protection sociale. Cette période débute avec la mise en place d'un système national de protection sociale fortement hétéroclite (**1**). Ce droit, en raison de la crise, a pris de nouvelles orientations (**2**).

1. L'essor d'un système de protection sociale hétéroclite

65. Au lendemain de l'indépendance, on note une éclosion de textes en matière de protection sociale. Plusieurs institutions sont créées en vue de la gestion de divers risques sociaux existants ou nouveaux. On assiste au regroupement de certains risques (**a**), à la création d'un régime national de retraite (**b**) et à l'avènement des institutions de prévoyance maladie (**c**).

a) Le regroupement de deux branches de risques

66. Le législateur va regrouper deux branches de risques (prestations familiales, accidents du travail et maladies professionnelles) et confier sa gestion à un organisme unique. La Caisse de Sécurité Sociale, telle qu'elle existe aujourd'hui, est donc le fruit d'une longue maturation historique. Sa construction s'est faite pièce par pièce.

67. Dès son accession à l'indépendance, le Sénégal a décidé de se doter d'un régime de couverture sociale générale, diversifiée et efficace. Avec l'entrée en vigueur de la loi n° 66-27 du 2 mai 1966[33], la *Caisse de compensation des prestations familiales et des accidents du travail du Sénégal* est transformée en établissement public à caractère industriel et commercial. Par la même occasion, elle change de dénomination et devient la *Caisse de sécurité sociale*

---

travailleurs relevant du Code du travail national en vigueur dans chaque pays où le régime de l'IPRAOF est appliqué.

[33] La loi n° 66-27 du 12 mai 1966 relative aux établissements, aux sociétés d'économie mixte et aux personnes morales de droit privé bénéficiant du concours financier de la puissance publique ; Décret n° 66-353 du 12 mai 1966 relatif à la tutelle et au contrôle des établissements publics. L'objectif de cette loi et son décret d'application était de parvenir à une harmonisation des règles de tutelle et de contrôle des établissements publics. Cette loi a été remplacée par la loi n° 72-48 du 12 juin 1972 avant d'être elle-même modifiée par la loi n° 77-89 du 10 août 1977.

du Sénégal. Mais, il faudra attendre la loi n° 73-37 portant Code de sécurité sociale et le décret n° 81-846 du 29 août 1981 portant sur l'organisation et les règles de fonctionnement de la sécurité sociale pour voir officialiser ce statut[34].

68. En 1991, par la loi n° 91-33 du 26 juin 1991[35], la Caisse de sécurité sociale change de statut. Elle devient une institution de prévoyance sociale, organisme de droit privé chargé d'une mission de service public.

b) La création d'un régime national de retraite

69. L'accession à l'indépendance des États de l'ancienne Afrique Occidentale Française a rendu inopérantes les dispositions des articles 15, 17 et 24 de la loi n° 52-1322 du 15 décembre 1952, en ce qu'elles étaient susceptibles de créer des liens entre syndicats des territoires différents. L'IPRAOF a donc perdu sa base juridique. Elle n'a subsisté que du fait de l'accord tacite ou exprès des États qui n'avaient pas encore créé un régime de retraite indépendant sur leur propre territoire.

À cet effet, l'indépendance des États membres de l'IPRAOF n'a pas, immédiatement, entraîné le retrait de ceux-ci du régime de retraite. C'est ainsi que l'Association pour la Gestion des régimes collectifs de Retraite d'Outre-Mer (AGROM) a pu faire fonctionner ce régime fédéral et conventionnel jusqu'en 1969, date à laquelle la convention de gestion, liant l'AGROM et l'IPRAOF fut dénoncée.

70. Au fur et à mesure que les États mettaient en place des régimes de retraite nationaux, ils se retiraient de l'IPRAOF. Consécutivement à ces retraits, la loi n° 75-50 du 3 avril 1975 relative aux institutions de prévoyance sociale[36] et, plus précisément son décret d'application n° 75-455 du 24 avril 1975[37], instituèrent pour le Sénégal, à compter du 1er janvier 1976, un régime de retraite unique dont l'affiliation est obligatoire pour tous les employeurs et pour tous les travailleurs relevant du droit privé du travail. L'arrêté ministériel n° 3043 du 9 mars 1978 confie la gestion de ce régime à l'IPRES qui remplaçait donc l'IPRAOF.[38]

---

[34] JORS, 26 septembre 1981, pp. 895-898.

[35] Loi n° 91-33 relative à la transformation de la Caisse de sécurité sociale en Institution de prévoyance sociale et modifiant la loi n° 73-37 du 31 juillet 1973 portant Code de la sécurité sociale, JORS 1991, p. 16.

[36] JORS du 28 avril 1975.

[37] JORS du 17 mai 1975.

[38] Arrêté n° 3043 du 09 mars 1978 portant autorisation d'une Institution de Prévoyance Retraite.

71. La retraite des employés de maison est intégrée, depuis 1976, au régime général, mais sa comptabilité est séparée de celle du régime de base (Cf. art. 39 du Règlement n° 1 de l'IPRES). Entre temps, en vue de répondre aux aspirations des cadres qui percevaient des salaires supérieurs aux plafonds de salaire soumis à cotisation, il leur fut créé, en 1973, un régime complémentaire.

c) L'avènement des institutions de prévoyance maladie

72. Les Institutions de Prévoyance Maladie (IPM) ont pour base le décret n° 75-895 du 14 août 1975[39], remplacé par le décret n° 2012-832 du 7 août 2012[40] portant organisation et fonctionnement des institutions de prévoyance maladie d'entreprise ou interentreprises, qui rend obligatoire la création des IPM. Ce texte a été pris dans le cadre de la loi-cadre n° 75-50 du 3 avril 1975, relative aux institutions de prévoyance sociale.

73. Comme on le constate, cette évolution a abouti à un système sénégalais de protection sociale fortement hétéroclite avec une couverture insuffisante et inégalitaire des risques sociaux. C'est ce qui explique, sans nul doute, les nouvelles orientations prises par ce droit.

2. Les orientations contemporaines du droit sénégalais de la protection sociale

74. Les défis auxquels est confronté le système sénégalais de la protection sociale (**a**) expliquent les nouvelles orientations prises par ce droit. La tendance est aujourd'hui à la généralisation de la protection sociale (**b**), à l'amélioration de la couverture sociale (**c**) et à la rationalisation du système de protection sociale (**d**).

a) Les défis du système sénégalais de protection sociale

75. Le système sénégalais de protection sociale tel qu'hérité de la colonisation a été conçu et mis en place exclusivement au profit des travailleurs salariés et de leurs familles. Par conséquent, il se prête difficilement à l'extension à un plus grand nombre de bénéficiaires. Or, le secteur informel prend de plus en plus une

---

[39] JORS n° 4447 du 27 septembre 1975, p. 1360.

[40] Décret n° 2012-832 du 7 août 2012 portant organisation et fonctionnement des Institutions de prévoyance maladie d'entreprise ou interentreprises, abrogeant et remplaçant le décret n° 75-895 du 14 août 1975.

place importante dans l'économie. Ce qui fait qu'une majorité de sénégalais est sans couverture sociale. Par ailleurs, le régime sénégalais de la protection sociale n'assure pas le chômage.

76. Les défis actuels du système sénégalais de protection sociale sont énormes et suscitent beaucoup de débats et interrogations. Ils sont entre autres l'extension de la couverture des soins de santé à travers l'assurance maladie obligatoire, l'équilibre budgétaire des régimes de retraite et la bonne gouvernance du système dans son ensemble. Il faut également ajouter à ce registre la problématique de la fusion de la Caisse de sécurité sociale et de l'IPRES.

77. Sous un autre angle, le système de protection sociale connaît une crise de financement et d'efficacité. Les dépenses de santé et de retraite ne font qu'augmenter du fait, notamment, du vieillissement de la population. En dépit des dépenses de plus en plus importantes, on assiste, dans un contexte marqué par la récession économique dans le monde, à l'accentuation des inégalités, des exclusions et à l'aggravation de la pauvreté.

b) La généralisation de la protection sociale

78. La généralisation consiste à étendre le système de la sécurité sociale à toutes les catégories socioprofessionnelles, et spécialement aux catégories indépendantes, tout comme à la population interstitielle. Des initiatives ont été prises afin de permettre au pays de se doter de structures sociales fonctionnelles et d'instaurer un régime de prévoyance sociale pour les travailleurs du privé, les fonctionnaires et certains groupes sociaux. Cependant, le taux de couverture reste faible.[41] Il est donc temps de découpler salariat et protection sociale. Le salariat ne doit plus être considéré comme le critère décisif pour bénéficier des prestations sociales servies dans le cadre du régime de couverture sociale.

79. Pour l'instant, la généralisation concerne surtout le risque maladie, avec le lancement en septembre 2013, du programme national de Couverture Maladie Universelle (CMU). Ce programme devrait, à travers la mutualisation du risque maladie, permettre à toutes les personnes résidant au Sénégal de bénéficier d'une couverture maladie de base.

---

[41] Eveline BAUMANN, « Protections sociales en Afrique subsaharienne : le cas du Sénégal », Note n° 56 - *Fondation Jean-Jaurès*, 9 juin 2010, p. 4.

80. Afin d'optimiser le dispositif organisationnel de gestion de ce programme, une Agence chargée de la mise en œuvre de la stratégie nationale en matière de développement de la Couverture Maladie Universelle a été créée le 7 janvier 2015.[42] L'agence est une personne morale de droit public dotée d'une autonomie financière. Elle est placée sous la tutelle technique du Ministre chargé de la santé et la tutelle financière du Ministre chargé des finances.

81. La CMU a pour mission d'assurer la mise en œuvre de la stratégie nationale de développement de la couverture maladie universelle. Elle assure la tutelle des régimes de la couverture maladie universelle, à l'exclusion de ceux relevant de l'assurance maladie obligatoire des travailleurs salariés, et a en charge l'encadrement technique des organismes de prévoyance qui les constituent.

82. La CMU assure la promotion des mutuelles de santé et autres mutuelles sociales dans le cadre de l'extension de la couverture du risque maladie au secteur informel et au monde rural. Elle participe à la définition et à la mise en œuvre des politiques d'extension de la couverture du risque maladie destinées aux personnes indigentes et aux groupes vulnérables. Elle assure la promotion du financement de la politique de couverture maladie universelle en collaboration avec les acteurs concernés.

c) L'amélioration de la couverture sociale

83. L'amélioration de la couverture sociale peut être appréhendée sous un double prisme : celui de l'élargissement de la population des bénéficiaires et celui de l'accroissement des prestations offertes par les organismes de couverture des risques. C'est sur ce dernier aspect qu'on peut noter une certaine évolution, en dépit du contexte socio-économique pas très favorable.

84. L'amélioration de la protection sociale s'est matérialisée par la consolidation de la couverture sociale. Ces dernières années, on a noté une amélioration des prestations existantes, notamment par l'accroissement du montant des prestations. Il en est ainsi, par exemple, de la revalorisation des allocations

---

[42] Décret n° 2015-21 du 7 janvier 2015, portant création et fixant les règles d'organisation et de fonctionnement de l'Agence de Couverture Maladie Universelle (la CMU).

familiales, des rentes d'accidents du travail et de maladies professionnelles ou des pensions de retraite. On peut également signaler la création de nouvelles prestations, par exemple par l'IPRES au bénéfice des personnes âgées.

d) La rationalisation du système de protection sociale

85. Depuis plusieurs années, la question de la rationalisation du système sénégalais de sécurité sociale fait partie des débats publics. La problématique de la fusion entre la Caisse de sécurité sociale et l'IPRES est sans cesse agitée.

Des réflexions et des études ont été lancées sur cette problématique de fusion. L'objectif est d'aboutir à une mutualisation des prestations entre la CSS et l'IPRES, afin de faire des économies d'échelles et, surtout, améliorer la gouvernance des institutions de prévoyance sociale.

86. Si l'on conçoit la rationalisation comme une mise en ordre d'un ensemble, d'un dispositif peu cohérent, elle ne saurait être contestée ni comme objectif ni comme processus. Cependant, si la rationalisation doit se réduire au rationnement, c'est-à-dire à une réduction rigoureuse des dépenses de protection sociale, elle peut rencontrer des difficultés, ce qui peut expliquer la méfiance de certains partenaires sociaux[43].

III. LES SOURCES DU DROIT DE LA PROTECTION SOCIALE

87. Le droit de la protection sociale s'abreuve d'un ensemble de sources relevant du droit international et du droit interne. Ces sources sont nombreuses, diversifiées et en constante évolution. On en distingue deux grandes catégories : les sources internationales (**A**) et les sources nationales (**B**).

A./ Les sources internationales

88. Les sources internationales forment un véritable droit international de la protection sociale.[44] Si certains textes posent

[43] Dans son rapport d'activités publié le samedi 16 novembre 2012, la Confédération nationale des travailleurs du Sénégal (CNTS) avait fait part de son désaccord avec le projet de fusion de la CSS avec l'IPRES.
[44] Pour rappel, les traités et accords internationaux n'ont d'effet dans l'ordre étatique interne que s'ils sont régulièrement ratifiés ou approuvés et publiés.

les principes de la protection sociale (**1**), d'autres ont pour but de coordonner les règles de protection sociale entre les pays (**2**).

1. Les textes internationaux de principe

89. Les textes internationaux touchant à la protection sociale sont variés avec des objectifs divers. Certains de ces textes ont une valeur déclarative (**a**) alors que d'autres sont de véritables traités imposant des obligations pour les États qui les ratifient (**b**).

a) Les instruments déclaratifs

90. Dans la galaxie des normes internationales qui traitent de la protection sociale, certaines ont une valeur purement déclaratoire. Dans ce registre, on peut classer la Déclaration universelle des droits de l'homme adoptée le 10 décembre 1948 (***a.1***), des accords de l'Organisation des Nations Unies (ONU) sur les droits de l'homme (***a.2***) et la Charte Africaine des droits de l'homme et des peuples (***a.3***).

a.1 – La Déclaration universelle des droits de l'homme

91. L'article 22 de la Déclaration universelle des droits de l'homme dispose : « *Toute personne, en tant que membre de la société, a droit à la sécurité sociale ; elle est fondée à obtenir la satisfaction des droits économiques, sociaux et culturels indispensables à sa dignité et au libre développement de sa personnalité, grâce à l'effort national et à la coopération internationale, compte tenu de l'organisation et des ressources de chaque pays.* » Cet article fait donc du droit à la sécurité sociale un droit universel, c'est-à-dire un droit reconnu à tout être humain, quelle que soit sa situation.

92. Suivant l'article 25 de la même Déclaration, toute personne a droit à un niveau de vie suffisant pour assurer sa santé, son bien-être et ceux de sa famille, notamment pour l'alimentation, l'habillement, le logement, les soins médicaux ainsi que pour les services sociaux nécessaires. *Tout individu a droit à*

Cf. articles 77 et 79 de la Constitution. C.S. Sénégal, 23 avril 1980, n° 15, Bulletin des arrêts de la Cour suprême du Sénégal : « attendu que l'État du Sénégal est signataire de la Convention n° 111 de l'OIT concernant la discrimination en matière d'emploi et de profession, adoptée le 25 mai 1961, convention ratifiée et publiée au Journal Officiel de la République du Sénégal du 3 août 1968, ce qui confère à ces dispositions un caractère de loi nationale sénégalaise... »

la sécurité en cas de chômage, de maladie, d'invalidité, de veuvage, de vieillesse ou dans les autres cas de perte de ses moyens de subsistance par suite de circonstances indépendantes de sa volonté. La maternité et l'enfance ont droit à une aide et à une assistance spéciale. Tous les enfants, qu'ils soient nés dans le mariage ou hors mariage, jouissent de la même protection sociale.

Cette disposition doit permettre à tout individu, quels que soient les aléas de la vie, d'avoir des droits qui lui permettent de demeurer dans une situation décente. Elle a le mérite de considérer les besoins élémentaires de tout être humain dans leur globalité, y compris la sécurité sociale.

93. À la suite de l'adoption de la Déclaration universelle des droits de l'homme, l'ONU s'est employée à convertir les principes contenus dans la Déclaration en traités internationaux protégeant des droits précis. C'est ainsi que deux Pactes ont été rédigés. Ces Pactes consacrent deux types de droits énoncés dans la Déclaration universelle des droits de l'homme. Ce sont, d'une part, les droits civils et politiques et, d'autre part, les droits économiques, sociaux et culturels.

94. Le Pacte international relatif aux droits économiques, sociaux et culturels, dit Pacte I, reconnaît à son article 9 « le droit de toute personne à la sécurité sociale, y compris aux assurances sociales. » Suivant les dispositions de l'article 10 alinéa 2 de ce Pacte, une protection spéciale doit être accordée aux mères pendant une période de temps raisonnable avant et après la naissance des enfants. Les mères salariées doivent bénéficier, pendant cette même période, d'un congé payé ou d'un congé accompagné de prestations de sécurité sociale adéquates.

a.2 – Les conventions internationales en matière de droits humains

95. De nombreuses conventions internationales en matière de droits humains traitent également de la protection sociale. En général, elles se sont inspirées de la Déclaration universelle des droits de l'homme pour insérer dans leur corpus un volet sur la protection sociale. Parmi ces conventions, on peut citer :

- La *Convention internationale sur l'élimination de toutes les formes de discrimination raciale*[45] : l'article 5 de cette

[45] Adoptée par l'Assemblée générale de l'ONU le 21 décembre 1965 et entrée en vigueur le 4 janvier 1969 (signée par le Sénégal le 22 juin 1968, ratifiée le 19 avril 1972). Elle regroupe 182 États parties (état au 6 janvier 2020).

convention interdit toute discrimination dans le domaine, entre autres, « des droits économiques, sociaux et culturels, notamment droit à la santé, aux soins médicaux, *à la sécurité sociale et aux services sociaux.* »

- La *Convention sur l'élimination de toutes les formes de discrimination à l'égard des femmes*[46] : suivant l'article 11 de cette Convention, les États parties se sont engagés « à prendre toutes les mesures appropriées pour éliminer la discrimination à l'égard des femmes dans le domaine de l'emploi, afin d'assurer, sur la base de l'égalité de l'homme et de la femme, les mêmes droits, et en particulier *(...) le droit à la sécurité sociale, notamment aux prestations de retraite, de chômage, de maladie, d'invalidité et de vieillesse ou pour toute autre perte de capacité de travail, ainsi que le droit à des congés payés.* »
- La *Convention relative aux droits de l'enfant*[47] : l'article 26 reconnaît « *à tout enfant le droit de bénéficier de la sécurité sociale, y compris les assurances sociales.* »
- La *Convention internationale sur la protection des droits de tous les travailleurs migrants et des membres de leur famille*[48] : l'article 27 prescrit « l'égalité de traitement avec les nationaux dans la mesure où ils remplissent les conditions requises par la législation applicable dans cet État et les traités bilatéraux ou multilatéraux applicables. »
- La *Convention relative aux droits des personnes handicapées*[49] : l'article 28 de cette Convention consacre un *niveau de vie adéquat et la protection sociale aux personnes handicapées et à leur famille.*

---

[46] Adoptée par l'Assemblée générale de l'ONU le 18 septembre 1979 et entrée en vigueur le 3 septembre 1981 (signée par le Sénégal le 29 juin 1980, ratifiée le 5 févr. 1985). Elle regroupe 189 États parties (état au 6 janvier 2020).

[47] Adoptée par l'Assemblée générale de l'ONU le 20 novembre 1989 et entrée en vigueur le 2 septembre 1990 (signée par le Sénégal le 26 janvier 1990, ratifiée le 31 juillet 1990). Elle regroupe 196 États parties (état au 6 janvier 2020).

[48] Adoptée par l'Assemblée générale de l'ONU le 18 décembre 1990 et entrée en vigueur le 1er juillet 2003 (adhésion du Sénégal le 9 juin 1999). Elle regroupe 55 États parties (état au 6 janvier 2020).

[49] Adoptée par l'Assemblée générale de l'ONU le 13 décembre 2006 et entrée en vigueur le 3 mai 2008 (signée par le Sénégal le 25 avril 2007, ratifiée le 7 septembre 2010). Elle regroupe 181 États parties (état au 6 janvier 2020).

a.3 – La Charte Africaine des droits de l'homme et des peuples

96. Sur le plan communautaire, on peut citer la *Charte Africaine des droits de l'homme et des peuples*[50]. Cette convention ne fait pas expressément mention du droit de la sécurité sociale. Toutefois, elle prescrit aux États parties de :

- « *protéger la santé de leurs populations et de leur assurer l'assistance médicale en cas de maladie* » (art. 16.2) ;
- « assurer la protection des droits de la femme et de l'enfant » et de prendre « *des mesures spécifiques de protection* » en rapport avec les besoins physiques ou moraux des personnes âgées ou handicapées (art. 18).

L'article 13.f du *Protocole à la Charte africaine des droits de l'homme et des peuples relatif aux droits des femmes en Afrique*[51], engage les États parties à « créer un système de protection et d'assurance sociale en faveur des femmes travaillant dans le secteur informel et les sensibiliser pour qu'elles y adhèrent. »

97. En dépit de leur caractère solennel, ces différentes sources, comme le relève le professeur LABORDE[52], se limitent à émettre des recommandations ou des déclarations. Elles n'ont aucune force contraignante, hormis l'obligation morale pour les États signataires de respecter lesdits textes. Toutefois, elles ont servi de guide au développement des normes de l'Organisation internationale du travail (OIT).

b) Les instruments à portée normative

98. L'Organisation Internationale du Travail, dont le siège est à Genève, joue un rôle important dans l'édiction de normes en matière de protection sociale. Cette institution a été créée en 1919 par le Traité de Versailles, au lendemain de la première guerre mondiale, avant même l'élaboration d'un droit social digne de ce

---

[50] Adoptée à Nairobi par la Conférence des Chefs d'État et de Gouvernement de l'OUA le 1er juin 1981 et entrée en vigueur le 21 octobre 1986 (signée par le Sénégal le 23 septembre 1981, ratifiée le 13 août 1982). Elle est ratifiée par 54 États (état au 6 janvier 2020).

[51] Adopté à Maputo (Mozambique) par la Conférence des Chefs d'État et de Gouvernement de l'OUA le 11 juillet 2003 et entré en vigueur le 25 novembre 2005 (signée par le Sénégal le 26 décembre 2003, ratifiée le 27 décembre 2004). Elle est ratifiée par 42 États (état au 16 octobre 2019).

[52] Jean-Pierre LABORDE, *Droit de la Sécurité Sociale*, PUF, 2005, p. 209.

nom.[53] Elle a été créée dans le but de « *poursuivre une vision basée sur le principe qu'il ne saurait y avoir une paix universelle et durable sans un traitement décent des travailleurs* ».[54]

99. La protection sociale est l'une des raisons d'être de l'OIT, dans la mesure où elle est devenue au fil des temps, un de ses principaux objectifs. Au lendemain de la seconde guerre mondiale, précisément lors de la 26e Conférence internationale du travail, on a vu apparaître la notion de sécurité sociale universelle. La Déclaration de Philadelphie de 1944, sur les buts et objectifs de l'OIT, prône solennellement le développement de la sécurité sociale et son extension aux plus démunis dans le monde. La sécurité sociale n'est donc plus limitée au seul monde du travail. C'est désormais un droit universel, autonome, indépendant des conditions de travail qui rentraient déjà dans la mission de l'OIT.

100. En 1944, deux Recommandations importantes dans lesquelles on retrouve l'objectif d'universalité de la sécurité sociale ont été adoptées.[55] Il s'agit de la *Recommandation n° 67* sur la garantie des moyens d'existence et de la *Recommandation n° 69* sur les soins médicaux.

La Recommandation n° 67 de l'OIT sur la garantie des moyens d'existence établit des Principes directeurs à l'intention des États, appelés à instaurer une « assurance sociale obligatoire » qui couvrirait les domaines suivants : maladie, maternité, invalidité, vieillesse, décès du soutien de famille, chômage, dépenses exceptionnelles, lésions (blessures ou maladies) résultant de l'emploi (art. 7). La Recommandation n° 69 de l'OIT sur les soins médicaux vise à universaliser les soins médicaux pour tout un chacun. Suivant l'article 8 de cette Recommandation, « Le service de soins médicaux devrait englober tous les membres de la communauté, qu'ils exercent ou non une occupation lucrative. »

---

[53] L'OIT a survécu à la disparition de la Société des Nations (SDN) pour devenir, en 1946, une institution spécialisée des Nations Unies (NU). Sa mission est de rassembler gouvernements, employeurs et travailleurs de ses États membres dans le cadre d'une institution tripartite, en vue d'une action commune pour promouvoir les droits au travail, encourager la création d'emplois décents, développer la protection sociale et renforcer le dialogue social dans le domaine du travail.

[54] Henri Joël TAGUM FOMBENO, *Droit du travail sénégalais*, Dakar, Éd. l'Harmattan, 2017, p. 37.

[55] 12 mai 1944 lors de la 26e Conférence internationale du travail.

101. En 1952, l'OIT adopta la *Convention n° 102 de l'OIT concernant la sécurité sociale (norme minimum).*[56] Cette convention, qui est sans nul doute la plus importante, fixe les critères minimums pour les régimes de sécurité sociale : maladie, vieillesse, chômage, accidents de travail et maladies professionnelles, invalidité, maternité et prestations aux familles et aux survivants.

La *Recommandation n° 202 de 2012* sur les socles de protection sociale précise les garanties élémentaires de sécurité sociale. Elle donne une orientation aux États membres pour définir des systèmes de sécurité sociale complets et étendre la couverture de la sécurité sociale en donnant la priorité à l'établissement de socles nationaux de protection sociale accessibles à toutes les personnes dans le besoin.

102. D'autres conventions traitent du thème de la protection sociale. Ce sont des conventions particulières qui viennent compléter la Convention n° 102. Elles concernent souvent une branche spécifique de la sécurité sociale. Il en est ainsi des conventions sur les indemnités de chômage, sur la protection de la maternité au travail, les assurances vieillesse, les assurances invalidité et les assurances décès.[57] L'abondance des conventions témoigne de l'activité de l'OIT dans ce domaine.

2. Les instruments de coordination

103. En raison de la disparité des systèmes de protection sociale, plusieurs instruments ont été adoptés par les États en vue de faciliter l'harmonisation des différents systèmes, la coordination des régimes et la coopération entre les institutions. Sous ce registre, on peut classer les accords multilatéraux (**a**) et les accords bilatéraux (**b**) de sécurité sociale.

---

[56] Adoptée le 28 juin 1952 et entrée en vigueur le 27 avril 1955 (ratifiée par le Sénégal le 22 octobre 1962). Cette convention est aujourd'hui ratifiée par 58 États et aucune dénonciation n'a été enregistrée (état au 6 janvier 2020).

[57] Voir not. : – Convention (n° 130) concernant les soins médicaux et les indemnités de maladie, 1969. – Convention (n° 168) sur la promotion de l'emploi et la protection contre le chômage, 1988. – Convention (n° 128) concernant les prestations d'invalidité, de vieillesse et de survivants, 1967. – Convention (n° 121) sur les prestations en cas d'accidents du travail, 1964. – Convention (n° 183) sur la protection de la maternité, 2000. – Convention (n° 118) sur l'égalité de traitement (sécurité sociale), 1962. – Convention (n° 157) sur la conservation des droits en matière de sécurité sociale, 1982.

a) Les conventions multilatérales de sécurité sociale

104. Les conventions multilatérales engagent plusieurs parties contractantes à la fois. En raison de leur caractère multilatéral, elles sont généralement initiées par des organisations internationales constituées d'un grand nombre d'États, dont le Sénégal.

105. Le rêve panafricain s'est modelé par des dynamiques d'intégration régionale actives sur le continent. Il a conduit à la création des organisations régionales et sous-régionales dont les relations ont été établies par des accords multilatéraux. Certains de ces accords contiennent des dispositions relatives au droit du travail. De même, le développement d'organismes d'intégration régionale et sous-régionale facilite l'élaboration du droit communautaire, avec une place faite aux questions sociales.

106. Ce regain d'intérêt vers le régionalisme se caractérise par le nombre de plus en plus accru d'accords multilatéraux conclus sous l'égide d'organismes régionaux et sous-régionaux. Au titre des accords régionaux, on peut citer la convention générale de sécurité sociale de l'OCAM[58], signée à Cotonou le 14 avril 1982. L'OCAM a également donné naissance à une convention générale en matière de sécurité sociale signée à Fort-Lamy (devenue N'Djamena) le 29 janvier 1971 entre les pays francophones.[59]

107. Sur le plan régional, des accords multilatéraux ont été signés. Il en est ainsi du Traité instituant une *Conférence Interafricaine de la Prévoyance Sociale* (CIPRES)[60], signé à Abidjan

---

[58] L'Organisation Commune Africaine et Mauricienne (OCAM) a été créée dans le but de renforcer la coopération et la solidarité entre les États africains et malgache, afin d'accélérer leur développement dans les domaines politique, économique, social, technique, et culturel. Suivant l'article 3 de sa charte, l'Organisation s'efforce d'harmoniser l'action de ses membres dans les domaines économique, social, technique et culturel, de coordonner leurs programmes de développement et de faciliter entre eux dans le respect de la souveraineté et des options fondamentales de chaque État membre, des consultations en matière de politique extérieure.

[59] Voir la loi n° 72-91 du 29 novembre 1972 (JORS n° 4264 du 2 décembre 1972, p. 2009) autorisant la ratification de cette convention. *Adde*, Joseph ISSA-SAYEGH, et Otto KAUFMANN, « Les conventions interafricaines de la sécurité sociale dans les pays francophones du nord du Sahara (OCAM et CEPGL) », Penant 1986.

[60] La CIPRES compte actuellement seize (16) États membres : Bénin, Burkina Faso, Cameroun, Centrafrique, Congo, Côte d'Ivoire, Gabon, Guinée Équatoriale, Madagascar, Mali, Niger, République Démocratique du Congo, Sénégal, Tchad, Togo et Union des Comores.

le 21 septembre 1993. Ce Traité a été révisé à Genève le 6 juin 2014. La CIPRES a, notamment pour objectifs de :

- fixer des règles communes de gestion des organismes et régimes de prévoyance sociale et en assurer le contrôle ;
- harmoniser les dispositions législatives et réglementaires applicables aux organismes et aux régimes de prévoyance sociale ;
- assurer une politique de formation initiale et permanente des cadres et techniciens.

b) Les conventions bilatérales de sécurité sociale

108. Le Sénégal a conclu des conventions bilatérales classiques en matière de sécurité sociale avec plusieurs pays, visant à assurer la protection des droits de sécurité sociale des travailleurs migrants. Les dispositions de ces conventions intéressent la condition juridique des salariés de ces pays lorsqu'ils viennent travailler au Sénégal, et inversement celle des salariés sénégalais travaillant dans ces pays étrangers.

109. Le fondement constitutionnel de cette source de droit est l'article 96 alinéa 4 de la Constitution. Aux termes de cet article, « *La République du Sénégal peut conclure avec tout État africain des accords d'association ou de communauté comprenant abandon partiel ou total de souveraineté en vue de réaliser l'unité africaine.* » Dans ce cadre, le Sénégal a conclu plusieurs accords avec la France et de nombreux États africains. Ces accords portent sur les questions de main-d'œuvre dans le sens de leur régulation, de coopération entre les institutions sociales des différents pays. Certains de ces accords visent à adapter les conventions multilatérales.

Plusieurs accords bilatéraux relatifs soit à la sécurité sociale, soit à la main d'œuvre, soit aux deux questions ont été conclus avec le Mali[61], le Congo[62], le Gabon[63], et la France[64]. La signature de ces accords permet de faciliter non seulement la circulation des ressortissants mais aussi leur établissement dans les États contractants.

110. Le Sénégal a également conclu plusieurs conventions d'établissement avec un certain nombre de pays. Il en est ainsi de la convention d'établissement signée le 25 mai 2000 avec le Gouvernement de la République française.[65] Des conventions ont également été signées avec le Maroc[66], le Gabon[67], la Mauritanie[68]. La convention d'établissement ne doit pas être confondue avec l'accord collectif d'établissement du travail. La convention d'établissement est un traité qui détermine l'entrée et la condition des ressortissants d'une des parties contractantes sur le territoire de l'autre.

---

[61] Voir la Convention générale entre le Gouvernement de la République du Sénégal et le Gouvernement de la République du Mali, sur la Sécurité sociale, signée à Bamako, le 13 décembre 1979.

[62] Voir l'Accord relatif à la circulation, à l'emploi et au séjour des travailleurs congolais au Sénégal et sénégalais en République populaire du Congo (1974).

[63] Voir : – Convention sur la circulation des personnes entre le Gouvernement de la République du Sénégal et le Gouvernement de la République Gabonaise, signée à Libreville le 30 mars 1979. – Protocole d'Accord en matière de Sécurité Sociale entre le Gouvernement de la République du Sénégal et le Gouvernement de la République Gabonaise, signé à Libreville le 10 décembre 1981.

[64] Voir la Convention entre le Gouvernement de la République Française et le Gouvernement de la République du Sénégal sur la Sécurité sociale, signée le 29 mars 1974, modifiée le 1er juin 1994.

[65] Article 5 de cette convention : « Les nationaux de chacune des deux Parties contractantes peuvent exercer sur le territoire de l'autre Partie des activités commerciales, agricoles, industrielles ou artisanales ainsi que des activités salariées, sauf dérogation justifiée par la situation économique et sociale de cette Partie.
Les nationaux de chacune des deux Parties contractantes peuvent être autorisés sur le territoire de l'autre Partie à exercer une profession libérale selon les modalités définies par la législation. »

[66] Convention d'établissement entre le Royaume du Maroc et la République du Sénégal, signée à Dakar le 27 mars 1964.

[67] Convention d'établissement entre le Gouvernement de la République du Sénégal et le Gouvernement de la République Gabonaise, signée à Libreville le 30 mars 1979

[68] Accord entre le Gouvernement de la République Islamique de Mauritanie et le Gouvernement de la République du Sénégal, relatif à l'emploi et au séjour en Mauritanie des travailleurs sénégalais et au Sénégal des travailleurs mauritaniens, signé le 3 octobre 1972 à Nouakchott ; Accord du 22 avril 1992 entre le Sénégal et la Mauritanie sur la circulation des personnes et des biens.

En général, ces conventions énumèrent les droits reconnus aux étrangers en ce qui concerne l'exercice des professions libérales et commerciales, leur statut en matière sociale ou fiscale, etc. La conclusion de ces accords permet de procéder à l'assimilation des nationaux de chacune des parties à ceux de l'autre partie tant en ce qui concerne l'accès au salariat, aux professions libérales, qu'aux emplois publics, dans le respect des conditions déterminées par chacun des États concernés. Ces accords bilatéraux constituent un instrument essentiel d'accompagnement des flux migratoires de main-d'œuvre et de l'activité économique.

111. Les conventions bilatérales sont régies par un certain nombre de principes. Il s'agit, en règle générale, des principes suivants :

- Le principe de traitement égalitaire en matière de protection sociale des travailleurs dans les deux États contractants ;
- Le principe de maintien des droits des assurés salariés en cas de changement de domicile ou du travail dans le territoire de l'autre pays contractant ;
- Le principe de totalisation de périodes d'assurance accomplies dans les deux États contractants tant pour l'ouverture de droit que pour le calcul des prestations ;
- Le principe de transfert libre des cotisations vers l'État de séjour du bénéficiaire.

B./ Les sources internes

112. Les sources d'ordre interne sont celles qui ont une incidence purement nationale. Elles associent des sources étatiques (**1**) et des sources professionnelles qui ont la particularité d'être produites par le monde du travail (**2**).

1. Les sources étatiques

113. Les normes étatiques constituent l'essentiel des sources du droit de la protection sociale. Elles sont multiples : la Constitution (**a**), les lois et règlements (**b**), la jurisprudence (**c**) et même la doctrine administrative (**d**).

a) La Constitution

114. La Constitution est un ensemble de règles écrites qui déterminent la forme de l'État, la dévolution et l'exercice du pouvoir. En général, elle fait peu référence à la protection sociale et renvoie à des principes fondamentaux. La Constitution du Sénégal instituée par la loi référendaire n° 2001-03 du 22 janvier 2001[69] ne déroge pas à cette règle. Elle proclame ou reconnaît dans son préambule et ses articles 25 et 67 un certain nombre de droits sociaux fondamentaux intéressant le droit de la protection sociale. Il en est ainsi des principes relatifs aux conditions d'assistance et de protection que l'État et l'entreprise accordent aux travailleurs.

L'affirmation de ces principes dans la Constitution, précisément dans le titre consacré aux libertés publiques, aux droits économiques et sociaux, constitue une mesure de protection pour les travailleurs. Cette affirmation oblige le législateur mais aussi le Gouvernement, à édicter des lois et règlements conformes auxdits principes protecteurs des travailleurs, sous peine d'inconstitutionnalité.

b) Les lois et règlements

115. Les lois[70] et règlements qui régissent le droit sénégalais de la protection sociale ne sont pas regroupés dans un code unique. Le constat est celui de la dispersion des textes sur la protection sociale.

116. Les règles législatives de base qui régissent l'organisation et le fonctionnement du système sénégalais de la protection sociale diffèrent suivant qu'il s'agit des travailleurs du secteur privé, des agents fonctionnaires de l'État, des travailleurs indépendants ou des personnes relevant des catégories sociales vulnérables. Ainsi, les travailleurs du secteur privé au sens de l'article L. 2 du Code du travail et les agents non-fonctionnaires sont régis par la loi n° 73-37 du 31 juillet 1973 portant Code de la sécurité sociale.[71] À cette législation, on peut ajouter la loi n° 75-50 du 30 avril 1975 relative aux institutions de prévoyance sociale.[72]

Le fondement du régime de la protection sociale des fonctionnaires découle de l'article 97 de la loi n° 61-33 du 15 juin

---

[69] La loi n° 2001-03 du 22 janvier 2001 (JORS n° 5963 du 22 janvier 2001, pp. 27-42) a été modifiée par la loi constitutionnelle n° 2016-10 du 5 avril 2016 portant révision de la Constitution, JORS n° 6926 du 7 avril 2016.

[70] Dans son sens technique et précis, le terme « loi » désigne toute règle de droit votée par le parlement. Conformément à l'article 67 de la Constitution, la loi détermine les principes fondamentaux du droit de la sécurité sociale.

[71] JORS n° 4308 du 04 août 1973, p. 1564

[72] JORS n° 4419 du 28 avril 1975, p. 557

1961 relative au Statut général de la fonction publique. Cet article renvoie à un décret d'application pour la fixation des règles relatives à ce régime. On peut également citer la loi n° 81-52 du 10 juillet 1981, portant Code des Pensions civiles et militaires de Retraite.[73]

117. Le règlement désigne tout texte qui émane du pouvoir exécutif[74], un décret ou un arrêté par exemple. Il joue un rôle classique vis-à-vis de la loi en droit de la protection sociale. En effet, dans le Code de la sécurité sociale ou le Statut de la fonction publique qui sont des lois, de nombreuses dispositions renvoient à des décrets le soin de fixer les conditions et les modalités d'application de la loi sur la protection sociale. Il en est ainsi du décret n° 72-215 du 7 mars 1972 instituant la sécurité sociale des fonctionnaires[75].

À cet effet, les règles de droit relatives à la protection sociale trouvent essentiellement leurs sources dans les lois et les règlements. À côté de ces règles, la jurisprudence occupe une place discrète mais bien réelle.

c) La jurisprudence

118. La jurisprudence est l'œuvre de l'autorité judiciaire. C'est l'ensemble des décisions rendues par les juridictions sur un point de droit litigieux. La place de la jurisprudence comme source de droit a suscité quelques controverses, car en raison du principe de la séparation des pouvoirs, les juges ne peuvent pas se substituer

---

[73] Cette loi, publiée au JORS n°4852 du 22 août 1981 (pp. 787-802), a subi plusieurs modifications. Il s'agit, notamment, des lois n° 84-63 du 16 août 1984 modifiant l'article 29 de la loi n° 84-63 du 16 août 1984 (JORS n° 5O23 du 1er septembre 1984, p. 588), n° 90-11 du 26 juin 1990 modifiant les articles 2 et 81, alinéa 1er de la loi n° 84-63 du 16 août 1984 (JORS n° 5357 du 30 juin 1990, p. 322.), n° 98-10 du 2 mars 1998 abrogeant et remplaçant l'article 12 de la loi n° 81-52 du 10 juillet 1981 (JORS n° 5792 du 21 mars 1998, pp. 178-179), n° 2000-3 du 10 janvier 2000 abrogeant et remplaçant certaines dispositions de la loi n° 81-52 du 10 juillet 1981 (JORS n° 5904 du 5 février 2000, pp. 64-67), n° 2002-8 du 22 février 2002 abrogeant et remplaçant certaines dispositions de la loi n° 81-52 du 10 juillet 1981 (JORS n° 6038 du 23 mars 2002), n° 2017-25 du 13 juillet 2017 abrogeant et remplaçant l'article 48 de la loi n° 81-52 du 10 juillet 1981 (JORS n° 7038 du 26 août 2017).

[74] Articles 43 et 57 de la Constitution.

[75] Décret publié au JORS n°4216 du 1er avril 1972, p. 508, modifié par le Décret n° 2006-1309 du 23 novembre 2006 abrogeant et remplaçant l'article premier du décret n° 72-215 du 7 mars 1972 relatif à la Sécurité sociale des fonctionnaires.

au législateur pour édicter des règles qui ont un caractère général et impersonnel.

Toutefois, le juge a parfois un pouvoir normatif car la jurisprudence permet de pallier le silence des textes dans le sens où elle interprète les lois, parfois obscures. Elle comble les lacunes de la loi, qui ne prévoit pas forcément tous les cas de figure. Le rôle de la jurisprudence en tant que source du droit n'est donc pas négligeable. Bien qu'invisibles, les juges n'en conditionnent pas moins la création des règles de droit.

119. Lorsque le juge est saisi, il ne peut pas refuser de juger. Il ne peut se retrancher derrière le silence, l'obscurité ou les lacunes de la loi pour refuser de trancher le conflit. S'il le faisait, il commettrait un *déni de justice*. Donc, lorsque la loi est obscure ou incomplète, le juge se référera aux principes généraux du droit, à l'équité et au bon sens. La décision judiciaire qui sera prise fera évoluer le droit.

Ainsi, les tribunaux interprètent, éclairent ou suppléent les dispositions de la loi ou des règlements dans les litiges qui leur sont soumis. La jurisprudence de la chambre sociale (et même administrative) de la Cour suprême est déterminante en droit de la protection sociale. Elle contribue à façonner le droit de la protection sociale et d'en dégager au fil des années, à l'occasion de l'examen des litiges qui leur sont soumis, les principes fondateurs qui lui donnent une unité, une cohérence d'ensemble. La Cour suprême joue donc un rôle important dans l'unification de l'interprétation de la règle de droit.

120. Certes, les juridictions de fond ne sont pas tenues de suivre l'interprétation donnée par la Cour suprême. Mais, dans la pratique, elles suivent cette interprétation, car elles craignent de voir leurs décisions censurées. Les décisions de la Cour suprême apparaissent, ainsi, comme une pièce constitutive de l'ordre juridique. De ce fait, la jurisprudence occupe une place importante parmi les sources du droit de la protection sociale. Par son dynamisme, elle apporte un nécessaire complément aux textes de loi, tout comme la doctrine.

d) La doctrine administrative

121. La doctrine administrative est nécessaire pour le bon fonctionnement de la protection sociale. Pour rendre les lois et règlements compréhensibles à la majorité des usagers, les organismes de protection sociale sont amenés à traduire dans un langage simplifié les dispositions législatives et réglementaires en vigueur.[76] Le droit de la protection sociale étant perçu comme complexe, l'on comprend, alors, facilement que l'interprétation y joue un rôle premier. À cet effet, la protection sociale secrète de multiples instruments (circulaires et instructions, prise de position formelle) qui viennent expliquer, préciser, compléter les sources tant législatives et réglementaires.

122. Les actes sécrétés par les organismes de protection sociale sont des prescriptions générales. Ils ont vocation à donner une interprétation harmonisée de la législation et des règlements, afin d'en permettre une application uniforme sur le territoire sénégalais.

123. La doctrine administrative ne doit pas être confondue avec la doctrine au sens classique qui renvoie aux opinions et commentaires émis par les juristes sur les textes de loi ou la jurisprudence. La doctrine administrative emporte des effets de droit. Elle est reconnue par les bénéficiaires de la protection sociale comme étant l'expression de la règle à suivre. C'est peut-être pour cette raison que la loi et la jurisprudence lui attachent certains effets dans le souci de la protection des usagers.[77] À cet effet, les membres adhérents ou les membres participants à un régime de protection sociale ont la possibilité d'opposer à l'Administration les opinions qu'elle aura pu émettre au travers de notes et instructions de service. De même, ils peuvent contester cette doctrine administrative.

En tout état de cause, la doctrine administrative confère à l'administration qui la rend un pouvoir considérable dans la mise en œuvre de la loi.[78] Elle participe, comme les sources professionnelles, à la spécificité du droit de la protection sociale.

---

[76] Interpréter une norme, c'est en dégager le sens, la portée, sans rien y ajouter, sans créer par l'interprétation une règle de droit nouvelle.

[77] Pour reprendre les termes de la chambre sociale de la Cour de cassation française, dans une décision du 28 mars 1996, parue à la Revue de Jurisprudence Sociale (RJS) n° 6/96, n°707, les organismes de Sécurité sociale ont donc tout pouvoir pour élaborer de tels actes dès lors que ces derniers sont « *utiles au fonctionnement du service public.* »

[78] En France, depuis l'Ordonnance n° 2005-651 du 6 juin 2005, dans le but d'assurer une plus grande sécurité juridique aux cotisants, dans leurs relations avec les organismes de protection sociale, les circulaires ministérielles régulièrement publiées leur sont opposables.

2. Les sources professionnelles

124. Les sources d'origine professionnelle contribuent pour beaucoup au particularisme du droit de la protection sociale. Les usages étant en déclin, les plus importantes sont les accords issus des négociations collectives (**a**) et les principes généraux de la protection sociale (**b**).

a) Les accords issus des négociations collectives

125. Les accords issus des négociations collectives ont fait émerger un droit conventionnel de la protection sociale, matérialisé par les conventions collectives et les accords collectifs de travail.[79] Il existe une différence entre convention collective et accord collectif. La convention collective traite de l'ensemble des conditions de travail et des garanties sociales des salariés. L'accord collectif se limite à en traiter une partie ou un point particulier.

126. Le droit sénégalais de la protection sociale, comme la plupart des droits modernes, se développe sous forme d'accords négociés dans le cadre de telle ou telle branche d'activités ou des entreprises, entre les partenaires sociaux, c'est-à-dire les employeurs et les travailleurs. Ainsi, des accords collectifs d'entreprises ou de branches sont négociés afin d'organiser une protection sociale complémentaire d'entreprise. C'est l'exemple des contrats de retraite supplémentaire qui permettent aux salariés de compléter les pensions des régimes obligatoires, moyennant des cotisations constantes dont le taux est connu d'avance, en se constituant un capital qui sera versé sous forme de rente viagère une fois à la retraite.

b) Les principes généraux de la protection sociale

127. Les principes généraux du droit sont des règles non écrites qui ne sont formulées expressément dans aucun texte, mais qui, dégagées par le juge et consacrées par lui, s'imposent à l'administration dans ses diverses activités. À titre d'exemple, on

---

[79] Jacques BARTHELEMY : – « Le concept de convention collective de sécurité sociale », *Droit social*, mars 2016, p. 272. – « Solidarité et protection sociale complémentaire », *RIS*, octobre 2015, p. 571. – « L'ingénierie juridique de la prévoyance collective au niveau de l'entreprise », *Cahier du DRH*, n° 2010 du 1 er juin 2014.

peut citer l'égalité des usagers devant le service public, l'égalité devant l'impôt, etc.

128. La jurisprudence a également élaboré des principes généraux visant à protéger l'usager du service public de la sécurité sociale. Ces principes constituent des règles fondamentales non écrites déduites de l'énoncé ou de l'esprit des textes existants. Ils résultent souvent de l'interprétation du droit en vigueur ; leur dérogation peut être considérée comme une violation de la règle de droit.

129. Au Sénégal, l'application du droit de la protection sociale nécessite le respect de certains principes. Il en est ainsi du *principe du traitement favorable* des assurés sociaux. Suivant ce principe, en cas de conflits portant sur les prestations sociales, l'interprétation doit être effectuée dans le sens de la protection de la partie la plus faible. Il en est de même du *principe de la garantie contre les changements de la doctrine administrative.* La modification d'une interprétation d'un texte par l'administration n'a pas d'effet rétroactif.

******

****

130. Les développements qui suivent s'appuient sur les différentes sources exposées supra. Cet ouvrage s'est donné pour objectif de transmettre et expliquer les données factuelles et les concepts juridiques, qui forment l'ossature du système sénégalais de protection sociale. Il expose le but et les principes fondateurs de la sécurité sociale, présente l'architecture structurelle de la protection sociale, ses prestations et son financement. S'agissant d'une matière interdisciplinaire, une approche juridique, mais aussi sociopolitique est adoptée.

131. L'organisation de la protection sociale relève, comme celle de toutes les politiques nationales, des autorités gouvernementales. La mise en œuvre de cette organisation soulève des problèmes d'une importance capitale qu'il s'agisse de l'organisation administrative ou de l'organisation financière du système de protection sociale. Ainsi, pour faire fonctionner le système de protection sociale, un pays doit se doter de structures et de moyens appropriés. Le Sénégal, à l'instar de nombreux pays africains, a adopté des institutions qui gèrent les différentes branches de risques. Cependant, pour permettre au système de protection sociale de jouer efficacement son rôle, il est important de le doter de ressources suffisantes.

132. Le droit sénégalais de la protection sociale est marqué par des logiques de distinctions socioprofessionnelles. Il est constitué en une mosaïque de régimes, couvrant différents risques. Il s'agit, principalement, du régime des travailleurs du secteur privé et des agents non fonctionnaires du secteur public, d'une part, et du régime des fonctionnaires civils et militaires, d'autre part. À ces régimes, s'ajoutent ceux de certaines catégories sociales dites vulnérables.

Afin de présenter l'ensemble des connaissances nécessaires à la compréhension de la galaxie des systèmes qui constitue le droit sénégalais de la protection sociale, cette étude a pour orientation une double voie exploratoire. Elle explore dans le détail, d'une part, le régime de protection sociale des travailleurs et des agents de l'État relevant du Code du travail (**première partie**) et, d'autre part, celui des fonctionnaires et des catégories sociales vulnérables (**deuxième partie**).

PREMIÈRE PARTIE :

LE RÉGIME DE PROTECTION SOCIALE DES TRAVAILLEURS ET DES AGENTS DE L'ÉTAT RELEVANT DU CODE DU TRAVAIL

133. Les salariés du secteur privé sont liés à leur employeur par un contrat de travail.[80] Il y a une différence de statut entre ceux-ci et les agents de l'État qui relèvent du Code du travail. Si le terme « *agents* » désigne l'ensemble des personnels employés par l'État et ses démembrements, il reste qu'il existe plusieurs catégories d'agents, de par leur régime[81] et leur employeur[82].

134. Les fonctionnaires sont des agents nommés dans un emploi permanent et qui ont été titularisés dans un grade de la hiérarchie des corps de l'administration.[83] Ils sont régis par le Statut de la fonction publique, contrairement aux agents non-fonctionnaires qui sont soumis à des statuts spéciaux.[84] Le personnel non fonctionnaire est aussi divers que varié. On y retrouve des contractuels, des auxiliaires et des vacataires. Le personnel non fonctionnaire est rattaché au régime général de la protection sociale, c'est-à-dire au régime des salariés.

135. Le régime de protection sociale des travailleurs et des agents de l'État relevant du Code du travail est sans doute le régime le plus important en nombre de personnes assujetties, c'est-à-dire prises en charge au titre des risques maladie, famille, retraite, accident du travail et maladie professionnelle. Il concerne non seulement les travailleurs du secteur privé et les agents non fonctionnaires du secteur public, mais dans une certaine mesure les travailleurs indépendants. En effet, ces derniers ont la possibilité d'une affiliation volontaire au régime.

---

[80] Un salarié, est une personne qui, en contrepartie d'une rémunération, exécute son travail sous l'autorité d'une autre personne ayant le pouvoir de lui donner des ordres et des directives, d'en contrôler l'exécution et de sanctionner les manquements. Le travailleur indépendant quant à lui n'a pas de contrat de travail.

[81] Agents titulaires et non-titulaires.

[82] État, collectivités territoriales et établissements publics.

[83] Article 1er de la Loi 61-33 du 15 juin 1961 relatif au statut général des fonctionnaires.

[84] Voir le décret n° 74-347 du 12 avril 1974 fixant le régime spécial applicable aux agents non fonctionnaires de l'État (JORS n° 4353 du 27 avril 1974, p. 654) et ses textes modificatifs : – Décret n° 2004-107 du 6 février 2004 abrogeant et remplaçant l'alinéa premier de l'article 40 du décret n° 74-347 du 12 avril 1974 fixant le régime spécial applicable aux agents non-fonctionnaires de l'Etat (JORS n° 6154 du 27 mars 2004, pp. 525-526). – Décret n° 2012-1131 du 19 octobre 2012 modifiant le décret n° 74-347 du 12 avril 1974 fixant le régime spécial applicable aux agents non fonctionnaires de l'Etat (JORS n° 6724 du 20 avril 2013).

136. Le système sénégalais de protection sociale fournit une couverture de base des risques organisée en « branches ». Chaque branche recouvre un ou plusieurs risques. La branche est une unité de gestion d'un ou plusieurs risques.

Le régime de protection sociale des travailleurs et des agents de l'État relevant du Code du travail comprend plusieurs branches de risques, sauf le chômage[85], dont la gestion est confiée à divers organismes. La Caisse de sécurité sociale assure la couverture de la branche des prestations familiales et celle des risques professionnels (**chapitre 1**). La couverture de la branche du risque vieillesse est assurée par l'Institution de prévoyance retraite du Sénégal (**chapitre 2**), tandis que la branche du risque maladie est gérée par les institutions de prévoyance maladie, les mutuelles et sociétés d'assurances (**chapitre 3**).

[85] Aucun pays africain n'a actuellement ratifié la Convention n° 168 sur la promotion de l'emploi et la protection contre le chômage de 1988. Cette convention vise à consolider le système de protection des chômeurs, en y intégrant des prestations reposant sur l'assurance et des mesures d'assistance, la garantie de l'égalité de traitement. Au-delà de la sécurité sociale, elle contient des dispositions relatives à la promotion de l'emploi productif.

CHAPITRE 1 :

LA COUVERTURE DES RISQUES FAMILLE ET PROFESSIONNELS

137. La famille est au cœur de la protection sociale avec la couverture du risque famille, qui renvoie aux prestations familiales versées par la sécurité sociale. Les risques professionnels sont les accidents du travail, les accidents de trajet et les maladies professionnelles.

La gestion de ces différents risques est confiée à la Caisse de sécurité sociale (**section 1**). Cet établissement gère, donc, deux branches de risques : la branche des prestations familiales (**section 2**) et la branche accidents du travail et maladies professionnelles (**section 3**).

SECTION 1 : LA CAISSE DE SÉCURITÉ SOCIALE

138. La Caisse de sécurité sociale est un organisme de droit privé chargé d'une mission de service public.[86] Pour remplir sa mission, la Caisse a mis en place une organisation qui lui permet d'assurer le versement des prestations, le recouvrement des cotisations, mais aussi de faire face à diverses actions contentieuses. Ainsi, il convient de présenter les règles relatives à l'organisation de la Caisse (**§ 1**) et celles liées au contentieux des risques gérés par cette institution (**§ 2**).

§ 1 – L'organisation de la Caisse de sécurité sociale

139. L'organisation et les règles de fonctionnement de la Caisse de sécurité sociale sont fixées par ses statuts.[87] Pour son fonctionnement, la Caisse repose sur une organisation administrative (**A**) et financière (**B**).

---

[86] Loi n° 91-33 du 26 juin 1991 relative à la transformation de la Caisse de sécurité sociale en institution de prévoyance sociale et modifiant la loi n° 73-37 du 31 juillet 1973 portant Code de la sécurité sociale (JORS, 1991, 16 p.) ; Arrêté n° 001883 du 18 février 1992 portant autorisation d'une institution de prévoyance sociale dénommée Caisse de sécurité sociale (JORS, 1992, 2 p.).

[87] Statuts adoptés le 13 février 1992 par le conseil d'administration.

A./ L'organisation administrative

140. Les organes d'administration et de direction de la Caisse de sécurité sociale sont : le collège des représentants (**1**), le conseil d'administration (**2**), le bureau (**3**) et la direction générale (**4**).

1. Le collège des représentants

141. Le collège des représentants tient lieu d'assemblée générale. La composition de cet organe (**a**), ses pouvoirs (**b**) et ses attributions (**c**) méritent d'être précisés.

a) La composition du collège des représentants

142. Le collège des représentants comprend trente-deux membres répartis entre les *membres adhérents* et les *membres participants.*[88] Les membres sont élus par les organisations syndicales les plus représentatives de travailleurs pour les membres participants et d'employeurs pour les membres adhérents.

143. Les représentants des membres adhérents au collège des représentants sont au nombre de seize. Ils sont élus au scrutin secret par les organisations syndicales d'employeurs les plus représentatives au niveau national, et conformément aux statuts de la Caisse. Toutefois sur les seize sièges, *six sont réservés aux représentants de l'État,* désignés par l'Autorité compétente.

Les représentants des membres participants au collège de représentants disposent de seize sièges. Ils sont élus au scrutin secret par les organisations syndicales de travailleurs les plus représentatives au niveau national, et conformément aux statuts de la Caisse. Toutefois, sur ces seize sièges, *quatre sont réservés aux représentants des membres participants agents non*

---

[88] Les membres adhérents et les membres participants sont, respectivement, les employeurs et les travailleurs au sens du Code du travail et du Code de la marine marchande. La qualité de membre adhérent se perd lorsque l'employeur a cessé définitivement d'employer du personnel salarié sous réserve des dispositions prévues par le Code de sécurité sociale. La qualité de membre participant se perd lorsque le travailleur a atteint l'âge d'admission à la retraite et cessé d'exercer une activité professionnelles salariée, ou en cas de décès. La perte de la qualité de membre adhérent et de membre participant ne rétroagit pas sur les obligations de l'employeur et les droits en cours d'acquisition du travailleur nés antérieurement à la date de cette perte.

fonctionnaires de l'État, des collectivités publiques et des établissements publics.

Un représentant suppléant est élu dans les mêmes conditions pour chaque représentant titulaire, tant aux sièges des représentants des membres participants qu'aux sièges des représentants des membres adhérents. Il ne peut assister aux assemblées du collège qu'en cas d'absence du titulaire et dans ce cas, il prend part aux votes.

144. La répartition des sièges entre les membres participants d'une part, et les membres adhérents d'autre part, se fait conformément aux dispositions combinées des articles 5 et 21 de la loi n° 75-50 du 3 avril 1975[89]. En cas de désaccord, le Ministre chargé du travail et de la sécurité sociale prend toutes les mesures utiles, pour assurer une représentation adéquate des organisations syndicales les plus représentatives de travailleurs pour les membres participants et d'employeurs pour les membres adhérents.

145. La durée du mandat des membres du collège des représentants est de deux ans, débutant obligatoirement le 1er janvier d'une année et s'achevant obligatoirement le 31 décembre de la deuxième année suivante. Le mandat est renouvelable.

Les membres du collège des représentants peuvent être remplacés en cours de mandat par les organisations syndicales qui les ont élus. Dans ce cas, le mandat du membre du collège des représentants ainsi élu expire le jour où aurait normalement cessé le mandat du membre qu'il remplace.

b) Les pouvoirs du collège des représentants

146. Pour pallier les difficultés découlant de l'importance et de la répartition des membres adhérents du territoire national, le collège des représentants est substitué à l'assemblée générale. À cet effet, *il est investi des pouvoirs de l'assemblée générale.*

147. Le collège des représentants se prononce sur le rapport d'activité et les résultats de la gestion financière. Il désigne les membres du conseil d'administration. Il peut modifier les statuts et décider de l'exclusion d'un membre.

---

[89] Loi n° 75-50 du 3 avril 1975 relative aux institutions de prévoyance sociale (JORS du 28 avril 1975).

c) Le fonctionnement du collège des représentants

148. Le collège des représentants se réunit une fois au moins par an sur convocation individuelle du président du conseil d'administration adressée à ses membres au moins quinze jours à l'avance et contenant l'ordre du jour de la réunion. Outre les matières inscrites à l'ordre du jour de la réunion par le conseil d'administration, toute proposition portant la signature d'un tiers au moins des membres du collège des représentants est obligatoirement soumise au collège dans la limite de ses attributions.

Le collège des représentants se réunit en assemblée générale ordinaire pour se prononcer sur le rapport d'activité et les résultats de la gestion financière établis par le conseil d'administration dans les conditions fixées par les statuts. Il délibère sur les rapports qui lui sont présentés et élit les membres du conseil d'administration.

149. Le collège des représentants est convoqué en assemblée générale extraordinaire, en cas de circonstance exceptionnelle par le président du conseil d'administration, sur avis du conseil ou sur demande écrite du tiers au moins de ses membres. Dans ce dernier cas, la réunion doit avoir lieu dans les trente jours qui suivent le dépôt de la demande auprès du président.

Les modalités de convocation et de vote sont les mêmes que celles concernant les assemblées générales ordinaires du collège des représentants.

Les modifications statutaires et l'exclusion d'un membre du conseil d'administration sont de la compétence exclusive de l'assemblée générale extraordinaire du collège des représentants. Il statue, pour ces seules modifications, à la majorité des deux tiers du nombre total des représentants titulaires ou remplacés par les suppléants, votant au scrutin secret.

150. Les délibérations du collège des représentants font l'objet de la rédaction d'un procès-verbal et sont consignées dans un registre spécial détenu au siège de la Caisse de sécurité sociale.

Les membres adhérents et les membres participants peuvent consulter ce registre spécial au siège de la Caisse et obtenir les extraits certifiés conformes par le président et un vice-président du conseil d'administration n'appartenant pas à la même délégation que le président.

2. Le conseil d'administration

151. Suivant les dispositions des articles 5 et 21 de la loi du 3 avril 1975, la Caisse de sécurité sociale est administrée par un conseil d'administration dont il convient de présenter la composition (**a**), le fonctionnement (**b**) et les attributions (**c**).

a) La composition du conseil d'administration

152. Le conseil d'administration de la Caisse comprend des *représentants des membres participants*, des *représentants des membres adhérents* et des *représentants de l'État*. Il est composé de vingt-deux membres à raison de onze représentants des membres participants et de onze représentants des membres adhérents dont quatre représentants de l'État.

153. Les administrateurs, représentant respectivement les membres participants et les membres adhérents, sont élus au scrutin secret et à la majorité simple par la délégation correspondante du collège des représentants. Chaque délégation élit dans les mêmes conditions un administrateur suppléant.

La délégation des travailleurs représentant les membres participants et la délégation des employeurs représentant les membres adhérents procèdent, chacune en ce qui la concerne, à la répartition des sièges à occuper entre les organisations syndicales et chaque délégation, comme déjà indiqué, pour le collège de représentants. À défaut d'un accord entre lesdites organisations syndicales d'employeurs et de travailleurs, le Ministre chargé de la sécurité sociale prendra toutes les mesures utiles pour assurer une représentation adéquate des organisations en cause au conseil d'administration. Le suppléant ne peut assister aux réunions qu'en cas d'absence du titulaire, et dans ce cas, il prendra part aux votes.

154. Les membres du conseil d'administration représentant les organisations syndicales de travailleurs, membres participants, et les organisations syndicales d'employeurs, membres adhérents, doivent jouir de leurs droits civiques. Ils ne peuvent avoir un intérêt direct dans un marché passé avec ou pour le compte de la Caisse de sécurité sociale, sauf accord spécial et motivé du conseil d'administration approuvé par les Autorités de tutelle.

155. La durée du mandat des administrateurs est de deux ans, renouvelable. Le mandat débute obligatoirement le 1er janvier d'une année et s'achève le 31 décembre de la deuxième année suivante. Les administrateurs peuvent être remplacés en cours de mandat par les organisations syndicales qui les avaient élus. Le mandat de l'administrateur élu expire le jour où aurait normalement cessé le mandat de l'administrateur qu'il remplace.

b) Le fonctionnement du conseil d'administration

156. Le conseil d'administration se réunit chaque fois qu'il est convoqué par son président, après consultation du directeur général, et au moins deux fois par an à raison d'une fois par semestre. La réunion du conseil d'administration est obligatoire si elle est demandée par écrit au président par un tiers des administrateurs ou par l'un des Ministres de tutelle.

Le conseil d'administration peut convoquer à ses réunions, à titre consultatif, toute personne dont la compétence professionnelle est utile à l'objet de ses travaux. Il peut ainsi convoquer les représentants des associations avec lesquelles la Caisse a passé une convention de coopération technique et constituer, avec leurs concours, des commissions d'étude pour un objet déterminé.

157. La convocation des réunions doit être adressée au moins *quinze jours* à l'avance aux administrateurs et aux personnes appelées à assister aux séances. Elle doit être accompagnée de l'indication des questions inscrites à l'ordre du jour établi par le président et des dossiers correspondants aux différents points inscrits. En cas d'urgence, le délai de convocation peut être ramené à *sept jours* par décision du président.

158. Les décisions du conseil d'administration sont prises à la *majorité des voix des membres titulaires ou remplacés par leurs suppléants présents.* Elles ne sont valables que si la majorité de chaque délégation assistent à la réunion. En cas de partage égal des voix, la décision est reportée à une nouvelle réunion dont l'ordre du jour ne doit comporter que la question en cause. En cas de nouveau partage égal des voix à cette réunion, la voix du président est prépondérante.

Toutefois, à l'exception des modifications statutaires qui relèvent de la compétence du collège des représentants des membres participants et des membres adhérents, les modifications à apporter aux règlements intérieurs, à l'élection du bureau et aux accords de coopération, sont adoptées par le conseil d'administration. Elles sont adoptées si les deux tiers des administrateurs titulaires ou remplacés par leurs suppléants sont présents. Si deux tiers des administrateurs titulaires ou remplacés par les suppléants ne se sont pas présents, le conseil est renvoyé à une date ultérieure à laquelle il peut délibérer, sous réserve que la moitié au moins de ses membres titulaires ou remplacés par leurs suppléants soit présente.

159. Les délibérations du conseil d'administration donnent lieu à la rédaction d'un procès-verbal signé par le président ou l'un des vice-présidents ayant effectivement présidé la séance et par le directeur général ou, à défaut de celui-ci par le secrétaire de séance ou son adjoint. Le projet est soumis aux membres du conseil dans la quinzaine qui suit la réunion du conseil. Ceux-ci disposent d'un délai de deux semaines pour, au besoin, faire leurs observations.

Le procès-verbal est approuvé dans sa forme définitive à l'occasion de la séance suivante du conseil. Les procès-verbaux des réunions sont transcrits sur un registre spécial détenu au siège de la Caisse. Les membres participants et les membres adhérents du collège des représentants peuvent consulter ce registre et en obtenir des extraits certifiés conformes par le président ou un vice-président et par le directeur général.

c) Les attributions du conseil d'administration

160. Le conseil d'administration assure l'exécution des décisions du collège des représentants. À ce titre, il est investi des pouvoirs les plus étendus pour représenter la Caisse de sécurité sociale.

161. Le conseil règle par ses délibérations les affaires de la Caisse. Il est obligatoirement appelé à délibérer, notamment, sur :
- les statuts et règlements intérieurs ;
- les comptes prévisionnels annuels ;
- le rapport d'activité annuel et le programme d'action du directeur général ;
- le bilan et les comptes d'exploitation de fin d'exercice ;
- l'achat, l'aliénation ou l'échange de biens mobiliers et immobiliers ;
- les conventions entre Caisses de sécurité sociale ;
- les dons et legs, les emprunts et placements de fonds ;
- l'octroi d'aval et de garantie ;
- la nomination et la révocation du directeur général ;
- la rémunération et les avantages consentis au directeur général ;
- l'adoption des accords collectifs d'entreprise.

162. Seul le conseil est habilité à apporter des modifications aux règlements intérieurs et à décider des questions concernant :
- l'élection du bureau ;
- les modifications du taux de cotisations, du plafond des salaires soumis à cotisation, et du mode de calcul des

prestations en fonction des résultats enregistrés et dans la limite des plafonds réglementaires ;
- l'exclusion des membres.

En cas de litige au sein du conseil d'administration sur des questions fondamentales qui engagent la vie même de la Caisse, un droit de recours à l'arbitrage du Directeur du travail, de l'emploi et de la sécurité sociale est reconnu à tout administrateur.[90] Les attributions du conseil d'administration doivent tenir compte des pouvoirs reconnus à l'autorité de tutelle dans la fixation du taux des cotisations. Cette précaution vise à éviter que la couverture du risque n'entraîne une charge incompatible avec la gestion économique normale des entreprises ou ne soit disproportionnée au regard de la couverture des autres risques sociaux.

163. Les fonctions d'administrateur, de président et de membre du bureau sont gratuites. Toutefois, le conseil d'administration pourra instituer une indemnisation à titre privé pour la perte de salaire et procéder à des remboursements de frais de déplacements.

3. Le bureau du conseil d'administration

164. Le conseil d'administration élit en son sein un bureau, dont il convient de préciser la composition (**a**), le fonctionnement (**b**) et les attributions (**c**).

a) La composition du bureau

165. Le bureau du conseil d'administration comprend un président, trois vice-présidents, un secrétaire et un secrétaire adjoint. En cas d'empêchement définitif d'un membre du bureau, la délégation du conseil d'administration à laquelle il appartient élit celui qui le remplace dans ses fonctions jusqu'à l'expiration normale de son mandat.

166. Les membres du bureau sont élus au scrutin secret pour deux ans. Ils sont rééligibles. Le bureau est constitué de façon à assurer une représentation proportionnelle de la composition du conseil d'administration. La présidence est assurée alternativement par un membre adhérent et un membre participant.

[90] Voir l'article 22 in fine de la loi 75-50 du 3 avril 1975 *précitée*.

b) Le fonctionnement du bureau

167. Le bureau se réunit sur convocation du président après consultation du directeur général. La réunion du bureau s'impose toutes les fois qu'elle est demandée par écrit par trois au moins de ses membres. Ceux-ci devront toutefois indiquer à l'avance les questions à inscrire à l'ordre du jour de la réunion ainsi demandée.

168. La convocation du bureau doit être adressée aux membres du bureau soixante-douze heures à l'avance. Elle est accompagnée de l'ordre du jour de la réunion.

169. Le bureau ne peut valablement délibérer que si le quorum est atteint, c'est-à-dire la moitié de ses membres plus un. Les décisions sont prises à la simple majorité. Toutefois, un membre du bureau empêché peut donner par écrit, à un autre membre du bureau de la même délégation, une procuration. Aucun membre du bureau ne peut cependant détenir plus d'une procuration au cours d'une même réunion.

170. Chaque réunion du bureau donne lieu à la rédaction d'un procès-verbal, établi par le secrétaire ou le secrétaire adjoint ou en cas d'absence des deux, par un membre du bureau en collaboration avec le directeur général. Le procès-verbal de chaque séance est signé du président et du secrétaire du bureau.

171. Chaque procès-verbal est diffusé aux membres du bureau par les soins du directeur général dans la quinzaine qui suit la réunion du bureau. Les membres du bureau disposent d'un délai d'une semaine, après la réception du procès-verbal, pour déposer leurs observations auprès du président.

À l'expiration du délai de trois semaines suivant la date de la réunion, le procès-verbal est réputé approuvé par tout membre du bureau qui n'a pas déposé d'observations. Par contre, les observations qui ont été déposées sont jointes au procès-verbal de séance. Le procès-verbal sera approuvé dans sa forme définitive à l'occasion de la séance suivante du bureau.

c) Les attributions du bureau

172. Le bureau reçoit du conseil d'administration les délégations de pouvoirs nécessaires pour assurer le bon fonctionnement de la Caisse entre les réunions du conseil d'administration, à charge de lui rendre compte de ses décisions. À cet effet, il prend toutes les mesures utiles pour exercer les délégations qui lui ont été confiées.

173. Le bureau peut créer, dans le cadre de ses attributions, des commissions, soit parmi ses membres, soit en faisant appel à des personnalités extérieures à la Caisse. Dans ce cas, il détermine les attributions, les pouvoirs et la durée desdites commissions.

174. Le bureau propose au conseil d'administration la nomination et la révocation du directeur général. Il assure, sous l'autorité du président, et en collaboration avec le directeur général, le fonctionnement de la Caisse, conformément à ses statuts, à son règlement intérieur et aux accords de coopération technique. Le bureau peut, notamment, recevoir délégation du conseil d'administration pour interpréter le règlement intérieur, les accords de coopération et régler toutes les difficultés d'application y afférentes.

175. Le président convoque et préside les assemblées générales du collège des représentants et les réunions du conseil d'administration et du bureau. Il signe conjointement avec le directeur général, toutes les délibérations et toutes les conventions. En matière d'investissement, le président signe conjointement avec un des vice-présidents appartenant à la délégation qui n'assure pas la présidence et le directeur général, toutes les correspondances et tous les actes y relatifs, comme prévus à l'article 31 des statuts de la Caisse. Il représente la Caisse dans tous les actes de la vie civile et est le seul investi de tous les pouvoirs à cet effet, à l'exclusion de ceux dévolus au directeur général.

176. En cas d'absence du président, il est remplacé par l'un des vice-présidents dans l'ordre d'élection. En cas d'empêchement définitif du président et sous réserve des délégations qui ont été consenties au directeur général, il est remplacé par l'un des vice-présidents dans l'ordre d'élection faisant partie de sa délégation, jusqu'à l'expiration de son mandat.

177. Le secrétaire dresse le procès-verbal de toutes les réunions du bureau, du conseil d'administration et de l'assemblée générale. Il signe conjointement avec le président les procès-verbaux de ces réunions.

4. La direction générale

178. La direction générale est assurée par un directeur général. Ses conditions de nomination (**a**) et ses attributions (**b**) méritent d'être précisées.

a) La nomination du directeur général

179. Le directeur général de la Caisse de sécurité sociale est nommé par le conseil d'administration sur proposition du bureau dudit conseil. Il est révoqué dans les mêmes conditions.

180. Les fonctions du directeur général sont incompatibles avec la qualité de membre de l'Assemblée Nationale ou d'une Assemblée Régionale. Le directeur général ne peut avoir d'intérêts ni exercer des fonctions rémunérées ou non dans une entreprise commerciale ou industrielle.

b) Les attributions du directeur général

181. Le directeur général assure la gestion courante de la Caisse sous le contrôle du conseil d'administration. Il est investi des pouvoirs de gestion des régimes de sécurité sociale, conformément aux dispositions de la loi n° 73-37 du 31 juillet 1973[91], et dans le cadre des décisions du conseil d'administration et du bureau. Il assure le fonctionnement normal de la Caisse et doit rendre compte périodiquement de sa gestion. Il procède à l'exécution des dépenses d'investissements.

182. Le directeur général procède à toutes les études nécessaires à l'équilibre financier des régimes et en communique les résultats au bureau. Il doit également procéder à toutes les études à caractère technique ou financier concernant des régimes, qui lui seraient demandées par le conseil d'administration. Il assiste obligatoirement aux réunions du conseil d'administration et du bureau avec voix consultative, sauf exceptions décidées par la majorité des membres présents.

Le directeur général représente la Caisse vis-à-vis des tiers et de toutes les administrations publiques ou privées. Il accomplit toutes les formalités relatives à la réglementation des conditions de travail

183. Le directeur général est tenu de présenter au conseil d'administration :

- un rapport social qui retrace l'évolution des effectifs de la masse salariale, les contentieux en cours, le plan de formation et de carrière des agents, le programme de recrutement, la liste et le montant des primes et avantages de toutes natures accordés en cours d'année au personnel;

[91] Loi n° 73-37 du 31 juillet 1973 portant Code de sécurité sociale (JORS du 4 août 1973, numéro Spécial, pp. 1565-1578).

- un rapport d'activité sur la situation des différentes branches ;
- une situation trimestrielle de la trésorerie et l'exécution des comptes prévisionnels ;
- tous les renseignements et éléments statistiques qui lui sont demandés par le bureau.

184. Le directeur général nomme les directeurs après avis du bureau. Les attributions des directeurs sont définies par le règlement intérieur.

B./ L'organisation financière

185. Pour assurer ses missions, la Caisse de sécurité sociale a besoin de ressources importantes, à défaut elle ne pourra payer les prestations. La gestion des ressources financières (**1**), qui repose sur des principes financiers[92] en partie inspirés du droit des finances publiques, est très encadrée tout comme les dépenses (**2**) et le recouvrement des cotisations (**3**).

1. Les ressources financières

186. Les ressources de la Caisse de sécurité sociale *sont essentiellement constituées des cotisations* (**a**) qui vont servir à financer le régime de la Caisse et ses frais de gestion. Il faut y ajouter des contributions accessoires constituées, notamment des placements, dons et legs (**b**).

a) Les cotisations

187. Les cotisations sociales représentent aujourd'hui la ressource essentielle de la Caisse de sécurité sociale. Les cotisations présentent plusieurs caractéristiques. Elles revêtent un caractère obligatoire ; ce sont des prélèvements assis sur les revenus du travail.

188. Les cotisations sont précomptées par l'employeur. Le taux de cotisation est de 7 % des rémunérations pour les branches de prestations familiales et de 1 %, 3 %, 5 % pour celles des accidents de travail et maladies professionnelles. Le taux de cotisation des accidents du travail et maladies professionnelles varie en fonction des risques auxquels sont exposés les salariés de

---

[92] Il en est ainsi du principe de l'autonomie financière des régimes et des branches, du principe de l'affectation des recettes aux dépenses.

l'établissement, bref en fonction de l'activité principale de l'établissement.[93]

Les cotisations à la Caisse de sécurité sociale sont assises sur les rémunérations versées par l'employeur dans la limite d'un plafond mensuel.[94] Les rémunérations prises en compte sont les salaires ou gains, les allocations de congé payés, les indemnités, primes et tous autres avantages en espèces, en nature, ainsi que les sommes perçues directement ou par l'entremise d'un tiers au titre de pourboire. Le montant des salaires ou gains ne peut être inférieur au salaire minimum interprofessionnel garanti[95].

189. Les ressources de la Caisse sont insaisissables. Le paiement des cotisations est garanti pendant 5 ans à dater de leur exigibilité par un privilège sur les biens meubles et immeubles du débiteur. Les fonds de la Caisse de sécurité sociale sont insaisissables et aucune opposition ne peut être pratiquée sur les sommes dues à cet établissement. Les créanciers porteurs de titres exécutoires, à défaut de décision du conseil d'administration de nature à assurer leur paiement, peuvent se pourvoir devant le Ministre de tutelle et devant le Ministre des finances.[96]

b) Les placements, dons, legs et autres

190. Les ressources de la Caisse de sécurité sociale proviennent aussi des *produits des placements financiers*, des *produits des titres de participations*, des *produits des immeubles de rapport*, des *produits tirés de l'exploitation de ses structures sanitaires*.

L'immeuble de rapport est un investissement locatif dont le but est d'être rentable. Le terme « rapport » qui accompagne ce type de logement veut dire que le propriétaire de l'immeuble le met sur le marché locatif en attendant d'en obtenir un rapport locatif. Ainsi, l'immeuble de rapport est avant tout un placement immobilier.

191. Les ressources de la Caisse peuvent également provenir des *subventions*, *dons* et *legs*. Mais, l'apport de cette catégorie de ressources dans le financement de la Caisse reste marginal.

---

[93] Voir le barème des taux de cotisation en annexe 1 du présent ouvrage.

[94] La limite du plafond mensuel est fixée actuellement à 63.000 FCFA, soit un plafond annuel de 756.000 FCFA.

[95] Le montant du SMIG horaire est de 333,808 FCFA, pour 58.900 FCFA/mois.

[96] Article 165 du Code de la sécurité sociale.

2. Les dépenses

192. Pour chaque branche de risques, la Caisse est amenée à effectuer des dépenses ordinaires et des dépenses extraordinaires. Les *dépenses ordinaires* englobent toutes les dépenses relatives aux diverses catégories de prestations et au fonctionnement de la Caisse. Les dépenses de fonctionnement qui sont constituées des frais nécessaires à la gestion de l'institution sont arrêtées dans la limite d'un objectif de 10 % du montant annuel des ressources de l'institution.

Les *dépenses extraordinaires* sont relatives aux dépenses d'investissement et aux remboursements des emprunts.

3. Le recouvrement des cotisations

193. Le recouvrement des cotisations sociales constitue une activité importante pour la Caisse, dans la mesure où ces cotisations représentent sa principale ressource. L'employeur assujetti a l'obligation de payer les cotisations sociales (**a**), sous le contrôle de la Caisse (**b**).

a) L'obligation de l'employeur

194. Tout employeur a l'obligation de s'affilier à la Caisse dans le délai de deux mois suivant la première embauche du travailleur. Les cotisations sont exclusivement à la charge de l'employeur. Elles doivent être payées dans *le délai de quinze jours suivant chaque mois si l'employeur occupe vingt salariés ou plus*, et *suivant chaque trimestre s'il en occupe moins de vingt.*

195. L'employeur doit déclarer son personnel et payer à bonne date l'ensemble des cotisations sociales. En principe, et conformément à l'article 140 du Code de la sécurité sociale, les employeurs sont tenus à l'obligation de fournir une déclaration nominative trimestrielle des salaires payés au personnel en justification des versements des cotisations.

196. Le *non-paiement des cotisations par l'employeur dans les délais légaux fait l'objet d'une majoration de 10 % par mois ou fraction de mois de retard due.* Mais, l'employeur de bonne foi peut, conformément à l'article 144 du Code de la sécurité sociale, obtenir la remise partielle ou totale des majorations. Le législateur a également prévu des sanctions pénales pour les employeurs.

b) Le contrôle de la Caisse

197. La Caisse de sécurité sociale dispose d'un corps de contrôleurs chargés d'une mission d'information, de conseil et de contrôle auprès des employeurs. Selon l'article 159 du Code de la sécurité sociale, les employeurs sont tenus de recevoir à toute époque, pendant les heures ouvrables de l'établissement, les agents agréés de la Caisse de sécurité sociale. Ils doivent se soumettre aux demandes de renseignements et enquêtes relatives à leurs obligations au regard de la Caisse de sécurité sociale dont ils sont saisis par ces agents.

198. Les contrôleurs de la Caisse de sécurité sociale travaillent en étroite collaboration avec les services de l'inspection du travail et de la sécurité sociale. La Caisse peut effectuer plusieurs types de contrôle. Elle peut faire un *contrôle sur place*, un *contrôle sur pièces* et une *vérification des déclarations effectuées par l'employeur*. Le contrôle sur pièces, qui est en principe réservé aux petites entreprises, est plus léger que le contrôle sur place. Le contrôle sur place permet aux contrôleurs de la Caisse non seulement de vérifier la conformité des pratiques de l'entreprise par rapport à la législation sociale, mais aussi de leur prodiguer les conseils nécessaires.

199. La mise en œuvre d'un contrôle peut relever de l'initiative de la Caisse. Elle peut aussi relever d'un signalement d'une autre administration ou de salariés de l'entreprise, ou faire suite à une procédure de vérification.

§ 2 – Le contentieux des régimes gérés par la Caisse

200. Le contentieux traite des différends à caractère individuel découlant de l'application des règles en rapport avec les branches de risques gérées par la Caisse de sécurité sociale. On distingue le contentieux social (**A**) et le contentieux pénal (**B**).

A./ Le contentieux social

201. La notion de contentieux social regroupe dans une même appellation, l'ensemble des litiges relatifs au travail salarié, à la protection sociale ainsi qu'aux revendications collectives au sein de l'entreprise. Le contentieux relatif à la protection sociale fait intervenir l'inspection du travail et de la sécurité sociale (**1**) et le tribunal du travail (**2**).

1. L'inspection du travail et de la sécurité sociale

202. La mission de l'inspection du travail consiste à assurer le respect de la législation du travail et de constater, le cas échéant, les infractions à celle-ci. Les inspecteurs du travail assurent, en outre, un rôle de conseil et de conciliation en vue de la prévention et du règlement des conflits. Les attributions de l'inspection du travail et de la sécurité sociale sont précisées par les articles L. 194 et suivants du Code du travail.[97]

203. Dans le cadre de ses pouvoirs, l'inspection du travail et de la sécurité sociale est investie de prérogatives d'investigations exorbitantes de droit commun. Le contrôle de l'application du Code de la sécurité sociale est assuré principalement par les inspecteurs du travail et de la sécurité sociale. Ce contrôle peut être également assuré par les agents désignés par la direction de la Caisse et agréés par le directeur du travail.

204. Lors d'un contrôle, l'inspecteur du travail ne rédige pas obligatoirement un procès-verbal. Il a aussi un devoir de conseil envers les entreprises pour qu'elles ne soient pas sanctionnables pénalement. Il prévient les infractions.

205. Dans certains cas, aucun procès-verbal d'infraction ne peut être dressé sans que l'employeur ait été préalablement mis en demeure de remédier à la situation constatée et ce, avant l'expiration du délai nécessaire pour la mise en conformité. La mise en demeure est prévue par les textes relatifs à la santé et à la sécurité des travailleurs.

206. La mise en demeure doit être faite par écrit sur le registre de l'employeur ou par lettre recommandée avec accusé de réception. Elle est datée et signée. Elle précise la nature des manquements ou des dangers constatés et fixe le délai dans lequel ils devront avoir disparu. Ce délai ne pourra pas être inférieur à quatre jours francs, sauf urgence indiquée par l'inspecteur du travail et de la sécurité sociale. Les mises en demeure peuvent faire l'objet de recours.

2. Le tribunal du travail

207. Les tribunaux du travail connaissent des différends nés entre travailleurs et entre employeurs à l'occasion du travail, ainsi qu'entre les institutions obligatoires de sécurité sociale, leurs

[97] *Adde* : Convention n° 81 de l'OIT sur l'Inspection du travail.

bénéficiaires et les assujettis, à l'occasion de l'application du régime de sécurité sociale (*art. L. 229 C. trav.*).

Il est important de souligner la compétence du tribunal de travail lorsqu'une collectivité locale ou un établissement public est en cause, sans qu'il soit besoin d'observer les préalables prescrits en matière de procès contre ces personnes morales. Les actions récursoires des entrepreneurs contre les tâcherons relèvent également de la compétence de cette juridiction.

208. Suivant l'article 163 du Code de la sécurité sociale, les règles de procédure applicables devant les tribunaux du travail pour les questions relevant de la protection sociale sont celles prévues par le Code du travail. Sous ce rapport, le tribunal du travail statue en premier et dernier ressort, sauf du chef de la compétence et *lorsque le taux du litige ne dépasse pas* dix fois le montant mensuel du salaire interprofessionnel garanti ou *lorsque la demande a pour objet la remise de pièce par l'employeur.*

209. Le tribunal territorialement compétent, est, en principe celui du lieu d'exécution du travail. Ainsi, le travailleur n'est pas obligé de s'éloigner du ressort de son lieu de travail. C'est là un avantage par rapport à la règle du droit commun, règle selon laquelle le tribunal compétent est celui du domicile du défendeur. Cet avantage existe indifféremment que le travailleur soit défenseur ou demandeur.

Cependant, en cas de résiliation du contrat de travail, le travailleur a le choix entre le tribunal du lieu du travail et celui de sa résidence habituelle. Il faut toutefois que la résidence invoquée par le travailleur soit effective, le travailleur doit notamment établir qu'il a dans cette résidence habituelle des intérêts familiaux, moraux et matériels.

210. Le bénéfice de l'assistance judiciaire est accordé aux allocataires, aux victimes d'accident du travail et leurs ayants droit et aux attributaires des prestations en première instance et en appel. Le bénéfice de l'assistance judiciaire s'étend à tous les actes d'exécution mobilière et immobilière et à toute contestation relative à l'exécution des décisions judiciaires.

211. Pour terminer, il convient de préciser que l'article 160 du Code de la sécurité sociale a prévu la possibilité pour les parties de soumettre leurs litiges au conseil d'administration de la Caisse de sécurité sociale. Nonobstant la compétence de tribunaux, les travailleurs, les employeurs et la Caisse peuvent décider en cas de différend de s'en référer au conseil d'administration.

B./ Le contentieux pénal

212. Le Code de la sécurité sociale énumère toutes les infractions aux branches de risques qu'elle gère, les règles permettant la répression de ces infractions (**1**) ainsi que les sanctions qui leur sont applicables (**2**).

1. Les infractions au Code de la sécurité sociale

213. Le Code de la sécurité sociale incrimine plusieurs types d'infractions. On peut citer : la non-affiliation de l'employeur dans un délai de deux mois à compter du premier embauchage du salarié, la fraude ou la fausse déclaration pour obtenir ou tenter d'obtenir indûment des prestations, l'entrave à l'exercice des fonctions des inspecteurs du travail, contrôleurs du travail ou agents de la Caisse.

214. Les infractions aux dispositions du Code de la sécurité sociale sont constatées par les officiers de police judiciaire ou par les inspecteurs du travail par des procès-verbaux faisant foi jusqu'à preuve contraire.[98] Il y a récidive lorsque dans les deux ans antérieurs au fait poursuivi, le contrevenant a déjà subi une condamnation pour une contravention identique.

2. Les sanctions au Code de la sécurité sociale

215. Le Code de la sécurité sociale prévoit des peines principales. Il s'agit d'une amende et d'un emprisonnement ou de l'une des deux peines.

Ainsi, sera puni d'une amende de 3.000 à 20.000 F et en cas de récidive d'une amende de 20.000 à 75.000 F et d'un emprisonnement de 6 jours à 3 mois ou de l'une de ces deux peines seulement, tout employeur qui dans un délai de 2 mois à compter du premier embauchage du travailleur, ne sera pas affilié à la Caisse de sécurité sociale (*art. 169 C. séc. soc.*). De même, sera passible des peines prévues à l'article 379 du Code pénal toute personne qui, à quelque titre que ce soit, se sera rendue coupable de fraude ou de fausse déclaration pour obtenir ou tenter d'obtenir ou de faire obtenir des prestations qui ne sont pas dues (*art. 170 C. séc. soc.*).

---

[98] Article 176 du Code de la sécurité sociale.

216. Le Code de la sécurité sociale prévoit également des sanctions contre les administrateurs, dirigeants et tout autre agent de la Caisse de sécurité sociale qui auront commis des fraudes, soit en écriture, soit en gestion de fonds, ou qui se seront rendus coupables de détournement de fonds.

217. Sont nulles et de nul effet, les obligations contractées pour rémunération de services envers des intermédiaires qui se chargent moyennant émoluments convenus à l'avance, d'assurer aux travailleurs ou à leurs ayants droit le bénéfice de prestations en espèces ou en nature prévues par le Code de la sécurité sociale. À cet effet, sera puni d'une amende de 75.000 à 200.000 F :

- tout intermédiaire convaincu d'avoir offert les services relevant de la mission de la Caisse ;
- tout employeur ayant opéré sur le salaire de son personnel des retenues au titre des cotisations de prestations familiales ou des accidents du travail et maladies professionnelles.

218. L'article 174 du Code de la sécurité sociale punit d'une amende de 50.000 à 100.000 F et d'un emprisonnement de 15 jours à 3 mois, ou de l'une de ces deux peines seulement, toute personne qui se sera opposée ou aura tenté de s'opposer à l'exécution des obligations ou à l'exercice des pouvoirs qui incombent aux inspecteurs et contrôleurs du travail et de la sécurité sociale. Sera punie des mêmes peines toute personne qui se sera opposée à la mission des agents de la Caisse de sécurité sociale dûment habilités.

219. Des *peines accessoires* sont également prévues. Il en est ainsi de la fermeture de l'entreprise, de l'interdiction professionnelle et de l'interdiction d'exploiter l'entreprise par soi-même ou par personne interposée.

SECTION 2 : LES PRESTATIONS FAMILIALES

220. Dans les comptes de la protection sociale, figure le risque famille qui renvoie aux prestations familiales servies par la Caisse de sécurité sociale en vue d'atténuer les inégalités de niveau de vie entre les ménages qui assument la charge d'un ou de plusieurs enfants.[99] Ces prestations sont servies en nature ou en espèces.[100] Si le versement de chacune des prestations obéit à des règles particulières (**§ 2**), toutes sont soumises à des conditions communes d'attribution (**§ 1**).

§ 1 – Les règles communes aux prestations familiales

221. Les demandes de prestations familiales sont établies sur des imprimés fournis par la Caisse de sécurité sociale, accompagnés de pièces justificatives. Seules les pièces d'état civil délivrées conformément à la loi sont acceptées. Pour bénéficier des prestations familiales, trois conditions sont requises : l'exercice d'une activité salariée (**A**), des enfants à charge (**B**) et la résidence au Sénégal (**C**).

A./ L'exercice d'une activité salariée

222. La condition relative à l'exercice d'une activité salariée implique la qualité de travailleur (**1**) et une période de stage, c'est-à-dire un temps minimum d'activité (**2**).

1. La qualité de travailleur

223. La qualité de travailleur au sens de l'article 2 du Code du travail est indispensable pour bénéficier des prestations familiales. Le Code de la marine marchande reconnaît également cette qualité aux marins embarqués. Suivant l'article 421 de ce Code, les marins embarqués sur les navires sénégalais sont affiliés à une institution de sécurité sociale et ont droit aux prestations familiales du Régime Général sénégalais. Ceux embarqués sur des navires étrangers, bénéficient également des mêmes prestations à condition qu'il soit prévu dans leur contrat qu'ils sont affiliés à une institution de sécurité sociale du Sénégal et que le représentant de

---

[99] Les cotisations de prestations familiales sont à la charge des employeurs uniquement. Le taux de cotisation est fixé à 7 % dans la limite du plafond annuel des cotisations fixé 756.000 francs, soit 63.000 francs par mois.

[100] À l'origine, les prestations familiales avaient été envisagées en Afrique sous forme de prestations en nature (layettes, vêtements, nourriture, etc.). Le poids de l'exemple métropolitain a été tel qu'on s'est orienté vers le système des prestations en espèces. Cependant, il existe un fonds d'action sanitaire, sociale et familiale financé par la Caisse de sécurité sociale qui permet de servir, en sus des prestations en espèces des prestations en nature à la famille du travailleur. Ces prestations consistent, entre autres, au suivi médical de la mère et de l'enfant.

l'armateur domicilié au Sénégal verse effectivement les cotisations audit organisme.

224. Les travailleurs dont les enfants bénéficient d'un régime de prestations familiales plus favorable peuvent s'exonérer du Code de la sécurité sociale.

2. La durée de l'activité

225. Le travailleur doit justifier d'un certain nombre de mois de travail consécutifs pour avoir droit aux prestations familiales. Il doit justifier d'*un temps minimum de travail de 18 jours ou de 120 heures chaque mois pendant 3 mois consécutifs*. Ce temps de travail peut être étalé sur une période de deux ou trois mois dans les professions et les emplois comportant, en raison de leur nature, un horaire de travail intermittent ou irrégulier.

226. Suivant l'article 8 du Code de la sécurité sociale, le droit aux prestations familiales rétroagit à la date de recrutement. Par ailleurs, en *cas de cessation des droits*, et quelle qu'en soit la cause, les prestations familiales sont dues pour le mois entier au cours duquel la cessation intervient.

227. Le droit aux prestations familiales est maintenu pendant les périodes de suspension du contrat de travail, conformément à l'article L. 70 du Code du travail. Il en est ainsi dans les cas suivants :

- les absences pour congé payé ;
- les absences pour accident de travail ou maladie professionnelle ;
- dans la limite de six mois, les absences pour maladies dûment constatées par un certificat médical ;
- pour les femmes salariées, les périodes de congé de maternité prévues à l'article L. 143 du Code du travail ;
- dans les limites de un, deux ou six mois à l'exception de licenciement pour faute lourde, démission ou admission à la retraite, lorsque le travailleur est en chômage involontaire résultant de son licenciement et justifie au moment de ce licenciement respectivement de six, douze ou dix-huit mois et plus de présence continue dans l'entreprise ; dans ce cas, le licenciement doit être attesté par l'inspecteur du travail et de la sécurité sociale, au vu de la notification écrite de l'employeur prévue à l'article 62, 4ème alinéa du Code du travail.

De même, les veuves des allocataires et les travailleurs atteints d'une incapacité permanente totale à la suite d'un accident du travail et d'une maladie professionnelle, continuent à bénéficier des prestations familiales pour leurs enfants restés effectivement à leur charge. Les prestations familiales dont bénéficient les orphelins ou les enfants placés sous tutelle sont versées à la personne physique ou morale qui les a à sa charge.

B./ Les enfants à charge

228. Le droit aux prestations familiales est ouvert aux seuls enfants à charge. Il convient de préciser la notion d'enfant à charge (**1**) et les différentes catégories d'enfants à charge (**2**).

1. La notion d'enfant à charge

229. D'une manière générale, un enfant est à la charge d'une personne *lorsque celle-ci lui assure le logement, la nourriture, l'habillement, la responsabilité affective et éducative.* Suivant l'article 6 du Code de la sécurité sociale, est considérée comme ayant un enfant à charge, la personne qui *assure, de manière générale et permanente, le logement, la nourriture, l'habillement et l'éducation de l'enfant.*

230. La situation est différente pour la femme mariée. Celle-ci ne peut être considérée comme ayant à sa charge les enfants issus de son mariage *que lorsque son conjoint n'exerce aucune activité professionnelle rémunérée, soit en qualité de travailleur, soit en qualité de fonctionnaire.*

2. Les différentes catégories d'enfants à charge

231. Les enfants à charge peuvent être des enfants légitimes, légitimés, adoptés ou naturels. Sont considérés comme enfants à charge au sens de l'article 7 du Code de la sécurité sociale :

- les enfants issus du mariage du travailleur à condition qu'ils aient été inscrits sur les registres de l'état civil et que ce mariage ait été célébré ou constaté par l'officier de l'État civil ;
- les enfants ayant fait l'objet d'une adoption conformément à la loi ;
- les enfants de la femme salariée non mariée dont la filiation naturelle est établie par reconnaissance volontaire ou par jugement conformément à la loi ;

- les enfants dont la filiation naturelle, tant à l'égard du travailleur marié que de son épouse, est établie conformément à la loi.

232. En ce qui concerne les enfants naturels, l'article 7 du Code de la sécurité sociale fait mention uniquement des enfants naturels *a matre*, c'est-à-dire des enfants dont la filiation envers la mère est établie par reconnaissance volontaire ou par jugement. Les enfants naturels *a matre* ouvrent donc droit aux prestations familiales dès que leur filiation envers la mère est établie par reconnaissance volontaire ou par jugement. L'article 7 ne fait pas mention des enfants naturels *a patre*. Or, un père salarié peut bien reconnaitre sa paternité envers un enfant adultérin.[101]

C./ La résidence

233. La condition de résidence s'applique non seulement aux allocataires (**1**), mais également aux bénéficiaires (**2**).

1. La résidence des allocataires

234. L'allocataire est celui à qui est reconnu le droit aux prestations familiales pour ses enfants. C'est en général l'un des parents. Ainsi, est désignée comme *allocataire*, la personne physique résidant au Sénégal, qui assume la charge effective et permanente de l'enfant, quelle que soit sa situation familiale (isolée ou en couple), et sa nationalité, sous réserve pour les étrangers de satisfaire à des contions de régularité de séjour.

235. Les allocataires doivent avoir une résidence habituelle au Sénégal ou y séjourner principalement. Le travailleur doit résider au Sénégal, sauf lorsqu'il effectue à l'étranger un séjour temporaire pendant ses congés payés ou pour l'exercice de son activité professionnelle salariée pour le compte de son employeur. Ce séjour temporaire *doit être d'une durée de six mois maximum.* Cette exception s'applique également à ceux qui accomplissent à l'étranger un stage de formation ou de perfectionnement, quelle que soit la durée du stage.

Les travailleurs ayant leur résidence habituelle à l'étranger et accomplissant au Sénégal, pour l'exécution de leur contrat, un séjour temporaire de six mois, renouvelable une fois, ne peuvent prétendre aux prestions familiales de la Caisse sénégalaise de la sécurité sociale.

---

[101] Voir l'article 193 du Code de la famille du Sénégal.

2. La résidence des membres de la famille

236. Les conditions de résidence s'appliquent aussi aux enfants bénéficiaires des prestations familiales, c'est-à-dire aux enfants à charge. Ils doivent également résider au Sénégal.

Toutefois, le travailleur détaché conserve le bénéfice des prestations familiales pour ses enfants qui l'accompagnent dans le pays de détachement, à condition que la durée du détachement n'excède pas trois ans.[102] Au-delà de cette durée, à défaut d'obtenir une prolongation, il convient de se référer aux dispositions contenues dans les accords internationaux[103]. En effet, les conventions internationales de sécurité sociale peuvent ouvrir droit aux prestations lorsque les enfants à charge ne remplissent pas les conditions de résidence.[104]

§ 2 – Les règles spécifiques aux prestations familiales

237. Les prestations dues au titre de la branche des prestations familiales sont : les allocations prénatales, les allocations de maternité, les allocations familiales, les indemnités journalières de congé de maternité, les prestations en nature et, éventuellement, toute autre prestation instituée par la loi. Il s'agit principalement des prestations en espèces qui peuvent être regroupées, suivant qu'elles sont servies pendant la grossesse (**A**) ou après l'accouchement (**B**).

A. / Les prestations servies pendant la grossesse

238. Deux types de prestations sont servies pendant la grossesse : les allocations prénatales (**1**) et les indemnités journalières de congé de maternité (**2**).

---

[102] Un certificat de détachement est délivré à cet effet par la Caisse de sécurité sociale.

[103] Dans le cadre de la Convention Franco-Sénégalaise de sécurité sociale, la Caisse de sécurité sociale verse des prestations familiales aux épouses et enfants restés au Sénégal des ressortissants sénégalais exerçant une activité professionnelle en France.

[104] Voir l'article 18 de la Convention Franco-Sénégalaise de sécurité sociale.

1. Les allocations prénatales

239. Les allocations prénatales sont des prestations dont le but n'est pas seulement d'encourager la natalité, mais aussi de généraliser la surveillance médicale des grossesses et d'assurer aux futures mères de meilleures conditions d'hygiène et de santé. Il convient de présenter les conditions d'attribution (**a**) et les modalités de paiement (**b**).

a) Les conditions d'attribution

240. Les conditions d'attribution renvoient aux conditions générales relatives à l'allocataire et aux conditions spécifiques. L'allocation prénatale est une prestation allouée aux femmes salariées ou aux conjoints des travailleurs en état de grossesse. Selon l'article 15 du Code de la sécurité sociale, le droit aux allocations prénatales est ouvert aux personnes ci-après :

- la femme conjointe d'un travailleur salarié,
- la femme salariée non mariée et,
- la femme salariée dont le mari n'exerce aucune activité professionnelle rémunérée, à compter du jour où l'état de grossesse est déclaré et jusqu'à l'accouchement.

241. Outre les conditions générales relatives à l'allocataire, deux conditions spécifiques sont exigées : une *déclaration de grossesse*, les *examens médicaux*. La grossesse doit être déclarée à la Caisse de sécurité sociale dans les trois premiers mois de la grossesse par la femme qui lui remet un certificat médical établissant son état. Les allocations sont dues pour les neufs mois précédant la naissance.

La femme en état de grossesse doit également subir des examens médicaux à des moments déterminés pour pouvoir bénéficier des allocations prénatales. Elle doit subir au moins trois visites : le premier avant la fin du troisième mois de grossesse, le second vers le sixième mois et le troisième vers le huitième mois. Tous ces examens sont constatés par des volets correspondants du carnet de grossesse et de maternité. Ils permettent le paiement des allocations.

b) Les modalités de payement

242. Les allocations prénatales sont payées à la mère, en trois fractions, sur présentation des volets du carnet de grossesse et de maternité. Elles sont payées à raison de :

- deux mensualités avant le troisième mois de la grossesse ;
- quatre mensualités vers le sixième mois de la grossesse ;
- trois mensualités vers le huitième mois de la grossesse.

En cas de non-respect des prescriptions relatives aux visites médicales obstétricales périodiques, le versement de tout ou fraction de l'allocation correspondante est supprimé.

243. L'allocation prénatale est versée à la mère, quel que soit le nombre de ses enfants. Il n'y a pas de limitation.

2. Les indemnités journalières de congé de maternité

244. Durant la période de congé de maternité[105], la femme a droit, dans les conditions (**a**) et modalités (**b**) prévues par la législation de la sécurité sociale, *à un régime spécial d'assistance en vue d'assurer à la fois sa subsistance et les soins nécessités par son état.*

a) Les conditions d'attribution

245. Le droit aux indemnités journalières de congé de maternité est ouvert exclusivement à la *femme salariée enceinte.* Les femmes non salariées ne sont donc pas concernées.

246. L'indemnité journalière est due pendant la durée du congé de maternité qui ne peut excéder six semaines avant la date présumée de l'accouchement et huit semaines après l'accouchement, soit quatorze semaines. En cas de maladie dûment constatée par le médecin traitant et résultant de la grossesse ou des couches, le congé de maternité peut être prolongé jusqu'à concurrence de trois semaines ou vingt-un jours au maximum.

247. Pour bénéficier des indemnités journalières de congé de maternité, la femme salariée doit au moment du départ en congé de maternité remplir une demande d'indemnités de congé de maternité fournie par la Caisse et présenter les pièces ci-après :

- une attestation de travail signée par l'employeur ;
- un certificat médical de grossesse ;
- une attestation d'arrêt de travail pour congé de maternité signée par l'employeur ;

---

[105] À l'occasion de son accouchement, et sans que cette interruption de service puisse être considérée comme une cause de rupture de contrat, toute femme a le droit de suspendre son travail pendant quatorze semaines consécutives, dont huit semaines postérieures à la délivrance (*art. L. 143 du C. trav.*).

- le dernier bulletin de salaire

248. En cas de prolongation du congé de maternité, la femme salariée doit produire : un certificat médical précisant que la prolongation est en rapport avec la grossesse ou les couches et une attestation de non reprise de travail signée par l'employeur. Au moment de la reprise du travail, une attestation de reprise de travail est signée par l'employeur.

b) Les modalités de paiement

249. Le montant de l'indemnité journalière *est égal au salaire effectivement perçu lors de la dernière paye*, y compris toutes les indemnités inhérentes à la nature du travail. Sont donc exclus les indemnités ayant un caractère de remboursement de frais. Le montant de l'indemnité est égal à autant de fois le salaire journalier qu'il y a de jours, ouvrables ou non, pendant la durée de la suspension du travail.

250. La périodicité et les modalités de paiement des indemnités journalières varient suivant les cas.[106] Les indemnités journalières sont payées :

- soit par période de 30 jours ;
- soit à l'expiration des six semaines avant l'accouchement ;
- soit à l'expiration des huit semaines après l'accouchement ;
- soit à l'expiration du congé supplémentaire de trois semaines.

251. Les indemnités journalières étant destinées à suppléer l'absence de ressources, le repos de la femme en couches est soumis au contrôle de la Caisse. À cet effet, elles pourront être supprimées pendant la période au cours de laquelle la Caisse est mise dans l'impossibilité d'effectuer le contrôle par le fait de la femme. En conséquence, si une allocataire désire se rendre à l'étranger pendant la période de congé de maternité, elle doit en informer au préalable la Caisse de sécurité sociale.

B. / Les prestations servies après l'accouchement

252. Deux types d'allocations, destinées à pourvoir à l'entretien de l'enfant, sont versées après la naissance, mais à

---

[106] Les indemnités journalières sont payées : *par virement bancaire* à la demande de l'allocataire, par chèque si le montant est supérieur à 100.000 francs, *au niveau des caisses de l'Agence ou de l'Établissement du ressort.* L'indemnité est payée à *l'employeur* si ce dernier a maintenu le salaire durant le congé de maternité, *sous réserve qu'il soit à jour de ses cotisations.*

l'occasion de celle-ci. Ce sont les allocations de maternité (**1**) et les allocations familiales (**2**).

1. Les allocations de maternité

253. Les allocations de maternité *sont des prestations destinées à aider la mère à soigner son enfant durant les deux premières années de sa vie.* Il convient d'examiner les conditions d'attribution (**a**) et les modalités de paiement (**b**).

a) Les conditions d'attribution

254. Suivant l'article 18 du Code de la sécurité sociale, le droit aux allocations de maternité est ouvert à toute *femme conjointe d'un travailleur*, à toute *femme salariée non mariée* et à toute *femme salariée dont le mari n'exerce aucune activité professionnelle rémunérée* qui donne naissance, sous contrôle médical, à un enfant né viable et inscrit sur les registres de l'état civil. Ce droit naît du jour de la naissance jusqu'au deuxième anniversaire de l'enfant.

255. Il peut arriver que la mère mette au monde plus de deux enfants en un seul accouchement. Dans ce cas, chaque naissance est considérée comme une maternité distincte.

256. Les allocations sont payées à la mère sur présentation des pièces suivantes :

- le certificat d'accouchement et l'extrait d'acte de naissance de l'enfant ;
- le volet du carnet de maternité des 6ème, 12ème, 18ème et 24ème mois constatant que les visites périodiques ont été régulièrement subies par l'enfant.

Les visites doivent être effectuées tous les deux mois pendant la première année et tous les trois mois pendant la deuxième année. Toute visite non subie fait perdre le bénéfice de la fraction correspondante de l'allocation de maternité.

b) Les modalités de paiement

257. Les allocations de maternité sont payées à la mère de l'enfant. Elles sont payées en cinq (5) fractions :

- six mensualités à la naissance ou immédiatement ;
- six mensualités à l'âge de six mois ;
- six mensualités à l'âge de douze mois ;
- trois mensualités à l'âge de dix-huit mois ;

- trois mensualités à l'âge de vingt-quatre mois.

258. Le versement des allocations de maternité est subordonné au contrôle médical de l'accouchement et à la surveillance médicale du nourrisson. La mère doit donc produire, au moment du versement, un certain nombre de documents. Il s'agit des pièces suivantes :

- un certificat d'accouchement ;
- l'extrait de l'acte de naissance de l'enfant ;
- le volet du carnet de maternité des sixième, douzième, dix-huitième et vingt-quatrième mois constatant que l'enfant a subi les visites médicales périodiques, *la périodicité de ces visites* est de *deux mois durant la première année*, de *trois mois pendant la seconde*. Toute visite non subie fait perdre le bénéfice de la fraction correspondante de l'allocation de maternité.

259. Le montant de l'allocation de maternité est fixé par enfant, sans limitation du nombre d'enfants.

2. Les allocations familiales

260. Les allocations familiales ont *pour but de compenser, dans une mesure plus ou moins grande, la charge financière qui résulte de l'entretien et de l'éducation des enfants.*[107] Il convient d'examiner les conditions d'attribution (**a**) et les modalités de paiement (**b**) de cette prestation.

a) Les conditions d'attribution

261. L'allocation familiale, qui constitue le vaisseau amiral de l'ensemble des prestations familiales, est servie au travailleur pour chacun des enfants à sa charge, âgé de plus de deux ans, et de moins de quatorze ans. La limite d'âge peut être portée à *dix-huit ans pour l'enfant placé en apprentissage*, et à *vingt-et-un ans pour celui qui poursuit des études* ou qui, *par suite d'infirmité ou de maladie incurable*, est dans l'impossibilité de se livrer à un travail salarié.

Le bénéfice de l'allocation familiale est exclu aux enfants à charge titulaires d'une bourse entière d'études.

---

[107] Julien DAMON, « De l'allocation familiale au premier enfant à l'allocation par enfant : la forfaitisation des allocations familiales », *Droit social*, n° 12, 2007, pp. 1270-1277.

262. Le droit aux allocations familiales se prescrit par douze mois à compter de la date de leur échéance.

b) Les modalités de paiement

263. Les allocations familiales sont payables à l'allocataire (père, mère ou personne ayant la charge de l'enfant) *à terme échu et à intervalles réguliers ne dépassant pas trois mois*. Elles sont dues à partir du premier jour du mois qui suit le deuxième anniversaire de la naissance.

264. Le nombre d'enfants ouvrant droit aux allocations familiales est limité à six. Lorsqu'un enfant n'ouvre plus droit aux allocations familiales, il peut être remplacé par un autre de la famille (dans la limite de six).

265. Au moment du payement de ces allocations, il faut présenter certains documents. Le versement des allocations familiales est subordonné à la production périodique de certaines pièces :

- chaque trimestre : un bulletin de présence rempli par l'employeur ;
- chaque année : les certificats médicaux pour les enfants de moins de 15 ans non scolarisés et les enfants infirmes, les certificats de scolarité pour les enfants scolarisés, les certificats d'assiduité pour les enfants placés en apprentissage, un certificat de vie pour les enfants.

266. Le montant des allocations familiales est fixé par enfant et par mois.[108]

SECTION 3 : LES ACCIDENTS DU TRAVAIL ET LES MALADIES PROFESSIONNELLES

267. Les conditions de travail peuvent favoriser la survenue d'accidents ou affecter l'état de santé du salarié. Une bonne politique de prévention permet de réduire les risques professionnels.[109] Il convient de présenter les différents risques professionnels couverts par la Caisse de sécurité sociale (**§ 1**) et leurs modalités de réparation (**§ 2**).

---

[108] Depuis 2015, la mensualité est fixée à 2600 francs par enfant, soit 7.800 francs par trimestre et par enfant.

[109] Voir H.-J. TAGUM FOMBENO, *Santé été sécurité au travail en Afrique – Aspects juridiques et pratiques*, Ed. l'Harmattan, 2019, p. 85 et s.

§ 1 – Les différents risques professionnels couverts

268. Trois types d'événements sont susceptibles de déclencher la réparation. Il s'agit des accidents du travail (**A**), des accidents de trajet (**B**) et des maladies professionnelles (**C**).

A./ L'accident du travail

269. Est considéré comme accident du travail, quelle qu'en soit la cause, *l'accident survenu par le fait ou à l'occasion du travail* à toute personne salariée ou travaillant à quelque titre ou en quelque lieu que ce soit, pour un ou plusieurs employeurs ou chefs d'entreprise.[110] Pour être qualifié d'accident du travail, il faut trois critères : une origine professionnelle (**1**), un événement soudain (**2**) et une lésion corporelle ou psychique (**3**).

1. Une origine professionnelle

270. L'origine professionnelle est le premier critère qui permet de qualifier un accident d'accident du travail. L'accident doit être survenu « *par le fait ou à l'occasion du travail* », c'est-à-dire *lorsque l'employé se trouve soumis à l'autorité ou la surveillance de l'employeur.*[111] Si l'accident a lieu dans les locaux de l'entreprise, il est présumé professionnel. C'est la *présomption d'imputabilité.*

271. En règle générale, lorsque l'accident se produit aux temps et lieu de travail, il est présumé imputable au travail, sauf les cas de soustraction du travailleur à l'autorité de l'employeur, désobéissance et autres sorties non autorisées. L'aire d'autorité de l'employeur s'étend aux dépendances, parkings et autres réfectoires où l'employeur exerce son pouvoir de direction. À cet effet, les agressions, les bagarres, les intoxications, l'ivresse, le suicide (ou tentative de suicide), les viols et les comportements sexuels indésirables au travail n'excluent pas l'application de la législation sur les accidents du travail, sauf si on peut prouver que

---

[110] Voir l'article 33 du Code de la sécurité sociale

[111] Voir : – C.S. Madagascar, Formation de contrôle, ch. civ. & soc., 4 octobre 2002, n° 21/99-SOC, *La Société SNTPI c./ Razanamalala Marie Perline.* – C.S. Niger, 14 mai 1992, n° 1992 CS 16 (JN) : L'accident dont a été victime Alio Bankoula, n'ayant eu lieu ni au cours, ni à l'occasion du travail, ni au temps, ni au lieu du travail, ni pendant le trajet résidence/lieu de travail, ne peut constituer un accident de travail au sens des lois sociales en vigueur. – Afrique du Sud : *Leemhuis & Sons v Havenga*, 1938 TPD 524 at 526.

les faits n'ont aucun rapport avec l'exécution du contrat de travail ou qu'il n'y a plus de lien avec le travail.

En Afrique du Sud, le tribunal a jugé qu'un agent de police qui avait abattu par négligence un collègue alors qu'il jouait avec un pistolet de service, agissait dans le cadre de son emploi.[112] Par contre, dans une autre affaire où un policier avait intentionnellement tiré sur un collègue qui l'avait critiqué à propos d'une liaison extra conjugale, le tribunal a conclu que l'employé n'avait pas agi dans le cadre de son emploi malgré le fait qu'il était de service.[113]

272. Les accidents survenus alors que le salarié n'est plus sous la subordination de l'employeur ne sont pas des accidents du travail. Des difficultés peuvent se poser en ce qui concerne les travailleurs qui, en raison de la nature de leurs fonctions, sont amenés à travailler en dehors de l'entreprise. Il en est ainsi des chauffeurs itinérants, ouvriers de travaux publics, etc. *Dans ce cas, il est fait application par la jurisprudence du critère de l'acte indépendant du travail.* Si l'accident résulte des conditions ou de l'exercice du travail même, la législation professionnelle aura vocation à s'appliquer. Ce n'est pas le cas lorsque l'accident survient alors que le salarié satisfait à des actes nécessités par la vie courante (actes d'ordre privé).

Ainsi, un accident survenu à une personne qui satisfait à des actes nécessités par la vie courante ne rentre pas, en principe, dans le cadre de la législation professionnelle. En tout état de cause, il s'agit d'une question qui relève du pouvoir souverain d'appréciation des juges du fond. De même, le contrat de travail d'un salarié en congé, en grève ou mis à pied est par définition suspendu ; le lien de subordination hiérarchique aussi. Cela signifie qu'un accident qui se produit pendant une grève, par exemple, ne peut pas être qualifié d'accident du travail, même s'il se produit sur le lieu de travail.

273. Si le salarié est victime d'un *accident au cours d'une mission*, d'un *déplacement professionnel* dont les frais sont mis à la charge de l'employeur par les textes en vigueur, il bénéficie également de la législation protectrice car l'accident est survenu dans le cadre de son activité professionnelle.[114] Il s'agit des voyages

---

[112] *Minister of Justice v Khoza*, 1966 1 SA 410 (A).

[113] *Twalo v Minister of Safety and Security & another*, 2009 30 ILJ 1578 (CK).

[114] Article 33, 3° du Code de la sécurité sociale. En France, la jurisprudence est hésitante sur la question d'acte étranger au service. Récemment, la Cour d'Appel de Paris a considéré que l'arrêt cardiaque d'un salarié intervenu en mission de déplacement professionnel, vers 22 heures, après avoir eu une

et déplacements effectués en vertu des articles L. 108, 156 et 157 du Code du travail. Les temps et lieu de la mission doivent être assimilés aux temps et lieu du travail. Par conséquent, l'accident survenu pendant le déplacement du salarié ou au cours de la mission est un accident du travail.

2. Un événement soudain

274. Le *fait accidentel* est celui caractérisé par *une action soudaine génératrice d'une lésion.* La soudaineté permet de dater, d'identifier l'événement dans le temps et dans l'espace. Un accident, quel qu'il soit, est par définition un événement inattendu et fortuit. Le critère de soudaineté a pour intérêt de distinguer l'accident de la maladie, qui est la résultante d'un processus évolutif, de sorte que pour qu'il y ait accident, il faut une date certaine.[115]

275. L'action soudaine doit générer une lésion, car autant le développement d'une pathologie propre à une personne est exclusif de la législation professionnelle, autant la révélation ou l'aggravation d'un état préexistant rentre dans ce cadre. Le caractère répétitif et évolutif des troubles exclut la qualification d'accident du travail. Toutefois, si les troubles découlent d'une lésion dont l'origine remonte à un accident survenu aux temps et lieu du travail, la qualification d'accident du travail peut être retenue.

Ainsi, en dehors des événements traumatiques les plus courants, des lésions comme une hernie inguinale, un infarctus du myocarde, une surdité qui survient à la suite d'une explosion, peuvent être reconnus en accident du travail. De même, un suicide peut dans certains cas être reconnu en accident du travail lorsqu'il est la conséquence directe, médicalement reconnue de troubles neuropsychiatriques intervenus dans les suites

---

relation sexuelle avec une femme rencontrée le soir constitue un accident du travail (Paris, 17 mai 2019, n° 16-08787). Les juges semblent avoir abandonné la distinction entre l'exécution de la mission proprement dite et l'acte de la vie courante. Une présomption est donc créée en faveur du salarié en mission.

[115] Exemple : Monsieur Martin est peintre dans une société de la place. Le jeudi 2 janvier 2020 à 11h30, il fait une chute d'un échafaudage, tombe et se casse la jambe droite. La date et l'heure sont certaines et l'évènement est soudain. Il s'agit d'un *accident.* Au cours de son activité professionnelle, le même Martin a été en contact avec des produits chimiques. Ces contacts répétés ont entraîné des problèmes de respiration. Il n'y a pas d'évènement soudain ou de *date certaine*, mais une série d'expositions, il s'agit donc d'une maladie.

immédiates d'une agression professionnelle. Il faut établir la preuve du lien direct du suicide et du travail.[116]

276. Les tribunaux ont parfois apprécié ce critère de soudaineté avec une certaine souplesse en vue de suppléer à l'insuffisance de la liste des maladies professionnelles.[117] En France, le bénéfice de la législation sur les accidents du travail a été reconnu à un salarié qui a été victime d'une crise de paludisme, pendant un week-end, dix jours après une mission professionnelle en Afrique. Dans cette curieuse affaire, les juges ont admis que la lésion consécutive à une piqûre de moustique constitue un accident du travail.[118] Cette décision est critiquable, car si le fait générateur de la crise de paludisme est soudain, ce n'est pas le cas de l'affection.

3. Une lésion corporelle ou psychique

277. L'événement à l'origine de l'accident doit produire des dommages corporels ou psychiques, quelle que soit leur importance. Ainsi, si un salarié heurte sa tête contre une table de réunion sans que cela engendre une blessure, il ne s'agit pas d'un accident mais d'un incident.

278. La lésion doit être la conséquence de l'accident survenu du fait ou à l'occasion du travail.[119] Elle peut être une blessure

---

[116] Marie-Adélaïde FAVOT et Pascal BURCHKALTER, « Suicide lié au travail, Enjeux juridiques et pistes de réflexion sur les moyens de prévention », *Les Cahiers du DRH* n° 181, novembre 2011, p. 47. Voir aussi C.S. Mali, Section judiciaire, 12 septembre 2005, *Entreprise COVEC c./ Yacouba KONE*, n° 26 : Pour casser l'arrêt attaqué, la Cour a considéré que le certificat médical manuscrit produit par le défendeur qui indique que la pathologie du patient pourrait être en rapport avec le traumatisme rachidien ne permet pas non plus d'être fixé sur la survenance d'un accident du travail.

[117] Michel VOIRIN, « De la responsabilité civile à la sécurité sociale pour la réparation des dommages corporels : Extension ou disparition de la branche accidents du travail », *Revue internationale de droit comparé*, Vol. 31 n° 3, Juillet-septembre 1979, p. 547.

[118] Cass. soc., 17 janvier 1991, n° 89-13.703. Voir aussi, Cass. soc., 3 janvier 1952, Bull. civ. IV, n° 12 : Décès à la suite d'une piqûre de guêpe ou d'abeilles.

[119] C. Cass. Sénégal, ch. soc. 13 avril 1994, n° 33, *Ibrahima TOURE C./ SOTRAC et La Caisse de sécurité sociale*, Bulletin des arrêts de la Cour de Cassation du Sénégal : « Attendu que l'arrêt de la Cour, qui après avoir relevé que TOURE a subi une injection ayant entraîné un abcès, estime par la suite que telle lésion n'est pas un accident du travail, ni plus ni moins dénaturé les faits. Qu'en effet, le lien de causalité entre l'injection reçue et l'abcès qui en est résulté étant indiscutable, il ne fait pas de doute qu'il existe bel et bien un accident du travail lié sinon aux lésions, du moins à l'injection qui en est la cause… »

consécutive à l'action d'une machine, d'un outil ou plus généralement d'un objet. Elle peut aussi provenir de l'environnement de travail du salarié (bruit, froid, chaleur, lumière, agents chimiques) dès lors qu'une origine et une date certaines peuvent être assignées aux lésions. Il en est ainsi, par exemple, de lésions auditives révélées par des acouphènes survenus chez un salarié le jour même où il a été soumis à des traumatismes sonores répétés.

279. La lésion n'est pas limitée à celle de blessure ou de traumatisme. Elle peut être aussi bien d'ordre mental que physique. À cet effet, peuvent être reconnus comme accident du travail : les agressions conduisant à un stress post traumatique, les cas de harcèlement moral conduisant à une dépression soudaine ou le suicide.

B./ L'accident de trajet

280. Dans le contexte actuel de beaucoup de pays africains où les villes s'accroissent démesurément, les salariés résident de plus en plus loin de leur lieu de travail. Chaque jour, pour se rendre à leur lieu de travail, ils doivent composer avec des conditions de circulation difficiles voire périlleuses. La protection en cas d'accident de trajet, même si elle répond à un besoin de plus en plus grand, soulève une série de questions liées précisément à la définition du trajet sur lequel se produit l'accident (**1**), aux interruptions et détours du trajet (**2**) et au moment de l'accident (**3**).

1. La définition du trajet

281. De manière générale, le législateur sénégalais définit l'accident de trajet comme *celui survenu sur les parcours aller et retour entre la résidence du salarié et le lieu du travail.* Il peut s'agir d'une résidence principale, d'une résidence secondaire présentant un caractère de stabilité ou tout autre lieu où le travailleur se rend de façon habituelle pour des motifs d'ordre familial. La résidence si elle n'est pas principale doit au moins présenter une certaine stabilité.

282. A l'aller, le trajet commence dès que le salarié *quitte la sphère où est fixée sa vie privée,* c'est-à-dire son domicile, sa résidence secondaire, et s'arrête dès qu'il *rentre dans la sphère d'autorité de l'employeur.* La sphère d'autorité de l'employeur comprend l'entreprise et ses dépendances, parking, réfectoire, vestiaires, etc. Au retour, les points de départ et d'arrivée sont inversés.

Par conséquent, un accident qui se produit au domicile du salarié, avant le commencement du trajet, est un accident de droit commun et n'est pas couvert par la législation sur les accidents de travail. Dès que le seuil de l'entreprise ou de ses dépendances est franchi, l'accident qui se produit est un accident du travail proprement dit et non un accident de trajet.

283. Le mode de déplacement importe peu. Ainsi, l'accident survenu à un travailleur à pied, à bicyclette, à moto ou en voiture pendant le trajet de sa résidence habituelle au lieu du travail et vice versa, dans la mesure où le parcours n'a pas été interrompu ou détourné pour des motifs personnels ou indépendants du travail est un accident du travail.

2. Les interruptions du trajet et les détours

284. Le salarié ne bénéficie de la couverture de la législation sur les accidents du travail que si le parcours *n'a pas été interrompu ou détourné pour un motif dicté par l'intérêt personnel ou indépendant de l'emploi.* Le trajet ne doit pas être interrompu. En cas d'interruption du trajet, le salarié n'est pas protégé. Ainsi, l'accident qui survient dans une banque où le salarié s'est arrêté au retour de son travail, ne constitue pas un accident du travail.

285. Le trajet ne doit pas faire l'objet de *détour.* Toutefois, un détour peut être admis s'il est motivé par des nécessités de la vie courante.[120] Il en est ainsi lorsque le salarié fait un détour pour poster sa déclaration fiscale, pour aller chercher les enfants à l'école ou pour acheter des médicaments. La jurisprudence s'adapte aux évolutions sociales.

286. Le trajet protégé *doit être normal,* c'est-à-dire le plus court possible, mais il n'est pas nécessaire qu'il soit direct. Par conséquent, un travailleur qui change de trajet pour emprunter un trajet plus long en raison d'une grève violente sur son trajet habituel bénéficiera, en principe, de la législation sur les accidents du travail. Dans tous les cas, il s'agit une fois de plus d'une question qui relève de l'appréciation souveraine des juges du fond. Ils font une appréciation *in concreto,* c'est-à-dire au cas par cas.

---

[120] Le détour peut également avoir un lien avec l'emploi, dans ce cas il s'agit d'un accident de trajet. Il en est ainsi d'un accident qui survient à un salarié qui rejoint son domicile après avoir fait un détour pour assister à une réunion syndicale après le travail dans les locaux de l'entreprise.

3. Le moment de l'accident

287. Le salarié n'est protégé que si l'accident survient dans un *temps normal avant le début ou après la fin du travail.* La normalité s'apprécie dans l'*espace* et dans le *temps.* Ainsi, un salarié dont la résidence se situe à deux kilomètres de son lieu de travail, et qui est victime d'un accident sur le trajet entre son lieu de travail et sa résidence trois heures après la fermeture des bureaux, ne peut valablement se prévaloir de la législation sur les accidents du travail. Il en serait autrement s'il justifie qu'en raison par exemple du débrayage des étudiants, les routes étaient barrées et il n'a pu rejoindre facilement sa résidence.

288. Le salarié *doit effectuer le trajet pour des raisons professionnelles.* Autrement dit, le *déplacement doit présenter un lien suffisant avec le travail.* Ainsi, le salarié en congé maladie, victime d'un accident alors qu'il se rend de sa résidence à l'entreprise pour récupérer un courrier ne peut invoquer l'accident de trajet, car son contrat de travail est suspendu. Il en est de même du salarié qui se déplace dans l'entreprise alors qu'il est en grève.

C./ Les maladies professionnelles

289. Une maladie professionnelle renvoie à un état pathologique résultant de l'exposition à un risque, auquel est exposé un salarié sur son poste de travail.[121] Contrairement à l'accident du travail, les textes ne fournissement pas une définition exhaustive de la maladie professionnelle. Si pour certaines maladies, l'origine professionnelle est présumée, pour d'autres, la preuve du caractère professionnel doit être établie. On distingue les maladies professionnelles proprement dites (**1**) et les maladies à caractère professionnel (**2**).

1. Les maladies professionnelles proprement dites

290. Selon l'article 34 du Code de la sécurité sociale, les maladies professionnelles sont des maladies figurant dans les

[121] Selon le Protocole de 2002 relatif à la convention n° 155 sur la sécurité et la santé des travailleurs, 1981, l'expression « maladie professionnelle » désigne toute maladie contractée à la suite d'une exposition à des facteurs de risque résultant d'une activité professionnelle.

tableaux des maladies professionnelles[122]. Il s'agit de *toute maladie désignée dans un tableau de maladies professionnelles et contractée dans les conditions mentionnées à ce tableau.* Ces tableaux mentionnent, d'un côté, *les affections considérées comme professionnelles*, de l'autre, *la durée d'incubation, appelé délai de prise en charge, et les travaux susceptibles de les provoquer.*

291. Si, en général, le régime de prise en charge au titre des maladies professionnelles reprend celui des accidents du travail, il n'en demeure pas moins que les textes ont établi certaines conditions médicales, techniques et administratives qui doivent être remplies pour qu'une maladie puisse être légalement reconnue comme maladie professionnelle. *En principe seules les maladies désignées dans un tableau peuvent faire l'objet d'une prise en charge au titre de la législation professionnelle et sous réserve que les conditions de travaux effectués par la victime et de délai de prise en charge, édictées par ces mêmes tableaux soient remplies.*

292. Les tableaux précisent la pathologie (les symptômes et/ou les lésions), le délai dans lequel il faut la déclarer[123] et les travaux exposant à celle-ci. Dans le système des tableaux, le travailleur bénéficie de la présomption d'origine (ou *présomption d'imputabilité*) si sa maladie, le délai de prise en charge, éventuellement la durée d'exposition, et sa profession répondent aux critères imposés par le tableau. Concrètement, l'affection du salarié sera automatiquement "*présumée*" d'origine professionnelle, sans qu'il soit nécessaire d'en établir la preuve.

293. L'inconvénient du système des listes ou tableaux est qu'il ne couvre qu'un certain nombre de maladies professionnelles. Toutefois, ce système a l'avantage d'énumérer les maladies pour lesquelles il existe une présomption d'origine professionnelle, ce qui est important dans la mesure où il souvent très difficile de prouver qu'une maladie est directement imputable à la profession de la victime. En outre, il offre l'avantage d'indiquer clairement sur quoi doit porter la prévention.

---

122 Arrêté interministériel n° 006048/MTFP/DTS du 24 juillet 1991 portant tableaux des maladies professionnelles. Voir l'Annexe 3 de l'ouvrage.

123 Ce délai de prise en charge représente la période d'incubation de la maladie après la fin de l'exposition au risque. C'est le délai maximal écoulé entre la fin de l'exposition et la première constatation médicale de l'affection. Il est très variable selon les maladies puisqu'il peut s'étendre de quelques jours pour des affections aiguës à plusieurs dizaines d'années pour des cancers.

2. Les maladies à caractère professionnel

294. Certaines maladies ne répondent pas à toutes les conditions d'un tableau ou n'y figurent pas. Il en est ainsi des pathologies liées au stress, par exemple une dépression professionnelle réactionnelle, des affections de l'appareil musculaire et du squelette causées par des mouvements répétitifs. Le principe d'une liste étant restrictif, l'article 35 du Code de la sécurité sociale a ouvert la possibilité d'une présomption d'imputabilité au titre de la maladie professionnelle.

295. Lorsqu'une personne ne remplit pas toutes les conditions fixées par les tableaux concernant le délai de prise en charge, la durée d'exposition au risque, la nature des travaux effectués, elle peut néanmoins faire reconnaître l'origine professionnelle d'une maladie. Il suffit d'*établir que cette maladie est directement causée par le travail habituel de la victime.* Le Code de la sécurité sociale est muet sur le sort des maladies non désignées dans le tableau de maladies professionnelles. Or, cette maladie peut être, essentiellement et directement, causée par le travail habituel de la victime.

296. Lorsqu'il existe une relation de cause à effet entre une exposition professionnelle et une maladie donnée, cette maladie devrait être considérée comme une maladie professionnelle aussi bien sur le plan médical que juridique.[124] À ce sujet, la Convention n° 121 de l'OIT, sur les prestations en cas d'accidents du travail et de maladies professionnelles, invite les États à se munir d'un système permettant d'établir l'origine professionnelle des maladies hors liste.[125] Le paragraphe 6 (1) de la Recommandation n° 121 sur les prestations en cas d'accidents du travail et de maladies professionnelles, 1964, indique que tout Membre « *devrait, dans des conditions prescrites, reconnaître comme maladies professionnelles les maladies dont il est connu qu'elles résultent de l'exposition, dans des procédés, activités ou occupations, à des substances ou à des dangers inhérents à ces procédés, activités et occupations* ».

---

[124] *Pour aller plus loin* : – Mathieu BABIN, « Les logiques de reconnaissance des maladies professionnelles », *Dr. soc.* 1998, 673. – Patrick LEROY, « L'introduction du système mixte de reconnaissance des maladies professionnelles », *Dr. ouv.*, juin 1993, p. 199 et s. – Yves SAINT-JOURS, « La reconnaissance des maladies professionnelles depuis la loi n° 93-121 du 27 janvier 1993 (une réforme en trompe l'œil) », *D. 94*, Chroniques, p.58.

[125] Convention ratifiée par le Sénégal le 25 avril 1966.

297. Pour permettre la mise à jour des tableaux des maladies professionnelles reconnues, l'article 131 du Code de la sécurité sociale fait obligation aux médecins de déclarer à la Caisse et aux inspecteurs du travail toute maladie ayant à leur avis un caractère professionnel, qu'elle soit ou non mentionnée aux tableaux précités. La déclaration indique la nature de l'agent nocif à l'action duquel elle est attribuée ainsi que la profession du malade.

§ 2 – La réparation des risques professionnels

298. En cas d'accidents en relation avec le travail ou de maladies professionnelles, la procédure de réparation doit être immédiatement déclenchée (**A**). L'indemnisation est forfaitaire et correspond uniquement à certains postes de préjudices, sauf en cas de faute inexcusable de l'employeur. Il faut donc distinguer les effets de la réparation de base (**B**) des effets de la réparation complémentaire (**C**).

A./ La procédure de réparation

299. La procédure de réparation se déroule en deux phases. La première phase consiste à déclarer l'accident ou la maladie (**1**). La seconde phase consiste à prendre en charge l'accident ou la maladie après des enquêtes et contrôles (**2**).

1. La déclaration

300. Les formalités de déclaration d'un accident du travail ou d'une maladie professionnelle sont strictes (**b**). Mais, il convient d'abord d'identifier les personnes protégées, c'est-à-dire celles pour lesquelles la déclaration peut être faite (**a**).

a) Les personnes protégées

301. Les personnes protégées par la branche des accidents du travail et maladies professionnelles sont les travailleurs salariés relevant du Code du travail et du Code de la marine marchande. Il s'agit des travailleurs qui exercent une activité professionnelle, moyennant rémunération, sous la direction et l'autorité d'une autre personne physique ou morale, publique ou privée appelée employeur.

302. Une extension de la protection a été opérée au profit de certaines catégories de travailleurs. Ces catégories sont visées à l'article 36 du Code de la sécurité sociale. Ainsi, bénéficient également de la protection les personnes ci-après :

- les membres de sociétés coopératives ouvrières et de production ainsi que les gérants non-salariés de coopératives et leurs préposés ;
- les gérants d'une société à responsabilité limitée, lorsque les statuts prévoient qu'ils sont nommés pour une durée limitée, même si leur mandat est renouvelable, et que leurs pouvoirs d'administration sont, pour certains actes, soumis à autorisation de l'assemblée générale, à condition que lesdits gérants ne possèdent pas ensemble plus de la moitié du capital social[126] ;
- les présidents directeurs généraux et directeurs généraux de sociétés anonymes ;
- les apprentis soumis aux dispositions des articles L. 73 et suivants du Code du travail ;
- les élèves des établissements d'enseignement technique, des centres d'apprentissage, des centres de formation professionnelle publics ou privés et les personnes placées dans les centres de formation, de réadaptation professionnelle ou de rééducation fonctionnelle, les mineurs placés dans les centres de rééducation relevant du service de l'éducation surveillée, *pour les accidents survenus par le fait ou à l'occasion de cet enseignement ou de cette formation* ;
- les titulaires de bourses et allocations d'études et de stage attribuées, conformément aux dispositions législatives et réglementaires, par les établissements du secteur parapublic et privé, *sous réserve qu'ils ne bénéficient pas d'un autre régime de protection plus favorable* ;
- les détenus exécutant un travail pénal pour les accidents survenus par le fait ou à l'occasion de ce travail ;
- les assurés volontaires.

On remarquera que l'article 36 du Code de la sécurité sociale a limité la couverture des élèves aux *accidents survenus par le fait ou à l'occasion de l'enseignement ou de la formation.* La maladie n'est donc pas concernée. Sont fixées par décret[127], les conditions

---

[126] Les parts sociales possédées par les ascendants, le conjoint ou les enfants mineurs d'un gérant sont assimilées à celles qu'il possède personnellement dans le calcul de sa part.

[127] Depuis l'entrée en vigueur du Code de la sécurité sociale, aucun décret, semble-t-il, n'a été pris dans ce sens. Il existe un texte réglementaire très ancien sur les détenus. Voir : – Arrêté n° 10302 S.G.C. rendant exécutoire la

dans lesquelles les détenus exerçant un travail pénal et les assurés volontaires pourront bénéficier de la protection contre les accidents du travail et les maladies professionnelles. Les travailleurs non couverts peuvent s'assurer volontairement en s'acquittant des cotisations à leur charge.

À la liste prévue par l'article 36 du Code de la sécurité sociale, il faut ajouter les stagiaires, titulaires d'un contrat de stage au sens de l'article L. 76 bis du Code du travail, objet de la loi n° 2015-04 du 12 février 2015[128]. En effet, l'article 8 du décret d'application[129] de cette loi mentionne parmi les cas de suspension du contrat de stage l'accident du travail ou la maladie professionnelle du stagiaire.

b) Les formalités de déclaration

303. L'employeur est tenu, dès l'accident survenu ou la maladie professionnelle constatée, de faire assurer les soins de première urgence[130] et d'aviser le médecin de l'entreprise ou à défaut le médecin le plus proche. Il doit éventuellement diriger la victime, munie d'un carnet d'accident du travail, au service médical de l'entreprise ou à défaut vers la formation sanitaire publique ou l'établissement hospitalier public ou privé le plus proche du lieu de l'accident.[131]

304. L'employeur est tenu d'*aviser l'inspecteur du travail et de la sécurité sociale dans un délai de quarante-huit heures* de tout accident ou maladie professionnelle survenu dans l'entreprise. Ce délai court à compter de l'accident ou, en cas de force majeure, du

---

délibération n° 58-071 C.P. du 20 novembre 1958 de la Commission permanente de l'assemblée territoriale du Sénégal. – Délibération n° 58.071 C.P. fixant les conditions d'application aux détenus des dispositions du Décret modifié du 24 février 1957, sur la réparation et la prévention des accidents du travail et des maladies professionnelles dans les territoires d'outre-mer.

[128] La loi n° 2015-04 du 12 février 2015 a apporté des modifications au Code du travail en introduisant le contrat de stage aux articles L 49 et L 76 bis du Code du travail.

[129] Décret n° 2015-777 du 02 juin 2015 fixant les règles applicables au contrat de stage (JORS n° 6856 du samedi 20 juin 2015).

[130] Les soins de première urgence restent à la charge de l'employeur ainsi que le salaire de la journée au cours de laquelle le travail a été interrompu.

[131] En ce qui concerne les marins, les soins sont donnés à bord conformément aux règles qui régissent le personnel maritime. Le marin, victime d'un accident du travail, débarqué dans un port étranger, est soumis aux mêmes règles que le travailleur victime d'un accident du travail survenu à l'étranger. Il est pris en charge par la Caisse de Sécurité Sociale à compter du lendemain du jour de son débarquement (*art. 39 C. séc. soc.*).

jour où l'employeur en a eu connaissance. Pour les maladies professionnelles, la date de première constatation médicale de la maladie est assimilée à la date de l'accident.

La déclaration est établie en trois exemplaires. Le premier exemplaire est adressé à l'inspecteur du travail et de la sécurité sociale du ressort, le deuxième à la Caisse de sécurité sociale et le troisième est conservé par l'employeur. Dans le même délai de quarante-huit heures, l'employeur est tenu de notifier par écrit à l'employé l'envoi de la déclaration à la Caisse de sécurité sociale.

305. L'employeur est tenu de joindre à chaque exemplaire de la déclaration :

- un certificat médical établi par le médecin traitant, indiquant l'état de la victime, les conséquences de l'accident ou, si les conséquences ne sont pas exactement connues, les suites éventuelles et, en particulier, la durée probable de l'incapacité de travail ;
- une attestation indiquant le salaire perçu par le travailleur pendant les trente jours précédant l'accident, et le nombre de journées et heures de travail correspondant à cette période. Le modèle de l'attestation est fourni par la Caisse de sécurité sociale.

306. En cas de carence de l'employeur, la victime ou ses ayants droit peuvent faire la déclaration d'accident du travail jusqu'à l'expiration de la deuxième année suivant la date de l'accident ou la première constatation médicale de la maladie professionnelle. En ce qui concerne les élèves, les boursiers, stagiaires et détenus,[132] la déclaration d'accident est faite, dans les formes ci-dessus, par la personne ou l'organisme responsable de la gestion de l'établissement ou du centre.

2. Les enquêtes et constatations médicales

307. L'accident du travail déclaré peut donner lieu à des enquêtes (**a**). Des constatations médicales sont également nécessaires dans le cadre de l'instruction du dossier de réparation (**b**).

a) Les enquêtes

308. À la suite d'un accident du travail déclaré, plusieurs types d'enquêtes peuvent être menées : enquête judiciaire,

---

[132] Article 36, 5e, 6e et 7e du Code de la sécurité sociale

enquête administrative, etc. L'enquête peut être menée par l'inspection du travail, la Caisse de sécurité sociale, les officiers de police judiciaire ou même par l'employeur.

309. Lorsque la blessure a entraîné ou paraît devoir entraîner la mort ou une incapacité permanente totale ou partielle de travail, l'*inspecteur du travail et de la sécurité sociale du lieu de l'accident procède immédiatement à une enquête*. L'enquête est effectuée par:

- les inspecteurs et les contrôleurs du travail et de la sécurité sociale ;
- les autorités administratives, les officiers de police judiciaire ;
- les experts agréés désignés par l'inspecteur du travail et de la sécurité sociale du lieu de l'accident.

310. Dans le cadre de sa mission, l'enquêteur peut convoquer immédiatement au lieu de l'enquête la victime ou ses ayants-droit, l'employeur et toutes personnes qui lui paraissent susceptibles de fournir des renseignements utiles. L'enquête est contradictoire. Les témoins sont entendus en présence de la victime ou ses ayants-droit et de l'employeur. Lorsque la victime est dans l'impossibilité d'assister à l'enquête, l'enquêteur se transporte auprès d'elle pour recevoir ses explications.

311. Tout enquêteur peut effectuer, au siège de l'établissement ou des établissements ayant occupé la victime, toutes constatations et vérifications nécessaires. L'expert enquêteur doit remettre son rapport dans un délai de quinze jours à compter de la demande d'expertise. Passé ce délai, il peut être dessaisi par décision de l'inspecteur du travail après examen des circonstances qui ont motivé le retard.

312. Les résultats de l'enquête sont consignés dans un procès-verbal qui fera foi jusqu'à preuve du contraire. Une copie du procès-verbal d'enquête est adressée à la victime ou à ses ayants-droit, à l'employeur, à la Caisse et à toute personne directement mise en cause.

313. À côté de l'enquête judiciaire, une *enquête administrative* peut être réalisée aussi bien par l'employeur que par la Caisse de sécurité sociale. L'enquête administrative a pour but d'établir le caractère professionnel de l'accident et d'en déterminer les causes exactes. Elle permet de décrire les circonstances de l'accident, de les analyser en vue d'établir le caractère professionnel de l'accident. À travers la technique de l'arbre des causes[133], l'enquête

---

[133] Henri-Joël TAGUM FOMBENO, *Santé été sécurité au travail en Afrique – Aspects juridiques et pratiques*, Ed. l'Harmattan, 2019, p. 111 et s.

administrative reconstitue l'accident en se basant sur des faits objectifs, en partant du fait accidentel et en remontant en amont le plus loin possible. Elle identifie avec précision les manquements ayant conduit à la survenue de l'accident, en vue des mesures préventives efficaces.

b) Les constatations médicales

314. La Caisse de sécurité sociale peut à tout moment faire procéder à un examen de la victime par son médecin-conseil ou un médecin de son choix. Elle peut également, à tout moment, faire contrôler, par toute personne habilitée, les victimes d'accident à qui elle sert des prestations.

315. La victime est tenue de :

- présenter, à toute réquisition du service de contrôle médical de la Caisse, tous certificats médicaux et radiographies, examens de laboratoire et ordonnances en sa possession ;
- fournir tous renseignements qui lui sont demandés sur son état de santé ou les accidents du travail antérieurs ;
- observer rigoureusement les prescriptions médicales ;
- se soumettre aux divers contrôles pratiqués par la Caisse.

316. Dans tous les cas où il y a désaccord sur l'état de l'accidenté entre le médecin conseil de la Caisse et le médecin traitant, il est procédé à un nouvel examen par un médecin expert agréé. Le médecin expert peut être choisi par accord du médecin traitant et du médecin-conseil. En l'absence d'accord, il est choisi par le directeur du travail, de l'emploi et de la sécurité sociale après avis du directeur de la santé.

317. Dès que le médecin-expert est choisi, il convoque sans délai la victime ou se rend à son chevet. Il est tenu de remettre son rapport à la Caisse et au médecin traitant dans un délai maximum de quinze jours, à compter de la date à laquelle il a été saisi du dossier, faute de quoi il est pourvu à son remplacement, sauf le cas de circonstances spéciales justifiant une prolongation de délai. L'avis de l'expert s'impose aux parties.

318. La victime ou ses ayants-droit peuvent se faire assister au cours de l'enquête ou des contrôles médicaux par le médecin traitant ou une personne de leur choix. Toute déclaration sciemment inexacte de la victime ou de ses ayants-droit peut entraîner une réduction de leur rente.

319. La Caisse de sécurité sociale peut suspendre ou réduire les prestations ou indemnités. Il en est ainsi lorsque la victime refuse de se soumettre aux prescriptions légales et réglementaires, notamment en matière d'examens, enquêtes ou expertises, soins et traitements médicaux et chirurgicaux prévus ci-dessus.

320. Lors de la constatation de la guérison ou de la consolidation de la blessure, le médecin traitant adresse immédiatement à la Caisse un certificat médical proposant la date de la guérison ou de la consolidation, ainsi que le taux d'incapacité permanente ou la date de réexamen de ce taux au terme d'une période déterminée. La Caisse, au vu de ce certificat et de l'avis du médecin-conseil, fixe la date de la guérison ou de la consolidation et, éventuellement, le taux d'incapacité permanente.

321. Pour les marins, tout accident ou maladie constaté en cours d'embarquement fait l'objet d'un rapport détaillé de blessure ou de maladie, établi par le Capitaine et contresigné par deux témoins.[134] Le contenu de ce rapport est fixé par arrêté. Il doit mentionner, de la façon la plus précise possible :

- la date et le lieu de la constatation de l'accident ou de la maladie ;
- les mesures d'urgence prises par le bord ;
- les circonstances exactes de l'accident ou les faits ayant pu occasionner la maladie constatée ;
- la durée de l'incapacité prévue ainsi que la procédure de la déclaration et d'enquête applicables.

Ce rapport est établi en trois exemplaires. Il est obligatoirement accompagné des certificats médicaux du premier médecin ayant visité le malade ou du résultat des consultations par radio ayant pu être prises.

B./ La réparation de base

322. La réparation de base[135] consiste dans l'octroi, d'une part, de prestations en nature (**1**) et, d'autre part, de prestations en espèces destinées à compenser la perte de la capacité de gain résultant de l'accident (**2**).

---

[134] Article 141 du décret n° 2004-283 du 5 mars 2004 fixant les modalités d'application de la loi n° 2002-22 du 16 août 2002 portant Code de la marine marchande (JORS n° 6167 du samedi 26 juin 2004). Voir aussi l'article 13 du décret n° 2016-933 du 5 juillet 2016 relatif à la santé des gens de mer (JORS n° 6956 du samedi 6 août 2016).

[135] Le propre de la responsabilité civile est de rétablir aussi exactement que possible l'équilibre détruit par le dommage, et de placer la victime, aux dépens du responsable, dans la situation où elle se serait trouvée si l'acte dommageable n'avait pas eu lieu. Ici, la réparation est forfaitaire, dans la mesure où elle ne compense pas nécessairement le dommage réel. Les victimes ne bénéficient pas d'une réparation intégrale de leurs préjudices.

1. Les prestations en nature

323. Les prestations en nature comprennent les soins médicaux (**a**), les frais funéraires et de transport (**b**), les frais de déplacement (**c**), la fourniture, la réparation et le renouvellement des appareils de prothèse (**d**), la réadaptation fonctionnelle de la victime (**e**), sa rééducation professionnelle (**f**), les mesures de reclassement (**g**).

a) Les soins médicaux

324. En règle générale, les soins médicaux nécessaires au traitement de l'accident du travail sont pris en charge par la Caisse de sécurité sociale. Toutefois, l'employeur est tenu de faire assurer *à sa charge* les soins de première urgence, soit dans le cadre de la médecine d'entreprise, soit en les faisant donner par le médecin le plus proche.

En conséquence, lorsque l'état de la victime nécessite des soins complémentaires, *le médecin traitant doit demander l'accord préalable de la Caisse de sécurité sociale.* L'accord ou le refus de la Caisse, donné après avis de son médecin conseil, doit être notifié dans un délai de quinze jours, le silence gardé au-delà de ce délai valant acceptation. La Caisse peut refuser le paiement des honoraires des praticiens et des formations sanitaires en cas d'absence de demande d'accord préalable.

325. Les traitements, soins et prestations complémentaires que la Caisse prend en charge sont divers. Selon l'énumération de l'article 46 alinéa 2 du Code de la sécurité sociale, ils comprennent : l'assistance médicale, chirurgicale et dentaire, y compris les examens radiographiques et les examens de laboratoire et les analyses, la fourniture des produits pharmaceutiques ou d'accessoires, les frais d'hospitalisation, les traitements, soins et prestations occasionnés par les rechutes.

326. Le principe général est celui de la gratuité des soins. Pour la prise en charge de ces soins, *le principe du tiers payant est généralement appliqué*, quand ce ne sont pas les services médicaux de la Caisse qui les fournissent directement. La victime n'a donc pas à faire l'avance des frais médicaux. Le montant des prestations est versé directement par la Caisse aux praticiens, pharmaciens, auxiliaires médicaux, formations sanitaires publiques, établissements hospitaliers selon les tarifs et dans les conditions règlementaires.

b) Les frais funéraires et de transport du corps

327. Les frais funéraires *représentent l'ensemble des frais engagés par les héritiers pour la sépulture de la victime décédée.* Les frais funéraires sont remboursés par la Caisse de sécurité sociale aux ayants-droit, *dans la limite des frais exposés et sans que leur montant puisse excéder le maximum fixé par décret*[136], soit 1/24e du plafond annuel des cotisations annuelles.

328. La Caisse de sécurité sociale *supporte également les frais de transport du corps au lieu de sépulture demandé par la famille.* Il en est ainsi dans la mesure où certains de ces frais se trouvent soit exposés en totalité, soit augmentés du fait que la victime a quitté sa résidence à la demande de son employeur pour être embauchée[137], ou que le décès s'est produit au cours d'un déplacement pour son travail hors de sa résidence.

Ces frais doivent être distingués des frais de déplacement qui répondent à un autre objectif.

c) Les frais de déplacement

329. Les frais de déplacement sont régis par les articles 115 et suivants du Code de la sécurité sociale. Ils comprennent *les frais de transport, les frais de séjour* et éventuellement *l'indemnité compensatrice de perte de salaire*[138].

330. La victime et éventuellement ses ayants droit, qui doivent quitter leur résidence soit pour répondre à la convocation du médecin conseil ou se soumettre à une expertise, à un contrôle ou à un traitement, soit pour obtenir la fourniture, le renouvellement ou la réparation d'appareils de prothèse peuvent prétendre au remboursement des frais de déplacement. Il en est de même de la ou des personnes qui accompagnent la victime lorsque celle-ci ne peut se déplacer seule, à condition de présenter

---

136 C'est plutôt un arrêté, très ancien d'ailleurs, qui réglemente la question, contrairement à ce qui est prévu par le Code de la sécurité sociale. Il s'agit de l'arrêté n° 9590 MTAS du 14 novembre 1958 fixant les taux et les modalités de remboursement des frais funéraires et de transport des corps au lieu de sépulture en matière d'accident du travail.

137 Suivant l'article L. 161 du Code du travail, en cas de décès au lieu d'emploi d'un travailleur déplacé, ou d'un membre de sa famille dont le voyage était à la charge de l'employeur, le rapatriement du corps du défunt au lieu de résidence habituelle est à la charge de l'employeur dans les conditions et selon les modalités définies par arrêté du ministre chargé du travail.

138 Article 120 du Code de la sécurité sociale.

un certificat médical constatant cette impossibilité. C'est aussi le cas de la personne qui assiste la victime ou ses ayants-droit.

Les *frais susmentionnés sont remboursés directement à la victime.* Ce remboursement n'est admis qu'en fonction du trajet le plus court et du moyen de transport le plus économique. Suivant l'article 117 du Code de la sécurité sociale, l'utilisation d'un autre mode de transport devra être justifiée par un certificat médical ou une attestation du chef d'entreprise, constatant l'impossibilité médicale ou matérielle d'user du moyen de transport le plus économique.

Les frais de séjour correspondent aux frais de repas et de coucher. Ils sont remboursés selon les tarifs fixés en fonction de la convention collective dont relève la victime.

331. *L'indemnité compensatrice de perte de salaire est due pendant l'interruption de travail nécessitée par le déplacement.* Elle est égale à l'indemnité journalière pour la victime ou ses ayants-droit.

Lorsque les personnes accompagnant la victime subissent une perte de salaire supérieure à l'indemnité journalière, elles peuvent prétendre à une indemnité compensatrice dans la limite du plafond prévu à l'article 67 du Code de la sécurité sociale. Il s'agit des personnes visées à l'article 115, 2°, 3° et 4° du Code de la sécurité sociale. Cette indemnité n'est pas due à la tierce personne visée à l'article 85 du Code de la sécurité sociale, accompagnant la victime en cas d'incapacité totale.

d) La fourniture, la réparation et le renouvellement des appareils de prothèse

332. Les frais d'acquisition, de réparation et de renouvellement des appareils, ainsi que les frais d'expédition des appareils et autres accessoires que pourraient comporter les opérations de fourniture, de réparation et de renouvellement sont à la charge de la Caisse de sécurité sociale. Pour obtenir la fourniture, la répartition, le renouvellement ou le remplacement d'appareils d'orthopédie ou de prothèse, la victime est tenue de s'adresser à la Caisse et d'obtenir son accord.

L'appareillage comporte les appareils de prothèse et d'orthopédie proprement dits, leur système d'attaches et tous autres accessoires nécessaires à leur fonctionnement, y compris notamment les chaussures adaptées aux membres inférieurs artificiels.

333. La victime a droit, pour chaque infirmité, à un appareil et selon son infirmité, à un appareil de secours, à une voiturette ou un fauteuil roulant. Ne peuvent toutefois prétendre à une voiturette ou à un fauteuil roulant que les mutilés atteints de lésions graves et incurables du système locomoteur. Les mutilés des membres inférieurs ont droit, en cas de nécessité, à un appareil provisoire avant l'appareillage définitif. En aucun cas, cet appareil provisoire ne pourra être considéré comme appareil de secours.

En matière de prothèse dentaire, sauf pour la prothèse maxillo-faciale, les mutilés se font appareiller chez un praticien de leur choix, après accord de la Caisse.

334. Aucune opération de réparation ou de renouvellement d'un appareil usagé ne doit être effectuée sans l'avis favorable de la Caisse. Le renouvellement n'est accordé que si l'appareil est hors d'usage et reconnu irréparable. Toutefois, si le mutilé est atteint de lésions évolutives, son appareil est renouvelable chaque fois que le nécessitent non seulement l'état de l'appareil, mais aussi les modifications de la lésion.

335. La victime qui demande la réparation ou le remplacement d'un appareil utilisé antérieurement à l'accident doit établir la preuve que cet accident a rendu l'appareil inutilisable. Sauf le cas de force majeure, elle est tenue de présenter ledit appareil à la Caisse.

336. Les appareils et leurs accessoires restent la propriété de la Caisse. Ils ne peuvent être ni cédés ni vendus. Sauf cas de force majeure, les appareils non représentés ne sont pas remplacés.

Les mutilés du travail sont responsables de la garde et de l'entretien de leurs appareils. Ils assument les conséquences de détériorations ou de pertes provoquées intentionnellement ou résultant d'une négligence flagrante.

e) La réadaptation fonctionnelle de la victime

337. La *réadaptation fonctionnelle* a pour objet de permettre à la victime de retrouver une aptitude physique aussi satisfaisante que possible. Le droit à la réadaptation fonctionnelle est reconnu à toutes les victimes d'accidents du travail qui ont subi un dommage les mettant dans l'impossibilité de récupérer une physiologie normale.

338. Le médecin traitant qui prescrit la réadaptation peut entreprendre les traitements nécessaires, de sa seule initiative et dans la mesure des installations dont il dispose, au cours des soins médicaux ou chirurgicaux donnés à la victime. La réadaptation peut également se faire dans un établissement spécialisé ou par tous autres moyens appropriés qui s'effectuent obligatoirement sous surveillance médicale.

339. Pendant la période de *réadaptation fonctionnelle* et de *rééducation professionnelle*, la victime a droit au versement de l'indemnité journalière. Cette *indemnité ne se cumule pas avec la rente qui aurait été allouée à la victime pour incapacité permanente au titre de laquelle la victime bénéficie de la réadaptation ou de la rééducation : seule est versée la prestation dont le montant est le plus élevé.*

Toutefois, au cas où serait ordonnée par le praticien, dans le cadre des traitements de *réadaptation* et de *rééducation*, la reprise partielle d'un travail, la victime bénéficiera du plein salaire correspondant au travail effectué. L'employeur supporte la différence entre ce salaire et l'indemnité journalière qui sera maintenue jusqu'à la fin du traitement, ou éventuellement, la rente.

Une fois acquise la *réadaptation* ou la *rééducation*, la rente reste intégralement due, quelle que soit la nouvelle qualification de la victime.

340. Pendant la période de *réadaptation* ou de *rééducation*, aucune cotisation n'est versée à la Caisse pour la branche accidents du travail et maladies professionnelles pour les salaires dus. Cependant, la déclaration de tout accident du travail éventuel incombe au directeur de l'établissement où sont organisés les traitements, qu'il s'agisse d'un établissement spécialisé ou d'une entreprise.

f) La rééducation professionnelle de la victime

341. La *rééducation professionnelle* a pour but de permettre à la victime d'exercer un nouvel emploi adapté à ses aptitudes, lorsqu'elle est dans l'incapacité d'occuper son emploi précédent, ou de lui permettre d'exercer à nouveau sa profession. Le droit à la rééducation est reconnu à toutes les victimes d'accident du travail, de ce fait, inaptes à exercer leur profession ou qui ne peuvent le redevenir qu'après une nouvelle adaptation, que les victimes aient ou non bénéficié de la réadaptation fonctionnelle.[139]

342. Lorsqu'il n'y a pas d'établissements spécialisés, ou lorsqu'il manque de place, la rééducation se fait au sein de

---

[139] Articles 109 et suivants du Code de la sécurité sociale.

l'entreprise à laquelle appartient la victime. Dans ce cas, la décision d'affectation à un poste correspondant aux capacités de la victime relève, après examen médical, de l'inspecteur du travail, compte tenu des possibilités d'emploi de l'entreprise.

Lorsque la rééducation se fait à l'intérieur de l'entreprise, un contrat de rééducation approuvé par la Caisse et visé par l'inspecteur du travail définit les droits et obligations des parties et les modalités du contrôle de la rééducation par le médecin traitant et la Caisse.

Lorsque l'affectation dans l'entreprise est impossible, l'inspecteur du travail s'efforce de procéder au reclassement de la victime.

343. En cas d'interruption volontaire du stage de rééducation par la victime, celle-ci ne conserve le droit qu'à l'indemnité journalière ou à la rente, suivant qu'il y a ou non consolidation, au lieu du salaire prévu à l'article 105, alinéa 3 du Code de la sécurité sociale.

En cas d'interruption involontaire, notamment pour accident ou maladie, le droit de la victime à percevoir l'intégralité des indemnités visées ci-dessus est maintenu. Toutefois, si le stage est interrompu pour cause d'accident du travail ou maladie professionnelle, la durée du versement de ces indemnités est limitée à un mois à compter de la date d'interruption. Toute interruption doit être déclarée dans les quarante-huit heures par le chef d'établissement à la Caisse.

Le paiement de ces indemnités est subordonné à la condition que le stagiaire n'exerce pas d'activité rémunérée pendant la période d'interruption.

g) Les mesures de reclassement

344. L'employeur doit s'efforcer de reclasser dans son entreprise, en l'affectant à un poste correspondant à ses aptitudes et à ses capacités, le travailleur atteint d'une réduction de capacité le rendant professionnellement inapte à son ancien emploi. Si l'employeur ne dispose d'aucun emploi permettant le reclassement, le licenciement du travailleur devra être soumis à l'accord préalable de l'inspecteur du travail et de la sécurité sociale. Celui-ci procède au reclassement dans le respect des dispositions réglementaires.[140]

---

[140] *Pour aller plus loin* : – Jean-Yves FROUIN, « La protection de l'emploi des salariés victimes d'une maladie ou d'un accident », *RJS*, décembre 1995, pp.

345. Les employeurs sont tenus de réserver aux mutilés du travail un certain pourcentage de leurs emplois, qui sera déterminé par arrêté du Ministre chargé du travail, compte tenu de la nature d'activité des entreprises et du nombre de leurs travailleurs. Le reclassement s'inscrit dans une logique de préservation du lien d'emploi.[141]

2. Les prestations en espèce

346. Les prestations en espèces sont destinées à indemniser la perte de capacité de gain. Elles comprennent des indemnités journalières en cas d'incapacité temporaire (**a**), une rente en cas d'incapacité permanente et des rentes d'ayants-droit en cas de décès de la victime (**b**).

a) Les indemnités journalières

347. L'accidenté du travail ou la victime d'une maladie professionnelle a droit à des indemnités journalières pour remplacer la suspension de son activité professionnelle, lorsque l'accident ou la maladie a provoqué une incapacité temporaire de travail. Le droit à l'indemnité est donc conditionné à une cessation d'activité de la victime. Cette indemnité est versée jusqu'au jour de la guérison[142] ou de la consolidation[143] (pas de délai de carence).

773-784. – Jean Yves KERBOURC'H, « L'imbroglio juridiques des politiques de lutte contre l'instabilité de l'emploi », *Travail et Emploi,* n° 85, janvier 2001, pp. 5-20. – Gérard COUTURIER, « Vers un droit du reclassement », *Dr. soc.*, 1999, pp. 497-503. – Franck HEAS, « Les obligations de reclassement en droit du travail », *Dr. soc.*, 1999, pp. 504-514.

[141] Isabelle DESBARATS, « Obligation de reclassement et obligation de sécurité : quelle articulation en matière de santé au travail ? », *Perspectives interdisciplinaires sur le travail et la santé* [En ligne], 12-1 | 2010, mis en ligne le 01.05.2010, consulté le 28.11.2018. URL : http://journals.openedition.org /pistes/1571 ; DOI : 10.4000/pistes.1571

[142] La guérison est définie par l'absence de toute séquelle, c'est-à-dire un retour à l'état antérieur. Elle n'est bien sûr qu'apparente et peut toujours laisser place à une rechute.

[143] La *consolidation médico-légale correspond à la stabilisation des lésions, s'il persiste des séquelles.* Ce jour correspond le plus souvent, mais non obligatoirement, à la fin des soins et à la reprise du travail. Plus rarement, le travail peut être repris avant la fin du traitement ou à l'inverse ne peut pas être repris malgré la consolidation (perte de l'emploi, nécessité de changement d'emploi, etc.). S'il persiste des séquelles causant une réduction permanente de la capacité de travail, le médecin l'indique sur le certificat par la mention : persistance d'une incapacité permanente et partielle (IPP). Sinon, il s'agit d'un certificat de guérison.

L'indemnité journalière peut être maintenue en tout ou partie, en cas de reprise d'un travail léger autorisé par le médecin traitant, si cette reprise est de nature à favoriser la guérison ou la consolidation de la blessure. Le montant total de l'indemnité maintenue et du salaire ne peut dépasser le salaire normal des travailleurs de la même catégorie professionnelle ou, s'il est plus élevé, le salaire sur lequel a été calculé l'indemnité journalière. En cas de dépassement, l'indemnité est réduite en conséquence.

348. Le montant de l'indemnité journalière est égal à la moitié du salaire journalier moyen pendant les 28 premiers jours d'arrêt, puis aux deux tiers de ce salaire à partir du 29ème jour. Cette indemnité ne peut pas dépasser un certain pourcentage du plafond annuel de Sécurité sociale (1%), ni le gain journalier net perçu par le salarié en activité.[144]

349. Le salaire qui sert de base pour le calcul de l'indemnité journalière correspond au salaire journalier moyen perçu par le travailleur pendant les trente jours précédant l'accident. Ce salaire journalier moyen est obtenu en divisant le montant du salaire perçu pendant cette période, par le nombre de jours ouvrables contenu dans ladite période. Si le travailleur a perçu pendant ces trente jours des indemnités portant sur une période plus étendue, seule la quote-part de l'indemnité correspondant aux trente jours précédant l'accident est prise en compte pour le calcul du salaire journalier moyen.

Si la victime travaillait depuis moins de trente jours au moment de l'arrêt du travail, le salaire ou le gain servant à calculer le salaire journalier de base est celui qu'elle aurait perçu si elle avait travaillé dans les mêmes conditions pendant les trente jours. Il en est de même si la victime n'avait pas travaillé pendant toute la durée des trente jours précédant l'accident en raison de maladie, accident, maternité, chômage indépendant de sa volonté ou congé non payé.

350. Si l'incapacité temporaire se prolonge au-delà de trois mois et s'il survient postérieurement à l'accident une augmentation générale des salaires intéressant la catégorie à laquelle appartient la victime, le taux de l'indemnité journalière est révisé dans les mêmes proportions avec effet du premier jour du quatrième mois d'incapacité ou de la date de l'augmentation des salaires si cette date est postérieure. En pareil cas, il appartient à la victime de demander la révision du taux de l'indemnité

[144] Article 72 du Code de la sécurité sociale.

journalière en produisant toutes pièces justificatives, notamment une attestation de l'employeur.

351. Si une aggravation de la lésion causée par l'accident entraîne pour la victime une nouvelle incapacité temporaire, l'indemnité journalière est calculée sur la base du salaire moyen des trente jours qui précèdent immédiatement l'arrêt du travail causé par cette aggravation. Si la victime bénéficie déjà d'une rente du fait de l'accident, la valeur de cette rente est déduite du montant de l'indemnité calculée comme indiqué ci-dessus. En aucun cas, cette indemnité journalière ne peut être inférieure à celle correspondant respectivement au demi salaire ou aux deux tiers du salaire perçu au cours de la première interruption du travail.

352. L'indemnité journalière est payée par la Caisse, soit à la victime, soit à son conjoint, soit, si la victime est mineure, à la personne qui justifie l'avoir à sa charge, soit à un tiers auquel la victime donne délégation pour l'encaissement de cette indemnité. Cette délégation n'est valable que pour une seule période d'incapacité ; elle ne fait pas obstacle au droit de la Caisse de surseoir au paiement pour procéder aux vérifications nécessaires dans les délais les plus brefs.

L'indemnité journalière doit être réglée aux intervalles maxima prévus à l'article L. 115 du Code du travail.

353. La Caisse n'est pas fondée à suspendre le service de l'indemnité journalière lorsque l'employeur maintient à la victime tout ou partie de son salaire ou des avantages en nature, soit en vertu des usages de la profession, soit de sa propre initiative. Toutefois, lorsque le salaire est maintenu en totalité, l'employeur est subrogé de plein droit à la victime, quelles que soient les clauses du contrat, dans les droits de celle-ci aux indemnités journalières qui lui sont dues.

Lorsque, en vertu d'un contrat individuel ou d'une convention collective, le salaire est maintenu sans déduction des indemnités journalières, l'employeur qui paie le salaire pendant la période d'incapacité sans opérer cette déduction est seulement fondé à poursuivre le recouvrement de cette somme auprès de la Caisse. L'employeur et la victime qui se sont mis d'accord pour le maintien d'avantages en nature en cas d'accident peuvent en informer la Caisse et demander que celle-ci verse à l'employeur la partie de l'indemnité journalière correspondant à la valeur des avantages maintenus

354. L'indemnité journalière a un caractère alimentaire. Elle est cessible et saisissable dans les limites fixées par l'article 381 du Code de procédure civile.

b) La rente

355. Les rentes sont incessibles et insaisissables. Elles sont dues aux victimes atteintes d'une incapacité permanente (***b.1***) ou à leurs ayants-droit en cas d'accident mortel (***b.2***).

b.1 – La rente due à la victime d'une incapacité permanente

356. L'incapacité peut être permanente ou partielle. Il convient de préciser les modalités de calcul, de revalorisation, de révision, de paiement et de rachat de la rente.

- **Le calcul de la rente**

357. La rente due à la victime d'une incapacité permanente est calculée sur le salaire annuel de la victime. Ce salaire comprend la rémunération effective totale perçue chez un ou plusieurs employeurs pendant les douze mois qui ont précédé l'arrêt du travail consécutif à l'accident, sous réserve des dispositions ci-après :

- si la victime appartenait depuis moins de douze mois à la catégorie professionnelle dans laquelle elle est classée au moment de l'arrêt de travail consécutif à l'accident, la rémunération mensuelle est calculée sur la base de la rémunération afférente à cette catégorie.
  Toutefois, si la somme ainsi obtenue est inférieure au montant total des rémunérations effectivement perçues par la victime dans ses divers emplois au cours des douze derniers mois, c'est sur ce dernier montant que sont calculées les rentes ;
- si, pendant ladite période de douze mois, la victime a interrompu son travail en raison de maladie, accident, maternité, chômage indépendant de sa volonté ou congé non payé, il est tenu compte du salaire moyen qui eût correspondu à ces interruptions de travail ;
- si la victime travaillait dans une entreprise fonctionnant normalement une partie de l'année seulement ou effectuant normalement un nombre d'heures inférieur à la durée

légale du travail, le salaire annuel est calculé en ajoutant à la rémunération afférente à la période d'activité de l'entreprise, les gains que le travailleur a réalisés par ailleurs dans le reste de l'année.

Les périodes d'activités desdites entreprises sont déterminées en cas de contestation par l'inspecteur du travail et de la sécurité sociale ;

- si, par suite d'un ralentissement accidentel de l'activité économique, le travailleur n'a effectué qu'un nombre d'heures de travail inférieur à la durée légale du travail, le salaire annuel est porté à ce qu'il aurait été, compte tenu du nombre légal d'heures de travail.

358. Le taux d'IPP *doit prendre en compte des éléments médicaux* (nature de l'infirmité, état général, âge, etc.) et *des éléments professionnels* (qualification professionnelle, aptitude). Ces séquelles donnent droit à indemnisation.

359. La rente est égale au salaire annuel de base multiplié par le taux d'incapacité préalablement réduit de moitié pour la partie de ce taux qui ne dépasse pas 50 %, majoré de moitié pour la partie qui excède 50 %.

Exemples :

- un taux d'IPP de 20 % correspond à une rente de 10 % du salaire de référence (20:2) ;
- un taux d'IPP de 70 % correspond à une rente de 55 % de ce salaire [(50:2) + (20x1, 5)].

360. Suivant les cas, la rente peut être majorée, réduite ou suspendue. Lorsque l'incapacité est totale et oblige la victime, pour effectuer les actes ordinaires de la vie, à recourir à l'assistance d'une tierce personne, le montant de la rente est majoré de 40 %, laquelle majoration ne peut être inférieure à 70% du salaire minimum annuel.

- **La revalorisation de la rente**

361. Les rentes dues au titre d'accidents du travail ayant entraîné la mort de la victime ou une incapacité permanente supérieure à 10 % sont revalorisées dans des conditions fixées par décret[145]. La revalorisation est destinée à majorer les rentes pour maintenir le pouvoir d'achat des bénéficiaires. Elle est effectuée

[145] Décret n° 81-1049 du 31 octobre 1981 fixant les conditions de revalorisation des rentes d'accidents du travail et de maladies professionnelles (JORS n° 4869 du 12 décembre 1981).

par application de coefficients sur les salaires qui ont initialement servi de base de calcul des rentes.

362. Les rentes qui sont susceptibles d'être revalorisées sont celles qui n'ont pas fait l'objet d'un rachat total par les bénéficiaires. Le décret n° 81-1049 du 31 octobre 1981 énumère les paramètres qui peuvent être pris en considération dans la détermination des coefficients de revalorisation, à savoir :

- l'évolution du salaire minimum interprofessionnel garanti ;
- la variation du niveau général des salaires résultant de celle du coût de la vie ;
- les dispositions financières de la branche des accidents du travail et maladies professionnelles gérée par la Caisse de sécurité sociale.

La revalorisation des rentes vise essentiellement à maintenir le pouvoir d'achat des bénéficiaires en cas d'augmentation du coût de la vie. Ainsi, le décret fixe à trois mois au maximum à compter de la date d'effet des coefficients de revalorisation, les délais dans lesquelles elle doit être effectuée par la Caisse de sécurité sociale. Pour rappel, le paiement de la majorité des rentes est effectué trimestriellement.

- **La révision de la rente**

363. La rente est toujours octroyée à titre temporaire. À cet effet, toute modification dans l'état de la victime, par atténuation ou par aggravation de l'infirmité, donne lieu à la révision de la rente.

Cette modification peut être constatée à l'initiative de la Caisse qui doit informer la victime au moins trente jours à l'avance de l'heure et du lieu de l'examen médical de contrôle. L'initiative de la modification peut aussi être prise par la victime qui, dans ce cas, adresse à la Caisse sa demande tendant à une nouvelle fixation de la rente. La demande doit être accompagnée du certificat médical du médecin traitant.

La nouvelle rente est due à partir du jour où a été constatée l'aggravation ou l'atténuation de la lésion.

- **Le paiement de la rente**

364. Les rentes sont payables, *en principe, par trimestre et à terme échu*, à la résidence du titulaire, sur production d'un certificat de vie et, éventuellement, d'un certificat de non remariage. Le *paiement mensuel est cependant prévu dans deux* *cas.* Lorsque le taux d'incapacité permanente résultant de l'accident atteint ou dépasse 75 %, le titulaire de la rente peut demander que les arrérages lui soient réglés mensuellement. Le paiement mensuel est obligatoire pour les victimes atteintes d'une incapacité permanente de 100 %.

365. Les arrérages des rentes courent du lendemain du décès ou de la date de consolidation de la blessure. En cas de contestations autres que celles portant sur le caractère professionnel de l'accident, la Caisse peut accorder à la victime ou à ses ayants-droit, sur leur demande, des avances sur rente payables aux mêmes intervalles réguliers que la rente.

Le montant de l'avance et les modalités de remboursement par prélèvement sur les premiers arrérages sont fixés par la Caisse sous réserve d'approbation, en cas de contestation du bénéficiaire, par l'inspecteur du travail et de la sécurité sociale.

366. Les rentes allouées en réparation d'accidents du travail se cumulent avec les pensions d'invalidité ou de retraite auxquelles peuvent avoir droit les intéressés en vertu de leur statut particulier et pour la constitution desquelles ils ont été appelés à subir une retenue sur leur traitement ou salaire.

367. Les rentes sont incessibles et insaisissables. Par conséquent, le bénéficiaire de la rente ne peut céder, donner, transmettre ou vendre son droit à cette prestation. Il ne peut pas léguer par testament à un particulier le droit à la rente de conjoint survivant. De même, un conjoint survivant ne peut renoncer à son droit à la rente au profit d'une autre personne.

- **Le rachat de la rente**

368. Tout *accidenté bénéficiaire d'une rente d'accident du travail ou de maladie professionnelle* et ayant obtenu l'accord de l'inspecteur du travail peut solliciter le rachat. En conséquence, les titulaires de rentes d'ayants-droit ne peuvent bénéficier du rachat.

369. Lorsque *le taux d'incapacité est inférieur ou égal à 10%, la rente doit être obligatoirement rachetée en totalité* à compter du point de départ des arrérages de la rente, c'est-à-dire le lendemain du décès ou de la date de consolidation de la blessure.

Lorsque l'incapacité est supérieure à 10 %, le titulaire de la rente a la faculté, après un délai de 5 ans à compter du point de départ des arrérages de la rente, de demander le règlement du quart du capital représentatif de la rente pour la portion de celle-ci correspondant à un taux d'incapacité inférieure ou égale à 50

%. Ainsi donc, lorsque le taux d'IPP est supérieur à 10 % sans dépasser 50 %, le rachat ne peut porter au maximum que sur le quart de la rente allouée. La demande de rachat partiel doit être adressée à la Caisse de sécurité sociale dans les deux ans qui suivent le délai de cinq ans à compter du point de départ des arrérages.

b.2 – La rente due en cas d'accident mortel

370. En cas d'accident suivi de mort, les ayants-droit de la victime perçoivent une rente.[146] Il s'agit du ou des conjoints survivants, des enfants et des ascendants de la victime.

- **La rente au(x) conjoint(s) survivant(s)**

371. Le conjoint survivant avant le décès de la victime ne doit être ni divorcé, ni séparé de corps, ni condamné pour abandon de famille, ni déchu de la puissance paternelle. En outre le mariage doit être constaté avant le décès de la victime.

372. Une rente viagère égale à 30 % du salaire annuel est versée au conjoint survivant non divorcé ni séparé de corps à condition que le mariage ait été constaté antérieurement à l'accident. Dans le cas où le conjoint survivant, divorcé ou séparé de corps, a obtenu une pension alimentaire, la rente viagère est ramenée au montant de cette pension sans pouvoir dépasser 20 % du salaire annuel de la victime et sans que, s'il existe un nouveau conjoint, celui-ci puisse garder moins de la moitié de la rente viagère de 30 %.

373. Le conjoint condamné pour abandon de famille est déchu de tous ses droits au regard du Code de la sécurité sociale. Il en est de même pour celui qui a été déchu de la puissance paternelle, sauf, dans ce dernier cas, à être réintégré dans ses droits s'il vient à être restitué dans la puissance paternelle. Les droits du conjoint déchu sont transférés sur la tête des enfants à charge.

374. Lorsque le travailleur décédé a laissé plusieurs veuves, la rente viagère est partagée à parts égales entre elles. En cas de

[146] Les ayants-droit étrangers d'un travailleur étranger ne reçoivent aucune indemnité si, au moment de l'accident ou de la maladie professionnelle, ils ne résident pas au Sénégal ou si leur pays d'origine n'a pas conclu avec le Sénégal un accord en matière de sécurité sociale ou n'a pas ratifié la Convention n° 19 de l'Organisation Internationale du Travail sur l'égalité de traitement (accidents du travail).

remariage, le conjoint survivant, s'il n'a pas d'enfant considéré comme ayant-droit, cesse d'avoir droit à la rente. Il lui est alloué, à titre d'indemnité totale, une somme qui ne peut être supérieure à trois fois le montant de la rente. Si le conjoint survivant a des enfants, le rachat de la rente est différé aussi longtemps que l'un des enfants aura droit à une rente.

- **La rente aux enfants de la victime**

375. Les enfants à charge et les descendants de la victime bénéficient de la rente. La notion juridique d'enfant à charge est celle retenue par la branche des prestations familiales. Toutefois, en ce qui concerne les enfants naturels reconnus et les enfants adoptifs, la reconnaissance ou l'adoption doivent intervenir avant l'accident. Le législateur n'apporte pas de précision sur la notion de descendant ; en principe, il doit s'agir des petits enfants privés du soutien naturel de leur géniteur et qui sont à la charge de la victime.

376. Les enfants à charge et les descendants ont des rentes temporaires, payables jusqu'aux limites d'âge fixées par le Code de la sécurité sociale. Le montant de la rente est de :

- 15 % du salaire annuel s'il n'y a qu'un seul enfant ;
- 30 % s'il y a deux enfants ;
- 40 % s'il y a trois enfants, et ainsi de suite, la rente étant majorée de 10 % par enfant supplémentaire.

- **La rente aux ascendants de la victime**

377. Tout ascendant direct de la victime a droit à la rente. Les ascendants en ligne direct sont, suivant l'ordre chronologique des naissances : père, mère, grands-pères, grands-mères, arrière-grands-pères et arrière-grands-mères, etc.

378. La rente est due à certaines conditions. L'ascendant doit, au moment de l'accident, être à la charge de la victime. Il ne doit pas disposer au moment de l'accident, de ressources suffisantes. Enfin, il ne doit être ni condamné pour abandon de famille, ni déchu de la puissance paternelle. Le montant de la rente est de *10 % du salaire annuel pour chaque ascendant*, sans que le total des rentes allouées en *puisse excéder 30 %.*

379. En aucun cas, l'*ensemble des rentes allouées aux ayants droit ne doit pas dépasser 85 % du montant de leur salaire annuel.* Si tel est le cas, il est procédé à une réduction proportionnelle pour chacun des ayants-droit.

C./ La réparation complémentaire

380. La réparation complémentaire trouve application en cas de faute intentionnelle ou inexcusable de l'employeur. Cette faute engendre des conséquences indemnitaires pour la victime ou ses ayants-droit (**1**) et pour l'employeur (**2**).

1. Les conséquences indemnitaires pour la victime ou ses ayants-droit

381. Les conséquences de la faute inexcusable diffèrent suivant qu'elle est le fait de l'employeur ou du salarié (**a**). La *faute intentionnelle* de l'employeur ou de l'un de ses préposés réintroduit le jeu du droit commun de la responsabilité qui permet à la victime ou à ses ayants-droit de demander la réparation intégrale du préjudice subi conformément aux règles du droit commun (**b**).

a) Les conséquences de la faute inexcusable

382. Le Code de la sécurité sociale vise la faute inexcusable de d'employeur ou de ses préposés (***a.1***). Il vise aussi la faute inexcusable de la victime (***a.2***).

a.1 – La faute inexcusable de l'employeur ou de ses préposés

383. Lorsque l'accident (ou la maladie) est dû à une *faute inexcusable* de l'employeur ou de ceux qu'il s'est substitué dans la direction, les indemnités dues à la victime ou à ses ayants-droit sont majorées.[147] Concrètement, le montant de la rente due à la victime ou à ses ayants-droit dans le cadre d'une réparation de base sera majoré.

384. La majoration de la rente est soumise à un plafond. Elle est calculée en fonction de la réduction de la capacité dont la victime reste atteinte, et doit donc correspondre à l'évolution du taux d'incapacité de la victime. Le montant de la majoration est fixé par la Caisse en accord avec la victime et l'employeur ou, à défaut, par le tribunal du travail compétent, sans que la rente ou le total des rentes allouées puisse dépasser, soit la fraction du

[147] Voir not. : – Article 63 du Code de la sécurité sociale. – *Adde* : C.S. Maroc, 9 octobre 1962, *Dahan Maurice c/ Compagnie Sucrière Marocaine et compagnie d'assurances « L'Union et le Phénix Espagnol »*, n° C6.

salaire annuel correspondant à la réduction de capacité, soit le montant de ce salaire.

385. La majoration de rente est versée directement à la victime ou ses ayants-droit par la Caisse de sécurité sociale. Elle récupère ensuite le montant auprès de l'employeur, au moyen d'une cotisation complémentaire imposée à l'employeur et dont le taux et la durée sont fixés par la Caisse, sauf recours de l'employeur devant le tribunal du travail compétent. L'employeur ne saurait donc être condamné à verser directement ces indemnités.

386. En cas de cession ou de cessation de l'entreprise, le capital correspondant aux arrérages de cotisations à échoir est immédiatement exigible. En principe, ce capital se calcule uniquement d'après les cotisations complémentaires à venir, et non pas d'après les arrérages échus et à échoir de la majoration de la rente accordée à la victime. Par conséquent, il importe peu que le montant du capital soit inférieur à celui de la majoration de rente versée par l'organisme de sécurité sociale.

a.2 – La faute inexcusable de la victime

387. La faute intentionnelle ou inexcusable ne donne lieu à aucune indemnité journalière à la victime. Une partie des prestations en espèces qui lui auraient été allouées, est servie aux personnes à sa charge. Aussi, lors de la fixation de la rente, la Caisse peut, si elle estime que l'accident est dû à une faute inexcusable ou intentionnelle de la victime, diminuer la rente, sauf recours du bénéficiaire ou de ses ayants-droit devant la juridiction compétente.

b) La réparation intégrale en cas de faute intentionnelle

388. Si l'accident est dû à une faute intentionnelle[148] de l'employeur ou de l'un de ses préposés, le salarié ou ses ayants-droit peuvent saisir les juridictions compétentes pour obtenir la réparation du préjudice subi.[149] La Caisse est tenue de servir à la

---

[148] La faute intentionnelle suppose un acte volontaire, qui révèle l'intention de son auteur de causer des lésions corporelles à autrui. L'élément distinctif de la faute intentionnelle est l'intention de nuire. À cet effet, un salarié commet une faute intentionnelle lorsqu'il fait exprès de provoquer une rixe sur les lieux de travail. Il importe peu que le dommage causé soit plus important que celui qui a été recherché.

[149] Article 64 du Code de la sécurité sociale.

victime ou à ses ayants-droit les prestations et indemnités. Elle est admise de plein droit à intenter contre l'auteur de l'accident une action en remboursement des sommes payées par elle.[150]

389. La victime ou ses ayants-droit peuvent obtenir la condamnation de l'employeur à l'indemnisation des préjudices à caractère personnel. On peut citer le pretium doloris (***b.1***), le préjudice esthétique (***b.2***), le préjudice d'agrément (***b.3***).

b.1 – Le pretium doloris

390. Encore appelé le « prix de la souffrance », le pretium doloris *vise à indemniser des souffrances physiques et morales plus ou moins intenses, accompagnant généralement l'atteinte du corps humain, ressenties par un sujet victime d'un accident.* Il recouvre les souffrances physiques ressenties par la victime en raison de la localisation des blessures, leur durée et la contrainte de la prise en charge (chirurgicale et rééducative...), mais aussi les souffrances morales.

391. Le pretium doloris s'apprécie en fonction d'un certain nombre de facteurs comme la nature des lésions de la victime, son âge[151], son sexe, etc. C'est le médecin expert qui évalue l'importance des souffrances endurées par la victime. Il utilise le plus souvent une méthode qualitative reposant sur une échelle d'intensité croissante allant de 1 à 7. Par ordre croissant, le pretium doloris peut être très léger, léger, modéré, moyen, assez important, important, très important.

Si l'évaluation de l'importance de la douleur est du domaine des experts, *l'appréciation du prix de cette douleur revient au juge.* Il est la seule personne habilitée à fixer le montant de l'indemnité qui sera allouée à la victime.

b.2 – Le préjudice esthétique

392. Le préjudice esthétique *est représenté par l'ensemble des disgrâces dynamiques et statiques imputables à l'accident ou à la*

---

[150] C. Cass. Sénégal, Ch. soc. 17 décembre 2003, n° 25, *AGS - SOAEM C./ CSS - Dame NIANG,* Bulletin des arrêts de la Cour de Cassation du Sénégal : En l'absence de preuve du paiement des rentes et indemnités journalières à la victime d'accident du travail, l'organisme de sécurité sociale n'a qualité à agir en remboursement des débours.

[151] Traditionnellement, il est admis que la souffrance est mieux supportée aux âges extrêmes de la vie, c'est-à-dire par le jeune enfant et par le vieillard. Mais une telle affirmation ne repose sur aucune démonstration scientifique établie.

maladie et persistant après la consolidation. Il détermine les modifications esthétiques engendrées sur le salarié par l'accident ou la maladie. D'un point de vue général, il peut s'agir des modifications de la silhouette, de l'attitude, de la démarche provoquées par exemple par la nécessité d'utiliser un appareillage ou des aides techniques (déambulateur, chaise roulante...). D'un point de vue spécifique, il peut s'agir, notamment, de cicatrices, déformations, modifications du relief, de la coloration de la peau.

393. Le préjudice esthétique est évalué par un médecin expert, qui doit tenir compte dans son évaluation de l'âge, du sexe et de la situation familiale et sociale de la victime. Le médecin expert doit s'efforcer de décrire les disgrâces physiques de façon la plus objective et la plus précise. Il peut s'aider de photographies de la victime prises avant et après l'accident, ceci dans la mesure où les disgrâces doivent avoir une relation directe et exclusive avec l'accident.

394. Le préjudice esthétique peut être calculé sur une échelle graduée de 1 à 7 comme les souffrances endurées. Aussi, comme pour les souffrances endurées, l'appréciation du préjudice esthétique appartient au juge, le médecin expert n'est chargé que de son évaluation qualitative, laquelle évaluation ne lie pas le juge. Il reste tout de même que la décision du juge ne saurait être arbitraire.

En général, le préjudice esthétique est mieux indemnisé chez un célibataire dans la mesure où ses chances matrimoniales sont diminuées. Mais, il n'en demeure pas moins vrai que les modifications de l'apparence esthétique peuvent également avoir des effets pour un couple marié. Elles peuvent, notamment, conduire au divorce ou à l'adultère de l'autre conjoint. Il appartient au juge d'en tenir compte.

b.3 – Le préjudice d'agrément

395. Le préjudice d'agrément *est le dommage qui résulte des atteintes portées aux satisfactions et plaisirs de la vie.*[152] Il est constitué par la diminution voire la disparition des agréments de l'existence, c'est-à-dire une diminution de la qualité de vie.

396. Le préjudice d'agrément est lié à une diminution des plaisirs de la vie, causée notamment par l'impossibilité ou la

---

152 *Pour aller plus loin* : – Loïc CADIET, *Le préjudice d'agrément*, Thèse de doctorat, Université de Poitiers, 1983. – M. DANGIBEAUD et M. RUAULT, « Les désagréments du préjudice d'agrément », *D.* 1981, p. 157.

difficulté de se livrer à certaines activités normales d'agrément ou la gêne certaine dans l'accomplissement des actes normaux de la vie courante. Il comprend, par exemple, la privation d'activités sportives ou artistiques mais, bien au-delà, toutes les restrictions ou modifications des conditions d'existence des rapports sociaux, familiaux et affectifs.

397. Le préjudice d'agrément est évalué par un médecin expert qui doit rechercher toutes les conséquences de l'accident sur la vie professionnelle et sur la vie courante. Il appartient à la victime de justifier de la pratique de ces activités (licences sportives, attestations d'adhésion à des associations, ...) et de l'évoquer auprès du médecin expert afin que celui-ci puisse confirmer qu'elle ne peut plus pratiquer ces activités.

Plusieurs critères interviennent dans l'évaluation du préjudice d'agrément : l'âge, le contexte familial, le lieu de résidence de la victime, l'environnement, la personnalité de la victime, son sexe, etc. S'agissant par exemple du contexte familial, la privation d'une activité d'agrément pratiquée en famille peut faire éprouver, toute chose n'étant pas égale par ailleurs, un sentiment d'exclusion à la victime. Il appartiendra donc au juge de faire preuve de discernement. La valeur du préjudice d'agrément est très variable.

2. Les conséquences indemnitaires pour l'employeur

398. Lorsque la faute *intentionnelle* ou *inexcusable* de l'employeur ou d'un tiers est établie, ils sont redevables auprès de la Caisse de sécurité sociale qui peut exercer un recours (**a**). En outre, l'employeur est responsable sur son patrimoine personnel, des conséquences de sa faute inexcusable (**b**).

a) Le recours de la Caisse de sécurité sociale

399. En cas de *faute intentionnelle* de l'employeur ou de l'un de ses préposés, et si la Caisse a servi à la victime ou à ses ayants-droit les prestations et indemnités, elle est admise de plein droit à intenter contre l'auteur de l'accident une action en remboursement des sommes payées par elle. Dans la pratique, l'assureur de l'employeur est garant des dommages causés par les personnes dont celui-ci est civilement responsable.

Il convient cependant d'apporter des précisions par rapport au recours de la Caisse. Si l'employeur est lui-même l'auteur de la faute, le recours est exercé contre ce dernier. Par contre, si la faute intentionnelle est imputable à un préposé, la jurisprudence refusant à la Caisse tout recours contre l'employeur en tant que civilement responsable de son préposé. Le recours sera dirigé uniquement contre le préposé.

400. Si l'accident est causé par une personne autre que l'employeur ou ses préposés, c'est-à-dire par un *tiers*[153], la victime ou ses ayants-droit conservent contre l'auteur de l'accident le droit de demander réparation du préjudice causé, conformément aux règles du droit commun, dans la mesure où ce préjudice n'est pas réparé par application des dispositions du Code de la sécurité sociale. La Caisse est tenue de servir à la victime ou à ses ayants-droit les prestations et indemnités. Elle est admise de plein droit à intenter contre l'auteur de l'accident une action en remboursement des sommes payées par elle. L'action de la Caisse est, toutefois, limitée à la part d'indemnité mise à charge du tiers, qui répare l'atteinte à l'intégrité physique de la victime. Sont donc exclus le pretium doloris, le préjudice esthétique, le préjudice d'agrément, le préjudice moral des ayants droit et autres.

b) La responsabilité de l'employeur sur son patrimoine personnel

401. La victime d'une *faute inexcusable* de l'employeur qui souhaite obtenir réparation des préjudices personnels subis doit diriger son action contre l'employeur uniquement. Le Code de la sécurité sociale pose le principe selon lequel l'auteur de la faute inexcusable est responsable sur son patrimoine personnel des conséquences de celle-ci.[154]

402. En consacrant le principe de la responsabilité de l'employeur sur son patrimoine personnel des conséquences de sa faute inexcusable, le législateur permet d'éviter une déresponsabilisation du chef d'entreprise. Ainsi, même si la faute est commise par un substitué de l'employeur, il revient à ce dernier de répondre. Il est interdit à l'employeur de se garantir par une assurance contre les conséquences de la faute inexcusable.

403. Le débiteur final étant l'employeur, celui-ci peut être une personne physique ou une personne morale. Par conséquent, le patrimoine personnel de la personne physique ne peut être engagé que si on est en présence d'une entreprise individuelle (artisan, commerçant, ...). En présence d'une société, c'est le patrimoine

---

[153] Hubert GROUTEL, « Le tiers étranger à l'entreprise et la faute inexcusable de l'employeur », *J-CI (civil)*, mars 2000, chronique n° 5, pp. 4-6.

[154] Voir l'article 63 in fine du Code de la sécurité sociale.

personnel de la l'entreprise personne morale qui sera engagé, à l'exclusion de son dirigeant.

Par ailleurs, l'employeur, seul auteur, ne signifie pas que l'employeur est seul responsable. Il a la possibilité d'exercer une action récursoire contre le véritable auteur de la faute, en vue de la restitution des sommes qu'il aurait payées à la Caisse de sécurité sociale. En mentionnant que l'auteur de la faute inexcusable est responsable sur son patrimoine personnel, la loi autorise l'action récursoire.[155]

[155] Gilles DARCY, « Pluralité de coauteurs d'un dommage de travaux publics et étendue de l'action récursoire des caisses de Sécurité Sociale », *La Revue administrative*, 31e année, n° 181, Janvier – Février 1978, pp. 41-57. *Adde* : Conseil d'État, Assemblée, 9 novembre 2015, 359548, publié au recueil Lebon. Dans cet arrêt, le Conseil d'État français considère que lorsque la faute de l'administration et celle d'un tiers ont concouru à la réalisation d'un même dommage, le tiers co-auteur, employeur ou assureur, qui a été condamné par le juge judiciaire à indemniser la victime peut se retourner contre l'administration en invoquant la faute de cette dernière, y compris lorsqu'il a commis une faute inexcusable au sens de l'article L. 452-1 du Code de la sécurité sociale.

CHAPITRE 2 :

LA COUVERTURE DU RISQUE VIEILLESSE

404. Le risque vieillesse couvre la retraite et les besoins liés à l'avancée en âge. La couverture de ce risque est assurée par l'Institution de Prévoyance Retraite du Sénégal (IPRES).[156] En application des dispositions de l'article 3 de la loi n° 75-50 du 3 avril 1975, l'IPRES est une institution de prévoyance sociale de droit privé. Elle a pour objet d'organiser et de gérer :

- d'une part, le régime général de retraite unique pour l'ensemble des travailleurs régis par le Code du travail qui fait l'objet du règlement intérieur n° 1, lequel régime comporte des dispositions particulières pour les employés de maison et les travailleurs occasionnels ;
- d'autre part, le régime complémentaire de retraite, exclusivement réservé aux cadres, affiliés au régime général unique de retraite, qui fait l'objet du règlement intérieur n° 2.

405. Les prestations servies par l'IPRES répondent à un besoin social qui est de plus en plus manifeste. L'exode des populations ne fait qu'accentuer le relâchement des liens familiaux avec le retrait du soutien aux personnes âgées. La gestion des risques confiés à l'IPRES (**section 1**) est répartie en deux régimes : le régime général de retraite (**section 2**) et le régime complémentaire de retraite des cadres (**section 3**).

SECTION 1 : L'INSTITUTION DE PRÉVOYANCE RETRAITE DU SÉNÉGAL

406. L'IPRES est un organisme de droit privé placé sous la tutelle technique et financière de l'État. Pour une meilleure

---

[156] Voir : – Loi n° 75-50 du 3 avril 1975, portant création des institutions de prévoyance sociale. – Décret n° 75-455 du 24 avril 1975, rendant obligatoire pour tous les employeurs et pour tous les travailleurs l'affiliation à un régime de retraite. – Arrêté n° 3043/M/F/P/T/E/DTSS du 9 mars 1978, portant autorisation d'une institution de prévoyance retraite. – Statuts et règlements intérieurs n° 1 et n° 2 de l'IPRES relatif respectivement au régime général et au régime complémentaire de retraite cadre.

appréhension de cette institution, il convient de présenter, d'une part, les règles relatives à l'organisation de l'IPRES (**§ 1**) et, d'autre part, les règles liées aux contrôles et contentieux en rapport avec les régimes dont elle assure la gestion (**§ 2**).

§ 1 – L'organisation de l'Institution de prévoyance retraite du Sénégal

407. Les règles d'organisation et de fonctionnement de l'IPRES sont fixées par ses statuts. Cette organisation peut être appréhendée sous l'angle de l'organisation administrative (**A**) et de l'organisation financière (**B**).

A./ L'organisation administrative

408. L'IPRES est administrée par les organes suivants : le collège des représentants (**1**), le conseil d'administration (**2**) et le bureau du conseil d'administration (**3**). L'administration de l'IPRES s'appuie également sur d'autres acteurs, un directeur et un agent comptable (**4**).

1. Le collège des représentants

409. Le collège des représentants est investi des pouvoirs de l'assemblée générale. Les statuts de l'IPRES déterminent sa composition (**a**), ses pouvoirs (**b**) et son fonctionnement (**c**).

a) La composition du collège des représentants

410. Le collège des représentants comprend *trente-deux membres* répartis à égalité entre les membres adhérents et les membres participants, élus au scrutin secret par les organisations syndicales les plus représentatives de travailleurs pour les membres participants et d'employeurs pour les membres adhérents. Un représentant suppléant est élu dans les mêmes conditions pour chaque représentant titulaire, tant aux sièges des représentants des membres participants qu'aux sièges des représentants des membres adhérents. Il ne peut assister aux assemblées du collège qu'en cas d'absence du titulaire, et dans ce cas, il prend part aux votes.

411. La répartition des sièges entre, d'une part, les membres participants et, d'autre part, les membres adhérents fait l'objet d'un accord entre les organisations syndicales les plus représentatives. À défaut d'un tel accord, le président du conseil d'administration de l'institution demandera au Ministre chargé du travail et de la sécurité sociale de prendre toutes mesures utiles pour assurer une représentation adéquate des organisations syndicales les plus représentatives des travailleurs pour les membres participants et d'employeurs pour les membres adhérents.

412. Sur les seize sièges prévus pour les représentants des membres participants, quatre sièges sont réservés aux représentants des membres participants agents non fonctionnaires de l'État, des collectivités publiques et des établissements publics. De même, quatre sièges sur seize pour les représentants des membres adhérents sont réservés aux représentants de l'État employeur, désignés par le Premier Ministre.

413. La durée du mandat des membres au collège des représentants est de quatre ans. Le mandat débute obligatoirement le 1er janvier d'une année et s'achève automatiquement le 31 décembre de la quatrième année suivante. Le mandat est renouvelable.

414. Les membres du collège des représentants peuvent être remplacés en cours de mandat par les organisations syndicales qui les avaient élus. Dans ce cas, le mandat du membre du collège des représentants ainsi élu, expire le jour où aurait normalement cessé le mandat du membre qu'il remplace.

b) Les pouvoirs du collège des représentants

415. Le collège des représentants *est investi des pouvoirs de l'assemblée générale.* À l'instar du collège de la Caisse de sécurité sociale, il se prononce sur le rapport d'activité et les résultats de la gestion financière établis par le conseil d'administration.

Il délibère sur les rapports qui lui présentés et désigne les membres du conseil d'administration. Il décide des modifications statutaires.

c) Le fonctionnement du collège des représentants

416. Le collège des représentants se réunit une fois au moins par an, sur convocation individuelle du président du conseil d'administration, adressée à ses membres au moins quinze jours à l'avance et contenant l'ordre du jour de la réunion. Outre les matières inscrites à l'ordre du jour de la réunion par le conseil d'administration, toute proposition portant la signature d'un tiers au moins des membres du collège des représentants est obligatoirement soumise au collège, dans la limite de ses attributions.

Le collège des représentants se réunit en assemblée générale ordinaire pour se prononcer sur le rapport d'activité et les résultats de la gestion financière établis par le conseil d'administration dans les conditions fixées par les statuts. Il délibère sur les rapports qui lui sont présentés et élit les membres du conseil d'administration.

417. Le collège des représentants est convoqué en assemblée générale extraordinaire, en cas de circonstance exceptionnelle par le président du conseil d'administration, sur avis du conseil ou sur la demande écrite du tiers au moins de ses membres. Dans ce dernier cas, la réunion doit avoir lieu dans les trente jours qui suivent le dépôt de la demande auprès du président.

Les modalités de convocation et de vote sont les mêmes que celles concernant les assemblées générales ordinaires du collège des représentants.

Les modifications des statuts ne peuvent être décidées qu'en assemblée générale extraordinaire du collège des représentants statuant, pour ces seules modifications, à la majorité des deux tiers des représentants titulaires ou remplacés par leurs suppléants, votant au scrutin secret.

418. Les délibérations du collège des représentants font l'objet de la rédaction d'un procès-verbal et sont consignées dans un registre spécial détenu au siège de l'institution.[157] Les membres adhérents et les membres participants peuvent consulter ce registre spécial au siège de l'institution. Ils peuvent en obtenir les extraits certifiés conformes par le président et un vice-président du conseil d'administration n'appartenant pas à la même délégation que le président.

2. Le conseil d'administration

419. L'IPRES est administrée par un conseil d'administration, dont il convient de présenter sa composition (**a**), ses pouvoirs (**b**) et ses règles de fonctionnement (**c**).

[157] Article 20 des statuts de l'IPRES.

a) La composition du conseil d'administration

420. La composition du conseil d'administration est paritaire. Il comprend *vingt-deux membres* représentant les membres participants et les membres adhérents, à raison de *onze administrateurs pour chaque délégation.*

421. Les administrateurs représentant respectivement les membres participants et les membres adhérents sont élus au scrutin secret et à la majorité simple par la délégation correspondante du collège des représentants. Un administrateur suppléant est élu dans les mêmes conditions, par chaque délégation, pour chaque administrateur titulaire.

Sur les sièges des administrateurs titulaires et des administrateurs suppléants de la délégation des membres participants, deux sièges de titulaires et deux sièges de suppléants seront réservés aux représentants des membres participants agents non fonctionnaires de l'État, des collectivités publiques et des établissements publics. Sur les sièges des administrateurs titulaires et des administrateurs suppléants de la délégation des membres adhérents, deux sièges de titulaires et deux sièges de suppléants seront réservés à l'État employeur et pourvus par le Premier Ministre.

422. La délégation des travailleurs représentant les membres participants et la délégation des employeurs représentant les membres adhérents procèdent, chacune en ce qui la concerne, à la répartition des sièges à occuper, entre les organisations syndicales de chaque délégation comme déjà indiqué pour le collège des représentants. À défaut d'accord entre lesdites organisations syndicales, le président du conseil d'administration demandera au Ministre chargé du travail et de la sécurité sociale de prendre toutes mesures utiles pour assurer une représentation adéquate des organisations en cause au conseil d'administration.

Le suppléant ne peut assister aux réunions qu'en cas d'absence du titulaire. Dans ce cas, il prend part aux votes.

423. La durée du mandat des administrateurs est de deux ans. Le mandat débute obligatoirement le 1er janvier d'une année et se termine le 31 décembre de la deuxième année suivante. Le mandat est renouvelable.

424. Les administrateurs peuvent être remplacés en cours de mandat par les organisations syndicales qui les avaient élus. Le mandat de l'administrateur élu expire le jour où aurait normalement cessé le mandat de l'administrateur qu'il remplace.

425. Les membres du conseil d'administration représentant les organisations syndicales de travailleurs membres participants et les organisations syndicales d'employeurs membres adhérents, doivent jouir de leurs droits civiques. Ils doivent satisfaire aux exigences de l'article L. 9 du Code du travail, définissant les conditions requises des membres chargés de l'administration ou de la direction d'un syndicat.[158] Toutefois, l'exigence de la nationalité sénégalaise ne sera pas opposable aux ressortissants des pays qui ont conclu avec le Sénégal des accords d'établissement.

426. Les membres du conseil d'administration *ne peuvent être choisis parmi le personnel de l'institution.* Ils ne peuvent avoir un intérêt direct ou indirect dans un marché passé avec ou pour le compte de l'institution, sauf accord spécial et motivé du conseil d'administration, approuvé par les autorités de tutelle.

b) Le fonctionnement du conseil d'administration

427. Les fonctions d'administrateur, de président et de membre du bureau sont gratuites. Toutefois, le conseil d'administration pourra instituer une indemnisation à titre privé pour la perte de salaire et procéder à des remboursements de frais de déplacement.

428. Le conseil d'administration se réunit chaque fois qu'il est convoqué par son président après consultation du directeur et, au moins deux fois par an, à raison d'une fois par semestre.
La réunion du conseil d'administration est obligatoire si elle est demandée par écrit au président par un tiers des administrateurs ou par l'un des Ministres de tutelle.

429. Le conseil d'administration peut convoquer à ses réunions, à titre consultatif, toute personne dont la compétence professionnelle est utile à l'objet de ses travaux. Ainsi, il peut convoquer les représentants des associations avec lesquelles l'institution a passé une convention de coopération technique et

---

[158] Article L. 9 du Code du travail : « *Les membres sénégalais de tout syndicat professionnel chargés de l'administration ou de la direction du syndicat doivent avoir leur domicile légal au Sénégal, jouir de leurs droits civils et n'avoir fait l'objet d'aucune des condamnations entraînant la suppression du droit de vote aux termes des lois électorales en vigueur. Tout ressortissant étranger, adhérent à un syndicat, peut, s'il remplit les conditions précitées et s'il est domicilié au Sénégal depuis cinq ans au moins, accéder aux fonctions d'administration et de direction de ce syndicat, à condition que son pays d'origine accorde le même droit aux ressortissants sénégalais.* »

constituer, avec leur concours, des commissions d'études pour un objet déterminé.

La convocation aux réunions doit être adressée au moins quinze jours à l'avance aux administrateurs et aux personnes appelées à assister à celles-ci. Elle doit être accompagnée de l'indication des questions inscrites à l'ordre du jour établi par le président et des dossiers correspondants aux questions de l'ordre du jour. En cas d'urgence, le préavis de convocation peut être ramené à dix jours par décision du président.

430. Les décisions du conseil d'administration sont prises à la majorité des voix des membres présents. Elles ne sont valables que si la majorité des administrateurs de chaque délégation assistent à la réunion. En cas de partage égal des voix, la décision est reportée à une nouvelle réunion dont l'ordre du jour ne doit comporter que la question en cause. En cas de nouveau partage égal des voix à cette réunion, la voix du président est prépondérante.

431. À l'exception des modifications statutaires qui relèvent de la compétence du collège des représentants, sont de la compétence du conseil d'administration les modifications à apporter :

- aux règlements intérieurs ;
- aux conditions d'attribution et au mode de calcul des prestations ;
- aux modalités de gestion des régimes ;
- à l'élection du bureau, à la désignation des personnes chargées de la gestion courante et du fonctionnement de l'institution ;
- aux accords de coopération technique.

Les délibérations du conseil sont prises dans les conditions suivantes :

- les deux tiers des administrateurs titulaires ou remplacés par leurs suppléants doivent être présents ;
- si les deux tiers des administrateurs titulaires ou remplacés par les suppléants ne sont pas présents, le conseil est renvoyé à une date ultérieure à laquelle il peut délibérer, sous réserve que le quart au moins de ses membres titulaires ou remplacés par leurs suppléants soient présents.

432. Les délibérations du conseil d'administration donnent lieu à la rédaction d'un procès-verbal par le président ou l'un des vice-présidents ayant effectivement présidé la séance et par le directeur ou, à défaut de celui-ci par le secrétaire adjoint, après que le procès-verbal ait été soumis à l'approbation des membres du conseil présents à la réunion. Ceux-ci disposent d'un délai de deux semaines pour donner leur accord. Passé ce délai, l'accord est considéré comme acquis.

433. Les procès-verbaux des réunions sont transcrits sur un registre spécial détenu au siège de l'institution. Les membres participants et les membres adhérents peuvent consulter ce registre et en obtenir des extraits certifiés conformes par le président ou un vice-président et par le directeur.

c) Les attributions du conseil d'administration

434. Le conseil d'administration assure l'exécution des décisions du collège des représentants. À ce titre, il est investi des pouvoirs les plus étendus pour représenter activement et passivement l'institution, exercer tous les droits conformément aux statuts, et faire ou autoriser tous les actes qui ne sont pas de la compétence exclusive du collège des représentants.

435. Sous réserve du respect des règles établies par les règlements relatifs aux régimes de retraite, le conseil d'administration dispose des pouvoirs, notamment pour :

- assurer l'équilibre financier et le fonctionnement des régimes gérés par l'institution ;
- établir et interpréter les règlements intérieurs relatifs aux régimes de retraite, et les conventions passées ou à passer avec des organismes de conseil, d'assistance technique ou financière ;
- régler toutes les difficultés d'application des règlements intérieurs, examiner et se prononcer sur toutes les contestations des membres participants, des membres adhérents et des bénéficiaires résultant de l'application des statuts et règlements intérieurs ;
- gérer les fonds et décider de leur affectation et placement ;
- faire toutes acquisitions, échanges, aliénations de biens et de droits mobiliers et immobiliers ;
- consentir et résilier tous les baux ou locations avec ou sans promesses de vente ;
- percevoir les sommes dues à l'institution et payer celles qu'elle doit ;
- consentir des subrogations ;
- désister l'institution de tous droits ou actions ;
- faire main levée de tous privilèges, inscriptions, hypothèque, saisies, oppositions et autres empêchements

avant ou après paiement, avec ou sans contestation de paiement.

436. En application des dispositions des articles 2, 5, 6 et 22 de la loi n° 75-50 du 3 avril 1975, le conseil d'administration est la seule instance habilitée *à apporter des modifications aux règlements intérieurs.* Il est également le seul à décider des questions concernant :

- l'élection du bureau ;
- la désignation des personnes chargées de la gestion et du fonctionnement de l'institution ;
- les *modifications du taux de cotisation, de la répartition de ce taux entre les membres participants et les membres adhérents, du plafond des salaires soumis à cotisation, et du mode de calcul des prestations, en fonction des résultats enregistrés et dans la limite des plafonds réglementaires* ;
- l'exclusion des membres.

Les demandes de modifications relatives aux questions énumérées ci-dessus sont présentées par écrit au président du conseil d'administration. Le président, après examen de la demande, doit réunir le conseil d'administration dans un délai d'un mois suivant la date de dépôt de la demande.

En cas de litige au sein du conseil d'administration sur des questions fondamentales qui engagent la vie même de l'IPRES, un droit de recours à l'arbitrage du Directeur du travail, de l'emploi et de la sécurité sociale est reconnu à tout administrateur.[159] Afin de garantir que la couverture du risque n'entraîne pas une charge incompatible avec la gestion économique normale des entreprises, ni disproportionnée au regard de la couverture des autres risques sociaux, les attributions du conseil d'administration doivent tenir compte des pouvoirs reconnus à l'autorité de tutelle dans la fixation du taux des cotisations.[160]

437. Le conseil d'administration délègue à son président les pouvoirs nécessaires à la gestion et au fonctionnement de l'institution. Toutefois, *les comptes bancaires ne peuvent être ouverts dans chaque cas que sur autorisation du conseil d'administration et ne pourront fonctionner que sous la double ou triple signature selon le cas*, dans des conditions qui sont précisées par les présents statuts.

438. Le conseil d'administration autorise le directeur à accomplir, seul ou conjointement avec le président ou d'autres

[159] Voir l'article 22 in fine de la loi n° 75-50 du 3 avril 1975 *précitée*.

[160] Voir l'article 10 de la loi n° 75-50 du 3 avril 1975 *précitée*.

membres du bureau, tous les actes de disposition ou d'administration nécessaires au fonctionnement de l'institution, dans des conditions qui sont fixées aux règlements intérieurs. Il surveille la gestion des membres du bureau et du directeur et peut leur interdire d'accomplir un acte qui entre dans leurs attributions d'après les statuts mais dont il contesterait l'opportunité. Il a toujours le droit de se faire rendre compte de leurs actes.

439. Le conseil d'administration peut, en cas de faute grave, suspendre provisoirement, à la majorité simple, un ou plusieurs membres du bureau exécutif en attendant la décision de l'assemblée générale extraordinaire du collège des représentants. Dans ce cas, l'assemblée doit être convoquée et réunie dans la quinzaine.

440. Le conseil d'administration est obligatoirement appelé à délibérer sur :

- les règlements intérieurs ;
- les comptes prévisionnels annuels ;
- le rapport d'activité annuel ;
- le bilan et les comptes d'exploitation de fin d'exercice ;
- l'achat, l'aliénation ou l'échange de biens de droits immobiliers et mobiliers et les constructions d'immeubles ;
- les conventions entre Caisses de retraite ou de sécurité sociale ;
- les dons et legs, les emprunts et placements de fonds ;
- l'octroi d'aval et de garantie ;
- la nomination et la révocation du directeur.

Les membres du bureau ne participent pas aux votes du conseil d'administration, en ce qui concerne le contrôle des actes de leur gestion.

3. Le bureau du conseil d'administration

441. Le bureau du conseil d'administration joue un rôle important dans la gestion de l'institution. Sa composition (**a**), son fonctionnement (**c**), ses compétences (**b**), et celles de son président (**d**) méritent d'être précisés.

a) La composition du bureau

442. Le conseil d'administration élit tous les deux ans, au cours du mois de décembre, un bureau à composition paritaire. Ce bureau comprend :

- un président ;
- trois vice-présidents ;
- un secrétaire général ;
- un secrétaire général adjoint ;
- deux membres.

443. La présidence doit être assurée alternativement par un représentant des membres adhérents et un représentant des membres participants. Le premier vice-président sera toujours choisi parmi les membres de la délégation qui n'assure pas la présidence. Le *président et le secrétaire général ne peuvent appartenir à la même délégation.*

444. Les membres participants et les membres adhérents du bureau sont élus pour deux ans et sont rééligibles. En cas d'empêchement définitif d'un membre du bureau, la délégation au conseil d'administration à laquelle il appartient, élit celui qui le remplace dans ses fonctions jusqu'à l'expiration normale de son mandat.

b) Le fonctionnement du bureau

445. Le bureau du conseil d'administration se réunit sur convocation du président après consultation du directeur. La réunion du bureau s'impose toutes les fois qu'elle est demandée par écrit, par trois au moins de ses membres. Ceux-ci devront toutefois indiquer à l'avance les questions à inscrire à l'ordre du jour de la réunion ainsi demandée. La convocation doit être adressée aux membres du bureau 48 heures à l'avance, accompagnée de l'ordre du jour de la réunion.

446. Le bureau ne peut valablement délibérer que si le quorum est atteint, *soit la moitié de ses membres plus un.* Les décisions sont prises à la simple majorité. Toutefois un membre du bureau empêché peut donner par écrit, à un autre membre du bureau de la même délégation, une procuration. Aucun membre du bureau ne peut cependant détenir plus d'une procuration au cours d'une même réunion.

447. Chaque réunion du bureau donne lieu à la rédaction d'un procès-verbal établi par le secrétaire ou le secrétaire adjoint, ou en cas d'absence des deux, par un membre du bureau en collaboration avec le directeur. Le procès-verbal de chaque séance est signé du président et du secrétaire de séance.

448. Chaque procès-verbal est diffusé aux membres du bureau par les soins du directeur dans la quinzaine qui suit la réunion du bureau. Les membres du bureau disposent d'un délai d'une semaine, après la réception du procès-verbal, pour déposer leurs observations auprès du président.

À l'expiration du délai de trois semaines, suivant la date de la réunion, le procès-verbal est réputé approuvé par tout membre du bureau qui n'a pas déposé d'observations. Par contre, les observations qui ont été déposées sont jointes au procès-verbal de séance.

c) Les pouvoirs du bureau

449. Le bureau reçoit du conseil d'administration *les délégations de pouvoirs nécessaires pour assurer le bon fonctionnement administratif de l'institution entre les réunions du conseil d'administration*, à charge de lui rendre compte de ses décisions. À cet effet, il prend toutes mesures utiles pour exercer les délégations qui lui ont été ainsi confiées. Il peut créer, dans le cadre de ses attributions, des commissions, soit parmi ses membres, soit en faisant appel à des personnalités extérieures à l'institution, et déterminer les attributions, les pouvoirs et la durée desdites commissions.

450. Le bureau propose au conseil d'administration *la nomination et la révocation du directeur*. Il assure, sous l'autorité du président, et en collaboration avec le directeur, le fonctionnement régulier de l'institution, conformément à ses statuts et règlements intérieurs, aux conventions de coopération technique passées par celle-ci.

451. Le bureau *peut recevoir délégation du conseil d'administration pour interpréter et statuer sur les difficultés d'application de certains actes*. Il en est ainsi des règlements relatifs aux régimes de retraite, des conventions passées ou à passer avec les organismes de coopération technique.

d) Les attributions du président

452. Le président *convoque et préside les assemblées générales du collège des représentants et les réunions du conseil d'administration et du bureau*. Il signe conjointement avec le directeur, toutes les délibérations et toutes les conventions. En matière d'investissements, il signe conjointement avec un des vice-présidents appartenant à la délégation qui n'assure pas la présidence et le directeur, toutes les correspondances et tous les actes y relatifs.

453. Le président *représente l'institution dans tous les actes de la vie civile et est investi de tous les pouvoirs à cet effet*, y compris ceux de donner dans ce domaine au directeur, les délégations qu'il juge utiles. Il a notamment qualité pour ester en justice au nom de l'institution comme demandeur et comme défendeur sous le contrôle du conseil d'administration, à l'exception des compétences dont dispose le directeur en matière de *recouvrement de cotisations dues à l'institution.*

Il peut exercer dans les mêmes conditions toutes les voies de recours (appel, opposition, pourvoi) et consentir toutes transactions, le tout sous réserve des délégations qu'il peut juger utiles de donner, en ces matières, au directeur. Ces délégations *doivent faire l'objet, dans chaque cas, de mentions expresses aux règlements intérieurs ou aux procès-verbaux de réunion du bureau.*

454. En cas d'absence du président, il est remplacé par l'un des vice-présidents dans l'ordre d'élection. En cas d'empêchement définitif du président et sous réserve des délégations qui ont été consenties au directeur, il est remplacé par l'un des vice-présidents dans l'ordre d'élection faisant partie de sa délégation, jusqu'à l'expiration de son mandat.

4. Le directeur et l'agent comptable

455. Deux acteurs, un directeur (**a**) et un agent comptable (**b**) dont il convient de préciser les attributions, jouent un rôle important dans le fonctionnement de l'IPRES.

a) Les attributions du directeur

456. Les fonctions de directeur de l'institution sont incompatibles avec la qualité de membre de l'Assemblée Nationale ou d'une Assemblée régionale. Le directeur ne peut avoir d'intérêts ni exercer des fonctions rémunérées ou non dans aucune entreprise commerciale ou industrielle. Les fonctions du directeur portent sur la *gestion courante* (***a.1***) et le *recouvrement des cotisations* (***a.2***).

a.1 – La gestion courante

457. Le directeur est investi des pouvoirs de gestion courante des régimes de retraite dans le cadre des décisions du conseil d'administration et du bureau. Il assure le fonctionnement normal de l'institution avec le concours du bureau à qui il doit rendre compte périodiquement de sa gestion et soumettre sans délai les questions de principe en quelque matière que ce soit.

458. Le directeur procède à toutes les études nécessaires à l'équilibre financier des régimes de retraite et en communique les résultats au bureau. Il doit également procéder à toutes études de caractère technique ou financier concernant le fonctionnement des régimes qui lui seraient demandées par le conseil d'administration.

459. Le directeur assiste obligatoirement aux réunions du conseil d'administration et du bureau avec voix consultative, sauf exceptions décidées par la majorité des membres présents, et assure le secrétariat des séances. Il présente chaque année, après clôture de l'exercice budgétaire, pour examen et approbation par le bureau, un rapport d'activité sur la situation financière et les résultats statistiques et financiers des régimes de retraite, et fournit tous les renseignements et éléments statistiques qui lui sont demandés par le bureau. Il participe à la gestion du fonds collectif des régimes de retraite conjointement avec le président ou un vice-président de la délégation qui n'assure pas la présidence.

460. Dans le cadre de l'exercice de ses attributions de gestion courante, le directeur a compétences, notamment en matière de gestion du personnel, passation des marchés, opérations bancaires, opérations fiscales et douanières. Il assume la direction de l'institution, la représente et la personnifie dans ses rapports externes.[161] Pour les matières de sa compétence, il peut passer et signer tous actes, pièces et procès-verbaux, élire domicile, substituer et généralement faire le nécessaire. Il doit accomplir ces actes dans le respect des dispositions des statuts relatives à la pluralité de signatures.

a.2 – Le recouvrement des cotisations

461. En matière de recouvrement de cotisations, précisément des sommes dues, tant par les employeurs que par les travailleurs à l'IPRES, le directeur de l'institution *dispose de la compétence et des pouvoirs qui lui sont directement reconnus par l'article 17 de la loi n° 75-50 du 3 avril 1975.* Il agit, au nom et pour le compte de l'institution, dans les mêmes conditions que le directeur de la Caisse de sécurité sociale aux termes des articles 149 et 156 du Code de la sécurité sociale.

---

[161] Voir l'article 33, a) des statuts de l'IPRES.

462. Toute action civile ou poursuite en recouvrement des cotisations et autres sommes dues de même nature *est obligatoirement précédée d'une mise en demeure* du directeur de l'IPRES par lettre recommandée avec demande d'avis de réception. Cette lettre invite l'employeur à régulariser sa cotisation dans un délai compris entre quinze jours et trois mois, en vertu des dispositions de l'article 149 du Code de la sécurité sociale. Si la mise en demeure reste sans effet, le directeur peut exercer l'action civile en délivrant une contrainte qui est visée et rendue exécutoire dans un délai de cinq jours par le président du Tribunal du travail. La signification et l'exécution de la contrainte sont réglées par les dispositions des alinéas 2 et 3 de l'article 150 du Code de la sécurité sociale.[162]

463. Le directeur représente l'institution à la tentative de conciliation prévue par l'article 151 du Code de la sécurité sociale. En cas de non-conciliation, il reçoit la notification de la décision du président du Tribunal du travail statuant en chambre du Conseil, et non susceptible d'opposition.

En cas d'appel de la décision du président du Tribunal du travail, le directeur agit au nom et pour le compte de l'institution, conformément aux dispositions de l'article 152 du Code de la sécurité sociale. Il reçoit notification de l'arrêt d'appel par lettre recommandée du greffier de la juridiction d'appel.

b) Les attributions de l'agent comptable

464. Le service comptable de l'IPRES est placé sous l'autorité d'un agent comptable, nommé par le bureau, sur proposition du directeur. Il tient la comptabilité régulière de toutes les opérations effectuées par l'institution et dresse, à l'intention du bureau, le bilan et les comptes d'exploitation à la fin de chaque exercice budgétaire. Il tient à la disposition du bureau et du directeur les documents comptables de l'institution, les livres comptables et les livres auxiliaires ainsi que toutes les pièces justificatives de recettes et de dépenses.

465. L'agent comptable est responsable de la sincérité de toutes les écritures comptables qu'il transmet au bureau et au

---

[162] Cette contrainte fait l'objet d'une signification par voie d'huissier. Elle peut valablement être adressée par lettre recommandée avec accusé de réception. Elle est exécutée dans les mêmes formes qu'un jugement. L'employeur peut former opposition à la contrainte auprès du greffe du tribunal du travail dans les quinze jours à compter de la date de la signification prévue à l'alinéa précédent, sous peine d'irrecevabilité.

directeur. Il lui revient également de justifier toutes les opérations qu'il effectue.

B./ L'organisation financière

466. Pour assurer ses missions, l'IPRES a besoin de ressources importantes, à défaut elle ne pourra pas payer les prestations.[163] Les ressources de l'IPRES (**1**) lui permettent de faire face à ses dépenses (**2**), d'où l'importance qu'elle accorde au recouvrement des cotisations (**3**).

1. Les ressources de l'IPRES

467. Les ressources de l'IPRES sont essentiellement constituées des cotisations et des majorations de retard (**a**). Il faut y ajouter les revenus des placements des fonds et des immeubles de rapport, les dons et legs (**b**).

a) Les cotisations

468. Les cotisations des *adhérents* et des *participants* constituent la principale ressource de l'IPRES. Le financement des pensions est assuré suivant un *système par répartition* fondé sur la solidarité intergénérationnelle.[164] Le versement des cotisations durant l'activité professionnelle est une obligation pour pouvoir prétendre au bénéfice des prestations de l'IPRES. La cotisation globale versée à l'institution comprend une partie à la charge du salarié et une autre à la charge de l'employeur.

469. Les cotisations sont assises sur l'ensemble des rémunérations et gains perçus par les travailleurs jusqu'à concurrence d'un plafond[165] fixé chaque année par le conseil d'administration.[166] Suivant l'article 136 du Code de la sécurité sociale, sont considérés comme rémunérations et gains toutes les

---

[163] La couverture financière des obligations de l'IPRES se pose avec acuité du fait de la détérioration du rapport démographique qui est passé de dix travailleurs pour un retraité à moins de trois travailleurs pour un retraité (Entretien du DG de l'IPRES au journal « Intelligences » le 29 janvier 2019).

[164] Les cotisations des travailleurs en activité servent au paiement des pensions des retraités au même moment.

[165] Les plafonds des cotisations s'élèvent actuellement à 360.000 FCFA pour le régime général de retraite et à 1.080.000 FCFA pour le régime de retraite complémentaire des cadres, soit trois fois celui du régime de base.

[166] Voir les articles 6 du Règlement n° 1 et 6 Règlement n° 2 de l'IPRES.

sommes versées ou dues au travailleur en contrepartie ou à l'occasion d'un travail notamment : les salaires ou gains, les allocations de congé payé, les majorations pour heures supplémentaires, les indemnités, primes et gratifications et tous autres avantages en nature[167] ou en espèces, ainsi que les sommes perçues directement ou par l'entremise d'un tiers à titre de pourboire.

Sont exclus de l'assiette des cotisations, les frais professionnels engagés par le travailleur pour le compte de l'employeur, à l'occasion de l'exécution de son contrat de travail, les indemnités représentatives de remboursement de frais (indemnités de transport[168], panier, salissure, etc.) et les indemnités qui remplacent ou complètent des prestations de sécurité sociale (majoration pour charges de famille, indemnités de maladie et de congé de maternité). Suivant l'article 137 du Code de la sécurité sociale, les éléments de rémunération versés occasionnellement à des intervalles irréguliers ou différents de la périodicité des paies, entrent dans l'assiette des cotisations. Il en est ainsi notamment des commissions pour les commerciaux ou de l'intéressement au bénéfice.

470. Le taux des cotisations est déterminé en fonction d'un taux d'appel, fixé chaque année par le conseil d'administration. Ce taux est réparti entre les membres adhérents et les membres participants selon des pourcentages déterminés par les règlements intérieurs de l'institution.[169]

471. Le paiement des cotisations des membres adhérents est garanti pendant cinq ans, à dater de leur exigibilité, par un privilège sur les biens meubles et immeubles du débiteur. Ce privilège prend rang après celui des créances de salaire défini aux articles L. 118 et suivants du Code du travail.

b) Les revenus des placements, les dons et legs

472. Les ressources de l'IPRES proviennent également de la gestion des réserves de l'institution. Ces réserves sont constituées

---

167 L'évaluation de ces avantages s'effectue comme en matière d'impôts.

168 L'indemnité de transport est plafonnée aujourd'hui à 150.000 FCFA. La tranche supérieure à ce montant rentre dans l'assiette de cotisation.

169 Depuis le 1er avril 1994, le taux de cotisations total est fixé à 14% pour le régime unique de retraite de base et 6% pour le régime complémentaire cadre. Ces taux sont répartis à raison de 60 % à la charge de l'employeur et 40 % à la charge du salarié.

des revenus de placement des fonds et des immeubles de rapport, des dons et legs.

Cette part des ressources reste marginale. Par conséquent, l'IPRES doit impérativement réaliser ses ressources principales, en recouvrant les cotisations sociales.

2. Les dépenses de l'IPRES

473. La vie de l'IPRES induit des charges techniques et administratives. Les charges techniques sont composées des pensions de retraite. Les charges administratives sont relatives aux dépenses générées par le fonctionnement courant de l'institution. Ainsi, les dépenses de l'IPRES comprennent :

- les diverses catégories de prestations qui sont versées aux bénéficiaires conformément aux dispositions du décret n° 75-455 du 24 avril 1975, des statuts et des règlements intérieurs de l'institution ;
- les frais nécessaires à la gestion de l'institution, dans la limite d'un plafond fixé à 10 % par an, du montant de ses ressources.

Les dépenses de l'institution comprennent également, en dehors des dépenses liées au fonctionnement, les dépenses d'investissement.

3. Le recouvrement des cotisations

474. Le recouvrement des cotisations sociales constitue une activité importante pour l'IPRES, dans la mesure où ces cotisations représentent sa principale ressource. L'employeur est chargé de collecter et de reverser à l'IPRES la cotisation due par lui-même (part patronale) et celle due par le travailleur (part salariale) dans les délais fixés par les règlements intérieurs à l'institution. Les cotisations dues par le salarié sont précomptées par l'employeur à l'occasion du règlement de toute rémunération.

475. Dans les entreprises qui ont un effectif de moins de vingt travailleurs, les cotisations dues sont exigibles chaque trimestre et ce, au plus tard le 10 du mois suivant l'échéance. Dans les entreprises qui ont un effectif de 20 salariés et plus, les cotisations doivent être versées mensuellement au plus tard le 10 du mois suivant. Le défaut de paiement dans ces délais entraîne, à titre de pénalité, une majoration de 5 % par mois ou fraction de mois de retard jusqu'à concurrence d'un plafond annuel de 50 % des sommes dues. En tout état de cause, les pénalités ne doivent pas dépasser 50 % des sommes dues. Le conseil d'administration peut accorder des remises partielles ou totales de ces majorations, à la demande de l'employeur justifiant de sa bonne foi ou de la force majeure.

476. Afin de permettre à l'IPRES de vérifier l'exactitude du montant des cotisations, les adhérents doivent remplir et renvoyer les états qui leur sont adressés dans les trois mois suivant leur réception. Il s'agit des états de recensement, des états des entrées, états de salaires.

Le défaut de déclaration du personnel et des états dans le délai prescrit entraîne, à l'encontre de l'employeur, le paiement d'une pénalité de 1 % par jour de retard du montant des sommes à déclarer.[170] À cette pénalité, s'ajoute une perception minimale égale à :

- cinquante mille (50.000) francs pour entreprise employant moins de 20 salariés ;
- cent cinquante mille (150.000) francs une entreprise dont l'effectif est compris entre 20 et 50 salariés ;
- une majoration de cinquante mille (50.000) francs pour chaque tranche supplémentaire de 20 salariés.

§ 2 – Les règles de contrôle et de contentieux des régimes de retraite

477. Pour assurer la pérennité financière des régimes de retraite, des mécanismes de contrôle sont mis en place pour les prémunir contre un risque d'effondrement (**A**). Le législateur a, aussi, tracé le cadre juridique de traitement des différends en rapport avec les régimes de retraite (**B**).

A./ Les règles de contrôle des régimes de retraite

478. Deux types de contrôle sont prévus par les textes : le contrôle par l'inspecteur du travail et les agents habilités (**1**) et le contrôle par les autorités de tutelle (**2**).

1. Le contrôle de l'inspection du travail et autres agents

479. L'action de l'IPRES *est soumise au contrôle de l'inspection du travail et des agents de l'institution habilités à cet effet.* Suivant

---

[170] Voir les articles 8 du Règlement n° 1 et 6 Règlement n° 2 de l'IPRES.

l'article 15 du décret n° 75-455 du 24 avril 1975[171], les membres adhérents ou participants sont soumis au contrôle de l'inspection du travail et de la sécurité sociale pour tout ce qui concerne l'application des dispositions relatives aux régimes de retraite. Le Directeur du travail, de l'emploi et de la sécurité sociale peut, conformément à l'article 23 de la loi relative aux institutions de prévoyance sociale, habiliter des agents de l'institution à effectuer ce contrôle.

480. Les employeurs sont tenus de recevoir à toute époque, pendant les heures ouvrables de l'établissement, les agents agréés de l'institution. Ils doivent se soumettre aux demandes de renseignements et enquêtes relatives à leurs obligations au regard de l'institution, dont ils sont saisis par lesdits agents.

2. Le contrôle des autorités de tutelle

481. Dans le cadre de leurs missions de contrôle, les autorités de tutelle sont investies du pouvoir de contrôle et d'investigation (**a**), du pouvoir de faire opposition (**b**) et du pouvoir d'arbitrage (**c**).

a) Le pouvoir de contrôle et d'investigation

482. Les textes autorisent le Ministre en charge du travail et de la sécurité sociale, agissant en tant qu'autorité de tutelle, à exercer également un contrôle sur l'IPRES. Sous son autorité, le Directeur du travail et les inspecteurs du travail contrôlent l'institution dans le cadre de leurs attributions et pouvoirs définis aux articles L. 194 et suivants du Code du travail, par la loi n° 75-50 du 3 avril 1975, notamment en son article 11, par le décret n° 75-455 du 24 avril 1975, et par les statuts de l'institution.

483. Le Ministre chargé des Finances assure la tutelle financière de l'institution. À ce titre, il se fait représenter aux délibérations du collège des représentants, du conseil d'administration et, s'il le juge utile, du bureau de l'institution. Son représentant est obligatoirement destinataire en temps utile de la documentation préparatoire diffusée en prévision de chacune desdites réunions. Il présente au conseil ou au bureau du conseil les observations que leurs délibérations appellent de sa part. Figurent obligatoirement à l'ordre du jour, toutes questions dont

---

[171] Décret n° 75-455 du 24 avril 1975, rendant obligatoire pour tous les employeurs et pour tous les travailleurs l'affiliation à un régime de retraite.

l'inscription est demandée par le représentant du Ministre chargé des Finances.

484. L'IPRES est tenue de présenter à tout moment ses livres, registres, procès-verbaux et pièces comptables de toute nature, aux inspections du travail et de la sécurité sociale. Le Ministre chargé des Finances est destinataire d'un exemplaire de chaque rapport d'inspection.

Le Directeur du travail, représentant le Ministre chargé du travail et de la sécurité sociale, et le représentant du Ministre chargé des Finances, ont pouvoir d'investigations, sur pièces et sur place, pour tout ce qui concerne le fonctionnement de l'institution, sous réserve de rendre compte immédiatement de chaque contrôle opéré, chacun en ce qui le concerne, au Ministre dont il relève. Le Ministre en charge du travail et de la sécurité sociale et le Ministre en charge des Finances peuvent ordonner les vérifications, et faire assister leurs représentants par des experts-comptables agréés, et des agents administratifs des services financiers qu'ils désignent conjointement.

485. Dans le premier semestre suivant la fin de chaque exercice, le président du conseil d'administration de l'institution transmet au Ministre chargé du travail et de la sécurité sociale un rapport annuel. Ce rapport fait apparaître notamment, les statistiques des effectifs de l'institution, le montant des cotisations encaissées et des prestations prises en charge, et la situation financière, notamment le bilan de l'exercice écoulé, le compte d'exploitation et le compte de pertes et profits. Le président transmet également au Ministre tous les documents comptables au vu desquels l'assemblée générale ordinaire du collège des représentants doit donner quitus de leur gestion aux membres du conseil d'administration. Le Ministre peut faire procéder par tous moyens à sa convenance à la vérification de ces documents, et recueillir, le cas échéant, l'avis du Ministre chargé des Finances sur le contenu desdits documents.

b) Le pouvoir de faire opposition

486. La réglementation reconnaît à la tutelle technique et à la tutelle financière le pouvoir de faire opposition. À cet effet, le Directeur du travail, représentant le Ministre chargé du travail et de la sécurité sociale, et le représentant du Ministre chargé des Finances, ont entrée aux séances des comités, conseils et commissions qui seront constitués par l'institution. Pour les réunions du conseil d'administration, tous dossiers leur sont communiqués quinze jours au moins avant la séance. Leurs observations sont obligatoirement reproduites dans les procès-verbaux des séances et des délibérations du conseil d'administration et du bureau, dans la forme même des notes confirmatives écrites qu'ils déposent entre les mains du Président de séance.

487. Le conseil d'administration doit se réunir en séance extraordinaire si sa convocation est demandée par le représentant de la tutelle technique, ou le représentant de la tutelle financière. Il en va de même pour le bureau. Doivent obligatoirement figurer à l'ordre du jour de la prochaine séance ordinaire ou extraordinaire du conseil d'administration ou du bureau, toutes questions dont l'inscription est demandée par le représentant de la tutelle technique ou le représentant de la tutelle financière. Le Ministre de tutelle technique et le Ministre de tutelle financière peuvent faire opposition aux décisions du conseil d'administration sur des questions fondamentales qui engagent la vie même de l'institution conformément aux dispositions de l'article 22 de la loi n° 75-50 du 3 avril 1975. L'opposition du Ministre de tutelle technique, ou celle du Ministre chargé des Finances, est suspensive de toute exécution de la décision du conseil d'administration. Les délibérations frappées d'opposition sont soumises à un nouveau conseil.

c) Le pouvoir d'arbitrage

488. La réglementation attribue un pouvoir d'arbitrage au Directeur du travail à la suite du droit de recours reconnu à tout membre du conseil d'administration en cas de litige au sein du conseil d'administration sur des questions qui engagent la vie même de l'institution. Toute demande d'arbitrage est déposée au bureau du Directeur du travail par tout membre du conseil d'administration, en vertu du droit de recours institué par le second alinéa de l'article 22 de la loi n° 75-50 du 3 avril 1975, en cas de litige au sein du conseil d'administration sur des questions fondamentales qui engagent la vie même de l'institution.

B./ Le contentieux des régimes de retraite

489. Le contentieux des régimes de retraite est relatif aux différends à caractère individuel découlant de l'application des lois et règlements régissant les branches de risques gérées par l'IPRES. D'une manière générale, ce contentieux se subdivise en deux grandes branches : le contentieux social (**1**) et le contentieux pénal (**2**).

1. Le contentieux social

490. Le contentieux social renvoie essentiellement à deux types de contentieux : le contentieux des prestations sociales (**a**) et le contentieux du recouvrement des cotisations sociales (**b**).

a) Le contentieux des prestations sociales

491. Le contentieux des prestations sociales oppose l'IPRES à ses assurés sociaux. Il est relatif au règlement des prestations sociales servies par l'IPRES.

492. L'employeur doit s'affilier et déclarer l'ensemble de son personnel auprès de l'institution chargée de la gestion de régime de retraite. C'est la condition essentielle pour permettre à ses travailleurs de bénéficier de leurs droits à la retraite, à la fin de leur activité professionnelle. Le *travailleur qui n'a pas été affilié à l'IPRES*, et qui par conséquent ne peut prétendre aux prestations servies par cette institution, peut engager une action en paiement des dommages et intérêts en réparation du préjudice subi.

493. Le travailleur affilié, dont les prélèvements à titre de cotisation n'ont pas été reversés, *dirigera en principe son action contre l'IPRES et non contre son employeur.* En effet, l'IPRES qui dispose de moyens matériels suffisants pour recouvrer les montants qui lui sont dus, ne peut, en aucun cas, se prévaloir du non reversement des cotisations, pour refuser aux travailleurs la jouissance de ses droits acquis.[172] Toutefois, rien n'interdit au salarié de solliciter de son ancien employeur une action de régularisation.

---

[172] C.S. Sénégal, 9 avril 2014, n° 20, *IPRES c./ Mansané SEYDI*, Bulletin des arrêts de la Cour suprême du Sénégal, 2015, n° 8. Le sieur Mansané SEYDI, employé de la Division des semences, admis à faire valoir ses droits à une pension de retraite en 2002, a constaté que les retenues opérées sur son salaire de 1975 à 1979, au titre des cotisations sociales, n'ont pas été reversées à l'IPRES. Le 16 juillet 2007, il a saisi le tribunal du travail de Dakar d'une action en dommages-intérêts pour non-reversement et non-recouvrement des cotisations. La Cour a reconnu le bien-fondé de *cette action qui porte sur la réparation du préjudice subi par un ancien travailleur du fait du non-recouvrement des cotisations par l'IPRES, seule tenue d'y procéder en vertu de la loi n° 75-50 du 3 avril 1975.* C'est ainsi que l'IPRES a été condamnée à payer la somme de 2.500.000 de francs à titre de dommages et intérêts.

494. Les différends entre travailleurs et entre employeurs pris séparément relèvent de la compétence du tribunal du travail. Il en est de même en cas de litige entre l'IPRES et ses bénéficiaires et assujettis.

Par ailleurs, l'article 38 des statuts de l'IPRES prévoit qu'en cas de contestation des membres participants, des membres adhérents et des bénéficiaires, relatives à la gestion des régimes de retraite, le différend pourra être porté devant le conseil d'administration de l'institution. Cette saisine s'effectue sans préjudice du droit pour les intéressés de saisir du différend le tribunal du travail du siège de l'institution.

b) Le contentieux du recouvrement

495. Le contentieux du recouvrement des cotisations sociales oppose l'IPRES aux employeurs assujettis aux régimes de retraite qu'elle gère. Il se déroule en plusieurs étapes : la mise en demeure (***b.1***), la contrainte (***b.2***), l'avis à tiers détenteur et l'hypothèque légale (***b.3***).

b.1 – La mise en demeure

496. Les cotisations impayées peuvent être recouvrées par l'IPRES, qui dispose les moyens juridiques à cet effet. Toute action ou poursuite en recouvrement de cotisations et autres sommes dues de même nature est obligatoirement précédée d'*une mise en demeure*, par lettre recommandée avec demande d'avis de réception du Directeur de l'IPRES, invitant l'employeur à régulariser sa situation dans un délai compris entre quinze jours et trois mois.

b.2 – La contrainte

497. La *contrainte* doit être procédée d'une mise en demeure préalable adressée à l'assuré en vue du recouvrement des cotisations. De ce fait, si la mise en demeure reste sans effet, le Directeur de l'IPRES peut exercer l'action civile en délivrant une contrainte visée et rendue exécutoire dans un délai de cinq jours par le président du tribunal de travail compétent. Cette contrainte fait l'objet d'une signification par voie d'huissier. Elle peut valablement être adressée par lettre recommandée avec accusé de réception. Elle est exécutée dans les mêmes formes qu'un jugement.

498. L'employeur peut former opposition à la contrainte auprès du greffe du tribunal du travail dans les quinze jours à compter de la date de sa signification, sous peine d'irrecevabilité. Pour être recevable, l'opposition doit soulever une contestation sérieuse et être accompagnée d'une copie de la contrainte. Le président du tribunal du travail cite les parties à comparaître dans les formes prévues à l'article L. 243 du Code du travail, et s'il existe une contestation sérieuse, il peut à titre exceptionnel décider par ordonnance l'interruption de l'exécution de la contrainte. Cette ordonnance n'est pas susceptible de recours. Même si le débiteur soulève une contestation sérieuse, son opposition ne sera recevable et l'exécution interrompue que s'il constitue au profit de l'institution une garantie sous forme de caution bancaire ou dépôt d'un cautionnement d'un montant égal au moins à la moitié de la créance.

En cas de recevabilité de l'opposition, le président du tribunal procède à une tentative de conciliation. En cas de non conciliation, le tribunal statue en chambre du conseil et sa décision n'est pas susceptible d'opposition. Le tribunal peut ordonner l'exécution par provision de toutes ses décisions. Le secrétaire du tribunal du travail notifie, dans la huitaine, la décision à chacune des parties par lettre recommandée avec accusé de réception ou par tout autre moyen.

499. L'appel des décisions du président du tribunal du travail de peut-être interjeté par chacune des parties intéressées dans les quinze jours suivant la notification. La procédure engagée en première instance devant le tribunal du travail et en appel devant la juridiction d'appel est gratuite. L'action civile en recouvrement des cotisations et autres sommes dues par l'employeur, intentée indépendamment ou après extinction de l'action publique, se prescrit par 5 ans, à dater de l'expiration du délai suivant la mise en demeure.

b.3 – L'avis à tiers détenteur et l'hypothèque légale

500. Le paiement des cotisations est garanti pendant cinq ans à dater de leur exigibilité par un *privilège sur les biens meubles du débiteur*, en quelque lieu qu'ils se trouvent et par une *hypothèque légale sur les biens immeubles dudit débiteur.* Ce privilège prend rang immédiatement après celui du Trésor au titre de l'impôt direct, des taxes indirectes et des droits de porte. Il s'exerce au profit de l'IPRES par tout moyen de droit, notamment par l'opposition, la saisie-attribution[173] sur les sommes, objets et effets appartenant au débiteur. Il s'exerce sur les deniers du débiteur sous forme d'un *avis à tiers détenteur* émis après la notification de la contrainte. Cet avis produit les mêmes effets que ceux d'un jugement de validation de saisie-attribution passé en force de la chose jugée.

501. L'*avis à tiers détenteur* est délivré par le Directeur de l'IPRES, par lettre recommandée avec accusé de réception ou selon les modalités d'une notification administrative. En cas d'inexécution de l'avis à tiers détenteur, le tiers saisi devient personnellement débiteur vis-à-vis du créancier en lieu et place du débiteur principal. L'*hypothèque légale* prend rang à compter de son inscription à la conservation foncière et des hypothèques.[174] Elle peut être inscrite à compter de la date où le débiteur encourt une pénalité pour défaut de paiement.

2. Le contentieux pénal

502. Les divers textes applicables à l'IPRES énumèrent les infractions au régime de retraite (**a**), ainsi que les sanctions qui leur sont applicables (**b**).

a) Les infractions au régime de retraite

503. Diverses infractions sont incriminées dans le cadre de la branche vieillesse gérée par l'IPRES. On peut citer les infractions suivantes : l'entrave à l'exercice des fonctions des contrôleurs, la non-affiliation du salarié dans un délai de deux mois à compter de sa date de recrutement, la fraude ou la fausse déclaration pour obtenir ou tenter d'obtenir indûment des prestations, etc.

À cette liste, il faut ajouter les infractions portant sur le non versement ou le versement partiel des cotisations. Pour cette catégorie d'infractions, le délai de prescription de l'action publique commence à courir à compter de l'expiration du délai qui suit la mise en demeure. Ce délai est fixé à un an.

---

[173] Depuis l'adoption de l'Acte uniforme OHADA portant organisation des procédures simplifiées de recouvrement et des voies d'exécution, la saisie-attribution des créances s'est substituée à l'ancienne saisie-arrêt (articles 153 à 172).

[174] Voir l'Acte uniforme OHADA portant organisation des sûretés.

b) Les sanctions pénales

504. En général, les lois et règlements régissant les régimes de retraite prévoient des peines principales. Il s'agit de l'amende et de l'emprisonnement ou de l'une de ces deux peines. Le Code pénal prévoit également des peines accessoires.

505. L'article 16 du décret n° 75-455 du 24 avril 1975[175] punit des peines prévues à l'article L. 281 du Code du travail, *toute personne qui s'est opposée ou a tenté de s'opposer à l'exécution des obligations ou à l'exercice des pouvoirs qui incombent aux inspecteurs et contrôleurs du travail et de la sécurité sociale et à leurs suppléants légaux.* Suivant l'article L. 281, sera punie d'une amende de 500.000 à 1.000.000 de francs et d'un emprisonnement de quinze jours à trois mois, ou de l'une de ces deux peines seulement, *toute personne qui s'est opposée ou a tenté de s'opposer à l'exécution des obligations ou à l'exercice des pouvoirs qui incombent aux inspecteurs du travail, aux contrôleurs du travail et aux chefs de circonscriptions administratives agissant comme suppléants de l'inspecteur du travail.* En cas de récidive, l'amende est de 1.000.000 à 2.000.000 de francs et l'emprisonnement de six mois à un an. L'emprisonnement est obligatoirement prononcé en cas de double récidive.

Les dispositions du Code pénal qui prévoient et répriment les actes de résistance, les outrages et les violences contre les officiers de police judiciaire, sont, en outre, applicables à ceux qui se rendent coupables de faits de même nature à l'égard des inspecteurs du travail ou de leurs suppléants.

Par ailleurs l'article 23, dernier alinéa, de la loi relative aux institutions de prévoyance sociale[176], punit des mêmes peines, toute personne qui s'oppose à la mission des agents de contrôle de l'institution dûment habilités.

506. L'article 24 de la loi relative aux institutions de prévoyance sociale punit d'une amende de 3.000 à 20.000 francs et, en cas de récidive, d'une amende de 20.000 à 75.000 francs et d'un emprisonnement de 6 jours à 3 mois ou de l'une de ces deux peines seulement, tout employeur qui, dans un délai de deux mois à compter du premier embauchage d'un travailleur, *n'aura pas adhéré à l'institution, ou n'y aura pas affilié le travailleur en qualité*

---

[175] Décret n° 75-455 du 24 avril 1975 rendant obligatoire pour tous les employeurs et pour tous les travailleurs l'affiliation à un régime de retraite.

[176] Loi n° 75-50 du 3 juillet 1975 relative aux institutions de prévoyance sociale.

de membre participant. Les pénalités sont encourues autant de fois qu'il est constaté, à la charge de l'employeur, de non adhésion ou de non affiliation.

507. Selon l'article 27 de la loi relative aux institutions de prévoyance sociale, *tout employeur qui aura retenu la cotisation prélevée sur le salaire d'un travailleur, au-delà du délai fixé par le règlement,* sera puni des peines prévues à l'article 383 du Code pénal. Par ailleurs, des amendes sont appliquées autant de fois qu'il y a de travailleurs pour lesquels les versements n'ont pas été ou n'ont été que partiellement effectués, sans que le montant des amendes infligées à un même contrevenant puisse excéder 50 fois les taux maxima des amendes prévues.

508. L'article 18 du décret n° 75-455 du 24 avril 1975 prévoit des sanctions contre toute personne qui, à quelque titre que ce soit, *se rend coupable de fraude, ou de fausse déclaration, pour obtenir des prestations qui ne sont pas dues.* Les coupables sont passibles en application de l'article 379 du Code pénal des peines du délit d'escroquerie.[177]

509. L'article 19 du décret n° 75-455 du 24 avril 1975 prévoit des sanctions contre les administrateurs, dirigeants et tout autre agent de l'IPRES qui *auront commis des fraudes, soit en écriture, soit en gestion de fonds, ou qui se seront rendus coupables de détournement de fonds.* Ils sont passibles des peines du délit de faux en écriture privée et de détournement de deniers publics prévues par les articles 135 et 152 à 155 du Code pénal.

510. Le Code pénal prévoit des *peines accessoires*[178]. Il en est ainsi de la fermeture de l'entreprise, de l'interdiction professionnelle et de l'interdiction d'exploiter l'entreprise par soi-même ou par personne interposée.

SECTION 2 : LE RÉGIME GÉNÉRAL DE RETRAITE

511. Le régime général de retraite est obligatoire et unique. Il a vocation à couvrir tous les employeurs et travailleurs, sous réserve de dispositions particulières prévues pour les employés de

---

[177] L'alinéa 1er de l'article 379 du Code pénal prévoit un emprisonnement d'un an au moins et de cinq ans au plus, et d'une amende de 100.000 à 1.000.000 de francs.

[178] Une peine accessoire est une peine qui s'ajoute automatiquement à la peine principale.

maison[179], les travailleurs journaliers et saisonniers.[180] Il est organisé (**§ 1**) pour servir des prestations de retraite (**§ 2**).

§ 1 – L'organisation du régime général de retraite

512. Le régime général de retraite, dont il convient de préciser le champ d'application (**A**), est rattaché au système global de prévoyance sociale. Il repose sur une organisation administrative (**B**) et financière (**C**).

A./ Le champ d'application du régime général

513. Le régime général des retraites est établi à l'égard des membres adhérents (**1**), des membres participants et ayants-droit (**2**).

1. Les membres adhérents

514. Un *membre adhérent* est une personne physique ou morale, de droit public ou privé, employant un ou plusieurs travailleurs au sens du Code du travail ou du Code de la marine marchande.[181] À cet effet, les établissements, les armateurs[182] sont des employeurs et ont la qualité de membres adhérents de l'IPRES. L'employeur qui cesse définitivement d'avoir à son service du personnel salarié perd la qualité de membre adhérent.

515. Les membres adhérents doivent fournir, sur le formulaire qui leur est remis à cet effet, les renseignements permettant leur identification. Les entreprises qui comprennent plusieurs établissements doivent faire connaître l'adresse de chacun d'eux en précisant la nature de son activité. Les membres adhérents doivent notifier, dans un délai maximum d'un mois, toutes modifications survenues à l'un de ces éléments.

---

[179] Articles 36 à 39 du Règlement intérieur de l'IPRES

[180] Articles 40 à 42 du Règlement intérieur de l'IPRES

[181] Voir les articles 3 et 4 du décret 75-455 du 24 avril 1975, l'article 3 du Code du travail et les articles 1er, 302 et s. du Code de la marine marchande.

[182] Toute personne physique ou morale pour le compte de laquelle un navire est armé, exploité ou simplement utilisé. Les propriétaires ou les copropriétaires d'un navire sont présumés en être l'armateur ; en cas d'affrètement, l'affréteur devient l'armateur du navire si le contrat d'affrètement le prévoit et a été régulièrement publié.

Chaque membre adhérent reçoit un numéro d'affiliation qui doit être rappelé dans toutes les communications relatives au régime de retraite.

2. Les membres participants et ayants-droit

516. La qualité de *membre participant* au niveau de l'IPRES est reconnue aux travailleurs âgés au moins de 18 ans[183] et en service au moins trente jours dans un établissement adhérent de façon continue ou discontinue. Les assurés volontaires qui ont demandé le maintien de leur affiliation après la perte de leur qualité de travailleurs salariés sont également considérés comme membres participants. Conformément aux dispositions de l'article 40 des statuts de l'IPRES, le maintien volontaire de l'affiliation est subordonné aux conditions suivantes :

- être âgé de 40 ans au moins et avoir définitivement perdu son emploi salarié ;
- avoir cotisé au régime général pendant 5 ans ;
- produire un certificat de cessation d'activité délivré par l'autorité compétente.

517. Sont exclus du régime général, les travailleurs étrangers qui pendant leur séjour au Sénégal, demeurent affiliés à un régime de retraite institué par une autre législation et les travailleurs affiliés à d'autres régimes collectifs de retraite non gérés par l'IPRES à la date d'effet d'adhésion de leur entreprise. Cependant, pour cette dernière catégorie de travailleurs, les demandes d'affiliation peuvent être présentées à l'institution. Le conseil d'administration ou, par délégation, le bureau, déterminera les modalités de présentation de ces demandes, statuera sur l'accueil à leur réserver, et, éventuellement sur les conditions de leur agrément.

518. Relèvent également du régime général, les personnes qui ont la qualité d'ayants-droit au sens de l'alinéa 3 de l'article 4 du Règlement n° 1 de l'IPRES. Il s'agit des personnes ci-après :

- les anciens travailleurs des établissements adhérents, admis au bénéfice de l'allocation de solidarité ;
- les veuves, les veufs et les orphelins (de père ou de mère) de participants, admis au bénéfice d'une allocation de réversion.

---

[183] L'âge d'admission à l'emploi est pourtant fixé à 15 ans par l'article L. 145 du Code du travail. Il est, semble-t-il, indiqué d'harmoniser cette disposition avec l'âge légal d'accès à l'emploi.

B./ L'organisation administrative du régime général

519. Cette organisation a pour corollaire une gestion administrative qui englobe les actes d'administration (**1**), dont la gestion des comptes des assurés du régime (**2**).

1. Les actes d'administration

520. La responsabilité de la gestion du régime général des retraites est confiée à l'IPRES qui assume cette charge dans le cadre des règles déterminées par le Règlement intérieur n° 1 et conformément à ses statuts. Le conseil d'administration est l'organe compétent pour appliquer les dispositions du Règlement intérieur.

521. La gestion administrative englobe tous les actes d'administration découlant du Règlement intérieur n° 1.[184] Il s'agit, notamment, de l'encaissement des cotisations, de la tenue des comptes de points, de la validation des services passés, de la liquidation des allocations et des retraites.

2. La gestion des comptes des assurés du régime

522. La gestion du régime général donne lieu à l'ouverture, au nom de chaque participant, d'un compte de points de retraite. Les points sont déterminés pour chacune des années de cotisations avant 60 ans. Les relevés de points sont transmis aux cotisants par l'intermédiaire du dernier employeur.

Au nom de chaque employeur, il est tenu un dossier comportant le nombre de salariés de l'entreprise. Chaque année, toute entreprise doit envoyer à l'IPRES le solde des cotisations, l'état récapitulatif du personnel et des salaires versés au cours de l'année.

523. La gestion donne lieu, chaque année, à l'établissement d'un bilan et d'un compte-rendu d'activités.

C./ L'organisation financière du régime général

524. Pour faire fonctionner le régime général de retraite, il faut assurer son financement. Outre les ressources (**1**), l'IPRES doit

---

[184] Article 32 du Règlement intérieur n° 1 de l'IPRES.

constituer des réserves et des fonds (**2**), en respectant un cadrage financier et comptable[185].

1. Les ressources du régime

525. Le régime général de retraite est alimenté par l'ensemble des cotisations tant salariales que patronales sur les salaires bruts, les majorations de retard (**a**), les produits de la gestion financière des réserves (**b**). Il est, éventuellement, alimenté par les subventions, dons et legs.

a) Les cotisations et majorations de retard

526. Les cotisations sont assises sur la rémunération brute des participants jusqu'à concurrence d'un plafond fixé chaque année par le conseil d'administration. Pour le régime général, le taux de cotisation, encore appelé *taux d'appel*, est fixé à 14 % (8,4 % au titre de la part patronale et 5,6 % au titre de la part salariale). La cotisation de base est répartie à raison de 60 % à la charge de l'établissement adhérent et 40 % à la charge du participant.

527. Les cotisations qui ne sont pas versées dans les délais prévus font, à titre de pénalité, l'objet d'une *majoration* de 5 % par mois ou fraction de mois de retard jusqu'à concurrence d'un plafond annuel de 50 % des sommes dues. Des remises partielles ou totales peuvent être accordées par le conseil d'administration de l'institution qui pourra déléguer pouvoir au bureau, en ce qui concerne les majorations de retard en paiement de cotisation sur demande de l'employeur établissant la bonne foi ou la force majeure. La décision du conseil d'administration, ou du bureau, doit être motivée. La demande n'est pas suspensive du paiement des majorations de retard. Les frais de versement des cotisations et majorations de retard sont à la charge des adhérents.

b) Les produits de la gestion financière des réserves

528. Le régime supporte les allocations, les rachats d'allocations minimes, les remboursements de cotisations, les dotations du fonds social et le coût réel des frais de gestion. La différence entre les ressources et les charges forme la *réserve globale* du régime *dont l'objectif est d'atteindre un montant égal à deux années d'allocations.*

---

[185] Article 34 du Règlement intérieur n° 1 de l'IPRES.

529. Les réserves font, notamment, l'objet de dépôt à terme, de placement sous formes d'actions, d'obligations et de bons du Trésor[186]. Les produits financiers nés de la gestion des réserves permettent à l'institution de procéder à l'augmentation des pensions, de faire face à ses charges.

530. L'IPRES peut passer des conventions avec des organismes pour assurer la gestion des réserves, à l'exception des prêts ou investissements qu'elle réalise directement et sous sa responsabilité. Les projets d'investissements devront recevoir l'approbation du conseil d'administration avant toute réalisation. Le directeur de l'IPRES, agissant au nom du conseil d'administration, informera le gouvernement des opérations envisagées afin de s'assurer qu'elles concordent bien avec les objectifs prioritaires du plan.

2. La constitution de fonds

531. Au-delà des réserves qui sont nécessaires pour assurer la stabilité financière du régime, l'IPRES doit constituer deux types de fonds : le fonds collectif (**a**) et le fonds social (**b**).

a) Le fonds collectif

532. Les membres adhérents soumis au Règlement intérieur n° 1 dont les employeurs n'étaient pas affiliés au régime de retraite conventionnel sont tenus d'apporter leur participation au fonds collectif.

Le montant de la participation au fonds collectif est entièrement à la charge des employeurs, indépendamment des cotisations patronales et salariales qui demeurent dues en tout état de cause, à leur échéance, sous peine de sanctions. Il est égal à une majoration de 150 % de la totalité de la cotisation réglementaire d'une année (quotes-parts patronale et salariale). La participation est exigible à compter du 1er janvier 1976 pour les entreprises existant à cette date, et à compter de la date de leur d'affiliation pour les entreprises nouvellement créées.[187]

---

[186] Titre d'emprunt émis par l'État et remboursable à échéance.

[187] Article 11 du décret n° 75-455 du 24 avril 1975 rendant obligatoire pour tous les employeurs et pour tous les travailleurs l'affiliation à un régime de retraite, modifié par le décret n° 76-17 du 9 janvier 1976 abrogeant et remplaçant les articles 11 et 21 du décret n° 75-455 du 24 avril 1975 rendant obligatoire pour tous les employeurs et pour tous les travailleurs l'affiliation à un régime de retraite.

533. Le paiement du montant de la participation au fonds collectif est échelonné sur quatre ans, le versement de sa première moitié devant intervenir, en tout état de cause, dans les trois premiers mois de l'exigibilité. Toutefois, l'institution pourra, en cas de nécessité, accorder aux employeurs qui en feront la demande dûment justifiée, des délais de paiement sur une période plus longue.

b) Le fonds social

534. L'IPRES dispose d'un fonds social qui est notamment utilisé pour l'attribution, à titre individuel, de secours exceptionnels à des participants actifs ou retraités ou à des personnes ayant été à leur charge et dont la situation apparaîtra matériellement digne d'intérêt. Le fonds social peut servir également pour une politique sociale déterminée par le conseil d'administration de l'IPRES et se rapportant à son objet.

535. Le montant des secours attribués chaque année, ne doit pas dépasser 3 % des allocations servies au cours de l'exercice précédent. Ces secours exceptionnels sont renouvelables en cas de besoin.

§ 2 – Les prestations du régime général de retraite

536. Le régime général de retraite a pour objet de servir des allocations. Il s'agit de l'allocation de retraite aux anciens salariés ayant cotisé au moins un an (**A**), de l'allocation de réversion aux ayants-droit d'un salarié ou retraité décédé (**B**) et de l'allocation de solidarité aux anciens travailleurs ayant cotisé moins d'un an ou n'ayant pas cotisé du tout (**C**).

A./ L'allocation de retraite

537. L'allocation de retraite est la principale prestation du régime général. Pour prétendre au bénéfice de l'allocation de retraite (**2**), il faut constituer le droit (**1**).

1. Les conditions d'ouverture du droit à l'allocation de retraite

538. Pour constituer le droit à l'allocation de retraite, deux conditions sont nécessaires. L'une est relative à la validation des périodes de service (**a**) et l'autre à l'acquisition de points de retraite (**b**).

a) La validation des périodes de service

539. Par périodes de service, il faut, en principe, entendre les périodes ayant donné lieu à cotisation. La validation des périodes de service varie suivant qu'il s'agit du régime général (***a.1***) ou du régime particulier des employés de maison, des journaliers et des saisonniers (***a.2***).

a.1 – Le régime général de validation

540. L'article 16 du Règlement intérieur n° 1 de l'IPRES distingue deux périodes de service validables. Ces deux périodes se situent, soit après la mise place du régime (1er janvier 1958), soit avant cette date.

- **Les services postérieurs au 1er janvier 1958**

541. Toutes *les périodes de services ayant donné lieu à cotisation sont validables,* à compter de la date d'effet de l'adhésion de l'entreprise au régime général de retraite. Toutefois, bien que dues jusqu'à la cessation d'activité effective, les cotisations cessent de donner lieu à attribution de points à partir de l'exercice suivant au cours duquel le participant atteint l'âge normal de liquidation de la retraite.

Sont également validables, les périodes durant lesquelles le contrat de travail est suspendu pour un des motifs prévus au Code du travail ou à la suite d'un accident du travail.[188] De même, sont validables les périodes d'interruption de service, pendant lesquelles le participant est atteint d'une invalidité physique ou mentale entraînant une réduction d'au moins deux tiers des capacités de travail. L'état d'invalidité est apprécié suivant les règles déterminées par le conseil d'administration de l'IPRES.

- **Les services antérieurs au 1er janvier 1958**

542. À la date de mise en place du régime général de retraite (1er janvier 1958), certains salariés comptaient déjà plusieurs années de service. Pour ne pas pénaliser ces derniers, le législateur

---

188 Voir notamment l'article L. 70 du Code du travail.

a prévu la prise en compte de ces années de service. Ainsi, *sont validables toutes les périodes de service effectif antérieures à 1958 qui auraient donné lieu à cotisation si le régime avait été alors en vigueur.*

De même, sont validables :

- les périodes de suspension du contrat de travail survenues, soit avant le 15 décembre 1952, pour cause de maladie, dans la limite d'une durée de six mois par an, ou d'accident du travail, soit à partir du 15 décembre 1952, pour *un des motifs prévus* au Code du travail ou à la suite d'un accident du travail ;
- les périodes d'interruption de service, pendant lesquelles le participant est atteint d'une invalidité d'au moins deux tiers ;
- les périodes de mobilisation, de captivité et, plus généralement, celles pour lesquelles l'intéressé apportera la preuve qu'il a été obligé d'interrompre ses services dans l'établissement adhérent du fait de la guerre.

543. La validation des services accomplis par le participant avant 1958 est subordonnée à deux conditions. Le participant doit :

- justifier d'au moins une année de cotisation, que celle-ci ait ou non donné lieu à attribution de points ;
- compter à la date de liquidation des droits, y compris les périodes de cotisation, au moins 10 années de services salariés dans des entreprises relevant du régime, que ces années soient antérieures ou postérieures à l'âge normal de liquidation de la retraite.

La validation sera également possible si les années résultent de la juxtaposition de carrières effectuées auprès d'entreprises relevant du régime général ainsi que des autres régimes qui lui sont rattachés. Cependant, si plusieurs carrières concourent à permettre la réalisation de la condition de 10 ans, les points accordés seront calculés en autant de périodes de référence qu'il y a de régimes.

544. Le nombre maximum d'années de service validées gratuitement est égal à la différence entre 30 années et le nombre d'années de cotisations validables écoulées depuis 1958, date de création du régime. En tout état de cause, le nombre d'années maximum validables est de *15 ans.*

a.2 – Les régimes particuliers de validation

545. Des régimes spécifiques s'appliquent aux *employés de maison, aux travailleurs journaliers* et *saisonniers.* Est réputé être employé de maison, tout salarié embauché au service d'un foyer et occupé d'une façon continue au domicile privé de l'employeur, conformément à la législation en vigueur.[189] Le travailleur journalier est un travailleur engagé à l'heure ou à la journée, pour une occupation de courte durée n'excédant pas une journée et payé chaque jour avant la fin du travail.[190] Le travailleur saisonnier est un travailleur qui engage ses services pour la durée d'une campagne agricole, commerciale, industrielle ou artisanale dont le terme est indépendant de la volonté des parties.[191]

Ces catégories de travailleurs *sont soumises aux mêmes règles de validation que les autres travailleurs pour ce qui concerne la validation des périodes de service effectuées à compter de leur affiliation à l'IPRES.* À cet effet, les règles qui suivent concernent les périodes accomplies avant la date d'effet d'adhésion de l'entreprise, c'est-à-dire les années accomplies avant 1958, date de mise en place du régime général de retraite.

546. Les services accomplis en qualité d'employé de maison ou de saisonnier peuvent être pris en considération pour apprécier les conditions d'ouverture des droits et en calculer le montant. Toutefois, il faut que ces services *soient attestés par un certificat de travail régulier et aient donné lieu à affiliation auprès de la Caisse de sécurité sociale.* Ceux accomplis par les gens de maison non affiliés à ladite Caisse donneront lieu à la production d'un certificat de travail ou de bulletins de salaires réguliers. La preuve de cette affiliation reste à la charge du requérant.

La validation des services ci-dessus est subordonnée aux conditions générales déjà mentionnées.[192]

547. Pour être affilié à l'IPRES, le travailleur journalier *doit avoir effectué au minimum l'équivalent de trois mois de travail au cours d'une période d'un an.* Il revient au conseil d'administration de l'IPRES de fixer les conditions de prise en charge de ces catégories de travailleurs ainsi que les modalités d'extension du régime à des personnes non salariées.

---

189 Article 36 du Règlement intérieur n° 1 de l'IPRES.

190 Article 1er du décret n° 70-180 du 20 février 1970 fixant les conditions particulières d'emploi du travailleur journalier et du travailleur saisonnier (JORS du 9 mars 1970, n° 4091, pp. 253-257).

191 Article 6 du décret n° 70-180 du 20 février 1970 *précité.*

192 Articles 38 et 42 du Règlement intérieur n° 1 de l'IPRES.

b) L'attribution de points de retraite

548. Les cotisations versées sont converties en points par le prix d'acquisition d'un point de retraite.[193] Les points de retraite représentent donc la contrepartie des cotisations versées pour le compte des travailleurs tout au long de leur carrière. Ils sont calculés suivant que les périodes de service concernées se situent avant (***b.1***) ou après (***b.2***) la mise en place du régime. Des majorations pour charges de famille sont prévues (***b.3***).

b.1 – Le calcul des points pour la période postérieure à la mise en place du régime

549. Pour les périodes de cotisation, *le nombre de points acquis par le travailleur pendant l'année s'obtient en divisant le montant des cotisations de l'année par le salaire de référence de l'exercice, c'est-à-dire de la même année.* Le salaire de référence est fixé par le conseil d'administration, après chaque exercice, en fonction des variations du salaire moyen annuel des travailleurs affiliés au régime.[194] Il est le prix unitaire d'acquisition du point de retraite.

$$\textit{Nombre de points} = \frac{\textit{Montant de la cotisation contractuelle}}{\textit{Salaire de référence}}$$

550. Les périodes durant lesquelles le contrat de travail est suspendu pour un des motifs prévus au Code du travail ou à la suite d'un accident du travail sont également validées et donnent lieu à attribution de points, même si elles ne donnent pas lieu à cotisation. De même, les périodes d'interruption de service du travailleur en raison d'une incapacité physique ou mentale, entraînant une réduction d'au moins deux tiers de ses capacités de travail, sont également validées et donnent lieu à attribution de points. L'état d'invalidité est apprécié suivant les règles déterminées par le conseil d'administration de l'IPRES.

---

[193] Sylvie CHASLOT-ROBINET, Sabrina VANLIERDE et Cécile DESMARTIN « Le régime par points », in *Retraite et société* 2011/2 (n° 61), pages 227 à 238.
[194] Voir en annexe 4, les tableaux qui retracent l'évolution des salaires de référence pour les deux régimes.

b.2 – Le calcul des points pour la période antérieure à la mise en place du régime

551. Des points peuvent être attribués gratuitement pour les périodes antérieures à la mise en application du régime (1958). Il faut dans ce cas que le participant ait accompli au moins *dix ans* de service dans les entreprises adhérentes et ait cotisé pendant au *moins un an.*

552. Le nombre de points attribués pour l'ensemble des services antérieurs à 1958, y compris les périodes d'invalidité, est égal au produit du nombre de mois validés par le nombre mensuel moyen de points de la période de référence. La période de référence est constituée par les 36 premiers mois de cotisation. Lorsque le participant ne réunit pas 36 mois de cotisation, la période de référence est constituée par les 36 mois précédant la cessation d'activité. Les salaires qui n'ont pas donné lieu à cotisation au cours de la période de référence doivent être justifiés.

b.3 – La majoration des points pour charges de famille

553. Le nombre total de points de retraite *est majoré de 5 % pour chaque enfant encore à la charge du salarié au moment de la liquidation de la retraite*, aussi longtemps que l'enfant reste à sa charge, et au plus tard jusqu'à l'âge de 18 ans, ou de 21 ans lorsque l'enfant poursuit sans bourse des études secondaires ou supérieures. Les enfants qui ont droit aux prestations sont :

- les enfants issus du mariage du travailleur à condition qu'ils aient été inscrits sur les registres de l'état civil ;
- les enfants ayant fait l'objet d'une adoption conformément à la loi ;
- les enfants de la femme salariée non mariée dont la filiation naturelle est établie par reconnaissance volontaire ou par jugement conformément à la loi ;
- les enfants dont la filiation naturelle, tant à l'égard du travailleur marié que de son épouse, est établie conformément à la loi.

La majoration globale est limitée à *15 %.*

2. Les conditions de liquidation et de paiement de l'allocation de retraite

554. La liquidation consiste à faire valoir ses droits à la retraite afin de les percevoir (**a**). Elle entraîne le calcul de la retraite et le paiement des droits du retraité (**b**).

a) La liquidation de l'allocation de retraite

555. La liquidation des droits à la retraite n'est pas automatique et immédiate. Prendre sa retraite se prépare. Le calcul de l'allocation de retraite (***a.2***) est effectué après que le salarié ait fait sa demande de liquidation (***a.1***).

a.1 – Les formalités de liquidation

556. Pour liquider sa retraite de base, le participant doit en faire la demande. Mais, il ne peut entreprendre cette démarche que s'il atteint l'âge minimum requis. Ce dernier doit avoir atteint l'âge de référence qui est fixé à 60 ans par les règlements intérieurs de l'IPRES. Toutefois, le travailleur peut demander à l'IPRES l'anticipation de la liquidation de son allocation de retraite, à partir de 53 ans depuis le 1er janvier 1992. Dans ce cas, le taux de l'allocation de retraite est affecté d'un abattement de 5 % par année d'anticipation.

557. La demande de liquidation est effectuée par le participant et adressée à l'IPRES directement, ou par le biais de son dernier employeur. Elle est accompagnée des *pièces justificatives de la cessation d'activité* et d'un engagement à ne pas reprendre une activité salariée sans en informer l'institution. Toute reprise d'activité salariée est suspensive du droit de pension.

558. La demande de liquidation est considérée comme formulée à la date de transmission à l'IPRES, sous réserve que le dossier entier soit constitué dans un délai de deux ans. Au-delà de ce délai, les allocations ne sont plus rétroactives, elles prennent effet à partir du 1er jour du trimestre au cours duquel la dernière pièce du dossier aura été fournie.

559. Les participants qui ont commencé à cotiser après l'âge normal de liquidation de la retraite et qui ne peuvent prétendre à aucune allocation ont droit, à leur cessation d'activité, *au remboursement de leurs cotisations personnelles.*

Les participants originaires de pays où ne s'applique pas le régime de l'IPRES peuvent, lorsqu'ils rentrent à titre définitif dans leur pays d'origine, obtenir le remboursement de leurs cotisations personnelles moyennant l'annulation totale de leurs droits *sous réserve que le même traitement soit appliqué aux ressortissants sénégalais.* Cette disposition ne s'applique pas aux ressortissants des États où des caisses ont signé un accord de coordination avec le Sénégal ou l'IPRES. Les ressortissants des États ayant signé des accords de réciprocité en matière de sécurité sociale avec le Sénégal, ont droit d'option entre le remboursement des cotisations ou la liquidation de la retraite.

a.2 – Le calcul de l'allocation de retraite

560. Le montant de l'allocation de retraite dépend essentiellement de la durée de cotisation et du niveau de salaire. *Il est obtenu en multipliant le nombre de points, porté au compte de l'intéressé à la date de liquidation de ses droits, par la valeur du point de retraite.* La liquidation de l'allocation due au participant se fait sur la base des droits acquis dans les divers établissements où il a eu à exercer une activité professionnelle.

561. La valeur du point de retraite est fixée chaque année par le conseil d'administration de l'institution, en essayant dans la mesure du possible, de faire suivre aux prestations une évolution comparable à celle du salaire moyen annuel des travailleurs affiliés au régime.[195] Le conseil d'administration de l'institution devra rechercher dans le cadre d'une cotisation contractuelle maximum de 9 %, à assurer une retraite de l'ordre de 1,33 % du salaire par année de service.

Il existe une différence entre la cotisation permettant d'acquérir des points de retraite et la cotisation prélevée par l'employeur sur le salaire. La première est le *taux contractuel de cotisation* et la seconde le *taux d'appel de cotisation.* Le taux de cotisation contractuel est fixé aujourd'hui à 8 % de la rémunération brute. Le taux d'appel de cotisation est donc plus élevé que le taux contractuel de cotisation. Ce dernier taux résulte du taux d'appel de cotisation auquel il faut enlever les frais de fonctionnement[196] de l'IPRES.

---

[195] La valeur du point de retraite est définie par des calculs actuariels, actualisés chaque année en fonction de quelques indicateurs tels que l'inflation ou la démographie.

[196] Ces frais sont environ de 5 % sur le régime général et de 2 % sur le régime complémentaire cadre.

b) Le paiement de l'allocation de retraite

562. Les allocations sont payables mensuellement.[197] Elles prennent effet à compter du premier jour du bimestre civil de la demande adressée à l'IPRES, au plutôt à compter de la date de la cessation d'activité. À cet effet, en attendant la constitution de son dossier, le salarié admis à la retraite peut demander, par simple lettre adressée au Directeur général, le bénéfice de la rétroactivité de ses droits à compter de la date de réception de sa requête. Dans ce cas, le dossier doit être constitué dans les deux années qui suivent la réception de la demande ; à défaut, le salarié perd ce bénéfice.

563. L'allocation peut faire l'objet de rachat si son montant est minime. *Lorsque le nombre total des points de retraite attribués à un participant ou à son conjoint est inférieur à 400, abstraction faite des points attribués pour charges de famille, il est procédé à un versement unique au titre de rachat de l'allocation.* Ce versement unique est effectué au plus tôt à l'âge normal de liquidation de la retraite applicable au bénéficiaire. Le montant de ce rachat est égal au produit de l'ensemble des points de retraite y compris les points attribués pour charges de famille, par le salaire de référence de l'exercice précédent la date de liquidation.

564. Les règles de rachat prévues au paragraphe précédent s'appliquent également aux orphelins susceptibles de bénéficier de l'allocation de réversion, Toutefois, les versements uniques ne peuvent dépasser, pour chacun des orphelins, le produit de l'allocation annuelle, calculée, par le nombre d'années restant à courir jusqu'à 18 ans, ou 21 ans si ces derniers poursuivent sans bourse, des études secondaires ou supérieures.

565. Les versements effectués au profit des participants dans le cadre du rachat, suppriment tous droits pour le conjoint ou les orphelins. Lorsque les versements sont effectués au profit du conjoint, ils suppriment tous droits pour les orphelins.

B./ L'allocation de réversion

566. L'allocation de réversion correspond à une partie de l'allocation dont bénéficiait ou aurait pu bénéficier le participant décédé. Elle a pour objectif de maintenir un niveau de ressources

---

[197] La mensualisation des pensions est le fruit d'une longue évolution. De 1958 à 2007, les pensions étaient payées par trimestre. De 2007 à 2012, elles sont payées par bimestre et depuis janvier 2017, mensuellement.

suffisant au conjoint survivant (**1**) et aux enfants du participant décédé (**2**), soit en activité, soit après la retraite.

1. L'allocation du conjoint survivant

567. Au décès de l'un des membres d'un couple marié, le conjoint survivant, selon les cas un veuf ou une veuve, peut bénéficier d'une allocation de réversion. Pour en bénéficier, il faut remplir des conditions de vie maritale (**a**) et d'âge (**b**).

a) Les conditions de vie maritale

568. Lorsqu'un membre participant en activité ou retraité décède, son conjoint survivant, veuve ou veuf, *a droit à une allocation égale à 50 % de celle dont bénéficiait ou aurait bénéficié le participant décédé.* L'allocation est calculée sur la base des années validées ou validables à la date du décès et sans qu'il soit tenu compte des coefficients d'anticipation qui ont pu ou auraient pu être appliqués.

569. La vie commune ne suffit pas pour bénéficier de l'allocation de réversion. Il faut justifier de la qualité d'époux (se) du participant décédé et une durée minimale de mariage. Le mariage doit avoir été contracté deux ans au moins avant le décès du participant.[198]

En cas de remariage, le droit à l'allocation cesse à compter du premier jour du trimestre civil suivant. Tout bénéficiaire de cette allocation, devra présenter, chaque année, une attestation de l'autorité administrative du lieu de son domicile, certifiant qu'il n'a pas contracté un nouveau mariage.

570. Aucune condition d'absence de ressources ou d'activités n'est exigée pour bénéficier de l'allocation. Il suffit que le mariage soit déclaré par le membre participant à l'IPRES. Ce dernier doit produire la pièce légale d'état civil afférente. Au cas où ces formalités n'auraient pas été accomplies avant le décès du participant, le conjoint survivant conserve cependant la faculté de produire la pièce d'état civil attestant son mariage, à la condition

---

[198] C.S. Sénégal, 25 novembre 2015, n° 63, *IPRES c./ Mbayang LEYE*, Bulletin des arrêts de la Cour suprême du Sénégal, 2015, n° 9-10. Selon les dispositions de l'article 87 du Code de la famille, un acte de mariage non dressé ou dont la demande d'établissement a été présentée tardivement peut faire l'objet, par jugement, d'une autorisation d'inscription sur les registres de l'état civil. Le règlement intérieur de l'IPRES ne peut anéantir les effets que la loi attache à l'acte de mariage établi sur autorisation d'inscription tardive.

que ce document ait été établi conformément aux dispositions du Code de la famille.

b) Les conditions d'âge

571. L'ouverture des droits à la réversion n'est possible que lorsque le conjoint survivant a atteint un certain âge. La condition d'âge varie suivant que le conjoint survivant est un veuf ou une veuve.

572. Les veufs ont droit à l'allocation de réversion à partir de l'âge normal de la retraite applicable aux participants, *sans faculté d'anticipation.* Toutefois, le bénéfice de l'allocation est immédiat, dès le décès de l'épouse, *si le veuf est atteint d'une invalidité entraînant une inaptitude au travail.* En cas de cessation de l'état d'invalidité, le service anticipé de l'allocation de veuf prend fin. L'institution est habilitée à fixer, dans chaque cas particulier, les conditions de contrôle de l'état d'invalidité.

Un veuf ne peut percevoir plusieurs allocations de conjoint survivant. Au cas où il aurait perdu deux ou plusieurs épouses participantes, seule l'allocation la plus importante doit être accordée.

573. Les veuves ont droit à l'allocation de réversion à partir de 50 ans, mais *avec faculté d'anticipation à 45 ans* sous réserve d'un abattement de 5 % par année d'anticipation. En cas de décès du mari, le bénéfice de l'allocation est immédiat si la veuve a au moins deux enfants à charge de moins de 18 ans, ou de 21 ans, si ces derniers poursuivent, sans bourse des études secondaires ou supérieures. Le service de l'allocation est suspendu dès que ces derniers cessent d'être à la charge ou à leur décès pour reprendre au 50ème anniversaire de l'intéressée.

Il peut arriver que le conjoint décédé laisse plusieurs épouses. Dans ce cas, l'allocation globale est répartie au prorata des ayants-droit à la date du décès.

2. L'allocation des orphelins

574. En cas de décès d'un participant ou d'un retraité, ses enfants à charge au jour du décès, orphelins de père ou de mère, bénéficient sous certaines conditions (**a**) d'une allocation d'orphelin dont il convient de préciser le montant (**b**).

a) Les conditions d'attribution

575. Les conditions d'attribution de l'allocation d'orphelin sont relatives à la *situation de famille* et à l'*âge des orphelins.* Lorsque l'ascendant survivant ne peut prétendre à réversion soit en raison de son âge, soit en raison du divorce intervenu entre les conjoints, une allocation est accordée à chaque orphelin. L'enfant doit être orphelin des deux parents ou d'un seul lorsque la filiation est établie conformément à la loi.

576. Des conditions d'âge sont également exigées pour le bénéfice de l'allocation d'orphelin. L'allocation est accordée à chaque orphelin, aussi longtemps qu'il demeure à la charge de l'ascendant survivant et, au plus tard, jusqu'à l'âge de 18 ans ou 21 ans s'il poursuit, sans bourse, des études secondaires ou supérieures.

b) Le montant de l'allocation

577. Le taux de l'allocation d'orphelin *est égal à 20 % de la retraite à laquelle avait ou aurait eu droit l'ascendant décédé*, sur la base de services validés ou validables à la date du décès. L'allocation est versée à la personne qui a effectivement la charge de l'enfant. Toutefois, le service doit être suspendu pour les enfants issus d'un autre lit dès que leur ascendant commence à percevoir ses propres droits à la retraite.

578. Un orphelin ne peut bénéficier d'une allocation au titre de chaque parent. À cet effet, au cas où l'orphelin peut prétendre à des droits de deux ascendants, seule la réversion la plus substantielle sera accordée.

579. Lorsque la réversion intéresse une ou plusieurs veuves et des orphelins issus d'un autre lit, la part revenant à ces derniers ne peut dépasser les 50 % des allocations du conjoint décédé. De même, si le nombre des enfants allocataires est supérieur à cinq à la date de la liquidation des allocations d'orphelins, l'allocation revenant à chacun est réduite proportionnellement.

C./ L'allocation de solidarité

580. L'allocation de solidarité est une allocation non réversible[199], servie aux anciens salariés, à effet le 1er janvier 1978. Le régime d'attribution de cette allocation varie suivant qu'il s'agit des travailleurs du régime général (**1**) ou des travailleurs bénéficiant d'un régime particulier (**2**).

1. Le régime général

581. L'allocation de solidarité a été instaurée pour tenir compte des salariés *nés avant 1910,* qui ont cotisé moins d'un an ou n'ont jamais cotisé. Pour en bénéficier, le salarié doit justifier de dix ans d'activité salarié.

582. L'allocation de solidarité est une allocation forfaitaire. Elle est calculée sur la base de *2100 points* ; peu importe la durée de la carrière du bénéficiaire.

2. Le régime particulier

583. Le droit à l''allocation de solidarité est également ouvert aux anciens employés de maison, saisonniers et journaliers, *nés avant 1922,* qui ont cotisé moins d'un an ou n'ont jamais cotisé. Pour en bénéficier, ils doivent justifier de cinq années d'activité salariée en qualité d'employé de maison, de saisonnier ou de journalier.

584. L'allocation de solidarité des anciens employés de maison, saisonniers et journaliers, nés avant 1922 est calculée sur la base de *1200 points.* La durée de la carrière n'est pas prise en compte.

SECTION 3 : LE RÉGIME DE RETRAITE COMPLÉMENTAIRE DES CADRES

585. Le régime de retraite complémentaire des cadres a été institué au Sénégal le 1er janvier 1973[200]. La gestion de ce régime est confiée à l'IPRES qui le gère séparément du régime général. C'est un régime conventionnel ou volontaire, donc qui n'est pas

---

[199] Une pension réversible est une pension qui permet, en cas de décès, de prévoir la réversion de la pension à son conjoint ou à toute autre personne de son choix. L'allocation de solidarité n'est pas réversible.

[200] JORS n° 4313 du 1er septembre 1973

obligatoire. Il repose sur une organisation (**§ 1**) qui lui permet de servir des prestations (**§ 2**).

§ 1 – L'organisation du régime de retraite cadre

586. Tout comme le régime général de retraite, le régime de retraite complémentaire des cadres, dont il convient de préciser le champ d'application (**A**), est rattaché au système global de prévoyance sociale. Il repose sur une organisation administrative (**B**) et financière (**C**).

A./ Le champ d'application du régime cadre

587. Le régime complémentaire de retraite des cadres est établi à l'égard des membres adhérents (**1**), des membres participants et ayants-droit (**2**).

1. Les membres adhérents

588. La qualité de membres adhérents du régime de retraite complémentaire des cadres est reconnue aux entreprises et employeurs. Ceux-ci doivent obligatoirement adhérer à ce régime et y affilier leurs cadres.

589. Les membres adhérents doivent fournir, sur le formulaire qui leur est remis à cet effet, les renseignements permettant leur identification. Les entreprises qui comprennent plusieurs établissements doivent faire connaître l'adresse de chacun d'eux en précisant la nature de son activité. Les membres adhérents doivent notifier, dans un délai maximum d'un mois, toutes modifications survenues à l'un de ces éléments. Chaque membre adhérent reçoit un numéro d'affiliation qui doit être rappelé dans toutes les communications relatives au régime de retraite.

2. Les membres participants et ayants-droit

590. La qualité de membre participant est définie par l'article 4 du Règlement intérieur n° 2 de l'IPRES. Les membres participants sont :

- les salariés qui ont le statut de cadre depuis leur embauchage ou depuis leur promotion à condition d'avoir accompli un service minimum de *30 jours*, de façon continue ou discontinue, dans une entreprise adhérente ;

- les cadres en chômage qui ont demandé le maintien volontaire de leur affiliation ;
- les anciens salariés cadres qui bénéficient d'une allocation de retraite.

Conformément aux dispositions de l'article 40 des statuts de l'IPRES, le maintien volontaire de l'affiliation est subordonné à certaines conditions. Le cadre en chômage doit :

- être âgé de 40 ans au moins et avoir définitivement perdu son emploi salarié ;
- avoir cotisé au régime général pendant 5 ans ;
- produire un certificat de travail délivré par le dernier employeur et le dernier bulletin de salaire ;
- produire un certificat de cessation d'activité délivré par l'autorité compétente.

591. La définition de « cadre » est fournie par l'article 1er du Règlement n° 2 de l'IPRES. Suivant cet article, sont considérés comme cadres les collaborateurs qui satisfont aux conditions suivantes :

- posséder une formation technique, administrative, juridique, commerciale ou financière résultant soit d'études sanctionnées par un diplôme d'enseignement supérieur, soit d'une formation ou d'une expérience professionnelle étendue ;
- occuper dans l'entreprise, l'administration, la collectivité publique ou l'établissement public, et par délégation de l'employeur, un emploi comportant des pouvoirs de décision, d'autorité et de contrôle sur des collaborateurs de toute nature.[201] Si l'emploi ne comporte pas l'exercice du commandement, le cadre doit être investi de responsabilités équivalentes. Les attributions du cadre peuvent donc relever de d'étude, du commandement, de la gestion, du contrôle ou de la formation.

Lorsqu'il existe dans la profession une convention collective comportant une annexe « cadre », la qualification qui sera adoptée sera celle découlant de l'application de la convention collective et de son annexe. Lorsqu'il n'existe pas de convention collective, ou que la définition du cadre n'est pas prévue dans ladite convention, un double critère sera appliqué :

---

[201] *Pour aller plus loin* : – Alain LE BAYON, *Notion et statut juridique des cadres de l'entreprise privée*, LGDJ, Bibliothèque de droit sociale, Tome 13, éd.1971, p. 15 et s. – Sabahe TAHTAH, *Les cadres et le droit du travail*, Thèse de doctorat en droit, Université de Bordeaux, 2017, 419 p.

- le cadre devra satisfaire à la définition générale fournie au paragraphe précédent ;
- le salaire de ce salarié devra être analogue à celui correspondant à un salarié de la même catégorie hiérarchique appartenant à la profession la plus comparable dès l'instant que cette profession bénéficie elle-même d'une convention collective prévoyant la définition du « cadre ».

592. Certains travailleurs sont exclus du régime complémentaire des cadres. Il en est ainsi des travailleurs étrangers lorsqu'ils sont affiliés à un régime de retraite institué par une autre législation. Il en est de même des travailleurs affiliés à d'autres régimes collectifs de retraite non gérés par l'IPRES à la date d'effet d'adhésion de leur entreprise. Cependant pour cette dernière catégorie de travailleurs, les demandes d'affiliation peuvent être présentées à l'institution. Le conseil d'administration ou, par délégation, le bureau, déterminera les modalités de présentation de ces demandes, statuera sur l'accueil à leur réserver, et, éventuellement sur les conditions de leur agrément.

593. Relèvent également du régime complémentaire cadre, en qualité d'ayants-droit, les personnes ci-après :

- les anciens travailleurs des établissements adhérents, admis au bénéfice de l'allocation forfaitaire ;
- les veufs, les veuves et les orphelins de participants, admis au bénéfice d'une allocation de réversion.

B./ L'organisation administrative du régime cadre

594. L'organisation administrative épouse la même physionomie que celle du régime général. À cet effet, il convient de présenter les actes d'administration (**1**) qui comprennent la gestion des comptes des assurés du régime (**2**).

1. Les actes d'administration

595. La responsabilité de la gestion du régime de retraite complémentaire des cadres est confiée à l'IPRES qui assume cette charge dans le cadre des règles déterminées par le Règlement intérieur n° 2 et conformément à ses statuts. Le conseil d'administration est l'organe compétent pour appliquer les dispositions du Règlement intérieur.

596. La gestion administrative englobe tous les actes d'administration découlant du Règlement intérieur n° 2.[202] Il s'agit, notamment, de l'encaissement des cotisations, de la tenue des comptes de points, de la validation des services passés, de la liquidation des allocations et des retraites.

2. La gestion des comptes des assurés du régime

597. Il est ouvert au nom de chaque participant un compte de points de retraite. Ceux-ci sont déterminés pour chacune des années de cotisations avant 60 ans. Les relevés de points sont transmis aux cotisants par l'intermédiaire du dernier employeur.

Il est également tenu, au nom de chaque employeur, un dossier comportant le nombre de salariés de l'entreprise. Chaque année, toute entreprise doit envoyer à l'IPRES outre le solde des cotisations, l'état récapitulatif du personnel et des salaires versés au cours de l'année.

598. La gestion des comptes des assurés donne lieu chaque année à l'établissement d'un bilan et d'un compte-rendu d'activités.

C./ L'organisation financière du régime cadre

599. À l'instar du régime général, les questions de financement sont au cœur de l'organisation du régime complémentaire des cadres. Le financement du régime nécessite des ressources (**1**), la constitution des réserves et d'un fonds collectif (**2**), ceci dans le respect d'un certain cadrage financier et comptable[203].

1. Les ressources du régime

600. Le régime de retraite complémentaire des cadres est alimenté par l'ensemble des cotisations tant salariales que patronales sur les salaires bruts, les majorations de retard, les produits de la gestion financière des réserves. Il est, éventuellement, alimenté par les subventions, dons et legs.

601. Les cotisations *sont assises sur la rémunération brute des intéressés jusqu'à concurrence d'un plafond fixé à trois fois celui du régime général de retraite* arrêté chaque année par le

---

[202] Article 30 du Règlement intérieur n° 2 de l'IPRES.
[203] Article 32 du Règlement intérieur n° 2 de l'IPRES.

conseil d'administration. Le *taux d'appel de cotisation* est fixé à 6 % de la rémunération brute, réparti à raison de 60 % à la charge de l'adhérent et 40 % à la charge du participant.

602. Les règles de recouvrement sont les mêmes que celles prévues par les dispositions du décret n° 75-555 du 24 avril 1975 et des statuts de l'IPRES. Les cotisations qui ne sont pas versées dans les délais prévus font, à titre de pénalité, l'objet d'une *majoration* de 5 % par mois ou fraction de mois de retard jusqu'à concurrence d'un plafond annuel de 50 % des sommes dues.

2. La constitution des réserves et d'un fonds collectif

603. Pour assurer la stabilité du régime de retraire complémentaire des cadres, l'IPRES doit constituer des réserves. La différence entre les ressources et les charges forme la *réserve globale* du régime dont *l'objectif est d'atteindre un montant égal à deux années d'allocations*. Par ailleurs, les produits de la gestion financière des réserves viennent abonder les ressources.

604. Le régime cadre n'a pas prévu de fonds social, peut-être en raison de l'importance de l'assiette de calcul des cotisations. En revanche, un *fonds collectif* est prévu comme dans le régime général.

Les employeurs qui adhérent tardivement au régime de retraite complémentaire des cadres et ceux qui s'affilient après la constitution d'un fonds collectif, sont tenus d'apporter leur participation à ce fonds. Le montant de la participation au fonds collectif, entièrement à la charge des employeurs, est fixé au montant total des cotisations qui auraient dû être versées depuis le 1er janvier 1973 ou depuis la date de création de l'entreprise si cette date est postérieure au 1er janvier 1973. Les entreprises qui adhèrent au régime dès leur création ne sont pas soumis à cette participation. Cette mesure vise évidemment à inciter les entreprises à ne pas se dérober de leurs obligations en matière d'affiliation.

§ 2 – Les prestations du régime de retraite cadre

605. Le régime complémentaire de retraite des cadres a pour objet de servir aux participants ou à leurs ayants-droit des allocations. Ce sont : l'allocation de retraite complémentaire (**A**), l'allocation de réversion (**B**) et l'allocation forfaitaire annuelle (**C**).

A./ L'allocation de retraite complémentaire

606. Cette allocation est la principale prestation du régime complémentaire de retraite des cadres. Pour prétendre au bénéfice de cette allocation (**2**), il faut constituer le droit (**1**).

1. Les conditions d'ouverture du droit à l'allocation de retraite complémentaire

607. Pour constituer son droit à l'allocation, deux conditions sont nécessaires. L'une est relative à la validation des périodes de services (**a**) et l'autre à l'acquisition de points de retraite (**b**).

a) La validation des périodes de service

608. L'article 16 du Règlement intérieur n° 2 de l'IPRES distingue deux périodes de service validables. Ces deux périodes se situent, soit à partir de la date d'effet d'adhésion de l'entreprise au régime général de retraite, soit avant cette date.

- **Les services postérieurs au 1er janvier 1958**

609. À compter de la date d'effet de l'adhésion de l'entreprise au régime général de retraite, toutes les périodes de services accomplies en qualité de cadre, jusqu'à l'âge de 60 ans et ayant donné lieu à cotisation sont validables.

Sont également validables, les périodes durant lesquelles le contrat de travail est suspendu pour un des motifs prévus au Code du travail ou à la suite d'un accident du travail. De même, sont validables les périodes d'interruption de service, pendant lesquelles le participant est atteint d'une invalidité physique ou mentale entraînant une réduction d'au moins deux tiers des capacités de travail. L'état d'invalidité sera apprécié suivant les règles déterminées par le Conseil d'administration de l'IPRES.

- **Les services antérieurs au 1er janvier 1958**

610. Lorsqu'on se situe avant la date d'effet d'adhésion de l'entreprise, sont validables toutes les périodes de service avant l'âge de 60 ans qui auraient donné lieu à cotisation si le régime avait été alors en vigueur. De même sont validables :

- les périodes de suspension du contrat de travail survenues, soit avant le 15 juin 1961,[204] pour cause de maladie, dans la limite d'une durée de six mois par an, ou d'accident du travail, soit à partir du 15 juin 1961, pour un des motifs prévus au Code du travail ou à la suite d'un accident du travail ;
- les périodes d'interruption de service, accomplies en qualité de cadre, pendant lesquelles le participant est atteint d'une invalidité d'au moins deux tiers ;
- les périodes de mobilisation, de captivité et, plus généralement, celles pour lesquelles l'intéressé apportera la preuve qu'il a été obligé d'interrompre ses services dans l'établissement adhérent du fait de la guerre.

611. La validation des services accomplis par le participant avant la date d'effet d'adhésion de son entreprise est subordonnée à la condition que l'intéressé justifie d'au moins une année d'activité accomplie en qualité de cadre. Le nombre maximum d'années de service validées gratuitement est égal à la différence entre 30 années et le nombre d'années de cotisation validables écoulées depuis 1958, date de la création du régime *avec un maximum de 15 années.*

b) L'attribution de points de retraite

612. Comme pour le régime général, le calcul des points varie suivant les périodes de services concernées.[205] Des majorations de points pour charges de famille sont également prévues.

- **Les périodes postérieures à la mise en place du régime**

613. Pour les périodes de cotisation postérieures à la mise en place du régime, le nombre de points acquis par le travailleur pendant l'année s'obtient en divisant la cotisation calculée au *taux contractuel* de 4 % par le salaire de référence de l'exercice. Le salaire de référence est fixé par le conseil d'administration, après chaque exercice, en fonction des variations du salaire total médian des cadres affiliés au régime. Toutefois, il sera procédé à un nouvel examen de la question au

---

[204] Date d'adoption du premier Code du travail du Sénégal, objet de la loi n° 61-34 du 15 juin 1961.

[205] Aussi, comme pour le régime général, en cas d'erreur constatée dans le décompte des points attribués aux participants ou servis aux allocataires, les redressements doivent toujours être effectués.

cas où l'application de cette règle aurait pour effet d'impacter de plus de 10 % le nombre de points attribués au salaire moyen par rapport à celui de 1973.

614. Les périodes de suspension du contrat de travail ou d'interruption de service du travailleur en raison d'une incapacité physique ou mentale entraînant une réduction d'au moins deux tiers de ses capacités de travail sont également validées et donnent lieu à attribution de points. Le nombre de points correspondant à chacune de ces périodes, est égal au nombre de points de l'exercice précédent multiplié par la durée de la période exprimée en année, ou fractions d'année.

- **Les périodes antérieures à la mise en place du régime**

615. Le nombre de points attribués pour l'ensemble des services accomplis en qualité de cadre antérieurs à *la date d'effet d'adhésion de l'entreprise*, y compris les périodes d'invalidité, est égal au produit du nombre de mois validés par le nombre mensuel moyen des points de la période de référence.
La période de référence est constituée par les 36 premiers mois de cotisation à compter du 1er janvier 1973. Lorsque le participant ne réunit pas 36 mois de cotisation, chaque année précédant l'affiliation accomplie en qualité de cadre est validée sur la base de l'allocation forfaitaire.

- **La majoration des points pour charges de famille**

616. Les conditions de majoration des points pour charges de famille sont les mêmes que pour le régime de base.[206] Le nombre total de points de retraite est majoré de *5 %* pour chaque enfant encore à la charge du salarié au moment de la liquidation de la retraite, aussi longtemps que l'enfant reste à sa charge, et au plus tard jusqu'à l'âge de 18 ans, ou de 21 ans lorsque l'enfant poursuit sans bourse des études secondaires ou supérieures. La majoration globale est limitée à *15 %*. La définition de l'enfant à charge incombe au conseil d'administration de l'IPRES.[207]

---

[206] Voir supra n° 553.

[207] Cela paraît curieux, car la définition de l'enfant à charge est donnée par le Code de la famille. En tout état de cause, quelle serait la valeur juridique d'une décision du Conseil d'administration sur une loi ? Il y a primauté de la loi.

2. Les conditions de liquidation et de paiement de l'allocation de retraite complémentaire

617. Comme mentionné précédemment, la liquidation est le préalable du paiement. Il convient donc, de présenter les conditions de liquidation (**a**) et de paiement de l'allocation de retraite (**b**).

a) La liquidation de l'allocation complémentaire

618. L'allocation de retraite complémentaire ne peut être liquidée que sous certaines conditions que le travailleur affilié doit remplir. Ce dernier doit avoir atteint l'âge de référence qui est fixé à 60 ans par les règlements intérieurs de l'IPRES. Toutefois, le travailleur peut demander à l'IPRES l'anticipation de la liquidation de son allocation de retraite, à partir de 53 ans. Dans ce cas, le taux de l'allocation est affecté d'un abattement de 1 % par trimestre d'anticipation. L'anticipation de la liquidation motivée par une invalidité ou une inaptitude au travail peut être effectuée à tout âge. Dans ce cas, *le coefficient de réduction pour anticipation n'est pas appliqué.*

619. La liquidation de l'allocation de retraite ne peut être opérée que sur demande de l'intéressé, assortie d'*une justification de cessation d'activité.* Le travailleur doit fournir à cet effet les pièces justificatives de cette cessation et s'engager à ne reprendre, après la liquidation de l'allocation de retraite, une activité professionnelle salariée, sans en informer l'IPRES. Toute reprise d'activité salariée est suspensive du droit de pension.

620. La demande de liquidation est considérée comme formulée à la date de transmission à l'IPRES, sous réserve que le dossier entier soit constitué dans un délai de deux ans. Au-delà de ce délai, les allocations ne sont plus rétroactives, elles prennent effet à partir du 1er jour du bimestre au cours duquel la dernière pièce du dossier aura été fournie.

621. L'allocation de retraite *est calculée en multipliant le nombre de points, porté au compte de l'intéressé à la date de liquidation de ses droits, par la valeur du point de retraite, éventuellement affecté des coefficients d'abattement en cas de liquidation anticipée.* La valeur du point de retraite est fixée chaque année par le conseil d'administration de l'institution, en essayant dans la mesure du possible, de faire suivre aux prestations une évolution comparable à celle du salaire moyen annuel des travailleurs affiliés au régime.

b) Le paiement de l'allocation complémentaire

622. Les allocations sont payables mensuellement.[208] Elles prennent effet à compter du bimestre civil de la demande adressée à l'IPRES, au plutôt à compter de la date de la cessation d'activité.

623. Dans le cas où le nombre total des points de retraite attribués à un participant ou à son conjoint est inférieur à 400, abstraction faite des points attribués pour charges de famille, il est procédé à un versement unique à titre de *rachat de l'allocation.* Ce versement unique est effectué au plus tôt à l'âge normal de la liquidation de la retraite applicable au bénéficiaire. Son montant est égal au produit de l'ensemble des points de retraite, y compris les points attribués pour charges de famille, par le salaire de référence de l'exercice précédant la date de liquidation.

Lorsque les orphelins sont susceptibles de bénéficier de l'allocation de réversion, les mêmes dispositions sont appliquées. Toutefois, les versements uniques ne peuvent dépasser pour chacun des orphelins, le produit de l'allocation annuelle, calculée, par le nombre d'années restant à courir jusqu'à 18 ans.

Les versements effectués au profit des participants dans le cadre du rachat, suppriment tous droits pour le conjoint ou les orphelins. Lorsque les versements sont effectués au profit du conjoint, ils suppriment tous droits pour les orphelins.

B./ L'allocation de réversion

624. L'allocation de réversion est attribuée au conjoint survivant (**1**) et aux enfants du participant décédé (**2**), soit en activité, soit après la retraite.

1. L'allocation du conjoint survivant

625. Le conjoint survivant peut bénéficier d'une allocation de réversion au décès de l'un des membres du couple marié. Pour en bénéficier, il faut remplir des conditions de vie maritale et d'âge qui sont quasiment identiques à celles du régime général de retraite. Il convient donc de s'y reporter.[209]

Cependant, les conditions du bénéfice immédiat (sans condition d'âge) de l'allocation par la veuve du cadre décédé

[208] Voir supra n° 562.
[209] Voir supra n° 569 et s.

diffèrent légèrement de celles du régime général. Dans le régime complémentaire, la veuve ne peut bénéficier de l'allocation, immédiatement après le décès de son mari, que si elle a au moins deux enfants à charge de moins 18 ans. Le régime général accorde ce droit également aux veuves qui ont deux enfants à charge de 18 à 21 ans poursuivant, sans bourse, des études secondaires ou supérieures.

2. L'allocation des orphelins

626. En cas de décès d'un participant ou d'un retraité, ses enfants à charge au jour du décès, orphelins de père ou de mère, bénéficient sous certaines conditions d'une allocation d'orphelin. Ces conditions sont exactement les mêmes que pour l'allocation d'orphelin du régime général de retraite. Il convient donc de s'y reporter.[210]

C./ L'allocation forfaitaire annuelle

627. L'allocation forfaitaire a été instituée en faveur des anciens salariés retraités au 1er janvier 1974, ayant le statut de cadre, qui n'ont pas été affiliés au régime complémentaire. Ils bénéficient d'une allocation forfaitaire pour chaque année accomplie en qualité de cadre, dès lors qu'ils justifient d'au moins une année d'activité à ce titre. La preuve de la qualité de cadre est à la charge du requérant.

628. L'allocation est calculée sur la base de 200 points par année accomplie dans une fonction de cadre.

---

210 Voir supra n° 575 et s.

CHAPITRE 3 :

LA COUVERTURE DU RISQUE MALADIE

629. Dans la plupart des pays africains, les besoins en soins de santé des travailleurs et de leur famille sont encore mal satisfaits, comme ceux de la grande majorité de la population. Au Sénégal, pour pallier ces insuffisances, le Gouvernement a doté le pays d'un dispositif de couverture maladie basé, d'une part, sur des régimes de couverture non contributifs et, d'autre part, sur la solidarité et le partage des risques. Ainsi, la couverture du risque maladie comporte trois régimes au Sénégal : les régimes obligatoires, les politiques dites de gratuité ou d'assistance médicale et les mutuelles.

630. La couverture maladie englobe un ensemble d'actions permettant aux individus qui sont confrontés à des risques de maladie, de pouvoir bénéficier du remboursement de leurs frais médicaux. Elle permet d'assurer des prestations lorsque survient une maladie ou un accident de la vie courante. L'objectif est d'assurer des meilleurs soins au meilleur coût. La couverture du risque maladie repose sur une architecture institutionnelle qu'il convient de présenter (**section 1**), avant d'aborder les prestations servies, d'une part, par le service médical du travail (**section 2**) et, d'autre part, par les différents organismes de prise en charge des risques (**section 3**).

SECTION 1 : LES ORGANISMES DE PRISE EN CHARGE OU DE PRÉVENTION DU RISQUE MALADIE

631. Il existe une constellation d'organismes dont l'une des fonctions, si ce n'est la principale, est la prise en charge du risque maladie. Ces entités sont souvent confondues alors qu'elles sont différentes, bien qu'elles aient le même but à savoir rembourser tout ou partie des frais de santé. La nature et le statut de ces organismes de prise en charge du risque maladie font leur différence (**§ 1**). Pour être complet, il convient de présenter un acteur qui œuvre dans la prévention, le service médical du travail (**§ 2**).

§ 1 – Les organismes de prise en charge du risque maladie

632. L'accessibilité aux services de santé de base pour la majorité de la population reste une priorité pour le Gouvernement du Sénégal. L'assurance maladie est récemment entrée dans une phase d'extension. En dehors des institutions traditionnelles de prévoyance (**A**), d'autres acteurs (mutuelles, sociétés d'assurances) interviennent également dans la couverture du risque maladie (**B**).

A./ Les institutions de prévoyance maladie

633. Une institution de prévoyance maladie (IPM) a en charge la couverture maladie des travailleurs et des membres de leurs familles. Elle est régie par des statuts et un règlement intérieur approuvés par le Ministre chargé du travail. Son architecture est posée par le décret n° 2012-832.[211] Pour mieux cerner cette institution, il convient de présenter les règles liées à sa constitution (**1**), son organisation et fonctionnement (**2**) ainsi que celles liées au contrôle et contentieux (**3**).

1. La constitution des institutions de prévoyance maladie

634. La création d'une IPM d'entreprise ou l'affiliation à une IPM interentreprises est *une obligation qui pèse sur l'employeur*,[212] au même titre que l'obligation d'affiliation à la Caisse de sécurité sociale et à l'IPRES. Cette création obéit à des conditions de fond (**a**) et de forme (**b**).

a) Les conditions de fond

635. La création d'une institution de prévoyance maladie est obligatoire dans toute entreprise comptant un *effectif d'au moins trois cents (300) travailleurs*. Cet effectif de trois cents (300) salariés ne s'applique pas aux IPM existantes, mais à toute IPM qui

---

[211] Décret n° 2012-832 du 7 août 2012 portant organisation et fonctionnement des institutions de prévoyance maladie d'entreprise ou interentreprises, abrogeant et remplaçant le décret n° 75-895 du 14 août 1975 portant organisation des institutions de prévoyance maladie d'entreprise ou interentreprises et rendant obligatoire la création desdites institutions.

[212] La souscription à tout autre régime de prise en charge du risque maladie au profit des travailleurs ne peut être que complémentaire au régime de base sus défini.

viendrait à se constituer après les six mois suivant la publication du décret n° 2012-832 du 7 août 2012 au journal officiel.[213]

636. Les entreprises dont l'effectif est inférieur à trois cents travailleurs, sont tenues conformément à l'article 16 de la loi n° 75-50 du 3 avril 1975, soit de regrouper leurs effectifs pour atteindre au moins ce chiffre au sein d'une institution de prévoyance maladie interentreprises, soit d'adhérer à une institution de prévoyance maladie, par branche d'activité, ou selon tout autre critère. Une entreprise comptant au moins trois cents travailleurs dans son effectif peut opter, soit pour l'organisation d'une institution autonome de prévoyance maladie, soit pour l'adhésion à une institution de prévoyance maladie déjà autorisée.

637. Pour déterminer l'effectif d'une entreprise, les catégories de travailleurs à prendre en compte sont les suivantes :

- les travailleurs titulaires de contrat à durée indéterminée (CDI) ;
- les travailleurs titulaires de contrat à durée déterminée (CDD) ;
- les apprentis ;
- les travailleurs engagés à l'essai ;
- les travailleurs engagés ou rémunérés à l'heure ou à la journée mais de façon assez régulière pour totaliser, au cours d'une année, l'équivalent de trois mois de travail au service de l'entreprise ;
- les travailleurs saisonniers revenant régulièrement dans l'entreprise et y effectuant des périodes de travail régulières atteignant trois mois ;
- les gérants ou représentants liés par contrat de travail ou de fait.

Tous les travailleurs titulaires d'un CDI ou d'un CDD supérieur à trois mois au service de l'entreprise sont obligatoirement membres participants de l'IPM. Toutefois, les autres catégories de travailleurs, à défaut d'être affiliées à l'IPM de l'entreprise sont prises en charge par une autre IPM interentreprises de travailleurs non permanents. Les modalités pratiques de mise en œuvre de la couverture des travailleurs non permanents sont précisées par arrêté du Ministre chargé de la sécurité sociale.[214]

---

[213] Article 2 du décret n° 2012-832 du 7 août 2012, portant organisation et fonctionnement des institutions de prévoyance-maladie (IPM) d'entreprises ou interentreprises.

[214] Les modalités d'application du décret n° 2012-832 du 7 août 2012 aux catégories professionnelles particulières sont fixées en tant que de besoin, par arrêté du Ministre chargé de la Sécurité sociale.

b) Les formalités constitutives

638. La création d'une IPM passe par une assemblée générale constitutive. Cette assemblée a principalement pour objet la création de l'institution, l'adoption des statuts et du règlement intérieur[215] et l'élection des membres du collège des représentants. Le collège des représentants procède par la suite à la nomination des membres du conseil d'administration.

639. Le dossier de constitution de l'IPM ou de demande d'agrément comprend :

- une lettre de demande d'agrément des statuts et du règlement intérieur adressée au Ministre chargé du travail ;
- le procès-verbal de l'assemblé générale constitutive ;
- la ou les déclarations d'établissement des entreprises concernées visées par l'Inspection du travail et de la sécurité sociale ;
- l'adresse précise de l'IPM avec toutes les informations utiles pour sa localisation ;
- trois exemplaires du projet de statuts ;
- trois exemplaires du projet de règlement intérieur avec en annexe les structures agréées pour fournir les prestations ;
- la liste des membres des organes dirigeants (collège des représentants, conseil d'administration, bureau exécutif), accompagnée des contrats de travail des membres participants de ces organes.

Ce dossier doit être *déposé* auprès du Ministre du travail qui *vérifie* la régularité des pièces fournies et leur conformité avec la réglementation des IPM avant d'accorder *l'agrément.*

640. Conformément à ses statuts et règlement intérieur, l'IPM ne peut, valablement, fonctionner qu'après *notification* de son agrément qui lui confère la personnalité morale et la capacité juridique. Les participants à l'IPM ne peuvent prétendre aux prestations de cette institution qu'après une période stage. Cette période équivaut à *deux mois* de cotisations.

641. Le Ministre chargé de la sécurité sociale peut prescrire le regroupement des entreprises à faibles effectifs de salariés au sein

---

[215] Les statuts et le règlement intérieur sont adoptés suivant les modèles prévus par l'arrêté Ministériel n° 2159/MFPTRI/DGTSS/DPS en date du 18 février 2013 fixant les modèles types de statuts et de règlement intérieur des Institutions de Prévoyance Maladie.

d'une IPM interentreprises, ou l'adhésion de ces entreprises à une Institution de Prévoyance Maladie déjà autorisée.[216] *Toute IPM interentreprises est tenue d'accepter l'adhésion d'une entreprise qui la sollicite, sauf motif légitime notifié à l'entreprise demanderesse.* En cas de refus, l'entreprise saisit la tutelle qui désigne une IPM d'accueil dans les trois mois de la saisine.

2. L'organisation et le fonctionnement des institutions de prévoyance maladie

642. L'organisation et le fonctionnement d'une IPM font intervenir divers acteurs ; celle-ci a besoin des ressources pour financer ses prestations. Il convient de présenter l'organisation administrative (**a**) et financière (**b**) des IPM.

a) L'organisation administrative

643. L'institution de prévoyance maladie est administrée et dirigée par les organes suivants : le collège des représentants (***a.1***), le conseil d'administration (***a.2***), le président du conseil d'administration (***a.3***) et le bureau exécutif (***a.4***).

a.1 – Le collège des représentants

644. Le collège des représentants *fait office d'assemblée générale* dont il est investi des pouvoirs. Sa composition et son fonctionnement méritent d'être précisés.

- ***Composition du collège des représentants***

645. Le collège des représentants est composé de deux types de représentants :

- les représentants des membres participants[217] ;
- les représentants des membres adhérents[218].

[216] Article 15 de la loi n° 75-50 du 3 avril 1975.

[217] Sont « *membres participants* », tous les travailleurs qui règlent leurs cotisations mensuelles suivant les modalités prévues par le règlement intérieur de l'Institution préalablement approuvé par le Ministre chargé de la Sécurité sociale.

[218] Sont « *membres adhérents* », l'employeur ou les employeurs regroupés, selon le cas, dont les travailleurs bénéficient des prestations servies par l'Institution de Prévoyance Maladie et qui règlent normalement leurs cotisations.

646. Les représentants des membres participants sont élus au scrutin secret par tous les membres participants de l'institution et en leur sein. Ils sont élus sur la base des tranches de vote ci-après :

- première tranche (de trois cents à cinq cents participants) : il est élu pour cette première tranche 20 représentants ;
- deuxième tranche (de cinq cent un à mille participants) : il est élu pour cette seconde tranche, en plus des vingt représentants de la première tranche, un représentant pour 50 participants ;
- troisième tranche (au-delà de mille participants) : il est élu pour cette troisième tranche, en plus des représentants élus par les deux premières tranches, un représentant pour mille participants.

Il est élu un représentant suppléant pour chaque représentant titulaire. En cas d'empêchement d'un représentant titulaire, celui-ci est automatiquement remplacé par son suppléant.

647. Les représentants des membres adhérents sont désignés par ces derniers à raison de deux représentants adhérents lorsque l'institution couvre une seule entreprise, ou d'un représentant par membre adhérent si l'institution couvre deux ou plusieurs entreprises.

648. La durée du mandat des membres du collège des représentants est fixée à six ans et est renouvelable.

649. La qualité de membre participant ou adhérent de l'Institution de Prévoyance Maladie se perd :

- par décès, démission, licenciement, mise à la retraite, ou tout autre acte ayant pour conséquence directe le fait que le participant ne soit plus au service d'un employeur membre adhérent de l'institution ;
- pour défaut de reversement des cotisations prélevées par l'employeur pendant deux mois, après mise en demeure et sauf cas de force majeure laissé à l'appréciation du conseil d'administration. Les travailleurs doivent être tenus informés de la procédure de suspension ;
- par radiation prononcée dans les conditions fixées par les statuts et le règlement intérieur de chaque institution de Prévoyance Maladie.

650. La perte de la qualité de membre participant supprime tout droit aux avantages accordés par l'IPM pour le travailleur et les membres de sa famille à charge au sens du régime de prestations familiales. Elle ne donne droit à aucun remboursement des cotisations versées, lesquelles sont définitivement acquises à l'institution. La perte de la qualité de membre participant ne rétroagit pas sur les droits à prestations nés antérieurement à la date de cette perte.

- ***Fonctionnement du collège des représentants***

651. Le collège des représentants se réunit deux fois par an sur convocation individuelle du président du conseil d'administration, adressée à ses membres au moins quinze jours à l'avance et contenant l'ordre du jour de la réunion. Outre les matières portées à l'ordre du jour par le conseil d'administration, toute proposition portant la signature d'un tiers au moins des membres participants est obligatoirement soumise au collège des représentants, dans la limite de ses attributions.

652. Le collège des représentants *se réunit pour se prononcer sur le rapport annuel et le compte-rendu de la gestion financière établis par le conseil d'administration dans les conditions fixées par les statuts. Il délibère sur les rapports qui lui sont présentés.* Il désigne à la majorité simple des représentants présents et au scrutin secret, en son sein, les membres du conseil d'administration dont le nombre est fixé par le règlement intérieur. Il vote le budget de l'année.

653. Le collège des représentants est convoqué en cas de circonstances exceptionnelles par le président du conseil d'administration, sur avis du conseil, ou sur demande écrite du tiers au moins des membres participants. Dans ce dernier cas, la réunion doit avoir lieu dans les trente jours qui suivent le dépôt de la demande au secrétariat. Les modalités de convocation, de représentation et de vote sont les mêmes que celles concernant les assemblées générales ordinaires des représentants.

Les modifications des statuts ne peuvent être décidées que par le collège des représentants statuant en session extraordinaire, pour ces seules modifications, à la majorité des deux tiers des représentants présents ou remplacés par leurs suppléants, votant au scrutin secret. Toutes les délibérations du collège des représentants sont consignées dans un registre spécial détenu au siège de l'Institution.

a.2 – Le conseil d'administration

654. L'IPM est administrée par un conseil d'administration, dont il convient de présenter la composition, les pouvoirs et le fonctionnement.

▪ *Composition du conseil d'administration*

655. Le conseil d'administration est composé *au minimum de huit et au maximum de vingt-huit membres participants*, appartenant à l'institution et nommés pour trois ans renouvelables. En plus des sièges des membres participants, il est attribué au membre adhérent deux sièges lorsque l'institution ne couvre qu'une seule entreprise, et un siège par membre adhérent lorsque l'institution regroupe deux ou plusieurs entreprises.

En tout état de cause, le nombre des sièges attribués aux représentants des membres participants ne peut être inférieur à la moitié du nombre total des sièges du conseil. Pour respecter cette règle, et compte tenu du fait qu'en cas de regroupement d'entreprises, les membres adhérents pourront ne pas être tous représentés au conseil, ils procèdent, le cas échéant, à la désignation de leurs représentants suivant un système de rotation à chaque renouvellement du conseil.

656. En cas de démission, de décès ou d'empêchement d'un nombre de membres du conseil égal au tiers du nombre des administrateurs désignés, le collège des représentants nomme provisoirement les membres complémentaires dont les fonctions expirent lors de la prochaine assemblée générale ordinaire du collège des représentants devant renouveler le conseil.

▪ *Pouvoirs du conseil d'administration*

657. Le conseil d'administration *assure l'exécution des décisions du collège des représentants*. Il est investi des pouvoirs les plus étendus pour faire ou autoriser tout acte qui n'est pas réservé au collège des représentants. Il délègue au gérant les pouvoirs de gestion nécessaires au fonctionnement de l'institution, étant entendu que les comptes bancaires, qui ne peuvent être ouverts que sur autorisation du conseil d'administration, fonctionnent sous la double signature du gérant et du trésorier. Il surveille la gestion des membres du bureau exécutif qui doivent lui rendre compte de leurs actes.

Il peut interdire au président, au gérant et au trésorier d'accomplir un acte qui relève de leurs attributions d'après les statuts et dont il contesterait l'opportunité. Il peut à la majorité simple, en cas de faute grave, suspendre provisoirement les membres du bureau exécutif en attendant la décision de l'assemblée générale extraordinaire du collège des représentants qui doit, dans ce cas, être convoquée et réunie dans la quinzaine.

Il se prononce souverainement sur toutes les admissions ou radiations des membres de l'institution. Il autorise le gérant et le trésorier agissant conjointement à accomplir tous les actes de gestion et d'administration nécessaires au fonctionnement de l'institution, dans les conditions définies par le règlement intérieur. Il établit chaque année les comptes de l'exercice clos et le projet de budget à soumettre au collège des représentants.

658. Le conseil d'administration *est seul habilité à décider des modifications à apporter au règlement intérieur.* Les demandes de modification du règlement intérieur sont présentées au président, par un tiers au moins des membres du conseil. Le président, après examen de la demande, réunit le conseil dans le délai d'un mois suivant le dépôt de la demande de modification.

Le conseil est, également, *seul habilité à se prononcer sur l'utilisation du fonds de réserve*, notamment en ce qui concerne les prises en charge sur ce fonds de prestations exceptionnelles normalement exclues par le règlement intérieur. En fonction des résultats enregistrés, il fixe, aussi, dans la limite des plafonds réglementaires, le taux de remboursement des prestations.

▪ ***Fonctionnement du conseil d'administration***

659. Le conseil d'administration se réunit chaque fois qu'il est convoqué par son président, ou sur la demande du quart de ses membres, et au moins une fois chaque trimestre. Il peut convoquer à ses réunions, à titre consultatif, toutes personnes dont la compétence professionnelle est utile à l'objet de ses travaux, et constituer, avec leur concours, des commissions d'études pour un objet déterminé.

660. Dans toutes les réunions du conseil, seuls les membres de celui-ci ont voix délibérative. Pour la validité des délibérations, les deux tiers des membres composant statutairement le conseil doivent être présents ou représentés. En cas d'absence ou d'empêchement, un membre du conseil peut donner par écrit à un autre membre du conseil pouvoir de le représenter. Si les deux tiers ne sont pas présents, la réunion du conseil est renvoyée à une date ultérieure, qui ne peut excéder un mois, à laquelle il peut alors délibérer sous réserve que le quart au moins de ses membres soient présents ou représentés.

661. Les décisions du conseil d'administration sont prises à la majorité simple des membres présents ou représentés. Cependant, celles concernant les modifications du règlement intérieur, l'élection du bureau exécutif et la désignation des personnes chargées du fonctionnement et de la gestion courante de l'institution sont prises à la majorité des deux tiers des membres présents ou représentés.

Le vote a lieu au scrutin secret, et en cas de partage des voix, celle du président, qui fait connaître le sens de son vote, est prépondérante. Les membres du bureau exécutif ne participent pas au vote pour ce qui a trait au contrôle des actes de leur gestion. Toutefois, en cas de litige au sein du conseil d'administration sur des questions fondamentales qui engagent la vie même de l'institution, un droit de recours à l'arbitrage du Directeur général du travail et de la sécurité sociale est reconnu à tout membre du conseil. L'autorité compétente règle les modalités d'exercice de ce droit de recours, et les modalités de l'arbitrage par l'autorité de tutelle.

Ces questions portent notamment sur :
- la nature des prestations ;
- les modifications du taux des cotisations, de celui des remboursements, des forfaits ;
- la désignation des personnes chargées du fonctionnement de l'institution ;
- l'exclusion des membres.

La demande d'arbitrage est suspensive de toute exécution de la décision du conseil d'administration. Faute d'arbitrage dans le délai d'un mois suivant le dépôt de la demande d'arbitrage au bureau de l'autorité de tutelle, la décision du conseil d'administration devient exécutoire. L'arbitrage rendu par l'autorité de tutelle ne lie le conseil d'administration que pour les matières et dans les domaines où la loi soumet l'entrée en vigueur des décisions du conseil d'administration à l'approbation préalable du Ministre chargé de la sécurité sociale.

662. Les originaux des procès-verbaux des séances du conseil sont inscrits sur un registre spécial. Ils sont signés par le président et le secrétaire général.

663. Les fonctions des membres du conseil sont gratuites. Toutefois, leurs frais de transport et de déplacement sont pris en charge par l'institution dans les conditions fixées par le règlement intérieur.

a.3 – Le président du conseil d'administration

664. Le conseil d'administration élit en son sein, au scrutin secret et à la majorité simple, le président et le vice-président de l'institution. Le président est choisi obligatoirement parmi les membres participants.

665. Le président convoque les assemblées générales du collège des représentants et les réunions du conseil d'administration. Il représente l'institution dans tous les actes de la vie civile, et est investi de tous les pouvoirs à cet effet.

Le président a, notamment, qualité pour ester en justice au nom de l'institution comme défendeur et comme demandeur, sous le contrôle du conseil. Il peut former, dans les mêmes conditions, tout appel ou pourvoi et consentir toute transaction.

666. Il préside toutes les assemblées. En cas d'absence ou d'empêchement, il est remplacé par le vice-président. En cas d'absence ou d'empêchement de ce dernier, il est remplacé par le membre le plus ancien du conseil d'administration, et en cas d'ancienneté égale, par le plus âgé à l'exclusion des membres du bureau exécutif.

667. Dans le premier semestre suivant la fin de chaque exercice, le président de toute IPM transmet au Ministre chargé de la sécurité sociale, conformément à l'article 11 de la loi n° 75-50 du 3 avril 1975, le *rapport annuel* faisant apparaître notamment :

- les statistiques détaillées des effectifs de l'institution ;
- le montant des cotisations encaissées ;
- le montant des prestations prises en charge ;
- la situation financière, notamment le bilan de l'exercice écoulé, le compte d'exploitation et le compte de pertes et profits ;
- tout autre document comptable au vu duquel l'assemblée générale ordinaire du collège des représentants a, ou n'a pas, donné quitus de leur gestion aux membres du conseil d'administration.

Un modèle type de rapport est fixé par arrêté du Ministre chargé de la Sécurité sociale. Le Ministre chargé de la Sécurité sociale peut faire procéder par tous moyens à sa convenance à la vérification de ces documents. Il peut recueillir, le cas échéant, l'avis du Ministre chargé des Finances et du Ministre chargé de la Santé sur le contenu desdits documents.

Les institutions de prévoyance maladie sont tenues de communiquer à tout moment leurs livres, registres, procès-verbaux et pièces comptables de toute nature, à l'inspection du travail et de la sécurité sociale. Un exemplaire de chaque rapport d'inspection est aussitôt communiqué au Ministre chargé des Finances.

a.4 – Le bureau exécutif

668. Le bureau exécutif est composé : d'un gérant, d'un secrétaire général et d'un trésorier. Il est élu par le conseil d'administration, parmi ses membres, en dehors du président et du vice-président, au scrutin secret et à la majorité des deux tiers. Le trésorier est choisi obligatoirement parmi les membres adhérents.

Toutefois, le conseil d'administration peut engager par contrat de travail un gérant en dehors des membres participants.[219] Les membres participants et adhérents du bureau exécutif sont élus pour deux ans et sont rééligibles.

669. Le gérant est investi de tous les pouvoirs de gestion que lui délègue le président avec l'accord du conseil d'administration. Il peut faire fonctionner conjointement avec le trésorier les comptes bancaires ouverts au nom de l'institution, sur autorisation, dans chaque cas, du conseil d'administration.

Le gérant doit nécessairement satisfaire aux exigences déclinées dans le profil type annexé aux statuts et règlement intérieur. Le gérant, choisi en dehors des membres du conseil d'administration, est nommé par ce conseil dans le cadre d'une procédure précisée par les statuts de l'IPM.

670. Le secrétaire général est chargé de tout ce qui concerne la correspondance et les archives. Il rédige et diffuse les procès-verbaux des réunions ou assemblées et, en général, toutes les écritures concernant le fonctionnement de l'institution, à l'exception de celles concernant la comptabilité. Il tient un registre des orignaux des procès-verbaux.

671. Le trésorier est chargé de tout ce qui concerne la gestion des fonds de l'institution. Il contrôle toutes sommes dues à l'institution. Conjointement avec le gérant, le trésorier effectue tous paiements.

b) L'organisation financière

672. Pour faire face à ses dépenses (***b.2***), une IPM doit mobiliser des ressources (***b.1***). Un fonds de garantie est institué pour les IPM qui connaissent des difficultés (***b.3***).

[219] Dans ce cas, le gérant aura le statut de salarié.

b.1 – Les ressources

673. Le patrimoine de l'IPM répond seul des engagements contractés par cette dernière dans les conditions réglementaires. Les ressources de l'Institution de Prévoyance Maladie d'entreprise ou interentreprises comprennent :

- les cotisations versées par les membres participants ;
- les cotisations versées par le ou les membres adhérents ;
- les contributions et subventions qui lui sont accordées par les membres d'honneur ;
- les produits de placement ;
- les dons et legs.

674. Les cotisations des membres participants sont mensuelles et calculées en fonction de leurs salaires bruts tels qu'ils sont définis pour l'assiette de l'impôt général sur le revenu, dans la limite d'un plafond mensuel fixé par le règlement intérieur.[220]

Les cotisations du ou des membres adhérents de l'institution sont au moins égales, par entreprise, au montant des cotisations des membres participants. Elles sont réglées mensuellement à l'institution en même temps que lui sont reversées les cotisations précomptées sur les salaires bruts des membres participants.

Les taux de cotisations à la charge des membres participants et des membres adhérents sont fixés par le règlement intérieur préalablement approuvé par le Ministre chargé de la Sécurité sociale, dans la limite du plafond réglementaire.

b.2 – Les dépenses

675. Les dépenses de l'Institution de Prévoyance Maladie comprennent :

- les diverses prestations prises en charge conformément aux dispositions réglementaires, des statuts et du règlement intérieur de l'institution ;
- les frais rendus nécessaires pour la gestion de l'institution : loyers, frais de personnel, charges sociales, frais de fonctionnement et d'entretien, dont les modalités de prise en charge sont fixées par le règlement intérieur de l'institution soumis à l'approbation préalable du Ministre chargé de la Sécurité sociale.

---

[220] Article 12 alinéa 3 du décret n° 2012-832 du 7 août 2012 *précité*.

676. Une comptabilité, par recettes et dépenses, doit être tenue. Lorsque les recettes font apparaître un excédent par rapport aux dépenses, *il est constitué un fonds de réserve dont le total cumulé ne peut excéder 100 % des dépenses du dernier exercice.* Si cet excédent vient à dépasser ledit taux, il est procédé soit à une augmentation des taux de prise en charge des prestations, soit à une réduction du taux de cotisations, sous réserve de l'application des dispositions de l'article 12 du décret n° 2012-832 du 7 août 2012.

b.3 – Le fonds de garantie

677. Il est institué un fonds de garantie des IPM d'entreprise ou interentreprises. Le fonds de garantie a pour objet d'apporter un appui financier aux IPM qui rencontrent des difficultés temporaires de trésorerie. Ces difficultés peuvent découler, notamment d'une diminution conjoncturelle de leurs ressources propres ou d'une augmentation importante et imprévue des dépenses de soins qu'elles doivent prendre obligatoirement en charge.

678. Les modalités d'organisation, de fonctionnement et d'intervention de ce fonds au profit des IPM sont fixées par décret.

3. Le contrôle, le recouvrement et le contentieux

679. Des mécanismes de contrôle ont été mis en place pour assurer la pérennité du régime maladie géré par les IPM (**a**). De même, le législateur a fixé le cadre juridique du recouvrement (**b**) et de traitement des contentieux (**c**).

a) Le contrôle du régime géré par les IPM

680. Dans le premier semestre suivant la fin de chaque exercice, le président du conseil d'administration de l'Institution adresse au Ministre chargé du travail et de la sécurité sociale un rapport annuel sur l'IPM. Ce rapport fait apparaître, notamment :

- les statistiques des effectifs de l'institution ;
- le montant des cotisations encaissées ;
- le montant des prestations prises en charge ;
- le bilan de l'exercice écoulé ;
- le compte d'exploitation ;
- le compte de pertes et profits ainsi que plus généralement tous les autres documents comptables au vu desquels

l'assemblée générale ordinaire du collège des représentants a ou n'a pas donné quitus de leur gestion aux membres du conseil d'administration.

Le Ministre peut faire procéder, par tous les moyens à sa convenance, à la vérification des documents qui lui sont transmis. Il peut recueillir, le cas échéant, l'avis du Ministre chargé des Finances sur le contenu desdits documents.

681. Les documents transmis au Ministre sont également communiqués à l'Institution de Coordination de l'Assurance Maladie Obligatoire (ICAMO) qui procède à leur analyse et à leur exploitation. Mais, le texte n'indique pas qui les communique à l'ICAMO, le Ministre ou l'IPM.

En cas de difficultés financières constatées, le conseil d'administration de l'ICAMO enjoint le conseil d'administration de l'IPM de procéder au réajustement de ses paramètres techniques et/ou de réduire ses coûts de gestion pour retrouver l'équilibre financier. À défaut de réponse ou en cas de refus de mettre en œuvre les mesures prescrites, le président de l'ICAMO saisit le Ministre chargé du travail qui peut, après enquête sur pièces et sur place, engager une procédure de sanctions.

682. Le Directeur général du travail et de la sécurité sociale peut mettre en demeure l'IPM au cas où elle tarde à mettre en œuvre les mesures de redressement préconisées ou ne les met en œuvre que partiellement. Passé un délai de 3 mois après la mise en demeure restée sans suite, le Ministre chargé du travail peut procéder au retrait de l'agrément de l'IPM. Le retrait de l'agrément entraîne la mise en œuvre de la procédure de liquidation définie à l'article 48 du décret n° 2012-832 du 7 août 2012.

683. Le contrôle est également assuré par les inspecteurs du travail et de la sécurité sociale. Les IPM sont tenues de communiquer à tout moment leurs livres, registres, procès-verbaux et pièces comptables de toute nature, à l'inspection du travail et de la sécurité sociale. Il s'agit d'une communication sans déplacement desdits documents ; cette communication s'effectue donc lors des visites des inspecteurs du travail.

b) Le recouvrement des sommes dues à l'IPM

684. Les sommes dues, à quelque titre que ce soit par le participant, à l'PM sont précomptées d'office sur les salaires du participant au titre des prélèvements obligatoires visés par l'article L. 130 du Code du travail. Les participants inscrits à une IPM postérieurement à la date d'entrée en vigueur du décret n° 2012-

832 du 7 août 2012 ne peuvent prétendre aux prestations qu'après un délai de deux mois de cotisations.

La situation est différente pour les travailleurs saisonniers, les travailleurs temporaires, les travailleurs de chantier du bâtiment et des travaux publics. Ils ne sont astreints qu'une seule fois à la période d'attente de deux mois de cotisations, à l'occasion de leur premier engagement, ou selon le cas, de leurs premiers engagements successifs au service de la même entreprise, à concurrence de ladite période de deux mois. Pour tous les engagements ultérieurs au service de la même entreprise, après la période d'attente une fois exécutée globalement ou successivement, ils sont immédiatement pris en compte par l'IPM, dès la date de réengagement, comme bénéficiaires pour eux-mêmes et les membres de leurs familles, sous réserve de rapporter la preuve des modifications éventuelles de leur situation familiale intervenues depuis leur précédent engagement par la même entreprise.

685. Conformément à l'article 17 de la loi n° 75-50 du 3 avril 1975, le recouvrement des sommes dues à l'IPM par les employeurs membres adhérents de l'institution s'opère dans les mêmes conditions, au profit de l'IPM, que celui des sommes dues à la Caisse de sécurité sociale. Il convient donc de se reporter à la partie consacrée au recouvrement des cotisations de la CSS.[221]

686. L'IPM est subrogée dans les droits du participant et de ses ayants-droit lors du recours contre les tiers auteurs ou civilement responsables d'actes ayant entraîné le service de prestations prises en charge par l'institution, et ce, à concurrence du montant de ces prestations. Le membre participant est tenu d'appeler l'Institution en déclaration de jugement commun.

c) Le contentieux des IPM

687. Le contentieux tant civil que pénal des Institutions de Prévoyance Maladie est réglé par les articles 24 et suivants de la loi n° 75-50 du 3 avril 1975. Les infractions sont constatées par les officiers de police judiciaire ou par les inspecteurs du travail et de la sécurité sociale, selon procès-verbal faisant foi jusqu'à preuve du contraire.

---

[221] Voir supra n° 193 et suivants.

688. Plusieurs infractions découlent de la loi n° 75-50 du 3 avril 1975.[222] On peut citer le non-respect de l'obligation de créer ou de s'affilier à une IPM. À ce sujet, sera notamment puni des peines prévues à l'article 169 du Code de la sécurité sociale, tout employeur qui, dans un délai de deux mois à compter du premier embauchage du travailleur, n'aura pas adhéré à une institution de prévoyance sociale rendue obligatoire, ou n'y aura pas affilié le travailleur en qualité de membre-participant. Les pénalités sont encourues autant de fois qu'il est constaté, à la charge de l'employeur, de non adhésion ou de non affiliation.[223]

En cas *de retard dans le versement des cotisations par l'employeur*, des majorations de retard par mois ou fraction de mois de retard de 10 % des sommes dues sont prévues (article 25 loi n° 75-50). En outre, l'article 383 du Code pénal prévoit des sanctions pour l'employeur qui retient sans les reverser à l'IPM les cotisations prélevées sur le salaire d'un travailleur (article 27 loi n° 75-50). L'article 379 du Code pénal punit la *fraude* ou les *fausses déclarations* (article 28 loi n° 75-50). En cas de *détournement de fonds* par les administrateurs, dirigeants ou tout autre agent de l'institution, les sanctions prévues par les articles 135, 136 et 152 à 155 du Code pénal s'appliquent (article 29 loi n° 75-50).

689. Conformément à l'article 21 de la loi n° 75-50 du 3 avril 1975, les IPM peuvent être dissoutes par décision du Tribunal de grande instance dans le ressort duquel se trouve le siège social, pour nullité des statuts ou justes motifs.

En cas de dissolution volontaire ou forcée, l'assemblée générale extraordinaire du collège des représentants statue sur la dévolution du patrimoine de l'institution. Elle désigne les établissements publics ou la ou les institutions de prévoyance sociale, ou les établissements privés reconnus d'utilité publique, qui reçoivent le reliquat de l'actif après paiement des créances de toute nature. Cette assemblée nomme, pour assurer les opérations de liquidation, un ou plusieurs membres de l'institution qui sont

---

[222] L'article 24 de loi 75–50 du 3 avril 1975 relative aux institutions de prévoyance sociale étend aux institutions de prévoyance sociale obligatoires ou autorisées, pour ce qui les concerne, le bénéfice des dispositions prévues au profit de la caisse de sécurité sociale, en matière de contentieux civil et en matière de contentieux pénal, respectivement par les articles 149 à 157 et 169 à 176 du Code de la sécurité sociale.

[223] Sera puni d'une amende de 3.000 à 20.000 F et en cas de récidive d'une amende de 20.000 à 75.000 F et d'un emprisonnement de 6 jours à 3 mois ou de l'une de ces deux peines seulement tout employeur qui dans un délai de 2 mois à compter du premier embauchage du travailleur, ne sera pas affilié à l'IPM.

investis à cet effet de tous pouvoirs nécessaires. S'il subsiste un passif, son montant est réparti entre les membres participants soit à l'amiable, soit par voie de justice.

B./ Les mutuelles de santé

690. La mutuelle de santé est un groupement à but non lucratif qui, essentiellement au moyen des cotisations des membres, se propose de mener dans l'intérêt de ceux-ci ou de leurs familles, une action de prévoyance, d'entraide et de solidarité.[224] Sa création (**1**) emprunte au mouvement associatif la structure organisationnelle (**2**) et fonctionnelle (**3**).

1. La création des mutuelles de santé

691. Les mutuelles de santé constituent un instrument moderne, prometteur pour notamment, développer le système d'assurance maladie et, au-delà, contribuer à l'amélioration des conditions de santé des populations. Aucun groupement de personnes *ne peut se prévaloir de la qualité de mutuelle de santé sans l'agrément du Ministre chargé de la Santé.*

692. Le point de départ de la création de la mutuelle est l'adoption des statuts par une assemblée constitutive de la mutuelle. Les statuts adoptés sont déposés, contre récépissé, auprès de l'autorité administrative du ressort territorial de la mutuelle. Le dossier d'agrément est adressé au Ministère chargé de la Santé par le canal de l'autorité administrative compétente.

Le dossier d'agrément comprend :

- une lettre par laquelle le président de la mutuelle de santé déclare la constitution de celle-ci ;
- quatre exemplaires des statuts ;
- quatre exemplaires du procès-verbal de l'assemblée constitutive indiquant les noms et les prénoms des membres du conseil d'administration, ainsi que ceux des membres du bureau et leur fonction dans celui-ci ;
- un budget prévisionnel.

---

[224] Loi n° 2003-14 du 4 juin 2003 relative aux mutuelles de santé, JORS n° 6110 du samedi 5 juillet 2003. – Décret n° 2009-423 du 27 avril 2009 portant application de la loi n° 2003-14 du 14 juin 2003 relative aux mutuelles de santé, JORS n° 6497 du samedi 7 novembre 2009. – Règlement n° 07/2009/ CM/UEMOA du 26 juin 2009 portant réglementation de mutualité sociale au sein de l'UEMOA.

693. Lorsque le Ministre chargé de la santé reçoit le dossier de demande d'agrément, il délivre un accusé de réception. Il dispose d'un délai de trois mois pour procéder à l'instruction de la demande. En cas d'acceptation du dossier, la décision d'agrément est notifiée à la mutuelle, publiée au Journal officiel et immatriculée au Ministère de la Santé.

En cas de rejet, la décision est motivée et notifiée, par lettre recommandée, au groupement sollicitant l'agrément.

En l'absence de réponse du Ministre chargé de la Santé pendant trois mois, l'agrément est réputé acquis et, sur requête du président de la mutuelle, le Ministre est tenu de procéder à l'immatriculation de la mutuelle, dans un délai d'un mois au maximum.

694. L'agrément est refusé dans trois cas :

- lorsque les statuts ne sont pas conformes aux dispositions de la loi ;
- lorsque le budget prévisionnel n'est pas présenté en équilibre ;
- lorsque le procès-verbal de l'assemblée constitutive ne figure pas dans le dossier.

695. La mutuelle de santé *acquiert la personnalité juridique* dès l'obtention de l'agrément.

696. Le président du conseil d'administration doit porter à la connaissance du Ministre chargé de la Santé, dans les trois mois de leur survenance, tous changements opérés dans la composition du bureau de la mutuelle. À cet effet, il doit lui adresser quatre exemplaires du procès-verbal mentionnant les noms et prénoms des membres du nouveau bureau ainsi que leurs fonctions dans celui-ci.

697. Le Ministre chargé de la Santé peut retirer l'agrément d'une mutuelle de santé en cas de :

- demande émanant de la mutuelle ;
- cessation de l'activité ;
- fusion ou scission ;
- non démarrage des activités six mois après l'obtention de l'agrément ;
- violation grave et répétée des dispositions statutaires, réglementaires ou législatives.

2. La structure organisationnelle des mutuelles de santé

698. La mutuelle est fondée et contrôlée par les membres bénéficiaires. Son administration est assurée par plusieurs structures : l'assemblée générale (**a**), le conseil d'administration (**b**), le bureau exécutif (**c**) et la commission de contrôle (**d**).

a) L'assemblée générale

699. L'assemblée générale est l'*instance suprême de la mutuelle de santé.* Elle est constituée de l'ensemble des membres participants en règle vis-à-vis des obligations prescrites par les statuts et le règlement intérieur de la mutuelle de santé.

700. Les participants à la mutuelle de santé se réunissent en assemblée générale, au moins une fois par an. Ils se réunissent afin, notamment, de se prononcer sur le compte rendu de la gestion morale et financière du conseil d'administration et de procéder à l'élection des administrateurs et des membres de la commission de contrôle, dans les conditions prévues par les statuts.

701. L'assemblée générale est obligatoirement appelée à se prononcer sur les cas suivants :

- modification des statuts et du règlement intérieur ;
- scission ou dissolution ;
- fusion avec une mutuelle de santé ;
- emprunts.

Les mutuelles de santé, en raison de l'importance de leurs effectifs ou de l'étendue de leur circonscription, peuvent organiser des sections locales de vote. Dans ce cas, l'assemblée générale est composée des délégués élus par ces sections.

702. L'assemblée générale peut déléguer certains de ses pouvoirs au conseil d'administration. Seuls les membres ayant atteint la majorité et jouissant de tous leurs droits civiques peuvent être administrateurs d'une mutuelle de santé.

b) Le conseil d'administration

703. Le conseil d'administration détermine l'orientation de la mutuelle et veille à son application. Ainsi, il opère les vérifications et contrôles qu'il juge opportuns et se saisit de toute question intéressant la bonne marche de l'organisme mutualiste. Chaque administrateur reçoit toutes les informations nécessaires à l'accomplissement de sa mission et se fait communiquer les documents qu'il estime utile.

704. Les fonctions de membre du conseil d'administration sont gratuites. Toutefois, l'assemblée générale peut décider exceptionnellement d'allouer une indemnité aux administrateurs qui, en raison des attributions permanentes qui leur sont confiées, supportent des sujétions particulièrement importantes. Cette indemnité ne doit en aucun cas être généralisée, ni être une compensation du salaire normalement perçu par l'intéressé, et doit rester compatible avec le principe du bénévolat. En outre, les administrateurs peuvent se faire rembourser des frais de représentation, de déplacement ou de séjour.

705. Il est interdit aux administrateurs de prendre ou conserver un intérêt, direct ou indirect, dans une entreprise ayant traité avec la mutuelle de santé ou dans un contrat passé avec celle-ci. Il leur est également interdit de faire partie du personnel rétribué par la mutuelle de santé.

706. Le conseil d'administration peut déléguer une partie de ses pouvoirs au bureau exécutif.

c) Le bureau exécutif

707. Le bureau exécutif est élu parmi les membres du conseil d'administration selon les modalités fixées par les statuts. Il est composé au moins de : un *président*, un *vice-président*, un *secrétaire général* et un *trésorier*.

708. Le bureau est chargé d'assurer le fonctionnement courant de la mutuelle de santé, de préparer et exécuter les décisions du conseil d'administration. À ce titre, le bureau reçoit la délégation du conseil d'administration.

Il se réunit au moins une fois par trimestre. En cas d'absences répétées, sans raison valable, le conseil d'administration peut déclarer démissionnaire d'office le membre du bureau concerné.

709. Le *président* du bureau exécutif est chargé de :

- présider les réunions du conseil d'administration, du bureau exécutif et les assemblées générales ;
- veiller à la régularité du fonctionnement de la mutuelle de santé ;
- ordonner les dépenses ;
- représenter la mutuelle de santé en justice et dans tous les actes de la vie civile.

Le président peut, avec l'autorisation du conseil d'administration, confier à des salariés l'exécution de ses tâches ou déléguer sa signature pour des objets nettement déterminés sous sa responsabilité et son autorité.

Le *vice-président* supplée le président en cas d'absence ou d'empêchement.

710. Le *secrétaire général* est chargé du secrétariat des séances de l'assemblée générale, du conseil d'administration et du bureau exécutif. Il est responsable des convocations, de la rédaction des procès-verbaux, de la conservation des archives, de la tenue du fichier des adhérents, ainsi que de la transmission du rapport d'activités et du rapport financier adoptés par l'assemblée générale.

711. Le *trésorier* est chargé de :

- effectuer les opérations financières de la mutuelle de santé et de tenir la comptabilité ;
- engager les dépenses ordonnées par le président et d'encaisser les sommes dues à la mutuelle de santé ;
- procéder, selon les directives du conseil d'administration, à l'achat, à la vente et, d'une façon générale, à toutes les opérations sur les titres et actions ;
- présenter à l'assemblée générale un rapport annuel sur la situation financière de la mutuelle de santé.

712. Le conseil d'administration peut confier certaines attributions du bureau exécutif à un personnel salarié.

d) La commission de contrôle

713. Les membres de la commission de contrôle sont élus par l'assemblée générale parmi les membres de la mutuelle de santé non-administrateurs et non-salariés. Ils ne doivent pas avoir participé à la gestion de la mutuelle de santé au cours de l'exercice précédent. Ils doivent jouir de leurs droits civiques.

714. La commission est composée de trois membres au moins. Elle se réunit une fois tous les six mois et chaque fois que de besoin.

715. La commission est chargée de :

- apprécier si les activités du président et des administrateurs sont conformes aux statuts, règlements et décisions de l'assemblée générale ;
- vérifier la régularité des opérations comptables ;
- contrôler la tenue de la comptabilité, l'encaisse et les éléments de l'actif ;
- dresser un rapport à l'assemblée générale.

716. Les résultats des travaux de la commission de contrôle sont consignés dans un rapport écrit et communiqué au conseil d'administration avant d'être présentés à l'assemblée générale. Ce rapport est annexé au procès-verbal de la délibération de cette assemblée. En cas d'anomalie majeure, la commission de contrôle peut exiger la tenue d'une assemblée générale extraordinaire à laquelle elle rend compte.

717. La composition du bureau exécutif, de la commission de contrôle et du conseil d'administration, le mode d'élection de leurs membres, la nature et la durée de leur mandat sont fixés par les statuts de la mutuelle. Il en est de même des conditions de vote à l'assemblée générale et du droit pour les membres de s'y faire représenter.

3. Le financement et le fonctionnement des mutuelles de santé

718. La gestion d'une mutuelle repose sur une bonne organisation financière (**a**). À défaut, le fonctionnement de la mutuelle se trouvera compromis (**b**).

a) L'organisation financière de la mutuelle de santé

719. Une mutuelle de santé gère un système d'assurance contre le risque maladie. Elle doit mobiliser et utiliser le plus efficacement possible un ensemble de ressources (***a.1***) pour, d'une part, faire face à ses engagements (***a.2***) et, d'autre part, constituer des réserves (***a.3***).

a.1 – Les ressources

720. Une bonne gestion favorise la confiance des adhérents. La mutuelle doit mobiliser les ressources nécessaires pour réaliser ses activités et atteindre ses objectifs. Les ressources de la mutuelle de santé proviennent :

- des droits d'adhésion et des cotisations des membres participants ;
- des subventions accordées par des collectivités publiques ou des particuliers ;
- des intérêts des placements ou des dépôts ;
- des amendes ;
- des contributions des membres honoraires ;
- des produits résultant d'autres activités développées par la mutuelle de santé ;
- des dons et legs ;
- des autres ressources non interdites par la loi.

721. En pratique, les ressources des mutuelles de santé sont presque exclusivement constituées des droits d'adhésion et des cotisations des membres. Les membres participants payent un droit d'adhésion non remboursable dont le taux est déterminé par l'assemblée générale. Ils s'engagent à payer une cotisation non remboursable conformément aux dispositions des statuts.

Les cotisations sont affectées pour partie au service des prestations, pour partie aux dépenses comprenant les frais de gestion ou de formation de la mutuelle de santé. Le pourcentage d'affectation est d'au moins 80 % pour la couverture des prestations assurées statutairement par la mutuelle de santé, et 20 % pour les autres frais.

722. En cas de retard dans les paiements de la cotisation, des sanctions sont prévues par le règlement intérieur.

a.2 – Les dépenses

723. La mutuelle de santé doit remplir ses engagements vis-à-vis des adhérents et des prestataires de soins. Ses dépenses comprennent :

- les dépenses liées à la santé ;
- les dépenses afférentes aux œuvres et services de la mutuelle de santé ;
- les dépenses de fonctionnement de la mutuelle de santé ;
- les cotisations versées aux unions de mutuelles de santé et fédérations d'unions de mutuelles de santé ;
- toutes les autres dépenses préalablement autorisées par les instances compétentes.

724. Les dépenses sont ordonnées par le président du conseil d'administration et payées par le trésorier. Le conseil d'administration décide du placement et du retrait des fonds de la mutuelle compte tenu, le cas échéant, des orientations données par l'assemblée générale.

725. Les opérations de la mutuelle font l'objet d'enregistrement, sous forme d'entrées et de sorties. ↕À cet effet, les mutuelles de santé doivent tenir :

- un livre journal où les opérations sont comptabilisées chronologiquement ;
- un grand livre où les opérations sont regroupées par comptes ouverts par la mutuelle de santé ;
- un livre d'inventaire annuel.

a.3 – La constitution d'un fonds de réserve

726. Pour garantir sa fonctionnalité et sa viabilité financière, une mutuelle de santé doit constituer un fonds de réserve. Les excédents annuels de recettes sur les dépenses sont affectés à la constitution d'un fonds de réserve.[225] Ce fonds devra être constitué dans un délai de cinq ans à partir de la création de la mutuelle de santé. La proportion des excédents annuels des recettes affectée à la constitution du fonds de réserve est de 50 %.

Le prélèvement cesse d'être obligatoire lorsque le montant du fonds de réserve atteint les trois quarts du total des prestations mises effectivement à la charge de la mutuelle de santé pendant l'année précédente.

727. Les sommes affectées à la constitution du fonds de réserve ainsi que le montant des provisions pour prestations à payer en fin d'exercice et le montant des cotisations perçues d'avance, doivent être employés dans les conditions prévues dans les statuts.

b) Le fonctionnement de la mutuelle de santé

728. Le fonctionnement de la mutuelle de santé repose sur des principes de base (***b.1***). Ses membres sont soumis à des règles d'admission, de radiation et d'exclusion (***b.2***).

b.1 – Les principes de base de fonctionnement

729. L'adhésion à la mutuelle est libre et non discriminatoire. Elle ne fait place à aucune discrimination raciale, ethnique, politique, religieuse ou sociale.

730. La *solidarité constitue le socle de la mutuelle de santé*, dans la mesure où chaque membre paie sa cotisation indépendamment de son risque personnel de tomber malade. La cotisation est la même pour toutes les personnes, quels que soient l'âge, le sexe et l'état de santé de la personne. Les mutuelles de santé ne peuvent instituer, en ce qui concerne le niveau des prestations et des cotisations, des discriminations entre membres ou catégories de membres participants si celles-ci ne sont pas justifiées par des situations particulières.

731. Les adhérents de la mutuelle bénéficient des mêmes droits, notamment des mêmes services, en cas de maladie.

---

[225] Art. 13 de la loi n° 2003-14 du 4 juin 2003 relative aux mutuelles de santé.

Chaque membre a le droit de participer activement dans les instances de prise de décision. L'engagement solidaire repose sur l'entraide mutuelle entre les membres dans un souci de partage des risques.[226]

732. Les mutuelles de santé peuvent constituer, entre elles, des unions. Les unions de mutuelles de santé peuvent se regrouper en une fédération d'unions de mutuelles de santé. L'assemblée générale des unions de mutuelles de santé est composée des délégués des mutuelles de santé adhérents élus dans les conditions déterminées par les statuts. L'assemblée générale de la fédération des unions de mutuelles de santé est composée de délégués des unions de mutuelles de santé élus dans les conditions déterminées par les statuts.

733. Les règles relatives à la dissolution, à la liquidation, à la fusion et à la scission des mutuelles de santé, de leurs unions et fédération d'unions sont fixées par décret.[227]

b.2 – Les règles d'admission, de radiation et d'exclusion

734. L'adhésion à la mutuelle de santé est individuelle et volontaire. La qualité de membre participant s'acquiert par le paiement d'un droit d'adhésion dont le montant est fixé par l'assemblée générale. Outre les droits d'adhésion, le membre participant doit s'acquitter de sa cotisation dont le montant est fixé par l'assemblée générale.

735. La mutuelle de santé peut admettre des membres honoraires. Ce titre est accordé par l'assemblée générale, sur proposition du conseil d'administration, dans les conditions précises liées à des services exceptionnels rendus à la mutuelle.

Les membres honoraires ne sont pas soumis à des conditions d'âge, de résidence, de profession ou de nationalité. Ils ne payent pas de cotisation et ne bénéficient pas des prestations offertes par la mutuelle de santé. Ils peuvent participer à l'assemblée générale, avec voix consultative.

736. Tout membre peut démissionner après en avoir informé par écrit le conseil d'administration.

737. Les membres qui ne remplissent plus les conditions auxquelles les statuts subordonnent l'admission sont radiés. Leur

---

226 Bruno BOIDIN, « Extension de l'assurance maladie et rôle des mutuelles de santé en Afrique : les leçons de l'expérience sénégalaise », *Revue de l'Institut d'Economie Publique* n° 28-29, 2012/1-2, p. 57.

227 Articles 56 et s. du décret n° 2009-423 du 27 avril 2009 portant application de la loi n° 2003-14 du 14 juin 2003 relative aux mutuelles de santé.

radiation est prononcée par le conseil d'administration et entérinée par l'assemblée générale. Sont également radiés les membres participants qui n'ont pas payé leurs cotisations dans un délai fixé par le règlement intérieur. Les membres radiés ne peuvent pas bénéficier des prestations de la mutuelle de santé.

La radiation est précédée d'une mise en demeure par lettre recommandée du conseil d'administration dès l'expiration du délai précité ou de celui accordé par le conseil d'administration. La radiation est prononcée dans un délai d'un mois à compter de la date de notification de la mise en demeure aux intéressés. L'assemblée générale entérine la décision de radiation.

738. Les membres qui ont porté préjudice aux intérêts de la mutuelle peuvent être exclus. Le membre dont l'exclusion est prononcée pour ce motif est convoqué devant le conseil d'administration pour être entendu sur les faits qui lui sont reprochés. S'il ne se présente pas au jour indiqué, une convocation écrite lui est adressée. S'il s'abstient encore d'y déférer, son exclusion peut être prononcée par le conseil d'administration et entérinée par l'assemblée générale.

739. La démission, la radiation et l'exclusion ne donnent pas droit au remboursement des cotisations versées. Aucune prestation ne peut être servie après la date d'effet de la démission, ni après la décision de radiation ou d'exclusion.

C./ Les sociétés d'assurance

740. L'assurance-maladie privée joue un rôle croissant dans la couverture du risque maladie, avec l'intervention des sociétés d'assurance.[228] Il convient de présenter les fonctions de l'assurance-maladie (**1**), les techniques de couverture des risques (**2**) et le financement de la couverture santé privée (**3**).

1. Les fonctions de l'assurance-maladie

741. Le plafonnement des cotisations et des prestations a conduit à l'élargissement de la couverture complémentaire, avec l'intervention des acteurs privés, donc les sociétés d'assurance. En dépit de l'obligation faite à tout employeur d'adhérer au système

[228] Alain LETOURMY, « Vingt ans d'assurance-maladie au Sénégal », dans Joseph Brunet-Jailly (Dir.), *Innovations dans la pratique médicale et dans le financement de la santé en Afrique*, Paris, Karthala, 1997, pp. 341–366.

d'assurance maladie géré par les IPM, l'assurance privée[229] ne cesse de se développer, en offrant une couverture complémentaire du risque maladie.

742. Les sociétés d'assurance sont des sociétés à but commercial dont la vocation première est de vendre un produit en vue de rechercher des bénéfices. Il existe, cependant, des sociétés d'assurance constituées sous forme de mutuelles, qui ont un statut de société civile, mais qui sont régies par le Code des assurances.

743. Les assurances santé sont régies par le Code des assurances (Code CIMA[230]). Le rôle des assureurs est de garantir les remboursements de frais de santé exposés par l'assuré ou ses ayants-droit. En tant que société privée, les clients d'une assurance ne peuvent participer directement à la prise de décision. De plus, la souscription est payante et prend en compte la consommation médicale individuelle. Les assurés versent des cotisations (ou primes), en contrepartie de leur prise en charge par l'assureur en cas de réalisation du risque.

744. Les sociétés d'assurance offrent deux types de contrats d'assurance maladie : les contrats individuels et les contrats collectifs ou de groupe.[231] Le contrat individuel ne comprend que deux signataires : l'assureur et l'assuré. Bien que souscrit à titre individuel, l'assuré peut en faire bénéficier ses ayants-droit. Le contrat collectif est conclu entre l'assureur et un groupe de personnes, généralement une entreprise qui le souscrit à l'attention de ses salariés.

2. Les techniques de couverture des risques

745. L'assurance maladie est une technique de couverture des risques financiers pouvant affecter les biens d'une personne

---

229 Jean-Pierre MOREAU, « L'assurance privée dans la couverture du risque maladie », *Revue d'économie financière*, 1995, n° 34, pp. 189-195.

230 Conférence Interafricaine des Marchés d'Assurances. Le Code des assurances de la CIMA est applicable dans les pays suivants : Bénin, Burkina, Cameroun, Centrafrique, Côte d'Ivoire, Gabon, Guinée Bissau, Guinée Equatoriale, Mali, Niger, Sénégal, Tchad et Togo.

231 Articles 503 et 504 du Code CIMA. – Article 95 du Code CIMA : « *Est un contrat d'assurance de groupe le contrat souscrit par une personne morale ou un chef d'entreprise en vue de l'adhésion d'un ensemble de personnes répondant à des conditions définies au contrat, pour la couverture des risques dépendant de la durée de la vie humaine, des risques portant atteinte à l'intégrité physique de la personne ou liés à la maternité, des risques d'incapacité de travail ou d'invalidité ou du risque de chômage.* »

physique ou morale en cas de maladie, d'accident, d'invalidité voire de décès. Elle peut prendre deux formes. L'assurance maladie peut se présenter sous forme d'une assurance financière. Dans ce cas, les frais exposés par l'assuré en cas de réalisation du risque sont remboursés suivant le barème fixé par le contrat d'assurance. Dans la seconde forme, la société d'assurance constitue un réseau de soins (hôpitaux, cliniques, pharmacies, cabinets d'ophtalmologiques ou dentaires, etc.). L'assuré doit se faire soigner dans ces établissements conventionnés en cas de réalisation du sinistre.

746. Les sociétés d'assurance maladie offrent plusieurs systèmes de prise en charge du risque : le *système classique*, le *système du tiers payant* et le *système du remboursement de l'intégralité du ticket modérateur*.

Dans le *système classique*, l'assuré préfinance ses frais de soins et se fait rembourser par la suite. Concrètement, il paie ses frais de soins ou ses produits pharmaceutiques et adresse ensuite la facture à la l'assureur pour se faire rembourser. Le remboursement se fait conformément au taux fixé dans le contrat d'assurance. En application du *principe indemnitaire* posé par l'article 31 du Code CIMA, l'indemnité due par l'assureur ne peut dépasser le montant du sinistre. Par conséquent, les remboursements portent sur les frais de soins réellement engagés.

Dans le *système du tiers payant*, les frais exposés par l'assuré pour ses soins sont directement pris en charge par la société d'assurance qui est le tiers payeur. L'assureur se substitue partiellement ou totalement à l'assuré pour régler ses frais de soins. En pratique, si le taux de prise en charge est de 80 %, l'assuré paie les 20 % et le prestataire saisit l'assureur pour se faire régler le complément. C'est le système le plus répandu, voire approprié, surtout que l'assuré n'a pas toujours les moyens financiers pour faire face aux soins avant de se faire rembourser.

Le *remboursement de l'intégralité du ticket modérateur*[232] découle de l'assurance maladie complémentaire. À travers cette formule, l'assurance prend en charge la différence entre la base de remboursement et le montant remboursé par l'assurance maladie obligatoire. Concrètement, elle complète les prestations versées par les IPM à la suite d'une maladie, d'un accident de droit commun ou d'une maternité. Les taux de prise en charge dépendent de l'assuré.

---

[232] Le ticket modérateur est la partie des dépenses de santé qui reste à la charge du patient après le remboursement de l'assurance maladie.

3. Le financement de la couverture santé privée

747. Le financement des dépenses de soins est assuré par le paiement des primes d'assurance. La prime correspond au montant à payer en fonction de la couverture d'assurance offerte. Le montant de la prime dépend des prestations couvertes par l'assurance, du coût de ces prestations et de l'estimation de la probabilité qu'une personne ou un groupe assuré ait recours à ces prestations.

748. En général, les primes sont calculées en fonction du risque que représente le bénéficiaire. Elles ne sont pas fixées en fonction de sa capacité à payer. Suivant l'article 12 du Code CIMA, l'assuré est obligé de payer la prime aux périodes convenues. Suivant les pratiques, le paiement de la prime se fait au moment de la souscription de la police d'assurance ou par fractionnement selon un échéancier arrêté par les parties. Si à terme, les primes ne sont pas payées, l'assureur peut utiliser les voies légales de recours pour se faire payer. Le recouvrement peut être judiciaire ou amiable.[233]

749. L'assurance maladie privée étant par nature peu rentable, les sociétés d'assurance doivent proposer des produits répondant aux attentes des souscripteurs, lutter contre la fraude et se contenter des primes modestes. Pour ce faire, ils ont souvent recours à des produits d'appel avec un ticket d'entrée de l'assuré dans le portefeuille de la société d'assurance. Les produits d'appel permettent d'attirer la clientèle, en raison de leur bas prix. L'assuré pourra ensuite améliorer son portefeuille par la souscription d'autres garanties.

§ 2 – Le service de médecine du travail

750. Les services de santé au travail peuvent faire partie de l'entreprise ou être des services extérieurs auxquels l'entreprise fait recours en cas de besoin. Leur organisation, fonctionnement et financement incombent à l'employeur.[234] Les services de santé

---

[233] Dans certains cas, la société d'assurance peut faire appel à une autre société d'affacturage qui lui rachète sa créance, moyennant un rabais. C'est cette dernière société qui assure le recouvrement.

[234] Article 5 du décret n° 2006-1258 du 15 novembre 2006 fixant les missions et les règles d'organisation et de fonctionnement des services de médecine du travail (JORS n° 6347 du 19 mai 2007). Conformément aux conditions et à la pratique nationales et en référence à l'article 2.2 de la Convention n° 161 de

au travail peuvent être organisés sous différentes formes (**A**). Ils comprennent un personnel médical et paramédical (**B**).

A. / Les formes des services médicaux du travail

751. Les services de santé au travail peuvent être organisés, selon le cas, soit en tant que services desservant une seule entreprise, soit en tant que services desservant plusieurs entreprises.[235] Ainsi, le service de médecine du travail peut être propre à une seule entreprise, c'est-à-dire autonome (**1**) ou commun à plusieurs entreprises (**2**).[236]

1. Le service médical du travail d'entreprise

752. Le service médical du travail d'entreprise est créé lorsque l'entreprise a atteint un certain seuil d'effectifs (**a**). Sa création respecte des formalités constitutives (**b**).

a) Les seuils de création

753. Le service médical autonome est créé au niveau de l'entreprise ou de l'un de ses établissements. Sa création est déterminée essentiellement par l'effectif de l'entreprise. Les établissements qui ont *un effectif égal ou supérieur à quatre cents travailleurs* doivent créer un service médical d'entreprise.

754. Le service médical d'entreprise est dirigé par un médecin placé sous l'autorité du chef d'entreprise ou d'établissement. Le comité d'hygiène et de sécurité du travail (CHST) ou, à défaut, les délégués du personnel, sont saisis, pour avis, des questions relatives à l'organisation et au fonctionnement du service médical d'entreprise.

---

l'OIT, les services de santé au travail peuvent être organisés par : les entreprises ou groupes d'entreprises intéressées, les pouvoirs publics ou les services officiels, les institutions de sécurité sociale, tout autre organisme habilité par l'autorité compétente ou toute combinaison des formules précédentes.

[235] Article 3 du décret n° 2006-1258 du 15 novembre 2006 *précité*. – Article 7.1 de la Convention de 1961 de l'OIT sur les services de santé au travail.

[236] Dans certains pays, les entreprises ou établissements non soumis à l'obligation d'organiser un service de santé au travail autonome et qui n'ont pas adhéré à un service de santé au travail interentreprises doivent passer une convention avec un établissement hospitalier public ou privé, suivant la réglementation en vigueur. C'est le cas, par exemple, du Bénin.

Le CHST présente ses observations sur le rapport annuel relatif à l'organisation, au fonctionnement, à la gestion financière du service médical d'entreprise et sur les rapports d'activité du ou des médecins du travail. Il est informé des observations formulées et des mises en demeure notifiées par l'inspecteur du travail dans le domaine de la médecine du travail, ainsi que des observations d'ordre technique faites par l'inspection médicale du travail.

755. Un service médical d'entreprise peut regrouper plusieurs établissements appartenant à une même entreprise. Dans les établissements où s'est produite une réduction de l'effectif du personnel qui ramène les effectifs au-dessous du seuil de 400 salariés, l'inspecteur du travail du ressort peut après avis de l'inspection médicale du travail[237], autoriser le maintien d'un service médical d'entreprise.

b) Les formalités constitutives

756. Les services médicaux du travail doivent faire l'objet, préalablement au démarrage de leurs activités, d'une déclaration auprès de l'inspecteur du travail du ressort. Cette déclaration doit contenir les renseignements suivants :

- l'adresse du service de médecine du travail ;
- l'équipement du service de médecine du travail ;
- les éléments d'information sur le personnel du service de médecine du travail : personnel administratif, personnel médical et paramédical (nombre, qualification, temps de présence) ;
- l'adresse et raison sociale de l'adhérent ou des adhérents ;
- le nombre et la répartition du personnel dans chaque établissement ;
- les emplois assujettis à une surveillance médicale spéciale.

La déclaration doit être accompagnée du statut et du règlement intérieur, dont les modèles sont fixés par arrêté du Ministre chargé du travail.

757. Les services de médecine du travail sont tenus de faire connaître à l'inspecteur du travail et de la sécurité sociale du ressort et à l'inspection médicale du travail, dans les trois mois, tout changement survenu dans leur administration ou direction.

---

[237] Décret n° 1253 du 15 novembre 2005 instituant une inspection médicale du travail et fixant ses attributions, JORS n° 6329 du samedi 24 février 2007. – Nicolas SANDRET, « Mission de l'inspection médicale du travail, Interaction avec les CHSCT et DP : exemple des risques psychosociaux », *Dr. ouv.*, n° 799, février 2015, p. 77.

Ils doivent aussi faire connaître toutes modifications apportées à leurs statuts et règlement intérieur.

2. Le service médical du travail interentreprises

758. Le service médical du travail interentreprises a pour mission d'assurer le suivi individuel de l'état de santé des salariés pour les entreprises qui ne possèdent pas leur propre service médical. C'est une institution à but non lucratif, doté de la personnalité morale et de l'autonomie financière. La création ou l'adhésion à ce service repose sur des règles précises (**a**), tout comme son organisation (**b**).

a) Les règles de création et d'adhésion

759. Les établissements qui ont un effectif inférieur à 400 travailleurs sont tenus d'organiser un service médical du travail interentreprises ou d'adhérer à un service médical du travail interentreprises. Le service médical du travail interentreprises a pour objet exclusif la pratique de la médecine du travail. Il est constitué sous la forme d'un organisme à but non lucratif, doté de la personnalité juridique et de l'autonomie financière. Il est dirigé par un médecin du travail placé sous l'autorité du président du comité de gestion.

760. L'adhésion à un service médical interentreprises incombe à l'employeur. À cet effet, il est tenu de requérir l'avis du CHST ou, à défaut, celui des délégués du personnel, sur le choix du service médical interentreprises. La cessation de l'adhésion à un service médical interentreprises est décidée par l'employeur, après consultation du CHST ou, à défaut, des délégués du personnel.

L'opposition du comité d'hygiène et de sécurité du travail ou, à défaut, celle des délégués du personnel à la décision de l'employeur d'adhérer ou de cesser l'adhésion à un service médical du travail interentreprises doit être motivée. En cas d'opposition, la décision définitive de l'employeur est subordonnée à l'autorisation de l'inspecteur du travail du ressort, prise après avis de l'inspection médicale du travail.

La demande d'autorisation est accompagnée de l'avis du CHST ou, à défaut, celui des délégués du personnel et précise les motifs de l'employeur. L'autorisation est réputée acquise si aucune réponse n'a été notifiée à l'employeur dans le délai de trente jours, à compter de la réception de sa demande. Les autorisations et les refus d'autorisation sont motivés.

761. Le fait d'adhérer à un service médical interentreprises ne dispense pas de toute obligation sanitaire ou médicale. Lorsque l'établissement qui a adhéré à un service médical interentreprises emploie plus de 100 salariés, il faut prévoir une salle de soins et recruter un infirmier diplômé. Une boîte de secours est prévue dans tous les établissements membres d'un service de médecine du travail.[238]

762. Les caractéristiques des locaux et leur équipement, les conditions dans lesquelles les salles de soins et boîtes de secours sont installées et approvisionnées en médicaments et objets de pansement, sont le plus souvent fixées par un texte réglementaire.

En pratique, les charges de fonctionnement des services de santé interentreprises sont réparties entre les entreprises proportionnellement au nombre de leurs salariés respectifs.

b) Les règles d'organisation et de gestion

763. L'organisation et la gestion du service de médecine du travail interentreprises sont placées sous le contrôle d'un conseil de gestion, dont il convient de présenter la composition (***b.1***), le fonctionnement (***b.2***) et les attributions (***b.3***).

b.1 – La composition du conseil de gestion

764. Le conseil de gestion comprend *neuf membres au moins et vingt-sept membres au plus*. Il est composé, pour deux tiers, de représentants des employeurs et, pour un tiers, de représentants des salariés des entreprises adhérentes au service de médecine du travail. Leur mandat est d'une durée de trois ans renouvelables. Le conseil de gestion est constitué à la diligence des chefs d'établissements adhérents au service de médecine du travail interentreprises.

765. Les représentants des salariés au conseil de gestion sont élus conformément aux dispositions du décret n° 67-1360 du 9 décembre 1967[239], en tenant compte du nombre de sièges qui leur est attribué. Le conseil de gestion peut s'adjoindre toute personne

---

[238] Article 15 du décret n° 2006-1258 du 15 novembre 2006 *précité*.

[239] Décret n° 67-1360 du 9 décembre 1967 fixant les conditions et les modalités de désignation des délégués du personnel dans les entreprises et définissant leur mission (JORS du 23 décembre 1967, n° 3932, p. 1754).

qui lui paraît qualifiée, c'est-à-dire susceptible de l'aider dans sa mission. Les difficultés auxquelles peut donner lieu l'élection des membres du conseil de gestion sont soumises à l'arbitrage de l'inspecteur du travail du ressort.

b.2 – Le fonctionnement du conseil de gestion

766. Le conseil de gestion élit en son sein un bureau composé d'un président, d'un vice-président et d'un secrétaire, dont le mandat est fixé à un an. Le médecin chef du service de médecine du travail interentreprises assure ou fait assurer le secrétariat lors des réunions du conseil de gestion[240].

767. Le conseil de gestion se réunit au moins deux fois par an sur convocation de son président. Il peut se réunir en outre à la demande de la moitié au moins de ses membres ou de l'inspecteur du travail du ressort. Le président établit l'ordre du jour des réunions, en liaison avec le médecin chef du service de médecine du travail interentreprises. Le temps passé aux réunions est considéré comme temps de travail et rémunéré en conséquence.

768. Le procès-verbal de chaque réunion est transmis à l'inspecteur du travail du ressort, à l'inspection médicale du travail et au Ministre chargé de la Santé publique. Il est transmis dans le délai d'un mois à compter de la date de la réunion.

769. Le médecin chef du service de médecine du travail interentreprises établit les rapports relatifs à l'organisation, au fonctionnement et à la gestion du service. Ces rapports sont présentés au conseil de gestion au plus tard à la fin du premier trimestre suivant l'année pour laquelle ils ont été établis. Le médecin chef du service de médecine du travail interentreprises adresse un exemplaire des rapports, accompagné des observations formulées par le conseil de gestion, à l'inspecteur du travail du ressort et à l'inspection médicale du travail, dans le délai d'un mois à compter de sa présentation devant l'organisme concerné.

Les médecins du travail assistent avec voix consultative aux réunions du conseil de gestion. Les médecins du travail sont représentés par des délégués élus à raison de :

- 1 délégué pour 1 à 3 médecins ;
- 2 délégués pour 4 à 6 médecins ;
- 3 délégués pour plus de 6 médecins.

---

[240] Il s'agit du « conseil de gestion » et non du « comité de gestion » comme mentionné à l'article 18 du décret n° 2006-1258 du 15 novembre 2006.

b.3 – Les attributions du conseil de gestion

770. Le conseil de gestion délibère sur toute question relative à l'organisation et au fonctionnement du service de médecine du travail. Il s'agit des questions portant sur la répartition des frais d'organisation et de fonctionnement dudit service entre les entreprises adhérentes, la création ou la suppression d'emploi du (des) médecin (s) du travail.

Le conseil de gestion est en outre informé :

- des observations formulées et des mises en demeure notifiées par les services de l'inspection du travail, des observations techniques faites par le médecin inspecteur du travail et des mesures prises en conséquence ;
- des suites apportées à ses recommandations.

771. Le conseil de gestion se prononce sur le rapport annuel relatif à l'organisation, au fonctionnement et à la gestion financière du service de médecine du travail et sur le rapport d'activités de chaque médecin du travail. En outre, le conseil de gestion, représenté par son président, recrute le médecin directeur du service de médecine du travail interentreprises.

B./ Le personnel des services médicaux du travail

772. Les services de santé au travail fonctionnent en équipe, avec un personnel comprenant généralement le médecin du travail (**1**), les infirmiers (**2**), le secrétaire médical et le personnel de secours (**3**).

1. Le médecin du travail

773. Le médecin du travail doit être titulaire d'un diplôme d'études spéciales de médecine du travail, c'est-à-dire qu'il doit avoir suivi une formation spécialisée en santé et sécurité au travail. Chaque médecin du travail est tenu de faire enregistrer ses titres auprès de l'inspection médicale du travail, dans le mois qui suit son entrée en fonction dans un service médical du travail.

774. Le médecin du travail est lié à une entreprise ou à un service médical interentreprises par un contrat de travail, conclu dans les conditions prévues par les articles 46 et 47 du décret n° 67-147 du 10 février 1967, instituant le Code de déontologie médicale[241]. Il *bénéficie des garanties et avantages consentis aux cadres de la branche professionnelle à laquelle appartient l'entreprise.*

775. Le médecin du travail d'un service médical d'entreprise ne peut être recruté ou licencié qu'avec l'accord du CHST ou, à défaut, celui des délégués du personnel. Pour ce qui est des services médicaux interentreprises, le médecin du travail ne peut être nommé ou licencié qu'avec l'accord du conseil de gestion. Celui-ci se prononce à la majorité de ses membres, par un vote à bulletins secrets et après que l'intéressé, en cas de licenciement, aura été mis en mesure de présenter ses observations. En cas d'égalité des voix, le recrutement ou le licenciement est prononcé sur autorisation de l'inspecteur du travail du ressort, prise après avis de l'inspection médicale du travail.

776. Le médecin du travail est un médecin *dont le rôle, essentiellement préventif, consiste à éviter toute altération de la santé des travailleurs du fait de leur travail, notamment en surveillant les conditions d'hygiène du travail et l'état de santé des travailleurs.* Ce rôle porte à la fois sur les aspects individuels et collectifs de la santé et la sécurité des salariés.

777. Le médecin du travail a une *activité dite clinique* qui occupe en général les deux tiers de son temps et une *activité en milieu du travail,* dite de tiers temps. Pour accomplir ses missions, le médecin du travail a besoin d'un temps minimum de vacation. Ainsi, le nombre de médecins du travail nécessaire pour une entreprise est fixé en fonction de son effectif. En tout état de cause, l'entreprise doit avoir un médecin du travail, quelle que soit sa taille et le nombre de ses salariés.

778. Le médecin du travail est un salarié protégé. Cette protection donne au médecin du travail une garantie d'indépendance, tant vis-à-vis des employeurs que des salariés.[242]

---

241 Décret n° 67-147 du 10 février 1967 instituant le code de déontologie médicale. – Article 46 : « L'exercice habituel de la médecine sous quelque forme que ce soit au service d'une entreprise, d'une collectivité, ou d'une institution de droit privé doit, dans tous les cas, faire l'objet d'un contrat écrit. Une copie du contrat doit être adressée dans un délai de trente (30) jours après signature, d'une part au Directeur de la santé publique, d'autre part, au Président de l'Ordre des Médecins. » – Article 47 : « Les médecins sont tenus de communiquer au Président de l'Ordre des Médecins une copie des contrats intervenus entre eux et une administration publique ou une collectivité administrative. »

242 *Pour aller plus loin* : – Jean Jacques DUPEYROUX, « La médecine du travail sur le fil du rasoir », *Dr. soc.*, 1980, n° sp. La médecine du travail et le droit, p. 5. – Antoine JAMMEAUD, « Médecine du travail et responsabilité civile », *Dr.*

En outre, il est totalement *responsable et indépendant techniquement* de ses employeurs dans l'exercice de ses fonctions ; seul le médecin-inspecteur régional du travail peut exercer un contrôle technique de son activité. Si l'employeur peut lui imposer le respect des horaires de travail, l'utilisation des locaux et du matériel mis à disposition des services de santé au travail, le contrôle du fonctionnement régulier de ce service, il ne peut *s'immiscer dans l'exercice de l'art médical.*

779. Le médecin du travail est astreint, comme tout médecin, au *secret professionnel médical* et au *secret industriel ou de fabrique.* Le secret professionnel est le gage de la confiance qu'il doit obtenir des salariés et le secret industriel la contrepartie de l'obligation faite à l'employeur de tenir informé le médecin du travail des procédés de fabrication. Comme tout médecin, il a également une responsabilité pénale et civile. À cet effet, il peut engager sa responsabilité en cas de manquement à ses obligations.

2. Les infirmiers

780. L'infirmier a pour rôle, notamment, *d'assister le médecin du travail* sur l'ensemble de ses missions. Il contribue à la protection de la santé physique et mentale des salariés sur les lieux de travail et pratique des soins d'urgence.[243] Dans ce cadre, il peut se voir confier de multiples tâches : accueil des salariés, organisation des examens médicaux, secrétariat médical, tenue des registres d'infirmerie et de soins, soins d'urgence.

L'infirmier *participe à l'identification, l'évaluation et la prévention des risques professionnels.* Il *participe également à des actions de santé publique*, notamment en cas de pandémie ou en cas de conduites addictives.

781. Le nombre d'infirmiers varie suivant qu'il s'agit d'un établissement industriel ou non. Pour les établissements non industriels[244], il faut recruter un infirmier pour une population de 100 à 500 travailleurs et, au-dessus, un infirmier supplémentaire par tranche de 500 travailleurs. Dans les établissements industriels, le nombre d'infirmiers est d'un pour une population

---

soc., avril 1980, p. 77-97. – Jean Claude JAVILLIER, « Le statut des médecins du travail », *Dr. soc.*, avril 1980, pp. 40-62.

[243] Nathalie FERRÉ, « Les infirmières et infirmiers de santé au travail : une réforme inachevée », *Dr. ouv.*, n° 798, janvier 2015, p. 8.

[244] Etablissements commerciaux, syndicats professionnels, professions libérales, association de quelque nature.

de 100 à 300 travailleurs et, au-delà, d'un infirmier supplémentaire par tranche de 300 travailleurs.

782. Lorsque l'établissement comporte moins de 100 salariés, le médecin du travail peut demander le recrutement d'un infirmier. En cas de refus de l'employeur, celui-ci peut être contraint à ce recrutement par décision du ministre du travail. Dans toutes les entreprises à feu continu ou à marche continue, un service de garde doit être assuré par un infirmier diplômé, quels que soient l'activité et les effectifs.

3. Le secrétaire médical et le personnel de secours

783. Le secrétaire médical est chargé d'assister le médecin du travail dans sa mission. C'est l'interlocuteur privilégié du médecin du travail. Il est recruté avec l'accord du médecin chef du service médical du travail d'entreprise ou du service médical interentreprises.

Le secrétaire médical gère le planning de rendez-vous du médecin et de l'infirmier, réceptionne les patients. Il assure la gestion des dossiers médicaux des salariés (fichier médical du patient, facturation, rapport d'analyse, etc.), notamment en classant ces documents afin d'assurer le suivi des dossiers. Il assure également le lien entre le médecin, l'infirmier, les employeurs et les intervenants extérieurs.

784. L'employeur doit organiser dans son entreprise les soins d'urgence à donner aux salariés victimes d'un accident ou d'un malaise au travail. Il doit prendre, après avis du médecin du travail, les dispositions nécessaires pour assurer les premiers secours par un personnel formé à cet effet. Dans chaque atelier, chantier ou service où sont effectués des travaux dangereux, un membre du personnel doit avoir reçu obligatoirement l'instruction nécessaire pour donner les premiers secours en cas d'urgence.

Lorsque l'activité d'un établissement comporte un travail de jour et de nuit et en l'absence d'infirmier(e), ou lorsque leur nombre, calculé conformément aux textes en vigueur, ne permet pas d'assurer une présence permanente de ce personnel, l'employeur prend, après avis du médecin du travail, les dispositions nécessaires pour assurer les premiers secours en cas d'accident. Ces dispositions sont consignées dans un document tenu à la disposition de l'inspecteur du travail du ressort.

SECTION 2 : LES MISSIONS DES SERVICES MÉDICAUX DU TRAVAIL

785. Les missions des services de santé au travail s'articulent autour de deux axes : la prévention des risques professionnels et l'amélioration des conditions de travail. Pour réaliser ces deux actions, les services de santé au travail assurent le suivi médical des salariés (**§ 1**), mènent des actions sur le milieu de travail pour étudier les conditions de travail, d'hygiène et de sécurité dans l'entreprise (**§ 2**).

§ 1 – Le suivi des salariés

786. Afin d'assurer le suivi médical des salariés, le médecin du travail, qui est la cheville ouvrière des services de santé au travail, doit faire passer plusieurs examens médicaux aux salariés. Ces examens permettent de recueillir des informations sur la santé des salariés et de faire le lien entre leur santé et leur situation de travail. Ce sont les examens d'aptitude à l'emploi (**A**), les examens d'aptitude à la reprise du travail (**B**), les examens complémentaires et les soins d'urgence (**C**).

A./ Les examens d'aptitude à l'emploi

787. Deux types d'examens sont pratiqués, l'un au moment de l'embauche, les autres en cours de contrat. Il s'agit de l'examen d'embauche (**1**) et de la visite périodique (**2**).

1. L'examen médical d'embauche

788. Tout salarié doit faire l'objet d'un examen médical au moment de son embauche. Cet examen qui a lieu avant l'entrée effective en entreprise, ou au plus tard avant la fin de la période d'essai qui suit son embauche, a pour but de :

- *rechercher si le salarié n'est pas atteint d'une affection dangereuse pour les autres travailleurs* ;
- *s'assurer qu'il est médicalement apte au poste de travail auquel le chef d'entreprise envisage de l'affecter ;*
- *proposer éventuellement les adaptations du poste ou l'affectation à d'autres postes.*

789. En pratique, l'examen médical d'embauche donne lieu à l'établissement d'une *fiche d'aptitude* destinée à l'employeur et qui doit être conservée afin d'être présentée à toute réquisition de l'inspecteur du travail ou du médecin-inspecteur du travail.[245] Il donne aussi lieu à la création d'un *dossier médical individuel et confidentiel* tenu par le médecin. Les dossiers médicaux individuels ne peuvent être communiqués qu'aux médecins-inspecteurs du travail.

2. La visite médicale périodique

790. Les travailleurs bénéficient d'un suivi individuel de leur état de santé. La visite médicale périodique permet de s'assurer que le salarié est toujours médicalement apte à son poste de travail. Les modalités du suivi périodique de l'état de santé des travailleurs sont déterminées en fonction des risques professionnels encourus, de l'âge, de l'état de santé, des conditions de travail.

791. Les visites périodiques ont lieu *au moins une fois par an.* Cependant, certains risques et travaux nécessitent une surveillance médicale spéciale, avec des visites plus fréquentes. C'est le cas pour les sujets exposés au plomb, au benzène, aux radiations ionisantes, etc. Il en est de même des salariés venant de changer de type d'activité, des handicapés, des femmes enceintes, des travailleurs de moins de 18 ans.

792. Dans plusieurs pays africains, les médecins du travail sont souvent peu attachés au principe de la visite annuelle systématique de tous les salariés, alors qu'elle est généralisée dans presque tous les pays européens. Or, la surveillance de tous les salariés est un dispositif essentiel dans la prévention des nuisances professionnelles. Elle représente en outre un moyen de lutte contre les grands facteurs de morbidité, de prévention et d'éducation sanitaire.

B./ Les visites médicales de reprise

793. Le salarié doit se soumettre à une visite médicale de reprise après une absence pour accident du travail, maladie professionnelle, congé de maternité, accident ou maladie non professionnel, et en cas d'absences répétées pour raison de santé.

---

[245] Thomas KAPP, « La contestation de l'avis du médecin du travail devant l'inspecteur du travail », *Dr. soc.*, février 2011, pp. 159 et s. ; « La contestation des avis du médecin du travail encadrée », *La Semaine juridique*, Éd. sociale n° 12, 20 mars 2012, p. 1117.

Cette visite doit avoir lieu lors de la reprise du travail et au plus tard dans un délai de huit jours.

794. L'examen de reprise *a pour seul objet d'apprécier les modifications éventuelles intervenues dans l'aptitude du salarié.* Il a pour but de prévoir les difficultés de remise au travail à la suite d'une maladie, d'une intervention chirurgicale et de leur apporter si possible une solution en temps utile.[246] Le médecin du travail informé avant le retour du salarié dans l'entreprise a ainsi plus de temps pour négocier et préparer un changement de poste ou un reclassement.

C./ Les examens complémentaires et les soins d'urgence

795. Les examens complémentaires sont l'ensemble des examens prescrits dans le cadre des visites médicales de santé au travail par le médecin du travail et destinés à l'aider à poser un diagnostic. Ces examens (consultation, examen biologique, imagerie, exploration fonctionnelle, etc.) sont, normalement, à la charge de l'employeur s'ils sont nécessaires à la détermination de l'aptitude médicale au poste de travail, au dépistage des maladies à caractère professionnel ou des maladies dangereuses pour les autres travailleurs.

796. Le médecin du travail doit dispenser aux travailleurs ainsi qu'aux membres de leurs familles les *soins d'urgence et de première nécessité* dans les locaux sanitaires de l'établissement.[247] Dans certaines industries à risques (chimiques par exemple), ce rôle est particulièrement important.

797. Par ailleurs, des vaccinations peuvent être pratiquées au service médical de l'entreprise avec l'accord de l'employeur, pour celles qui sont obligatoires du fait des conditions de travail.[248] Le service médical a également un rôle d'information, d'éducation sanitaire. Il participe aussi à des enquêtes épidémiologiques.

---

[246] Jean SAVATIER : – « La visite de reprise effectuée par le médecin du travail à l'issue d'une absence pour maladie ou accident du travail », *Dr. soc.*, 1997, pp. 4-9. – « Examen médical de reprise et obligation de reclassement de la victime d'un accident du travail », *Dr. soc.* 1999, pp. 8-12.

[247] Voir l'article 5 (j) de la Convention n° 161 de l'OIT de 1985, sur les services de santé au travail.

[248] Éric BEN-BRICK, « Aspects juridiques de la vaccination en médecine du travail », *Sécurité et médecine du travail*, 1998, numéro spécial, pp. 37-42. – Éric BEN-BRICK, A. DOMONT, « Aspects jurisprudentiels et réglementaires de la médecine du travail en 1998 », *Arch. mal. prof.*, 1999, n° 1, pp. 1-12.

798. Ces différents examens permettent, non seulement de proposer des mesures individuelles appropriées, mais aussi de recueillir des informations utiles pour l'action en milieu de travail.

§ 2 – Les actions sur le milieu du travail

799. Les services de santé au travail consacrent une partie de leurs activités à répertorier les expositions professionnelles, à définir les risques, à analyser l'organisation du travail et les postes de travail, à conseiller, informer et former. Ainsi, l'action sur le milieu de travail recouvre : les visites des lieux de travail (**A**), le conseil et la sensibilisation (**B**), les liaisons du médecin du travail dans et hors de l'entreprise (**C**).

A./ La visite des lieux de travail

800. Pour identifier les risques liés à l'activité des salariés, le médecin du travail doit connaître les lieux de travail (conditions, risques…). Il doit *avoir une connaissance approfondie de l'entreprise et de ses différents postes de travail* pour formuler un avis de compatibilité adapté au problème de santé éventuel d'un salarié examiné et proposer des aménagements de poste de travail.

À cet effet, les visites des lieux de travail ont pour but de mieux connaître la réalité du travail, de mettre à jour les contraintes excessives (effort physique, charge mentale, bruit, température, risque toxique, etc.), d'apporter des données objectives, qualitatives et si possible quantitatives, d'ordre médical pour servir de base à leur correction. Le médecin du travail doit systématiser ces visites qui comprennent, notamment, la visite des ateliers, des chantiers avec l'*étude des postes de travail,* des charges et des nuisances (ambiance de travail).

801. Normalement, l'initiative de la visite de locaux de travail revient au médecin du travail, car cela fait partie de son quotidien. Toutefois, il peut réaliser ces visites soit à la demande du chef d'entreprise, soit à la demande d'un salarié, soit à l'issue de l'examen médical systématique d'un membre du personnel ayant des problèmes de santé particuliers ou pour mener une enquête après un accident du travail.

802. Le médecin fait partie de *l'équipe ergonomique,* qu'il anime éventuellement. Cette ergonomie de correction doit être accompagnée, voire remplacée par l'*ergonomie de conception,* qui s'applique dès le stade de l'organisation du travail.

B./ Le conseil et la sensibilisation de divers acteurs

803. Le médecin du travail, qui anime le fonctionnement des services de santé au travail, a une mission de conseil et de sensibilisation auprès de divers acteurs de l'entreprise. Il est le *conseiller* de l'employeur, des salariés voire des représentants du personnel en matière d'hygiène, de sécurité et de conditions de travail. Il les conseille, notamment, sur l'amélioration des conditions de vie et de travail, l'adaptation des postes, des techniques et des rythmes de travail à la physiologie humaine, la protection des salariés contre l'ensemble des nuisances, l'hygiène générale de l'établissement ou des services de restauration.

804. Le médecin du travail apporte ses connaissances médicales à l'employeur afin qu'il assure le meilleur environnement professionnel au salarié. Il participe à la prévention et l'éducation sanitaire des salariés. Il doit sensibiliser le personnel et les responsables de l'entreprise sur des questions liées à la santé et à la sécurité au travail, notamment sur les gestes et postures à observer, sur certains facteurs de risques, etc.

Malheureusement, la mission des médecins du travail est souvent mal comprise par certains acteurs dans l'entreprise. Il est souvent peu consulté, on note un certain déficit de communication. Or, ce ne sont pas les sujets de consultation qui manquent : travaux d'aménagement des locaux, choix d'un mobilier ergonomique, etc. Cette situation constitue un frein à la mise en place et au suivi d'actions coordonnées en matière de prévention des risques professionnels dans les entreprises.

C./ Les liaisons du médecin du travail dans et hors de l'entreprise

805. Le médecin du travail exerce à l'intérieur d'une collectivité qui est l'entreprise. Il entretient, plus spécialement, des rapports avec le service du personnel, le comité d'hygiène et de sécurité au travail, l'encadrement, les délégués syndicaux et du personnel, le service social, le service environnement, etc. L'efficacité de cette action est toutefois, conditionnée par sa place dans l'organigramme de l'entreprise.

806. Le médecin du travail joue un *rôle administratif.* Il en est ainsi de la tenue des dossiers médicaux et de divers registres. Il doit établir et mettre à jour une fiche d'entreprise sur laquelle figure, notamment, les risques professionnels et les effectifs de salariés qui y sont exposés. En pratique, cette fiche est transmise à l'employeur et présentée au comité de santé et de sécurité au travail. Le médecin du travail doit également établir un rapport annuel d'activité pour les entreprises dont il a la charge.

807. Le médecin du travail entretient également des liens avec le médecin traitant du travailleur. Le médecin du travail qui constate, au cours d'un examen, un état pathologique d'origine non professionnelle, oriente le salarié vers son médecin traitant, en lui remettant une lettre à son intention. Le respect du libre choix du malade, parfois difficile, est un principe fondamental.

Le médecin traitant, pour sa part, peut attirer l'attention du médecin du travail sur l'existence chez un salarié d'anomalies qui pourraient être dues à un risque professionnel, et lui demander son avis sur l'existence de ce risque. Il peut également renseigner le médecin du travail sur un état de maladie récent de son patient et attirer son attention sur les conséquences éventuelles sur l'emploi.

808. Les relations entre médecin du travail et médecin traitant obéissent à deux règles :

- *l'une est essentielle* : le respect du secret médical. Il ne faut pas perdre de vue que ce secret est institué dans l'intérêt du malade et que, presque toujours, des indications utiles peuvent être transmises par son intermédiaire.
- *l'autre est de bon sens* : le médecin du travail connaît les conditions de travail et le médecin traitant connaît et suit son patient. L'un et l'autre n'ont aucun intérêt à s'ignorer. La délivrance d'un certificat médical concernant l'aptitude, par le médecin traitant lui-même, est inutile, souvent inadéquate, parfois néfaste et de plus sans valeur réglementaire.[249]

Pour être complet, on peut signaler les relations que le médecin du travail entretient avec les médecins conseils de la Caisse de sécurité sociale ou des compagnies d'assurances.

SECTION 3 : LES PRESTATIONS DES ORGANISMES DE PRISE EN CHARGE DU RISQUE MALADIE

809. Les prestations sont hétérogènes et varient d'un organisme à l'autre, même s'il existe un socle commun en matière de couverture. Les mutuelles et les sociétés d'assurance offrent

---

[249] Jean SAVATIER, « Médecin traitant, médecin conseil et médecin du travail : incidences de leurs avis sur la suspension et la rupture du contrat de travail », *Dr. soc.*, 1999, pp. 562-565.

des prestations (**§ 2**) qui sont complémentaires à celles du régime de base de l'IPM (**§ 1**) qui sont obligatoires[250].

§ 1 – Les prestations servies par les institutions de prévoyance maladie

810. Les IPM assurent la prise en charge partielle des frais médicaux, pharmaceutiques et d'hospitalisation engagés par les membres bénéficiaires de l'institution, dans les conditions fixées par la *loi n° 75-50 du 3 avril 1975*, les statuts et règlement intérieur. Ces textes précisent les types de prestations prises en charge (**A**) ainsi que leurs modalités de règlement (**B**).

A./ Les types de prestations garanties

811. Le régime de prévoyance-maladie obligatoire des IPM ne couvre pas toutes les prestations (**2**). La liste des rubriques des prestations prises en charge est fixée par arrêté (**1**).

1. La liste des rubriques des prestations prises en charge

812. Un arrêté conjoint du Ministre chargé de la Sécurité sociale, du Ministre chargé de la Santé publique et du Ministre chargé des Finances définit la liste des rubriques de prestations partiellement prises en charge par les IPM. Cet arrêté définit aussi la fourchette dans laquelle doivent s'insérer les taux de prise en charge desdites prestations.[251]

813. Les prestations sont prises en charge dans les conditions fixées par le règlement intérieur de chaque institution. La liste des rubriques de prestations partiellement prises en charge et des forfaits est établie comme suit :

- les consultations de médecine générale et de médecine spécialisée ;
- les analyses, radios, médicaments prescrits sur ordonnance médicale ;
- les soins conservateurs, ou extractions dentaires ;
- les accouchements ;

---

[250] Suivant l'article 2 du décret n° 2012-832 du 7 août 2012, la souscription à tout autre régime de prise en charge du risque maladie au profit des travailleurs ne peut être que complémentaire au régime de base de l'IPM.

[251] Arrêté Ministériel n° 2159/MFPTRI/DGTSS/DPS en date du 18 février 2013 fixant les modèles types de statuts et de règlement intérieur des Institutions de Prévoyance Maladie, JORS n° 6742 du samedi 3 août 2013.

- l'optique médicale ;
- les transports aller-retour pour une hospitalisation dans l'établissement hospitalier le plus proche du domicile ;
- l'hospitalisation chirurgicale et médicale.

814. Certains soins sont à prise en charge facultative. Il en est ainsi des soins suivants :

- les soins dentaires prothétiques :
- les appareils orthopédiques ;
- les soins de massage ou de kinésithérapie prescrits par un médecin ;
- les actes de radiologie coûteux (Imagerie par résonance magnétique...).

815. Le médecin conseil de l'Institution de Coordination de l'Assurance Maladie obligatoire peut être amené à se prononcer, *a priori* ou *a posteriori*, sur le caractère médicalement justifié des prestations partiellement prises en charge et des forfaits. L'avis du médecin conseil s'impose à l'IPM. Tous les actes donnant lieu à une prise en charge doivent être présentés à l'institution dans un délai maximum de 30 jours à partir de la date d'établissement.

2. Les prestations exclus de la prise en charge

816. Certaines fournitures et services sont exclus de la prise en charge. La liste des fournitures et services qui ne donnent pas lieu à la prise en charge par les IPM, est établie ainsi qu'il suit :

- les médicaments, dits de confort, qui n'ont pas un caractère thérapeutique avéré ;
- les massages, les séances de rééducation, de diathermie ou d'hydrothérapie ;
- les objets à usage médical (thermomètres, seringues ...) ;
- la chirurgie esthétique ou de rajeunissement ;
- les opérations ayant pour but de remédier à une infirmité ou à une malformation congénitale sauf pour les enfants jusqu'à l'âge de 15 ans au maximum ;
- les soins de pédicure et de manucure ;
- la gymnastique corrective.

817. De même, aucune prise en charge de prestations n'est due par les IPM dans les cas suivants :

- accident du travail ou maladie professionnelle tels qu'ils sont définis par le Code de la sécurité sociale[252] ;

---

[252] Dans ce cas, la prise en charge est assurée par la Caisse de sécurité sociale.

- suicide ou tentative de suicide[253] ;
- mutilation volontaire ;
- rixe ou émeute ;
- dommage corporel résultant d'un acte sportif quelconque ;
- non-paiement de la cotisation mensuelle pendant deux mois, et plus généralement, de toutes sommes dues à l'Institution de prévoyance maladie par le participant.

B./ Le règlement des prestations

818. Le règlement des prestations est soumis à certaines conditions. Il intervient sur la base des taux de prise en charge (**1**) et respecte un certain formalisme (**2**).

1. Le taux de prise en charge des prestations

819. Les taux de prise en charge partielle des frais de maladie sont déterminés par le règlement intérieur[254]. Ils doivent garantir aux travailleurs les mêmes droits en matière de prévoyance maladie. Les taux de prise en charge peuvent varier en hausse ou en baisse en fonction des résultats enregistrés, dans la limite des plafonds réglementaires

820. La fourchette dans laquelle doivent s'insérer les taux de prise en charge partielle des prestations, est fixée de 50 à 80% du montant desdites prestations.[255] Il s'agit des prestations figurant sur la liste énumérée par l'article 2 de l'arrêté ministériel n° 2159/MFPTRI/DGTSS/DPS du 18 février 2013.

821. Le *taux maximum de la cotisation globale due aux IPM,* à répartir entre le travailleur et l'employeur, *est fixé à 15 %.* Le

---

[253] Le suicide, ce meurtre de soi-même, semble rebelle à toute idée de mutualisation par l'assurance des risques liés à la vie humaine. – Philippe PIERRE, « Suicide et assurance », *Revue juridique de l'Ouest*, 1998-2, pp. 149-162. – Georges LEVASSEUR, « Le suicide en droit pénal », in *Le suicide*, ouvrage collectif sous la direction de François TERRE, PUF 1994, p. 123.

[254] Article 19 du décret n° 2012-832 du 7 août 2012, portant organisation et fonctionnement des institutions de prévoyance-maladie (IPM) d'entreprises ou interentreprises.

[255] Pendant la première année suivant la date d'entrée en vigueur de cet arrêté, le conseil d'administration de chaque institution pouvait, en fonction des résultats, modifier le règlement intérieur pour faire varier les taux de prise en charge partielle des prestations à l'intérieur de ladite fourchette en vue de maintenir l'équilibre financier de l'institution.

plafond de salaire mensuel au-delà duquel les cotisations ne sont pas dues *est fixé à 250.000 francs CFA.*[256]

2. Les modalités de règlement des frais

822. En vue de permettre le règlement des prestations générées par la maladie ou l'accident, le bénéficiaire utilise pour les consultations, des feuilles de maladie mises à sa disposition par l'institution. Il laisse cette feuille au médecin qui l'adresse directement à l'institution, après service effectué, pour en obtenir le règlement. Les quotes-parts à la charge de l'institution et par différence celles à la charge des participants sont fixées par le règlement intérieur de l'IPM.

823. Les Institutions de Prévoyance Maladie ne procèdent à aucune manipulation d'espèces, l'intégralité des règlements devant intervenir par chèques ou virements bancaires. Les opérations de règlements, par chèques ou par virements, s'effectuent sur présentation de justificatifs aux personnes habilitées à faire fonctionner les comptes bancaires, conformément aux statuts.

824. La perte du livret individuel de santé de tout participant doit être immédiatement déclarée à l'Institution de Prévoyance Maladie, sauf cas de force majeure. À défaut, toute utilisation frauduleuse de ce livret sera mise à la charge du participant intéressé, avec les conséquences éventuelles.

§ 2 – Les prestations offertes par les mutuelles et les sociétés d'assurance

825. À l'instar de plusieurs pays africains, le Sénégal a fait le choix de promouvoir conjointement un système légal et un système communautaire d'assurance maladie. À côté du régime obligatoire contributif, se sont développés des régimes contributifs volontaires avec les mutuelles (**A**) et les sociétés d'assurances (**B**) dont il convient de préciser les prestations.

---

[256] Pendant la première année suivant l'entrée en vigueur de cet arrêté, le conseil d'administration peut faire varier, au règlement intérieur de chaque IPM, la cotisation globale à l'intérieur d'une fourchette allant de 4 à 15% des salaires plafonnés à 250.000 francs par mois, soit de 2 à 7,5 % à la charge de chacune des deux parties.

A./ Les mutuelles de santé

826. Les mutuelles de santé prennent une place de plus en plus importante, surtout dans le secteur informel, chez les étudiants et les ménages fragiles. Le système de santé s'appuie aujourd'hui sur les mutuelles de santé pour étendre la couverture maladie à l'ensemble de la population.[257]

827. Les mutuelles de santé sont des personnes morales qui ont pour mission, notamment de :

- assurer la prise en charge de tout ou partie des soins de santé ;
- assurer l'amélioration des conditions de santé de ses bénéficiaires ;
- faciliter l'accès pour tous à des soins de santé de qualité ;
- stimuler l'amélioration de la qualité des soins ;
- participer aux activités de promotion et d'éducation á la santé ;
- promouvoir et de développer leurs propres services de santé.

Les garanties varient suivant les types de mutuelle. En général, ce sont les soins de base qui sont privilégiés, surtout dans les mutuelles communautaires.

828. Les adhérents ont droit aux prestations accordées par la mutuelle de santé. Le droit aux prestations prend effet dans un délai de six mois après le paiement effectif des cotisations. Le règlement intérieur précise les modalités de prise en charge des prestations accordées aux ayants-droit des membres décédés.

829. Une mutuelle de santé est l'un des moyens les plus efficace et sûr pour l'État de pouvoir aider tous les sénégalais en ce qui concerne la santé avec la politique de l'instauration de la couverture maladie universelle (CMU). Les niveaux de couverture et les types de garanties sont plus avantageux et diversifiés que certaines offres des sociétés d'assurances.

B./ Les sociétés d'assurance

830. Au Sénégal, comme dans plusieurs pays africains, le système de couverture du risque maladie est un système mixte qui combine une couverture publique et une couverture privée. Il

---

[257] Oumar Ouattara et Pascal Ndiaye, *Potentiel des mutuelles de santé à la mise en œuvre de la Couverture Maladie Universelle au Mali et au Sénégal*, Rapport, MASMUT - UEMOA 2017, p. 46.

convient d'indiquer les prestations prises en charge (**1**) ainsi que leurs modalités de règlement (**2**).

1. Les prestations garanties

831. Les sociétés d'assurance occupent une place dans la couverture du risque maladie. Celles-ci offrent une couverture sociale orientée, en général, vers les membres des professions libérales, les commerçants, les industriels ou les particuliers qui ont un niveau de revenus assez suffisant pour souscrire à la police d'assurance.

832. L'assurance privée offre la possibilité de souscrire une couverture sociale plus complète. Elle couvre les risques de maladies ou accidents, et la maternité. Elle peut être étendue à l'invalidité ou au décès.

833. Les sociétés d'assurance peuvent garantir plusieurs types de prestations. Au titre de l'assurance maladie, elles peuvent garantir les frais médicaux, les frais pharmaceutiques, les frais de laboratoire, les frais de radiologie, les frais dentaires, les frais d'optique, les frais liés à la maternité, les frais de traitement préventifs, etc.

Elles peuvent également assurer la prise en charge des frais de transport médicalisé, d'évacuation sanitaire ou de rapatriement. De même, elles peuvent assurer la prise en charge accessoire des indemnités consécutives à une invalidité, un décès.

834. En recourant à l'assurance privée, les souscripteurs qui appartiennent à une classe plus ou moins aisée, recherchent un meilleur niveau de couverture.[258] Cela pose d'ailleurs la problématique de l'égalité d'accès aux soins.[259] En effet, cette situation accroît les inégalités entre les individus qui disposent les moyens de recourir à une assurance privée complémentaire et ceux qui n'en disposent pas.

2. Le règlement des frais de soins

835. De manière générale, l'assurance maladie privée prend en charge les frais médicaux occasionnés par la maladie, l'accident ou la maternité. On recense plusieurs modalités de prise en

---

[258] Jean-Pierre MOREAU, « L'assurance privée dans la couverture du risque maladie », *in Risques*, n° 21, janvier-mars 1995, p. 90.

[259] Jean DE KERVASDOUE, « L'assurance santé complémentaire : le piège et comment s'en sortir », *in Risques*, n° 21, janvier-mars 1995, p. 111.

charge : le régime de remboursement classique, le régime du tiers payant et le régime de remboursement de l'intégralité du ticket modérateur.[260]

836. Le remboursement des frais de traitement nécessités par un accident, une maladie ou une maternité se fait sur présentation de pièces justificatives. Ce sont, notamment, les reçus de frais de consultation, d'analyse de laboratoire, les tickets de caisse, etc.

---

[260] Voir supra n° 746.

DEUXIÈME PARTIE :

LE RÉGIME DE PROTECTION SOCIALE DES FONCTIONNAIRES ET DES COUCHES SOCIALES VULNÉRABLES

837. Dans le langage courant, le mot fonctionnaire désigne l'ensemble du personnel de l'administration, toute personne travaillant dans un service de l'administration. Selon le droit administratif, la notion de fonctionnaire, dégagée par la jurisprudence avant d'être consacrée par les textes législatifs, est beaucoup plus précise et restrictive. Les fonctionnaires ne représentent qu'une partie du personnel de l'administration qui emploie des agents publics titulaires (fonctionnaires et autres catégories) et des agents non titulaires (auxiliaires, agents contractuels, vacataires, volontaires).[261]

838. Les fonctionnaires ne dépendent pas du régime général de la protection sociale des travailleurs du secteur privé. Le régime de la sécurité sociale des fonctionnaires s'applique aux fonctionnaires au sens de la loi n° 61-33 du 15 juin 1961. Suivant l'article 1er de cette loi, *sont fonctionnaires les personnes nommées dans un emploi permanent et titularisées dans un grade de la hiérarchie des corps du Sénégal.*

839. Les fonctionnaires bénéficient d'un régime particulier. Ce régime a un double objectif. Il vise, d'une part, à prendre en charge une part des frais de soins des assurés sociaux et de leurs familles et, d'autre part, leur verser un revenu de remplacement s'ils sont contraints de cesser temporairement leur activité en raison d'une maladie ou d'un accident non professionnel. Les prestations sont financées par le budget de l'État.

840. Au fur et à mesure de son extension, le régime de protection sociale a été amené à intégrer dans sa couverture des populations qui ne sont ni les salariées du secteur privé, ni les fonctionnaires de l'État encore moins les agents contractuels de l'État. Il s'agit des personnes vulnérables. Ce sont des personnes qui ne sont plus en mesure de pourvoir seules à leurs intérêts en raison, notamment, de leur âge, de leur santé, de leur handicap

---

[261] Voir la loi n° 61-33 du 15 juin 1961 relative au statut général des fonctionnaires (JORS n° 3458 du 22 juin 1961, p. 913), modifiée et complétée à plusieurs reprises, notamment par les lois n° 68-01 du 4 janvier 1968 (JORS n° 3937 du 20 janvier 1968, p. 43), n° 71-31 du 12 mars 1971 (JORS n° 4154 du 22 mars 1971, p. 302), n° 97-14 du 7 juillet 1997 et n° 2015-8 du 13 avril 2015. *Adde*, Loi n° 90-02 du 2 janvier 1990 instituant un dispositif d'incitation au départ volontaire des agents de l'État et modifiant certaines dispositions de la loi n° 61-33 du 15 juin 1961 relative au statut général des fonctionnaires (JORS n° 5327 du 13 janvier 1990, pp. 57-58).

ou de leur précarité économique. Ces personnes méritent aussi d'être protégées.

841. Sous le bénéfice de ce qui précède, il convient, dans un premier temps, de présenter le régime de la protection sociale des fonctionnaires. Ce régime qui comprend trois branches de risques (les prestations familiales, la maladie et la vieillesse) est appréhendé à travers la couverture des risques famille et maladie (**chapitre 1**) et du risque vieillesse (**chapitre 2**). Ensuite, des développements seront consacrés à la couverture sociale des couches sociales vulnérables (**chapitre 3**).

CHAPITRE 1 :

LA COUVERTURE DES RISQUES FAMILLE ET MALADIE DES FONCTIONNAIRES

842. Les fonctionnaires bénéficient, à l'instar des salariés du secteur privé, d'une protection sociale contre les risques famille et maladie. Le risque famille renvoie aux prestations familiales qui sont des suppléments de traitement destinés à aider le fonctionnaire à supporter certaines charges de famille. Par ailleurs, le fonctionnaire peut être victime d'un accident ou d'une maladie invalidante qui peut même conduire au décès. À cet effet, le risque maladie doit être considéré dans son sens large. Il s'étend ici à la couverture des risques invalidité et décès.

843. Sous ce rapport, il convient d'abord de présenter les prestations familiales dont bénéficient les fonctionnaires au titre de la couverture du risque famille (**section 1**). Ensuite, il sera examiné la protection des fonctionnaires contre les risques maladie, invalidité et décès (**section 2**).

SECTION 1 : LES PRESTATIONS FAMILIALES

844. Dans les comptes de la protection sociale, les fonctionnaires, en contrepartie de leurs devoirs et obligations, bénéficient d'avantages professionnels et sociaux. Différentes prestations sont servies aux fonctionnaires au titre des prestations familiales. Ce sont les prestations à l'occasion de la maternité (**§ 1**) et les suppléments pour charge de famille (**§ 2**).

§ 1 – La maternité

845. Pendant la grossesse, la femme fonctionnaire bénéficie d'un congé de maternité (**A**), période de suspension du contrat de travail. Elle bénéficie également d'un repos pour allaitement (**B**) à l'occasion de son accouchement.[262]

---

[262] Voir les articles 57-40 de la loi n° 61-33 du 15 juin 1961 et 29 du décret n° 63-116 du 19 février 1963 relatif au régime des congés, permissions et autorisations d'absence des fonctionnaires (JORS n° 3951 du 30 mars 1963, p. 461).

A./ Le congé de maternité

846. Le congé de maternité est ouvert aux fonctionnaires, aux stagiaires ainsi qu'aux agents non titulaires (ayant au moins six mois de services) en activité. Il est accordé pour une certaine durée (**1**) et confère des droits à son bénéficiaire (**2**).

1. La durée du congé de maternité

847. Le congé de maternité est une mesure de protection de la femme et de l'enfant.[263] Il se compose d'un congé prénatal et d'un congé postnatal. Il est de quatorze semaines, dont six avant la date présumée de l'accouchement et huit après la délivrance. En application de l'article 29 du décret du 19 février 1963 relatif au régime des congés, permissions et autorisations d'absence des fonctionnaires, le congé prénatal est au maximum de six semaines.

848. Des congés supplémentaires sont prévus si à l'expiration du délai de huit semaines qui suit l'accouchement, la femme n'est pas en état de reprendre ses fonctions. Dans ce cas, elle est placée en position de congé maladie sur présentation d'un certificat médical. Dans tous les cas, dans un délai de 15 jours après l'accouchement, l'intéressée doit fournir un certificat médical indiquant la date exacte de l'accouchement.

Lorsque l'accouchement a lieu après la date qui était présumée, le congé pris antérieurement est, dans tous les cas, prolongé jusqu'à la date effective. La durée du congé à prendre obligatoirement après l'accouchement (huit semaines) ne sera pas réduite.

849. Le congé de maternité est accordé sur présentation du certificat médical fixant la date présumée de l'accouchement et du certificat médical de la date d'accouchement. Par conséquent, pour bénéficier du congé de maternité, la femme fonctionnaire doit adresser une demande signée au ministre de tutelle et un certificat médical indiquant la date présumée de l'accouchement.

---

[263] Henri Joël TAGUM FOMBENO, *Santé et sécurité au travail en Afrique – Aspects juridiques et pratiques*, op. cit., p. 74 et s.

2. Les droits de la femme durant le congé de maternité

850. Les droits de la femme fonctionnaire sont relatifs à la rémunération et à sa situation administrative. La rémunération est maintenue pendant toute la période du congé de maternité. La femme fonctionnaire bénéficie de l'intégralité de sa rémunération.

S'agissant du régime indemnitaire, les primes liées à l'exercice effectif des fonctions sont, comme pour la maladie, supprimées sauf délibération contraire. Il en est ainsi de l'indemnité de résidence, des indemnités de frais, de sujétion ou de risque.

851. Le congé de maternité est pris en compte pour l'avancement de grade et d'échelon. Il est considéré comme une période d'activité pour la retraite et n'a aucune incidence sur la notation. L'agent conserve également son droit à congé annuel.

852. Il est interdit de licencier une femme pendant sa grossesse, le congé de maternité, ou pendant une période suivant son retour de congé, sauf pour des motifs sans lien avec la grossesse, la naissance de l'enfant et ses suites ou l'allaitement. La charge de prouver que les motifs du licenciement sont sans rapport avec la grossesse, la naissance de l'enfant et ses suites ou l'allaitement incombe à l'employeur.

B./ Le repos allaitement

853. Pendant la période de quinze mois qui suit la naissance de l'enfant, la mère a droit à des repos pour l'allaitement. La durée totale de ces repos ne peut dépasser une heure par jour de travail. La mère peut, pendant cette période, quitter son travail sans préavis et sans avoir, de ce fait, à payer une indemnité de rupture.

854. Pour être complet, il convient de souligner que le Sénégal a ratifié la Convention n° 183 de l'OIT sur la protection de la maternité, adoptée le 15 juin 2000.[264] Cette Convention prévoit en son article 10 que la femme a droit à une ou plusieurs pauses quotidiennes ou à une réduction journalière de la durée du travail pour allaiter son enfant. Ces pauses ou la réduction journalière du temps de travail doivent être comptées comme temps de travail et rémunérées en conséquence.

---

[264] Loi n° 2015-15 du 6 juillet 2015 (JORS n° 6861 du samedi 18 juillet 2015). Toujours suivant cette Convention, à l'issue du congé de maternité, la femme doit être assurée, lorsqu'elle reprend le travail, de retrouver le même poste ou un poste équivalent rémunéré au même taux.

§ 2 – Les suppléments pour charge de famille

855. Au traitement du fonctionnaire, s'ajoutent certaines indemnités pour charge de famille : allocations de premier établissement familial, allocations familiales, primes aux premiers âges, allocations de salaire unique et suppléments familiaux de traitement.[265] On peut les regrouper en allocations (**A**), primes et suppléments (**B**).

A./ Les allocations

856. Sous cette rubrique, on peut ranger l'allocation de premier établissement familial et l'allocation de salaire unique (**1**), mais aussi les allocations familiales (**3**).

1. Les allocations de premier établissement familial et de salaire unique

857. L'*allocation de premier établissement* est une allocation forfaitaire dont le taux est fixé annuellement. Elle est allouée durant les deux années suivant le premier mariage du fonctionnaire.

858. L'*allocation de salaire unique* est allouée aux familles, ménages ou fonctionnaires qui ne bénéficient que d'un seul revenu professionnel provenant de l'exercice de leurs fonctions. Il en est ainsi lorsqu'il n'y a qu'un salaire dans le ménage. Elle est versée à partir du premier enfant à charge. Le taux de l'allocation de salaire unique est fixé suivant le nombre d'enfants à charge et leur âge.

2. Les allocations familiales

859. Les allocations familiales sont allouées aux familles ayant au moins deux enfants à charge. Par conséquent, lorsque le fonctionnaire n'a qu'un enfant à charge, l'allocation n'est pas due. Sont considérés comme enfants à charge : les enfants légitimes, les enfants naturels reconnus et les enfants adoptifs.

860. Les allocations familiales sont servies jusqu'à l'âge de 17 ans pour l'enfant placé en apprentissage et jusqu'à l'âge de 20 ans

---

[265] L'éducation et l'entretien des enfants représentent une charge. Le partage de cette charge entre les parents et la collectivité dépend de la conception que se fait la société du rôle de la famille et du statut de l'enfant. Deux grandes conceptions existent : la conception individualiste et la conception familialiste.

si l'enfant poursuit des études ou s'il est atteint d'une infirmité ou d'une maladie incurable l'empêchant d'exercer une activité salariée.[266] Dans ce dernier cas, l'octroi des allocations est subordonné à la production d'un certificat médical attestant de l'infirmité ou de la maladie.

B./ Les primes et suppléments de traitement

861. Dans la rubrique des suppléments familiaux de traitement, on retrouve aussi les primes aux premiers âges (**A**) et le supplément familial de traitement (**B**).

1. Les primes aux premiers âges

862. Les primes de premier et de deuxième âge sont alloués pendant les deux premières années de l'enfant. Cette prime qui est prévue pour les enfants ayant droit aux allocations familiales est due lors du premier anniversaire et du deuxième anniversaire de l'enfant. Le montant de chacune de ces primes (premier et deuxième âge) est fixé forfaitairement.

2. Le supplément familial de traitement

863. Le supplément familial de traitement est un complément de traitement versé au fonctionnaire en raison de sa situation de famille. Il comprend une part fixe et une part variable proportionnelle au traitement du fonctionnaire.

864. Le supplément familial de traitement est calculé au prorata du nombre d'enfants à la charge du fonctionnaire et sur la base de l'indice de traitement du fonctionnaire. La partie variable du supplément familial de traitement représente un pourcentage du traitement et dépend de l'indice du fonctionnaire. Par conséquent, le montant du supplément familial de traitement varie en fonction du nombre d'enfants à charge de l'agent.

---

[266] Les allocations familiales s'élèvent à 1 821 FCFA pour chaque enfant jusqu'au 6ème enfant. À partir du 7ème enfant, le montant mensuel par enfant est diminué à 1 721 FCFA, soit 17 210 FCFA par mois pour une famille de 10 enfants. À partir du deuxième enfant, un supplément familial de traitement est calculé sur la base de l'indice du fonctionnaire. À partir du deuxième enfant ayant plus de 10 ans, une majoration pour enfant de plus de 10 ans s'élève à 260 FCFA par enfant.

SECTION 2 : LA PROTECTION CONTRE LES RISQUES MALADIE, INVALIDITÉ ET DÉCÈS

865. Le Statut de la fonction publique assure les risques liés aux maladies dont les fonctionnaires en sont victimes. Ce Statut est complété par plusieurs textes d'application[267]. La protection concerne, d'une part, le risque maladie (**§ 1**) et, d'autre part, les risques invalidité et décès (**§ 2**).

§ 1 – Le risque maladie

866. L'état de santé du fonctionnaire peut le conduire à demander le bénéfice de différents congés pour raison de santé. Les conditions d'attribution de ces congés varient suivant qu'il s'agit d'une maladie courte (**A**) ou de longue maladie (**B**).

A./ La maladie de courte durée

867. En cas de maladie de courte durée, le fonctionnaire bénéficie de certaines prestations médicales (**1**). Il peut aussi solliciter un congé maladie (**2**).

1. Les prestations médicales

868. Certaines prestations médicales sont remboursées. Ce sont les prestations découlant des consultations et soins (**a**) et de l'hospitalisation (**b**).

a) Les consultations et soins

869. En cas de maladie, le fonctionnaire doit se faire consulter et soigner gratuitement dans les centres médicaux sociaux et dans les formations sanitaires, autres que les hôpitaux. Dans les hôpitaux, les consultations et les soins sont à la charge de l'État dans la limite de 80 % du tarif en vigueur dans ces établissements. Le bénéficiaire de la couverture médicale prend en charge les 20 % restants.

---

[267] Voir not. : – Décret n° 63-0116 du 19 février 1963 relatif au régime des congés, permissions et autorisations d'absences des fonctionnaires. – Décret n° 72-215 du 7 mars 1972 relatif à la sécurité sociale des fonctionnaires.

b) L'hospitalisation

870. En cas d'hospitalisation[268] du fonctionnaire ou d'un membre de sa famille dans une formation hospitalière, les frais d'hospitalisation sont à la charge de l'État dans la limite d'une participation fixée à 80 % du tarif en vigueur dans ces formations sanitaires. Les 20 % restants sont à la charge du fonctionnaire.

871. Le fonctionnaire malade, ainsi que les membres de sa famille, ne peuvent bénéficier d'une hospitalisation dans une formation sanitaire que *s'il est établi en leur faveur un billet d'hôpital.* En cas d'urgence, l'intéressé peut être admis avant l'établissement du billet d'hôpital. Les services financiers doivent préciser l'imputation budgétaire et la catégorie d'hospitalisation.[269] La différence qui pourra exister entre la catégorie réelle d'hospitalisation et celle prévue par la réglementation en vigueur reste à la charge de l'intéressé, c'est-à-dire du fonctionnaire.

Les fonctionnaires nommés aux fonctions de gouverneurs de région, adjoints aux gouverneurs de région, préfets de département, adjoints aux préfets de département ainsi que les fonctionnaires assurant l'intérim desdites fonctions bénéficieront, quel que soit leur indice de grade, du classement en première catégorie en ce qui concerne l'hospitalisation. Les membres de leur famille bénéficieront du même classement.

2. Le congé de maladie

872. Le congé de maladie est accordé au fonctionnaire atteint d'une maladie l'empêchant d'exercer ses fonctions. Il convient de préciser les conditions d'ouverture (**a**) et le régime (**b**) de congé.

a) L'ouverture du congé de maladie

873. En cas de maladie dûment constatée le mettant dans l'impossibilité d'exercer ses fonctions, le fonctionnaire est de droit mis en congé de maladie, s'il en fait la demande. La demande du

---

[268] L'hospitalisation est l'admission d'un patient dans un centre hospitalier. Il devient ainsi le patient d'un hôpital public ou d'une clinique.

[269] En ce qui concerne la catégorie d'hospitalisation, se rapporter aux articles 6 et 8 du décret n° 72-215 du 7 mars 1972, relatif à la sécurité sociale des fonctionnaires. Le décret fait référence à trois catégories d'hospitalisation : les catégories I, II et III.

fonctionnaire doit être accompagnée d'un certificat de son médecin traitant ou d'un médecin de l'administration. La même procédure doit être suivie pour obtenir le renouvellement du congé de maladie.

874. En cas de doute sur l'état de santé du fonctionnaire, l'administration peut faire procéder à une contre-visite médicale de celui-ci, par un de ses médecins assermentés. Cette contre-visite peut se faire, soit à la réception de la demande de congé, soit à l'expiration de chaque période de congé maladie. Les conclusions de cet examen sont portées à la connaissance du conseil de santé, soit par l'administration, soit par l'intéressé. Ce dernier dispose la possibilité de faire entendre le médecin de son choix par cette institution.

875. La durée du congé maladie est en principe de six mois. Le fonctionnaire en congé de maladie conserve l'intégralité de son traitement pendant une durée de trois mois. Ce traitement est réduit de moitié pendant les trois mois suivants. Le fonctionnaire conserve en outre ses droits à la totalité des suppléments pour charges de famille.

b) Le régime du congé de maladie

876. Le fonctionnaire qui a obtenu pendant une période de douze mois consécutifs des congés de maladie d'une durée totale de six mois, et qui ne peut, à l'expiration de son dernier congé reprendre service, est, s'il est reconnu définitivement inapte, soit mis en disponibilité d'office, soit admis à la retraite s'il le demande. Toutefois, il est maintenu au fonctionnaire l'intégralité de son traitement jusqu'à ce qu'il soit en état de reprendre son service ou jusqu'à la retraite si la maladie :

- résulte d'un acte de dévouement dans l'intérêt public ;
- a été contractée par le fonctionnaire alors qu'il exposait sa vie pour sauver celle d'autrui ;
- résulte d'une lutte soutenue ou d'un attentat subi à l'occasion de ses fonctions ou d'un accident survenu à l'occasion de l'exercice de ses fonctions.

877. Lorsque l'état de santé d'un fonctionnaire exige, de l'avis du conseil de santé, un traitement ne pouvant être suivi que dans une formation hospitalière spécialisée, déterminée, d'un pays étranger, il peut être accordé à ce fonctionnaire un congé de maladie assorti de la permission de quitter à cet effet le territoire national étant entendu que les cures sont exclues. Cette autorisation est soumise à l'accord préalable du Chef du Gouvernement et du Ministre des finances.[270]

Les frais de voyage et d'hospitalisation sont à la charge du budget de l'État. L'intéressé subit les retenues d'hôpital dans la limite des tarifs en vigueur au Sénégal.

878. Lorsque l'état de santé du fonctionnaire présente une certaine gravité justifiant sa mise en route en urgence, le Conseil de santé peut en saisir directement et sans délai, le Ministre de la santé à qui il appartiendra de procéder immédiatement à la mise en route s'il la juge nécessaire. Dans ce cas, le Ministre de la Santé informe sans délai le Chef de Gouvernement et transmet le dossier, pour régularisation, au ministre dont relève le fonctionnaire intéressé.

B./ La maladie de longue durée

879. Le congé de longue durée est accordé aux fonctionnaires atteints d'une maladie grave. Il convient de préciser les conditions d'octroi de ce congé (**a**) et son régime (**b**).

1. Les conditions d'octroi du congé de longue durée

880. Pour obtenir un congé de longue durée, il faut être atteint d'une maladie prévue par les textes (**a**) et en faire une demande (**b**).

a) La liste des affections concernées

881. Le fonctionnaire en position d'activité ou de détachement a droit au congé de longue maladie lorsqu'il est constaté que la maladie le met dans l'impossibilité d'exercer ses fonctions, rend nécessaire un traitement et des soins prolongés et présente un caractère invalidant et de gravité confirmée.

La liste des affections susceptibles d'ouvrir droit au congé de longue durée est fixée par l'article 9 du décret n° 72-215 du 7 mars 1972 relatif à la sécurité sociale des fonctionnaires. Il s'agit des affectations suivantes : tuberculose, maladie mentale, affection cancéreuse, poliomyélite, lèpre, trypanosomiase, cardiopathie décompensée, néphrite chronique hypertensive ou urénigène

---

[270] Article 13 de décret n° 63-0116 MFPT du 19 février 1963 relatif au régime des congés, permissions et autorisations d'absence des fonctionnaires.

grave, complications paralytiques graves, affections nerveuses ou cérébro-méningées.

882. Le législateur n'a pas précisé s'il s'agit d'une liste limitative. Par conséquent, si le congé est demandé pour une affection qui n'est pas inscrite sur la liste, il ne peut, en principe, être accordé.

b) La demande de congé de longue durée

883. Pour obtenir un congé de longue durée, le fonctionnaire doit adresser à son administration une demande, accompagnée d'un certificat du médecin traitant. En pratique, le fonctionnaire en position d'activité ou de détachement doit adresser à son chef de service une demande appuyée d'un certificat médical spécifiant qu'il est susceptible de bénéficier d'un congé de maladie de longue durée. Cette demande peut également être formulée par le représentant légal du fonctionnaire si celui-ci se trouve placé sous un des régimes de protection des incapables[271].

Le médecin traitant communique directement au président du conseil de santé, un résumé succinct de ses observations ainsi que les documents propres à justifier la mesure sollicitée. Le président du conseil de santé fait alors procéder à la contre-visite du fonctionnaire par un médecin assermenté compétent pour l'affection en cause. Le chef de service peut provoquer cet examen médical sur la base d'une attestation médicale ou d'un rapport des supérieurs du fonctionnaire malade.

C'est à l'issue de cette contre-visite que le conseil rend un avis qui est transmis au Ministre dont relève le fonctionnaire intéressé en lui proposant une durée de congé. Pour cela, il faut, bien évidemment, que les conclusions de la contre-visite confirment celles du médecin traitant. En cas de contestation par le fonctionnaire de ces résultats, le médecin qui a procédé à la contre-visite peut être entendu par le conseil de santé s'il ne siège pas en son sein. Le fonctionnaire peut également faire entendre le médecin de son choix.

2. Le régime du congé de longue durée

884. Le régime renvoie à la durée (**a**), à la rémunération (**b**) et à la fin (**c**) du congé de longue durée.

---

[271] Le Code de la famille en ses articles 345 et suivants distingue trois régimes de protection : la tutelle, la curatelle et la sauvegarde de la justice.

a) La durée du congé de longue durée

885. Un congé de longue durée ne peut être accordé pour une période inférieure à trois mois ou supérieure à six mois. La durée de cette période de congé est fixée sur proposition du conseil de santé dans les limites maximale et minimale. Les congés de longue durée peuvent être prorogés, autant de fois que nécessaire, chaque fois dans les mêmes limites précitées, sans pouvoir excéder un total de cinq ans ou de huit ans. En effet, si la maladie donnant droit au congé de longue durée a été contractée dans l'exercice des fonctions, le délai de cinq ans passe à huit ans.

886. La demande de prorogation doit être adressée par le fonctionnaire ou son représentant légal, un mois avant l'expiration du congé en cours. Les prorogations de congé sont accordées dans les mêmes conditions médicales que le premier congé.

887. La date d'effet de la première période de congé de longue maladie est celle de la cessation effective du service à cause de la maladie ouvrant droit à ce congé. Cependant, si la demande de congé de longue durée est présentée au cours d'un congé de maladie de courte durée, la première période de congé de longue durée débute le jour de la première constatation médicale de la maladie en question, sans que cette date puisse être antérieure à celle de prise d'effet du congé maladie.

b) La rémunération pendant le congé de longue durée

888. Pendant le congé de maladie de longue durée, le fonctionnaire conserve l'intégralité de son traitement pendant les trois premières années et la moitié de celui-ci pendant les deux années suivantes. Ces délais sont respectivement portés à cinq et trois années si la maladie a été contractée dans l'exercice de ses fonctions.

À côté du traitement ou du demi-traitement, le fonctionnaire en congé maladie de longue durée perçoit les avantages familiaux et la totalité ou la moitié des indemnités accessoires, à l'exclusion de celles qui sont attachées à l'exercice des fonctions ou qui ont le caractère de remboursement de frais.

889. Le bénéficiaire d'un congé maladie de longue durée est tenu de notifier ses changements de résidence successifs au chef de service chargé de la gestion du personnel de l'administration dont il dépend. Ce dernier doit s'assurer, soit par des enquêtes demandées à d'autres administrations plus aptes à les effectuer, que le titulaire du congé de longue durée n'exerce effectivement aucune activité interdite. Si l'enquête établit le contraire, le chef de service provoque immédiatement la suspension de la rémunération.

890. Sous peine d'interruption du versement de sa rémunération, le fonctionnaire en congé de longue durée doit se soumettre, sous le contrôle du médecin agréé et, s'il y a lieu, du conseil de santé, aux prescriptions que son état comporte. Le temps pendant lequel la rémunération a été suspendue compte dans la période de congé de longue durée en cours.

891. Le temps passé en congé de longue durée avec traitement ou demi-traitement est valable pour l'avancement d'échelon. Il est pris en compte dans le décompte du minimum d'ancienneté exigible pour un éventuel avancement de grade. Il compte également pour la retraite et donne lieu aux retenues pour pension.

c) La fin du congé de longue durée

892. Le fonctionnaire qui, après avoir bénéficier de la totalité de son congé maladie de longue durée, n'est pas reconnu apte à reprendre son service est soit mis en disponibilité d'office, soit admis à la retraite, à sa demande, s'il est définitivement inapte. Pour rappel, la durée du congé de longue durée à laquelle a droit le fonctionnaire est de 5 ans ou 8 ans maximum.

893. Le fonctionnaire ne peut reprendre son travail à l'issue d'un congé maladie de longue durée ou au cours du congé que s'il est reconnu apte, après examen par un spécialiste agréé et avis favorable du conseil de santé. Cet examen peut être demandé par l'administration ou le fonctionnaire. Le fonctionnaire peut faire entendre par le conseil de santé, le médecin de son choix.

894. Si l'avis du conseil de santé est favorable, le fonctionnaire reprend du service, au besoin en surnombre. S'il est défavorable, le congé se poursuit ou se prolonge jusqu'à épuisement du délai maximum de 5 à 8 ans.

895. Lorsqu'un fonctionnaire qui a repris son travail, à la suite de l'avis favorable du conseil de santé, retombe malade, il peut lui être accordé un nouveau congé de longue durée qui s'ajoute au congé antérieur. Toutefois, l'ensemble ne doit pas excéder les limites fixées pour le congé de longue maladie.

896. Le fonctionnaire qui bénéficie d'un congé de longue durée doit, après sa reprise de service, se soumettre aux visites de contrôle qui lui seront indiquées. Le refus sans motif valable de soumettre à ces visites de contrôle peut entraîner, en cas de rechute, la perte du bénéfice du congé de longue durée.

§ 2 – Les risques invalidité et décès

897. L'invalidité est une réduction temporaire ou définitive, partielle ou totale de la capacité de travail du fonctionnaire. Comme l'invalidité (**A**), le décès (**B**) fait partie des risques pris en charge par la sécurité sociale des fonctionnaires.

A./ La couverture du risque invalidité

898. Pour les fonctionnaires, la couverture du risque invalidité varie suivant le statut. On distingue deux régimes de protection : le régime invalidité des fonctionnaires civils (**1**) et le régime invalidité des militaires (**2**).

1. Le régime invalidité des fonctionnaires civils

899. Le fonctionnaire définitivement inapte à l'exercice de ses fonctions peut être mis (d'office ou à sa demande) à la retraite anticipée pour invalidité qui peut prendre plusieurs formes. Le régime de l'invalidité varie suivant que l'invalidité est imputable au service (**a**) ou non (**b**).

a) L'invalidité imputable au service

900. L'invalidité imputable au service est celle qui met le fonctionnaire civil dans l'impossibilité définitive et absolue de continuer ses fonctions *par suite d'infirmité résultant de blessures ou de maladie contractées ou aggravées, soit en service, ou à l'occasion du service, soit en accomplissant un acte de dévouement dans un intérêt public, soit en exposant ses jours pour sauver la vie d'une ou plusieurs personnes.* Dans ce cas, le fonctionnaire peut être admis à la retraite sur sa demande ou mis à la retraite d'office à l'expiration des droits à congé de maladie de longue durée dont il est bénéficiaire en vertu des dispositions statutaires qui lui sont applicables.

901. Le fonctionnaire, dont l'invalidité est reconnue comme résultant de l'exercice de ses fonctions, a droit à une rente viagère d'invalidité cumulable avec la pension proportionnelle, ou le cas échéant, avec la pension d'ancienneté. Si le fonctionnaire civil atteint d'invalidité est reconnu par la commission de réforme apte à continuer d'exercer ses fonctions, il peut bénéficier d'une rente d'invalidité temporaire ou définitive cumulable avec son traitement d'activité.

902. Le montant de la rente d'invalidité est fixé à la fraction du traitement brut afférent à l'indice minimum d'invalidité. Toutefois, dans le cas d'aggravation d'infirmité préexistante, le taux d'invalidité à prendre en considération doit être apprécié par rapport à la validité restante du fonctionnaire.

Le taux d'invalidité est déterminé compte tenu d'un barème indicatif fixé par décret. La rente d'invalidité est liquidée, concédée et payée dans les mêmes conditions et suivant les mêmes modalités que la pension.

903. Lorsque le fonctionnaire civil est mis à la retraite à la suite d'un attentat ou d'une lutte dans l'exercice de ses fonctions et qu'il est atteint d'une invalidité d'un taux au moins égal à 66 %, le total de la pension proportionnelle ou s'il y a lieu, de la pension d'ancienneté ou de la rente d'invalidité, est majoré. Ce total est élevé au montant de la pension basée sur 40 annuités liquidables.

904. Les fonctionnaires détachés auprès des collectivités et établissements publics peuvent éventuellement prétendre aux avantages suscités, s'ils appartiennent à des corps dont les statuts font obligation à l'État de pourvoir, par des fonctionnaires, à la constitution de leurs cadres.

b) L'invalidité non-imputable au service

905. Le fonctionnaire civil, qui a été mis dans l'impossibilité définitive et absolue de continuer ses fonctions par suite d'une invalidité *ne résultant pas de blessures ou de maladie contractées ou aggravées en service*, peut être admis d'office à la retraite sur sa demande ou mis à la retraite à l'expiration des droits à congé de longue durée, dont il est bénéficiaire en vertu des dispositions statutaires qui lui sont applicables. Toutefois, les blessures ou la maladie doivent avoir été contractées au cours d'une période durant laquelle l'intéressé a acquis des droits à la pension.

906. Le fonctionnaire invalide a droit à la pension proportionnelle de retraite. Ce droit est également reconnu aux fonctionnaires détachés.

907. Que l'on soit en présence d'une invalidité imputable ou non au service, la matérialité des infirmités, leur imputation au service, les conséquences ainsi que le taux d'invalidité qu'elles entraînent sont appréciées par une commission de réforme dont la composition et le fonctionnement sont fixés par décret. Dans tous les cas, le pouvoir de décision appartient à l'autorité qui a qualité pour procéder à la nomination et au ministre responsable du Service de Pensions.

2. Le régime invalidité des militaires

908. La couverture du risque invalidité des militaires a pour cadre légal le Code des pensions civiles et militaires de retraite et le Code des pensions militaires d'invalidité.[272] Le régime appliqué aux officiers de carrière et militaires non-officiers (**a**) est différent de celui des militaires titulaires d'une pension de retraite et atteints d'une infirmité (**b**).

a) Les officiers de carrière et les militaires non-officiers

909. Les officiers de carrière ainsi que les militaires non-officiers[273] qui n'ont pas accompli un nombre suffisant d'années de services pour avoir droit à la pension d'ancienneté ou à la pension proportionnelle, et qui ont été rayés des cadres pour infirmités attribuables à un service accompli en opération de guerre, ont un choix. Ils peuvent opter, soit pour la pension d'invalidité afférente à leur grade, soit pour une pension décomptée à raison de 2 % de la solde de base acquise à la radiation des cadres pour chacune de leurs annuités liquidables. Cette dernière pension est, uniformément, pour tous les grades, majorée d'une somme égale à la pension d'invalidité allouée à un soldat atteint de la même infirmité.

910. Les militaires non-officiers visés à l'article premier du Code des pensions, réformés définitivement, peuvent, s'ils n'ont pas acquis de droits à la pension proportionnelle, opter :

- soit pour la pension composée prévue à l'article 48 du Code des pensions civiles et militaires[274], lorsque l'invalidité résulte d'un service de guerre ;

---

[272] Suivant l'article 47 de la loi n° 81-52 du 10 juillet 1981 portant Code des pensions civiles et militaires de retraite, « *Les militaires restent soumis aux règles fixées par la législation spéciale sur les pensions militaires d'invalidité, pour toutes les invalidités contractées ou aggravées.* » Cette législation est la loi n° 67-42 du 30 juin 1967 portant Code des pensions militaires d'invalidité (JORS n° 3905 du 8 juillet 1967), modifiée par la loi n° 72-45 du 12 juin 1972 (JORS n° 4232 du 24 juin 1972, p. 1033).

[273] Il s'agit des officiers de carrière et des militaires non-officiers visés à l'article 1er du Code des pensions civiles et militaires de retraite.

[274] Article 48 du Code des pensions civiles et militaires : « *Les militaires de carrière ou servant en vertu d'un contrat d'engagement ou de rengagement*

- soit pour la pension d'invalidité au taux du grade du Code des Pensions militaires d'invalidité.

911. En aucun cas, la pension d'invalidité accordée à un militaire mis à la retraite pour invalidité le rendant définitivement incapable d'accomplir son service ne peut être inférieure à un certain montant. Elle ne peut être inférieure à la pension fixée à 50 % des derniers émoluments de base afférents au grade et à l'échelon occupés par le militaire, à sa date de radiation des cadres, augmentée de la liquidation des annuités pour campagnes acquises par l'intéressé sur la base du traitement brut afférent à l'indice minimum.

b) Les militaires titulaires d'une pension de retraite

912. Les militaires titulaires d'une pension d'ancienneté, d'une pension proportionnelle ou en possession de droits à l'une de ces pensions qui sont atteints d'infirmité susceptible d'ouvrir droit à pension, peuvent opter :

- soit pour la pension d'invalidité afférente à leur grade, le service de cette pension comportant la suspension de la pension d'ancienneté ou de la pension proportionnelle dont ils ont la jouissance ou qui vient de leur être concédée ;
- soit pour la pension d'ancienneté, ou la pension proportionnelle ; auquel cas il leur est attribué à titre définitif ou temporaire suivant que l'infirmité est ou non incurable, une majoration uniforme pour tous les grades, dont le taux est égal à celui des pensions allouées aux soldats atteints de la même infirmité.

L'option ainsi exercée par le militaire est définitive.

913. Tout militaire, atteint d'une invalidité ouvrant droit à une pension et qui est néanmoins admis à rester en service, a le droit de cumuler sa solde d'activité avec une pension uniforme pour tous les grades dont le taux est égal à celui de la pension

---

n'ayant pas accompli un nombre suffisant d'années de service pour avoir droit soit à la pension d'ancienneté, soit à la pension proportionnelle et rayés des cadres pour infirmité entrainant un degré d'invalidité d'au moins 85%, attribuable à un service accompli en opérations de guerre ou assimilées, peuvent opter, soit pour la pension d'invalidité afférente à leur grade, soit pour la pension mixte décomptée avec un relèvement de 20 annuités minimum s'il y a lieu de la solde de base acquise à la radiation des cadres, majorée d'une somme égale à la pension d'invalidité allouée à un soldat atteint de la même infirmité.
Toutefois, pour les militaires servant pendant la durée légale, cette pension mixte sera calculée sur la solde de base d'un soldat de 1ère classe échelle 1 échelon 2. » – Loi n° 2017-25 du 13 juillet 2017 (JORS n° 7038 du 26/08/17).

allouée au simple soldat atteint de la même invalidité. Les militaires en possession de droit à pension définitive ou temporaire d'invalidité, qui peuvent en même temps prétendre à la solde de non activité pour infirmités temporaires, peuvent opter pour la prestation la plus favorable.

B./ La couverture du risque décès

914. La couverture du risque décès vise à garantir un revenu de subsistance aux ayants-droit du fonctionnaire en cas de décès de ce dernier. Dans le cadre de cette couverture, les ayants-droit bénéficient de quelques prestations de base (**1**). Dans une moindre mesure, la femme fonctionnaire peut bénéficier d'un congé de retraite de veuve (**2**).

1. Les prestations servies au décès du fonctionnaire

915. Lorsqu'un fonctionnaire décède, ses héritiers ou ayants-droit acquièrent de plein droit la possibilité de demander le paiement de son traitement jusqu'au dernier jour du mois de décès. Ils acquièrent aussi le droit de demander la liquidation de la pension du *de cujus.*

916. Les ayants-droit bénéficient, en outre, du capital-décès dont le montant est égal au traitement annuel indiciaire attaché au dernier grade du fonctionnaire. Chaque enfant reçoit, en sus de sa quote-part, une majoration[275]. Cette somme a pour but de compenser partiellement la perte de ressources causée par la disparition du fonctionnaire pendant la période suivant immédiatement le décès.

917. Le capital est réparti en raison d'un tiers au conjoint non séparé de corps ni divorcé du défunt, et de deux tiers aux enfants légitimes, naturels, reconnus ou adoptifs, âgés de moins de 21 ans ou atteints d'une invalidité totale ou définitive. En cas d'absence de conjoint et d'enfants pouvant prétendre à l'attribution du capital-décès, le montant afférent est versé à un des ascendants du défunt qui était à sa charge au moment du décès.

918. Le capital-décès ne peut être attribué que si les bénéficiaires éventuels en font la demande. Cette demande doit être accompagnée des pièces justificatives.

---

[275] Suivant l'article 4 du décret n° 64-767 du 12 novembre 1964 portant réglementation de l'attribution des secours après décès, le montant de la majoration est vingt mille francs CFA.

2. Le congé de retraite de veuve

919. La femme fonctionnaire peut bénéficier, en cas de décès de son mari, sur sa demande, d'un congé dit « retraite de veuve ». Toutefois, lorsque le congé annuel et le congé de « retraite de veuve » coïncident, la femme fonctionnaire jouira de son congé annuel qui sera déduit du congé de « retraite de veuve », le reste étant considéré comme congé sans solde.

920. Suivant à une Circulaire[276] assez ancienne, la durée du congé de retraite de veuve est de quatre mois dix jours. Cependant, on peut se demander si le congé de retraite de veuve constitue une prestation de sécurité sociale. La question mérite d'être posée dans la mesure où ce congé est sans solde et ne donne droit à aucune indemnité.

[276] Circulaire n°974 /PR du 18 octobre 1967. Cette durée correspond à la période de retraite dans la coutume musulmane.

CHAPITRE 2 :

LA COUVERTURE DU RISQUE VIEILLESSE DES FONCTIONNAIRES

921. La protection contre les risques de la vieillesse constitue l'un des droits reconnus aux fonctionnaires et aux membres de leurs familles. Elle couvre, suivant les dispositions de l'article 1er de la loi n° 81-52 du 10 juillet 1981 portant Code des pensions civiles et militaires de retraite[277], les catégories de personnels suivants :

- les fonctionnaires civils titulaires dans les cadres permanents d'une administration de l'État et des communes ainsi que les agents de la Régie des Chemins de Fer relevant de l'ancien statut de régies ferroviaires d'Outre-Mer ;
- les magistrats des Cours et Tribunaux, les magistrats de la Cour des Comptes ainsi que les inspecteurs généraux d'État ;
- les personnels sénégalais titulaires de l'Enseignement supérieur ;
- les personnels relevant du corps, en voie d'extinction, des Sapeurs-pompiers ainsi que les personnels des corps militarisés de la Douane, de la Police, de l'Administration pénitentiaire, du Service national de l'Hygiène et des Parcs nationaux ;
- les personnels militaires des Forces armées et du Corps national des Sapeurs-pompiers possédant le statut de

[277] Loi n° 81-52 du 10 juillet 1981 portant Code des pensions civiles et militaires de retraite (JORS n° 4852 du 22 août 1981, p. 787). Cette loi a été modifiée en son article 29 par la loi n° 84-63 du 16 août 1984 (JORS n° 5023 du 1er septembre 1984, p. 588) et en ses articles 2, dernier alinéa et 81, alinéa 1er par la loi n° 90-11 du 26 juin 1990 (JORS n° 5357 du 30 juin 1990, p. 322).

militaires de carrière ou servant en vertu d'un contrat ou d'une commission ;
- aux veuves et orphelins des fonctionnaires civils et militaires énumérés ci-dessus.

922. La gestion du régime de retraite des fonctionnaires civils et militaires est assurée par le Fonds National de Retraite (FNR). La retraite ouvre, en principe, une période d'inactivité qui ne s'achèvera qu'avec la mort. Pendant cette période, le fonctionnaire percevra une pension de retraite dont il convient de préciser les conditions de constitution (**section 1**) et le régime juridique (**section 2**).

SECTION 1 : LA CONSTITUTION DU DROIT À PENSION

923. En règle générale, le bénéfice d'une pension est soumis à une double condition de durée de services et d'âge. Ces conditions de constitution varient suivant qu'il s'agit des fonctionnaires civils (**§ 1**) ou des militaires (**§ 2**).[278]

§ 1 – Les fonctionnaires civils

924. Pour prétendre à une pension de retraite, le fonctionnaire doit avoir rempli certaines conditions. Celles-ci se rapportent essentiellement à l'âge (**A**), à la durée de services (**B**) et au financement (**C**).

A./ La condition d'âge

925. La condition d'âge diffère suivant qu'il s'agit du droit à la pension d'ancienneté (**1**) ou du droit à la pension proportionnelle (**2**).

1. Le droit à la pension d'ancienneté

926. La pension d'ancienneté est *la pension obtenue à la fin d'une carrière normalement passée dans l'administration.* En ce qui concerne la condition d'âge, le législateur a posé le principe (**a**) et prévu des dérogations (**b**).

---

[278] Pour bien marquer la différence, l'article 1er du Code des pensions civiles et militaire de retraite fait la distinction entre les fonctionnaires civils et les militaires.

a) Le principe

927. Le droit à la pension d'ancienneté est acquis lorsque le fonctionnaire, à la cessation d'activités, remplit la *double condition* de 60 ans d'âge et 30 ans accomplis de services effectifs. Cette condition est réduite à 60 ans et 25 années de services pour les fonctionnaires qui ont effectivement accompli 15 années au moins de services effectifs dans les emplois présentant un risque particulier ou de fatigue exceptionnelle. La nomenclature de ces emplois est fixée par décret.

928. Les fonctionnaires civils dont la limite d'âge est fixée à 52 ans par leurs statuts peuvent bénéficier du droit à la pension d'ancienneté s'ils ont accompli 25 années de services effectifs.

b) Les dérogations

929. Est dispensé de la condition d'âge de 60 ans, le fonctionnaire reconnu hors d'état de continuer ses fonctions, par l'autorité qui a qualité pour procéder à la nomination, après avis de la commission de réforme. Cette dispense s'applique également au fonctionnaire licencié pour suppression d'emploi, pour insuffisance professionnelle ou révoqué sans suspension des droits à pension.

930. En cas de demande de mise à la retraite anticipée, les âge (60 ans) et durée de services (30 ou 25 ans) exigés sont réduits d'un temps égal à la moitié des périodes ouvrant droit, pour les fonctionnaires anciens combattants, au bénéfice de campagne double au cours d'une guerre ou d'une expédition déclarée campagne de guerre. La pension qui est attribuée est calculée proportionnellement à la durée des services.

931. La condition d'âge est également réduite dans certains cas. Elle est réduite d'un an pour chaque période de 3 années de services effectués hors du Sénégal et donnant droit à des bonifications telles qu'elles sont déterminées par les dispositions de l'article 10 du Code des pensions civiles et militaires de retraites pour le fonctionnaire civil. Elle est réduite d'un temps égal à la moitié des périodes ouvrant droit au bénéfice de campagne double au cours d'une guerre ou d'une expédition déclarée campagne de guerre pour les fonctionnaires anciens combattants. Elle est réduite d'un an pour chacun des enfants qu'elles ont eus et qui ont été régulièrement déclarés à l'état civil pour les femmes fonctionnaires.

932. La dispense d'âge, comme la réduction d'âge et de services, ne sont pas automatiques. Elles ne peuvent être imposées d'office qu'aux ayants-droit reconnus hors d'état de continuer leur fonction par le ministre compétent après avis de la commission de réforme[279].

933. Les fonctionnaires ne peuvent être maintenus en service au-delà de l'âge de 60 ans, sous réserve de limite d'âge fixée par les statuts particuliers. Le recul de la limite d'âge n'est accordé qu'après validation de tous les services précaires effectués par le fonctionnaire.

2. Le droit à la pension proportionnelle

934. Le droit à la pension proportionnelle est acquis dans plusieurs cas. Il est obtenu :

- sans condition d'âge ni de durée de services, aux fonctionnaires mis à la retraite pour invalidité résultant ou non de l'exercice des fonctions ;
- sans condition de durée de services, aux fonctionnaires qui, se trouvant dans une position valable pour la retraite, atteignent la limite d'âge de leur emploi sans pouvoir prétendre à une pension d'ancienneté ;
- aux fonctionnaires qui ont effectivement accompli 15 années de services.

B./ La condition de services

935. Le fonctionnaire doit remplir la condition de services pour la constatation du droit à pension. Les services pris en compte (**1**) peuvent donner lieu à des bonifications (**2**).

1. Les services pris en compte

936. Le législateur a précisé les services pris en compte dans la constitution du droit à une pension d'ancienneté ou proportionnelle. Ces services sont les suivants :

- les services accomplis en qualité de *fonctionnaire titulaire* à partir de l'âge de 18 ans ;
- les *services de stage* rendus à partir de l'âge de 18 ans, les intéressés étant astreints à verser rétroactivement, pour cette période, lors de l'admission définitive dans les cadres,

---

[279] Voir l'article 45 du Code des pensions civiles et militaires de retraites.

la retenue légale calculée sur les émoluments[280] afférents au grade, à la classe et à l'échelon occupés à la date de la demande de régularisation de cotisations ;

- les *services d'auxiliaire*, de *temporaire*, ou de *contractuel* dûment validés, accomplis dans les différents services, collectivités et établissements publics à partir de l'âge de 18 ans à condition qu'ils aient :
    - été validés dans un délai d'un an à compter de la titularisation et,
    - donné lieu au versement rétroactif de la retenue légale calculée sur les émoluments attachés au premier grade de fonctionnaire titulaire ou du militaire ;

  Pour cette catégorie, la demande de validation, non sollicitée par le fonctionnaire de son vivant, peut être demandée par ses ayants-droit dans un délai de 18 mois après le décès en vue de régulariser sa situation. La demande de validation présentée moins de deux ans avant l'admission à la retraite n'est, en aucun cas, recevable. La demande de validation sollicitée après l'expiration du délai d'un an à compter de la titularisation est subordonnée au versement rétroactif de la retenue légale, calculée sur les émoluments afférents au grade, à la classe et à l'échelon occupés à la date de la demande ;
- les *services militaires* accomplis après l'âge de 18 ans ;
- les services accomplis dans les *emplois permanents des organismes régionaux des administrations communales et établissements publics* ;
- sous réserve de réciprocité, les services accomplis sous les régimes des caisses de retraites dont la liste est fixée par arrêté ;

  Les organismes concernés sont tenus dans ce cas, de racheter les parts contributives dont ils sont débiteurs dans les conditions fixées par convention dans les États intéressés ;
- les *services des fonctionnaires détachés*, à condition qu'ils aient donné lieu au versement des retenues pour pension et de la contribution de l'Administration, État ou organisme employeur.

Les services accomplis postérieurement à la limite d'âge ne peuvent être pris en compte dans une pension.

---

280 Voir article 28 du Code des pensions civiles et militaires de retraites.

937. Le temps passé dans toute position ne comportant pas l'accomplissement de services effectifs ne peut entrer en compte dans la constitution du droit à pension. Toutefois, cette règle admet deux formes de dérogations.

La première forme concerne les cas où le fonctionnaire civil ou militaire se trouve placé en position régulière d'absence pour *cause de maladie*. La dérogation concerne aussi le fonctionnaire *en service détaché* conformément au statut général des fonctionnaires. La deuxième forme de dérogation a trait aux *cas exceptionnels* prévus par une loi ou déterminés par des dispositions réglementaires.

Le temps passé dans ces positions par le fonctionnaire civil est compté comme services effectifs dans la limite maximale de cinq annuités, et sous réserve que les bénéficiaires subissent pendant ce temps, sur leur dernier traitement d'activité, les retenues prescrites par le Code des pensions.

2. Les bonifications

938. Les bonifications *sont des périodes fictives de service qui s'ajoutent aux années de services effectifs pour le calcul de la pension*. Les services pris en compte, c'est-à-dire les services effectifs peuvent faire l'objet de bonification. Ils peuvent être bonifiés comme suit :

- les services civils rendus hors du Sénégal sont comptés pour un sixième en sus de leur durée effective[281] ;
- les femmes fonctionnaires obtiennent, dans la limite de trois ans, une bonification de services d'une année pour chacun des enfants qu'elles ont eus et qui ont été régulièrement déclarés à l'état civil.[282] Cette bonification ne peut se cumuler avec la précédente.

La prise en compte de ces bonifications et de celles des anciens combattants ne peut avoir pour effet de réduire de plus d'un cinquième la durée des services normalement exigée pour prétendre à une pension d'ancienneté.

939. Les réductions d'âge, comme les bonifications de services, ne peuvent être imposées d'office aux ayants-droit en dehors des cas de dispense examinés précédemment.

---

[281] C'est en quelque sorte une bonification de dépaysement.
[282] C'est une bonification pour enfant.

C./ Le financement des pensions

940. L'affiliation au Fonds national de retraite (FNR), organisme qui couvre la retraite des fonctionnaires civils et militaires (**1**), donne lieu à des retenues mensuelles à la source auxquelles s'ajoute la contribution de l'État (**2**).

1. Le Fonds national de retraite

941. Le FNR est un fonds spécial du Trésor dont la gestion administrative est assurée par la Direction de la Solde, des Pensions et Rentes Viagères. Il convient de présenter l'organisation (**a**) et le fonctionnement (**b**) de ce Fonds.

a) L'organisation du Fonds national de retraite

942. Le FNR est un compte d'affectation spéciale qui obéit aux principes généraux des comptes spéciaux du Trésor. Il fait partie de la catégorie des comptes spéciaux du Trésor (***a.2***), dont il convient au préalable de définir (***a.1***).

a.1 – La définition des comptes spéciaux du Trésor

943. Les comptes spéciaux du Trésor sont des comptes qui retracent certaines catégories de recettes et de dépenses corrélatives de l'État afin de constater dans quelle mesure ces opérations s'équilibrent. Ce sont des comptes distincts du budget général, mais qui font partie de la loi des finances.[283] Ils constituent, à côté du budget général, des budgets annexes, les composantes du budget de l'État.

944. Les comptes spéciaux sont censés retracer les opérations à caractère exceptionnel et la corrélation entre les recettes et les dépenses. Ils visent :

- soit à décrire des opérations qui, en raison de leur spécialisation ou d'un lien de cause à effet réciproque entre la recette et la dépense, ne peuvent être commodément incluses dans le cadre du budget général ;
- soit à décrire des opérations en conservant leur spécificité et en assurant leur continuité d'une année budgétaire sur l'autre ;

---

[283] Voir l'article 31 de la loi n° 2011-15 du 8 juillet 2011 portant loi organique relative aux lois de finances, JORS n° 6618 du samedi 15 octobre 2011.

- soit à garder traces, sans distinction d'année budgétaire, d'opérations qui se poursuivent pendant plus d'une année.

Ces opérations sont liées à l'application d'une législation, d'une réglementation ou d'obligations contractuelles de l'État, précédant la création du compte. C'est le cas du FNR.

a.2 – Les catégories de comptes spéciaux du Trésor

945. Des comptes spéciaux du Trésor peuvent être ouverts par une loi de finances pour retracer des opérations effectuées par les services de l'État dans les conditions prévues aux articles 37 à 42 de la loi organique du 8 juillet 2011 relative aux lois de finances. Les comptes spéciaux du Trésor peuvent être traités comme des programmes.

946. La loi organique des finances énumère les catégories de comptes du Trésor. Il s'agit des catégories suivantes :

- les *comptes d'affectation spéciale* ;
- les comptes de commerce ;
- les comptes de prêts ;
- les comptes d'avances ;
- les comptes de garanties et d'avals.

À l'exception du Fonds national de retraite et des comptes de commerce, les comptes spéciaux du Trésor ne peuvent être à découvert. Le Fonds national de retraite fait partie de la catégorie « *compte d'affectation spéciale* », dans la mesure où il est destiné à l'affectation de certaines recettes pour faire face à la couverture des dépenses liées à la retraite.

b) Le fonctionnement du Fonds national de retraite

947. Le Ministre des Finances est l'ordonnateur-délégué du compte. Les règles de fonctionnement du Fonds national de retraite portent sur deux types d'opération : les recettes (***b.1***) et les dépenses (***b.2***).

b.1 – Les règles relatives aux recettes

948. Le compte relatif au Fonds national de retraite comprend plusieurs types d'opérations de recettes. Il est alimenté par :

- les retenues pour pension effectuées sur les soldes des fonctionnaires, des magistrats et militaires, et les versements effectués par ces mêmes agents lorsqu'ils servent en position de détachement ;

- les contributions des administrations employeurs ;
- les versements rétroactifs effectués au titre de la validation des services antérieurement accomplis et qui ne comportaient pas d'affiliation au régime général des pensions civiles et militaires de retraite de l'État ;
- le rachat de leurs parts contributives, effectué par les collectivités et organismes dont les agents sont admis au régime général des pensions civiles et militaires de retraite de l'État ;
- le rachat de pensions effectuées par d'autres caisses de retraite dont étaient auparavant tributaires les fonctionnaires et agents admis au régime général des pensions civiles et militaires de retraite de l'État aux termes de conventions intervenues entre les États intéressés.

Le compte enregistre, éventuellement, les dons et legs.

949. Les versements effectués au compte spécial du Trésor « Fonds national de retraite » doivent être justifiés par :

- les états de solde établis par les administrations employeurs et comportant le décompte nominatif des retenues et contributions y afférentes ;
- les ordres de recettes appuyés par des états liquidatifs et par l'acte autorisant la validation des services pour les versements et rachats de parts contributives effectués au titre de la validation des services ;
- les ordres de recettes appuyés par les décomptes nominatifs et par les conventions afférentes au rachat de pensions par d'autres caisses de retraite ;
- les ordres de recettes appuyés par l'acte portant acceptation des dons et legs.

b.2 – Les règles relatives aux dépenses

950. Les opérations de dépenses imputables au Fonds national de retraite comprennent :

- les pensions de retraite et rentes viagères servies aux personnels tributaires du Fonds ou à leurs ayants-cause ;
- les avances sur pensions servies aux mêmes personnels ou à leurs ayants-cause ;
- les rachats de pensions au profit d'autres caisses de retraite ;
- le remboursement des retenues dues par les tributaires du Fonds qui ne peuvent prétendre à pension ou à rente viagère.

951. Les pièces justificatives de dépenses sont les suivantes :

- les livrets de pensions et livrets d'avances sur pension, les carnets de quittance et les coupons échus dument acquittés ;
- les ordres de paiement appuyés par des décomptes nominatifs et les conventions afférentes au rachat de pensions au profit d'autres caisses de retraite ;
- les ordres de paiement appuyés par des décomptes nominatifs et par l'acte autorisant le remboursement des retenues.

2. Les retenues et contributions

952. Pour prétendre à une pension, les fonctionnaires supportent des retenues sur leur traitement (**a**). De son côté, l'administration apporte des contributions (**b**).

a) Les retenues

953. Les fonctionnaires supportent une retenue de 12 % sur les sommes qui leur sont payées au titre d'émoluments.[284] Ces émoluments se décomposent comme suit :

- la solde indiciaire ;
- le complément spécial de solde ;
- l'indemnité de résidence ;
- l'indemnité différentielle dégressive allouée, par suite de leur intégration dans la Fonction publique sénégalaise, aux fonctionnaires ayant appartenu aux cadres français ;
- l'indemnité différentielle dégressive en cas de changement de corps ;
- l'indemnité spéciale pour l'enseignement ;
- les augmentations et ajustements de salaire.

Cette retenue est due même en cas de réduction de traitement pour absence de service fait ou d'interruption de traitement pour suspension de fonctions.

954. Aucune liquidation de pension ne peut être consentie au profit d'un fonctionnaire ou d'un agent en *service détaché* ou qui aurait été en service détaché, si la situation de ses versements

---

[284] Article 80 nouveau, suite à la loi n° 2002-08 du 22 février 2002 abrogeant et remplaçant certaines dispositions de la loi n° 81-52 du 10 juillet 1981 portant Code des Pensions civiles et militaires de Retraite (JORS n° 6038 du samedi 23 mars 2002).

n'est pas à jour ou n'a pas été régularisée par le recouvrement des retenues dues par les fonctionnaires en service détaché. Seules des avances sur pensions tenant compte des versements acquis peuvent être consenties, sous la réserve d'un prélèvement allant du quart à la moitié desdites avances et destiné à régulariser la situation des versements. Ces dispositions sont applicables aux militaires.

955. Les fonctionnaires nommés depuis deux ans au moins mais non titularisés au titre de leur statut particulier et qui ont été appelés en cette qualité à occuper l'un ou successivement plusieurs des emplois dans lesquels le détachement des fonctionnaires est autorisé, subissent dans cet emploi, les retenues pour la retraite, calculées d'après le traitement afférent au premier grade de fonctionnaire titulaire de leur corps d'origine. Toutefois, ils doivent en faire la demande dans un délai de 3 mois suivant la date de leur nomination dans ledit emploi. La contribution complémentaire est éventuellement calculée sur les mêmes bases.

b) Les contributions

956. Dans le cadre de la constitution de la pension de retraite, l'administration employeur du fonctionnaire apporte une contribution. Elle verse une contribution égale à 23 %. L'assiette de la contribution est la même que celle des retenues. Aucune pension ne peut être concédée si le versement des retenues exigibles n'a pas été effectué.

957. Sauf dispositions législatives ou réglementaires contraires, toute perception d'un traitement ou solde d'activité est soumis au prélèvement de la retenue. C'est le cas, même si les services ainsi rémunérés ne sont pas susceptibles d'être pris en compte pour la constitution du droit ou pour la liquidation de la pension.

Les retenues légalement perçues par l'État ne peuvent être répétées. En revanche, celles qui ont été irrégulièrement prélevées ou payées n'ouvrent aucun droit à pension mais peuvent être remboursées sans intérêt sur la demande des ayants-droit.

§ 2 – Les militaires

958. Pour prétendre à une pension de retraite, le militaire doit remplir des conditions qui se rapportent essentiellement à l'âge (**A**), à la durée des services (**B**) et au financement (**C**).

A./ La condition d'âge

959. La condition d'âge diffère suivant qu'il s'agit du droit à la pension d'ancienneté (**1**) ou du droit à la pension proportionnelle (**2**).

1. Le droit à la pension d'ancienneté

960. Le droit à pension d'ancienneté est acquis lorsque le bénéficiaire, quel que soit son grade, réunit 25 années au moins de services civils et militaires effectifs, sous réserve que certains de ces services n'aient pas déjà ouvert droit à pension ou donné lieu à déchéance. Est pris en compte dans le calcul des annuités de services, le temps passé dans la position de non activité pour infirmité temporaire reconnue par une commission de réforme.

2. Le droit à la pension proportionnelle

961. L'acquisition du droit à la pension proportionnelle diffère suivant qu'il s'agit des officiers (**a**) ou des personnels non-officiers (**b**).

a) Les officiers

962. Le droit à la pension proportionnelle est acquis, à l'âge de 33 ans, aux *officiers de tous grades et de tous corps* sur demande, après 15 années accomplies de services militaires effectifs, sous réserve que cette demande soit acceptée par l'autorité ayant pouvoir de nomination. Le nombre des pensions proportionnelles à accorder est déterminé annuellement par arrêté interministériel pris sous la signature conjointe du Ministre chargé des pensions et du Ministre dont relèvent les officiers.

963. Les officiers peuvent aussi prétendre à une pension proportionnelle, sans condition de durée de services lorsqu'ils atteignent la limite d'âge sans pouvoir prétendre à une pension d'ancienneté conformément aux dispositions de l'article 20 de la loi n° 62-37 du 18 mai 1962 fixant le statut général des officiers d'active. Ce droit est également reconnu aux officiers qui sont placés en position de réforme.

964. Les officiers radiés des cadres par mesure disciplinaire[285] ne peuvent prétendre à une pension proportionnelle que s'ils comptent au moins 15 années de services militaires effectifs.

b) Les personnels non-officiers

965. Les sous-officiers de carrière, âgés de 33 ans et comptant au moins 15 années de services militaires effectifs peuvent prétendre à une pension proportionnelle. Il faut que leur demande soit acceptée par l'autorité ayant pouvoir de nomination.

966. Le droit à une pension proportionnelle peut aussi être reconnu d'office. Il est reconnu automatiquement, par suite de mise à la retraite après réforme ou radiation des cadres, dans les conditions définies par les articles 16, 17 et 19 de la loi n° 62-38 du 18 mai 1962 fixant le statut des sous-officiers de carrière. Il est également reconnu d'office, après 15 ans de services militaires effectifs, aux personnels dont le contrat n'est pas renouvelé, ou dont le contrat est résilié conformément aux règlements en vigueur.

B./ La condition de services

967. La condition de services varie suivant qu'il s'agit d'une pension d'ancienneté (**1**) ou d'une pension proportionnelle (**2**).

1. Les services comptant pour la pension d'ancienneté

968. Les services pris en compte dans la constitution du droit à pension militaire d'ancienneté sont les services tant civils que militaires. Sont pris en compte au titre des services civils, sous réserve de leur validation par décision ministérielle et de régularisation éventuelle des retenues effectuées au titre de différents codes de retraite, les services suivants :

- les services accomplis en qualité de fonctionnaire après l'âge de 18 ans ;
- les services d'auxiliaire, de temporaire, de contractuel accomplis après l'âge de 18 ans dans les services, collectivités et établissements publics.

---

[285] Article 23 de la loi n° 62-37 du 18 mai 1962, fixant le statut général des officiers d'active, modifiée par la loi n° 65-10 du 4 février 1965

Au titre des services militaires, sont pris en compte les périodes suivantes :

- les services militaires effectifs accomplis après l'âge de 18 ans dans les Forces armées du Sénégal, les corps assimilés et la Garde républicaine du Sénégal ;
- le temps passé dans les grandes écoles militaires après l'âge de 18 ans et avant tout engagement militaire, lesdits services se décomptant du jour de l'entrée à l'école ;
- le temps passé dans les écoles de formation militaire, ainsi que dans les écoles d'enfants de troupe après l'âge de 18 ans.

2. Les services comptant pour la pension proportionnelle

969. Les services pris en compte dans la constitution du droit à pension proportionnelle sont uniquement les services militaires effectifs accomplis après l'âge de 18 ans dans les Forces armées du Sénégal, les corps assimilés ou la Garde républicaine du Sénégal. Les services accomplis après à la limite d'âge ne peuvent être pris en compte dans une pension, sauf dans les cas exceptionnels prévus par une loi.

C./ Le financement des pensions

970. Comme pour les fonctionnaires civils, le régime des pensions des militaires doit être financé. Il est financé par des retenues (**1**) et contributions (**2**).

1. Les retenues

971. À l'instar des fonctionnaires civils, les militaires supportent des cotisations mensuelles matérialisées par une retenue de 12 % sur leurs émoluments. La retenue est due même en cas de réduction ou de suspension de traitement pour cause d'absence de service fait ou de suspension de fonction.

972. L'assiette des cotisations est la même que celle des fonctionnaires civils. Les cotisations patronales et salariales sont assises sur le salaire mensuel indiciaire. Cette assiette a été élargie lors de la dernière réforme du régime du Fonds national de retraite de 2002.

2. Les contributions

973. Aucune pension ne peut être concédée si le versement des retenues exigibles n'a pas été effectué. L'administration employeur verse une contribution égale à 23 % des émoluments versés au fonctionnaire.[286]

SECTION 2 : LE REGIME DES PENSIONS DE RETRAITE

974. Le régime de retraite des fonctionnaires donne droit à des prestations (**§ 1**) qui permettent au fonctionnaire de subsister après sa cessation d'activité. Les règles de liquidation et de paiement de la pension méritent d'être précisées (**§ 2**).

§ 1 – Les prestations offertes aux fonctionnaires

975. La pension de retraite est accordée aux fonctionnaires après leur admission à la retraite et, en cas de décès, à leurs ayants cause (conjoint, ex-conjoint, orphelins). Il convient donc de distinguer les prestations servies au fonctionnaire (**A**) de celles servies de son chef aux ayants-cause (**B**).

A./ La pension de base

976. Le fonctionnaire civil ou militaire peut prétendre, suivant les conditions dans lesquelles sa mise à la retraite a été prononcée, soit à une pension d'ancienneté (**1**), soit à une pension proportionnelle (**2**), soit à une rente viagère (**3**).

1. La pension d'ancienneté

977. La pension d'ancienneté est obtenue à la fin d'une carrière normalement passée dans l'administration. Pour y prétendre, le fonctionnaire doit remplir la double condition de 60 ans d'âge et 30 années de services effectifs s'il est fonctionnaire civil. Chez les militaires, le droit à la pension d'ancienneté est acquis lorsqu'ils réunissent 25 années de services effectifs et sans distinction de grade. *La condition d'âge*[287] *n'intervient donc pas*

---

286 Voir supra n° 953.

287 Décret n° 2002-668 du 4 juillet 2002 fixant la limite d'âge des personnels militaires des Armées de Terre, de l'Air, de Mer, de la Gendarmerie nationale et du Groupement national des Sapeurs-pompiers (JORS n° 6058 du samedi 3 août 2002).

chez les militaires, il suffit de remplir la condition de durée de service.

Dans certains cas, ces conditions peuvent être réduites, qu'il s'agisse du fonctionnaire civil ou du militaire, avec notamment la dispense ou la réduction de la condition d'âge.[288] En tout état de cause, si les conditions pour bénéficier d'une pension d'ancienneté ne sont pas réunies, le fonctionnaire ou le militaire retraité peut prétendre à une pension proportionnelle.

2. La pension proportionnelle

978. La pension proportionnelle concerne aussi bien les fonctionnaires civils (**a**) que les militaires (**b**).

a) La pension proportionnelle du fonctionnaire civil

979. La pension proportionnelle est accordée, sans condition d'âge ou de durée de services, aux fonctionnaires civils mis à la retraite pour incapacité résultant ou non de l'exercice de leurs fonctions. Elle s'adresse également aux fonctionnaires civils, sans condition de durée de service, ayant atteint la limite d'âge sans pouvoir prétendre à une pension d'ancienneté ainsi qu'aux fonctionnaires civils ayant accompli 15 ans de services.

b) La pension proportionnelle du militaire

980. Le droit à pension proportionnelle est acquis aux militaires dans certaines conditions. Il est acquis chez les officiers ayant atteint la limite d'âge sans pouvoir prétendre à une pension d'ancienneté sans condition de durée de services. Pour les officiers placés en position de réforme, il est acquis sans condition d'âge ni de durée de services.

Le droit à la pension proportionnelle est prévu pour les officiers de tous grades et de tous corps, de 33 ans d'âge, ayant accompli 15 ans de services militaires effectifs et aux officiers radiés des cadres par mesure· disciplinaire s'ils totalisent au moins 15 ans de services militaires.

981. Les militaires, non officiers, bénéficient de la pension proportionnelle après 15 ans de services effectifs et 33 ans d'âge s'ils en font la demande. Ceux radiés des cadres de l'armée peuvent en bénéficier après 15 ans de services effectifs. Il en est

---

[288] Voir supra n° 925 et s.

de même de ceux qui n'ont pas été reclassés dans des emplois civils.

3. La rente viagère d'invalidité

982. La rente viagère d'invalidité est un avantage réservé au fonctionnaire civil (**a**) ou au militaire (**b**), *qui s'ajoute à la pension d'ancienneté ou à la pension proportionnelle.*

a) La rente d'invalidité du fonctionnaire civil

983. La rente viagère d'invalidité est accordée au fonctionnaire civil qui se trouve dans l'impossibilité définitive et absolue de continuer à exercer ses fonctions par suite d'infirmité résultant de blessures ou de maladie contractées ou aggravées, soit en service ou à l'occasion du service, soit en accomplissant un acte de dévouement dans un intérêt public ou quand il expose sa vie pour sauver celle d'une ou de plusieurs personnes. Cette rente, qui est cumulable avec la pension proportionnelle, ou le cas échéant la pension d'ancienneté, intervient à l'expiration des droits à un congé de maladie ou de longue durée.

984. Le montant de la rente d'invalidité est fixé à la fraction du traitement brut afférent à l'indice minimum d'invalidité. Toutefois, dans le cas d'aggravation d'infirmité préexistante, le taux d'invalidité à prendre en considération doit être apprécié par rapport à la validité restante du fonctionnaire. Le taux d'invalidité est déterminé, par la commission de réforme, compte tenu d'un barème indicatif fixé par décret.[289] La rente d'invalidité est liquidée, concédée et payée dans les mêmes conditions et suivant les mêmes modalités que la pension.

985. Le total de la pension proportionnelle ou s'il y a lieu, de la pension d'ancienneté ou de la rente d'invalidité, est élevé au montant de la pension basée sur 40 annuités liquidables lorsque le fonctionnaire civil est mis à la retraite à la suite d'un attentat ou d'une lutte dans l'exercice de ses fonctions et qu'il est atteint d'une invalidité d'un taux au moins égal à 66 %. En revanche, la rente viagère d'invalidité n'est pas due lorsque l'invalidité ne résulte pas de l'exercice des fonctions. Dans ce cas, le fonctionnaire a droit à une pension proportionnelle.

---

[289] Décret n° 59-132 S.G instituant une Commission médico-administrative de Réforme, JOS du 20 juin 1959, p. 617.

b) La rente d'invalidité du militaire

986. Les militaires sont soumis aux dispositions spéciales[290] sur les pensions militaires d'invalidité, pour toutes les invalidités contractées ou aggravées par le fait ou à l'occasion du service.

987. Les officiers de carrière ainsi que les militaires non-officiers qui n'ont pas accompli un nombre suffisant d'années de services pour avoir droit à la pension d'ancienneté, soit à la pension proportionnelle et qui ont été rayés des cadres pour infirmités attribuables à un service accompli en opération de guerre, ont une option. Ils peuvent opter, soit pour la pension d'invalidité afférente à leur grade, soit pour une pension décomptée à raison de 2 % de la solde de base acquise à la radiation des cadres pour chacune de leurs annuités liquidables. Cette dernière pension est, uniformément, pour tous les grades, majorée d'une somme égale à la pension d'invalidité allouée à un soldat atteint de la même infirmité.

988. Les militaires titulaires d'une pension d'ancienneté, d'une pension proportionnelle ou en possession de droits à l'une de ces pensions qui sont atteints d'infirmité susceptible d'ouvrir droit à pension peuvent opter :

- soit pour la pension d'invalidité afférente à leur grade, le service de cette pension comportant la suspension de la pension d'ancienneté ou de la pension proportionnelle dont ils ont la jouissance ou qui vient à leur être concédée ;
- soit pour la pension d'ancienneté, ou la pension proportionnelle ; auquel cas il leur est attribué à titre définitif ou temporaire suivant que l'infirmité est ou non incurable, une majoration uniforme pour tous les grades, dont le taux est égal à celui des pensions allouées aux soldats atteints de la même infirmité.

L'option ainsi exercée est définitive.

---

[290] Loi n° 67-42 du 30 juin 1967 portant Code des pensions militaires d'invalidité (JORS n° 3905 du 8 juillet 1967). Ce code a été modifié par plusieurs lois : – Loi n° 72-45 du 12 juin 1972 modifiant le Code des pensions militaires d'invalidité. – Loi n° 2000-06 du 10 janvier 2006 abrogeant et remplaçant l'article 28 et les annexes prévues par les articles 9, 31, 61 et 72 de la loi n° 67-42 du 30 juin 1967 portant Code des pensions militaires d'invalidité, modifiée par la loi n° 72-45 du 12 juin 1972. – Loi n° 2017-26 du 13 juillet 2017 abrogeant et remplaçant certaines dispositions de la loi n° 67-42 du 30 juin 1967 portant Code des pensions militaires d'invalidité, modifiée.

989. Les militaires non-officiers, réformés définitivement, peuvent, s'ils n'ont pas acquis de droits à la pension proportionnelle, opter :

- soit pour la pension composée prévue à l'article 48 du Code des pensions civiles et militaires de retraite, lorsque l'invalidité résulte d'un service de guerre ;
- soit pour la pension d'invalidité au taux du grade du Code des pensions militaires d'invalidité.

990. Un minimum est prévu en matière de pension d'invalidité. En aucun cas, la pension d'invalidité accordée à un militaire mis à la retraite pour infirmité le rendant définitivement incapable d'accomplir son service ne pourra être inférieure à la pension fixée à 50 % des derniers émoluments de base afférents au grade, augmentée des annuités pour campagnes acquises par l'intéressé. Ces annuités sont calculées sur la base du traitement brut afférent à l'indice minimum de l'intéressé.

991. Tout militaire, atteint d'une invalidité ouvrant droit à une pension et qui est néanmoins admis à rester en service, a le droit de cumuler sa solde d'activité avec une pension uniforme pour tous les grades dont le taux est égal à celui de la pension allouée au simple soldat atteint de la même invalidité. Les militaires en possession de droit à pension définitive ou temporaire d'invalidité, qui peuvent en même temps prétendre à la solde de non activité pour infirmités temporaires, peuvent opter pour le Code le plus favorable.

B./ La pension de réversion ou d'ayants cause

992. Lorsque le décès du fonctionnaire est constaté, la pension est servie aux personnes dont il devrait normalement assurer la charge. Les règles applicables à la pension de réversion varient suivant qu'il s'agit des fonctionnaires civils (**1**) ou des militaires (**2**).

1. La réversion des fonctionnaires civils

993. Les ayants-cause des fonctionnaires civils qui ont droit à la pension en cas de décès ou de disparition du bénéficiaire sont : le conjoint survivant (**a**) et les orphelins (**b**). La situation est différente lorsqu'il existe une veuve et des orphelins de plusieurs lits (**c**).

a) La pension du conjoint survivant

994. Les règles sont différentes, suivant que le conjoint survivant est une veuve (***a.1***) ou un veuf (***a.2***).

a.1 – La pension de veuve

995. Les veuves des fonctionnaires civils ont droit à une pension égale à la moitié de la pension d'ancienneté ou proportionnelle obtenue par le mari ou qu'il aurait obtenue au jour de son décès. Cette pension est augmentée, le cas échéant, de la moitié de la rente d'invalidité dont il bénéficiait ou aurait pu bénéficier.

À la pension de veuve correspondant à une pension d'ancienneté ou à la rente d'invalidité du mari, s'ajoute éventuellement la moitié de la majoration pour enfants à charge. Cet avantage n'est servi à la veuve que lorsqu'elle est la mère des enfants ouvrant droit à cette majoration.

996. Le droit à la pension de veuve est subordonné *à la condition que le décès du mari soit constaté officiellement et survenu pendant la période où le mari a droit à une pension ou ne l'a pas perdu.* En outre, le mariage doit avoir été contracté deux ans, au moins, avant la cessation d'activité du mari. Cette condition supporte, toutefois, des atténuations. On peut en dénombrer quatre cas :

- si le mari a obtenu ou pouvait obtenir, soit une pension d'ancienneté, soit une pension proportionnelle accordée dans le cas prévu à l'article 6, 2° et 3° du Code des pensions civiles et militaires, il suffit que le mariage soit contracté deux ans au moins avant la cessation de l'activité du mari, sauf si un ou plusieurs enfants sont issus du mariage antérieur à ladite cessation ;
- si le mari a obtenu ou pouvait obtenir une pension proportionnelle accordée dans le cas prévu à l'article 6, 1° du Code des pensions civiles et militaires, il suffit que le mariage soit antérieur à l'évènement qui a amené la mise à la retraite ou la mort du mari ;
- si le mari a été mis à la retraite d'office par suite de l'abaissement des limites d'âge, il suffit que le mariage soit antérieur à la mise à la retraite et ait été contracté deux ans au moins avant, soit la limite d'âge fixée par la législation en vigueur au moment où il a été contracté, soit le décès du

mari si ce décès survient antérieurement à ladite limite d'âge ;

- si le mari avait droit à une pension d'ancienneté ou proportionnelle, le droit à la pension de veuve est reconnu si son mariage antérieur ou postérieur à la cessation d'activité a durée au moins six ans. Dans ce cas, l'entrée en jouissance de la pension est éventuellement différée jusqu'à l'époque où la veuve atteindra l'âge de 45 ans.

997. En cas de décès de l'une des épouses, sa part accroît celles des autres sauf rescision au profit des enfants mineurs. La femme séparée de corps peut prétendre à la pension de veuve ; il en est autrement si elle est divorcée. Dans ce cas, ce sont les enfants mineurs qui y ont droit.

998. Les veuves remariées perdent, si elles sont âgées de moins de 45 ans, le droit à la pension. Ce droit passe éventuellement aux enfants âgés de moins de 20 ans. Toutefois, la veuve remariée, redevenue veuve ou divorcée à son profit exclusif, peut si elle est âgée de 45 ans au moins, recouvrer l'intégralité de ses droits. Le droit à la pension de la veuve disparaît s'il est de notoriété publique et dûment établie qu'elle a cessé de mener une vie conjugale trois ans, au moins, avant le décès du mari.

a.2 – La pension de veuf

999. Le conjoint survivant d'une femme fonctionnaire peut prétendre à une pension de veuf égale à la moitié de la pension d'ancienneté ou proportionnelle obtenue par elle ou qu'elle aurait obtenu le jour de son décès. Cette pension est augmentée, le cas échéant, de la moitié de la rente d'invalidité dont sa femme bénéficiait ou aurait pu bénéficier au jour du décès.

La pension de veuf ne peut, en s'ajoutant aux ressources propres du bénéficiaire, porter celles-ci au-delà du traitement brut afférent à l'indice minimum dans l'échelle des traitements. Elle cesse d'être servie en cas de remariage du veuf ou s'il vit en état de concubinage notoire.

1000. Pour prétendre à une pension de veuf, le conjoint survivant d'une femme fonctionnaire doit :

- satisfaire à la condition d'ancienneté de deux ans de mariage ;
- être atteint d'une infirmité ou maladie incurable le rendant définitivement inapte à travailler ;
- ne pas disposer de ressources propres qui, s'ajoutant à la pension, porteraient le montant de celle-ci au-delà du

traitement afférent à l'indice de début de corps de la femme fonctionnaire.

b) La pension des orphelins

1001. Les règles relatives à la pension d'orphelin diffèrent suivant que c'est le père (***b.1***) ou la mère (***b.2***) qui était fonctionnaire.

b.1 – La pension des orphelins du père fonctionnaire

1002. Chaque orphelin a droit, jusqu'à l'âge de 21 ans, à une pension d'orphelin. Cette pension est due, sans condition d'âge, s'il est atteint, au moment du décès de son père, d'une infirmité permanente le mettant dans l'impossibilité de gagner sa vie.

1003. Le droit à pension d'orphelin est subordonné à la condition que la mise à la retraite ou la radiation des cadres de leur père soit postérieure :

- pour les enfants légitimes, au mariage dont ils sont issus ou à leur conception ; cependant, s'il s'agit d'une pension d'ancienneté, en présence d'un ou de plusieurs enfants, il suffit que le mariage ait duré, au mois, trois ans ;
- pour les enfants naturels reconnus, à leur conception ;
- pour les orphelins adoptés, à l'acte d'adoption ou au jugement de légitimation adoptive qui doit être intervenu deux ans au moins, avant la mise à la retraite de l'adoptant.

Est interdit du chef d'un même enfant, le cumul de plusieurs accessoires de traitement, solde, salaire et pension.

1004. Le montant de la pension est égal à 10 % de la pension d'ancienneté ou proportionnelle obtenue par le père ou qu'il aurait obtenu le jour de son décès. Il est augmenté, le cas échéant de 10 % de la rente d'invalidité dont il bénéficie ou aurait pu bénéficier sans que le total des émoluments attribués à la mère et aux orphelins, puisse excéder le montant de la pension et, éventuellement, de la rente d'invalidité attribuées ou qui auraient été attribuées au père. S'il y a excédent, il est procédé à la réduction temporaire des pensions des orphelins.

1005. En cas de décès de la mère ou si celle-ci ne peut obtenir une pension ou en est déchue, ses droits à pension passent aux enfants âgés de moins de 21 ans. À partir du deuxième enfant, la pension de 10 % est maintenue à chaque enfant mineur dans la limite du maximum précédemment indiqué.

b.2 – La pension des orphelins de la mère fonctionnaire

1006. Les orphelins d'une femme fonctionnaire décédée, ont droit, jusqu'à l'âge de 21 ans, à une pension d'orphelin.

1007. Le montant de la pension varie suivant que le père est vivant ou non. Lorsque le père est vivant, les enfants ont droit à une pension égale pour chacun d'eux à 10 % du montant de la pension attribuée ou qui aurait pu être attribuée à la mère. Si le père est déjà décédé, le premier enfant a droit à la moitié de la pension de la mère, les autres enfants peuvent prétendre aux pensions temporaires de 10%. En application de l'article 56 du Code des pensions civiles et militaires de retraite, ces pensions sont augmentées, le cas échéant, du montant des avantages familiaux.

c) Le concours entre plusieurs lits

1008. En cas de polygamie ou d'un ou de plusieurs mariages antérieurs du fonctionnaire, le principe est que la pension est allouée à la famille. Chaque lit est représenté par une veuve ou, éventuellement, par les orphelins mineurs. Dans ce cas, la pension est répartie par parts égales entre chaque lit. Au cas où l'un des lits cesse d'être représenté, la part qui lui est attribuée est partagée entre les autres lits.

1009. Lorsqu'il existe une veuve et des enfants mineurs de deux ou plusieurs lits par suite d'un ou plusieurs mariages de fonctionnaires, la pension de la veuve est maintenue à 50 %. Lorsque les enfants mineurs issus de divers lits sont orphelins de père et de mère, la pension qui aurait été attribuée à la veuve (celle au taux de 50 %) est répartie entre les lits au prorata du nombre d'orphelins composant chaque lit. Dans ce cas, la pension de 10 % des enfants est attribuée dans chaque groupe à partir du second orphelin.

2. La réversion des militaires

1010. Sont applicables aux ayants cause de militaires, dont les droits ne se trouvent pas régis par la législation spéciale des pensions militaires d'invalidité, les dispositions applicables aux fonctionnaires civils à quelques légères exceptions[291]. Ainsi, la

[291] Les exceptions sont prévues par l'article 55 alinéa 1, a et b du Code des pensions civiles et militaires de retraite.

réversion des militaires est régie par des règles générales (**a**) et des règles particulières (**b**).

a) Les règles générales

1011. Le droit à pension de veuve est subordonné à la condition :

- que le mariage ait été contracté deux ans au moins avant la cessation de l'activité du mari, sauf si un ou plusieurs enfants sont issus du mariage antérieurement à ladite cessation, lorsque le mari a obtenu ou pouvait obtenir, soit une pension d'ancienneté, soit une pension proportionnelle prévue par l'article 14, 2°-b, 3° et 4°-a du Code des pensions civiles et militaires de retraite ;
- que le mariage ait été contracté avant l'évènement qui a amené la radiation des cadres ou la mort du mari, lorsque celui-ci a obtenu ou pouvait obtenir une pension proportionnelle prévue par l'article 14, 2°-b,3° et 4°-b du Code des pensions civiles et militaires de retraite.

b) Les règles spéciales

1012. La pension des ayants cause des militaires d'une pension proportionnelle est calculée en prenant pour base le taux de cette pension. Les ayants cause des militaires décédés en activité de service, après 15 ans de services effectifs à l'État, reçoivent une pension dont le montant est également calculé d'après le taux de la pension proportionnelle à laquelle aurait pu prétendre le militaire décédé, que celui-ci ait ou non demandé le bénéfice de la pension prévue à l'article 14, 1° et 4° du Code des pensions civiles et militaires de retraite.

1013. Les droits à pension des ayants cause des militaires décédés, titulaires d'une pension militaire d'invalidité ou décédés en activité des suites de blessures ou de maladie aggravées ou contractées en service, sont fixés par la législation spéciale sur les pensions militaires d'invalidité. Lorsque le militaire ne réunit pas les conditions requises pour l'obtention d'une pension fondée sur la durée des services, la pension qui lui est dévolue ne peut être inférieure à celle qui lui reviendrait, en prenant pour base la pension prévue à l'article 51 du Code des pensions civiles et militaires de retraite. Elle ne peut donc être inférieure à la pension fixée à 50 % des derniers émoluments de base afférents au grade et à l'échelon occupés, à la date de la radiation des cadres, augmentée de la liquidation des annuités pour campagnes acquises par l'intéressé sur la base du traitement brut afférent à l'indice minimum.

1014. La veuve et les orphelins des militaires décédés à la suite d'une invalidité non contractée en service, avant d'avoir accompli 15 ans de services, ont droit à la moitié d'une pension proportionnelle. Celle-ci est calculée dans les conditions fixées à l'article 43 du Code des pensions civiles et militaires de retraite.

1015. Lorsqu'un militaire, réunissant les conditions requises pour l'obtention d'une pension fondée sur la durée des services vient à décéder par le fait ou à l'occasion du service, s'il est également en possession d'une pension militaire d'invalidité réversible ou du droit au bénéfice d'une pension de cette nature, ses ayants cause peuvent opter entre deux types de pension. Ils peuvent choisir la pension fixée par le tarif de la législation spéciale aux pensions militaires d'invalidité ou la pension fixée par le Code des pensions civiles et militaires de retraite à l'exclusion de la rente viagère d'invalidité. Dans ce cas, cette dernière pension est augmentée de la pension à laquelle la veuve ou les orphelins d'un soldat décédé en possession de droits à une pension de cette nature et dans les conditions précitées, peuvent prétendre, en vertu de la législation spéciale, aux pensions militaires d'invalidité.

1016. Les officiers généraux placés dans la deuxième section de l'État-major général reçoivent une solde de réserve égale au taux de la pension à laquelle ils auraient droit s'ils étaient en position de retraite. En aucun cas, cette solde n'est cumulable avec une solde d'activité ou pension proportionnelle.

§ 2 – La liquidation et le paiement de la pension

1017. Dès que la nature de la pension est déterminée, il faut passer à sa liquidation et à sa concession. La concession est l'acte juridique qui attribue au fonctionnaire civil ou au militaire une pension de retraite. C'est la liquidation (**A**) qui va permettre la jouissance par le paiement de la pension de retraite (**B**).

A./ La liquidation de la pension

1018. Lorsqu'un fonctionnaire civil ou un militaire souhaite partir à la retraite, il doit demander la liquidation de ses droits.[292]

[292] La demande de mise à la retraite doit faire l'objet d'un préavis de six mois de la part de l'intéressé mais l'administration peut prononcer la retraite avant

La liquidation est l'opération qui consiste à constater et arrêter le montant de la pension (**3**). Pour le faire, il faut déterminer les annuités liquidables (**b2**) et les émoluments de base (**1**) du fonctionnaire civil ou du militaire.

1. Les émoluments de base

1019. La pension d'ancienneté ou proportionnelle est fixée à 1,80 % des émoluments de base par annuité liquidable. Ces émoluments sont constitués par le dernier traitement soumis à retenue afférent au grade, à la classe et à l'échelon qu'occupait ou qu'aurait pu occuper le fonctionnaire civil ou le militaire au moment de son admission à la retraite ou, dans le cas contraire, sauf s'il y a eu rétrogradation par mesure disciplinaire, sur le traitement soumis à retenue afférent au grade, à la classe et à l'échelon antérieur.

Pour le fonctionnaire rétrogradé à la suite d'une mesure disciplinaire, les émoluments de base sont ceux afférents aux grade et échelon de la classe de rétrogradation.

1020. Aux émoluments de base qui servent de calcul de la pension, s'ajoutent certaines indemnités. Ainsi, les émoluments se décomposent comme suit :

- la solde indiciaire ;
- le complément spécial de solde ;
- l'indemnité de résidence ;
- l'indemnité différentielle dégressive allouée, par suite de leur intégration dans la Fonction publique sénégalaise, aux fonctionnaires ayant appartenu aux cadres français ;
- l'indemnité différentielle dégressive en cas de changement de corps ;
- l'indemnité spéciale pour l'enseignement ;
- les augmentations et ajustements de salaire.

---

ce délai. L'admission à la retraite pour ancienneté de services intervient d'office le premier jour du mois au cours duquel les intéressés atteignent la limite d'âge qui leur est applicable. Pour les personnes dont l'état civil ne précisent pas le mois de naissance, l'admission à la retraite est prononcée à compter du 1er janvier de l'année au cours de laquelle ils sont présumés avoir atteint la limite d'âge. – Les militaires sont admis à la retraite conformément aux textes qui les régissent, notamment la loi n° 62-37 du 18 mai 1962 fixant le statut général des officiers d'active des Forces armées et la loi n° 62-38 du 18 mai 1962 fixant le statut général des sous-officiers de carrière (JORS n° 3532 du 2 juin 1962, p. 965 et 967).

1021. Lorsque les émoluments précités excèdent dix fois le traitement afférent à l'indice minimum dans l'échelle des traitements, la portion dépassant cette limite n'est comptée que pour moitié. Les pensions et les rentes de toute nature sont revalorisées dans les mêmes proportions, chaque fois qu'il est procédé à une augmentation générale des traitements et salaires du secteur public.

b) Le décompte des annuités liquidables

1022. Les années liquidables sont les années de service et les années considérées comme telles retenues pour le calcul de la pension.[293] Le décompte des annuités varie suivant qu'il s'agit d'un fonctionnaire (**a**) ou d'un militaire (**b**).

a) Les annuités des fonctionnaires civils

1023. Les services et les bonifications de service pris en compte pour calculer les annuités liquidables sont les mêmes que ceux pris en compte pour le calcul du droit à la pension. Les services qui entrent en compte pour la constatation du droit à la pension sont :

- les services civils accomplis ainsi que leurs bonifications ;
- les services militaires ;
- la bonification des bénéfices de campagne, supputés dans les conditions précisées à l'article 5 du Code des pensions civiles et militaires de retraite[294] et qui s'ajoutent éventuellement aux services militaires.

1024. Les annuités liquidables augmentées éventuellement de bonifications sont prises en compte pour leur durée effective. Dans le décompte final des annuités liquidables, la fraction de semestre égale ou supérieure à trois mois est comptée pour six mois. La fraction de semestre inférieure à trois mois est négligée.

---

[293] Une annuité est le droit à percevoir une pension de retraite que l'on acquiert lorsqu'on a cotisé pendant une année complète. Ce mode de calcul s'oppose à celui du régime par points, qui calcule la pension en fonction du nombre de points acquis chaque année au regard des cotisations versées.

[294] En cas de demande de mise à la retraite anticipée, les âge et durée de service exigés à l'article 4 sont réduits d'un temps égal à la moitié des périodes ouvrant droit, pour les fonctionnaires anciens combattants, au bénéfice de campagne double au cours d'une guerre ou d'une expédition déclarée campagne de guerre.

1025. Le maximum des annuités liquidables pour la pension d'ancienneté est fixé à 37 annuités et 6 mois. Il peut être porté à 40 annuités, en prenant en compte les bonifications pour les services hors du Sénégal, et les bénéfices de campagnes doubles.[295]

Pour la pension proportionnelle, le maximum des annuités liquidables est fixé à 25 annuités. Il peut être porté à 37 annuités et 6 mois du chef des bénéfices de campagnes simples, à 40 annuités, du chef des bonifications pour les services hors du Sénégal et des bénéfices de campagnes doubles.[296]

b) Les annuités des militaires

1026. Les services pris en compte dans la liquidation d'une pension militaire d'ancienneté ou proportionnelle sont les mêmes que ceux pris en compte dans la constitution du droit à la pension militaire d'ancienneté ou proportionnelle.[297] Toutefois, pour les pensions proportionnelles, ne sont pas pris en compte dans la liquidation des annuités :

- le temps passé dans les grandes écoles militaires après l'âge de 18 ans et avant tout engagement militaire, lesdits services se décomptant du jour de l'entrée à l'école ;
- les bénéfices de campagne pour la pension militaire proportionnelle allouée aux officiers comptant moins de 15 années de services à l'État et radiés des cadres par mesure disciplinaire.

Les militaires bénéficient des mêmes bonifications d'annuités liquidables que les fonctionnaires civils.[298] Dans le décompte final des annuités liquidables, la fraction de semestre égale ou supérieure à trois mois est comptée pour six mois. La fraction de semestre inférieure à trois mois est négligée.

1027. Le maximum des annuités liquidables pour la pension militaire d'ancienneté est fixé à 37 annuités et 6 mois. Il peut être porté à 40 annuités, en prenant en compte les bonifications pour les services hors du Sénégal, et les bénéfices de campagnes quels qu'ils soient et des services aériens et maritimes accomplis dans

---

[295] Article 26 du Code des pensions civiles et militaires de retraite qui fait des renvois, respectivement aux articles 20, 1° et 20, 2° du même Code.
[296] Article 27 du Code des pensions civiles et militaires de retraite qui fait des renvois, respectivement aux articles 20, 1° et 20, 2° du même Code.
[297] Articles 15 et 16 du Code des pensions civiles et militaires de retraites.
[298] Voir articles 21 et 23 du Code des pensions civiles et militaires de retraites.

les conditions prévues par l'article 23 du Code des pensions civiles et militaires de retraite.

Pour la pension militaire proportionnelle, le maximum des annuités liquidables est fixé à 25 annuités. Il peut être porté à 40 annuités, du chef des bonifications pour les services hors du Sénégal et des bénéfices de campagnes quels qu'ils soient et des services aériens et maritimes prévus par l'article 23 précité.

3. Le calcul de la pension

1028. La pension d'ancienneté ou proportionnelle est égale à 1,80 % des émoluments de base par annuité calculable. Ce calcul permet d'obtenir un montant minimal de la pension (**a**), car celui-ci peut être majoré dans certains cas (**b**).

a) Le montant minimal de la pension

1029. La rémunération de l'ensemble des années liquidées ne peut être inférieure au moins :

- dans une pension basée sur 25 annuités liquidables au traitement brut afférent à l'indice minimum dans l'échelle des traitements ;
- dans une pension basée sur moins de 25 annuités liquidables, au montant de la pension calculée à raison de 4 % du traitement brut afférent à l'indice minimum dans l'échelle des traitements, par annuité liquidable.

1030. Concernant les militaires, la pension qui leur est allouée au titre de la durée des services ne peut, en aucun cas, être inférieure à celle qu'ils auraient obtenue s'ils n'avaient pas été promus à un grade supérieur. À cet effet, la pension d'ancienneté ou proportionnelle des caporaux-chefs, caporaux, soldats et de tous militaires de rang correspondant ne peut être inférieure à 90 % pour les caporaux-chefs, à 80 % pour les caporaux, à 75 % pour les soldats, de la pension d'ancienneté ou proportionnelle qui serait obtenue par un sergent comptant le même nombre d'années de services et de bonifications sur la base de l'échelle indiciaire détenue par le postulant et qui ne peut être inférieure à l'échelle n° 2.

b) La majoration de la pension

1031. Lorsque le montant de la pension n'est pas un multiple de douze, il est immédiatement arrondi au franc immédiatement supérieur de manière à le rendre divisible par douze.

1032. La pension d'ancienneté ainsi que la pension pour invalidité sont majorées de 10 % en ce qui concerne les titulaires ayant élevé à leur date d'admission à la retraite au moins trois enfants depuis leur naissance jusqu'à l'âge de 16 ans. Sont pris en compte, d'une part, les enfants légitimes, les enfants reconnus et, d'autre part, dans la limite de deux, les enfants légalement adoptés.

1033. Les titulaires d'une pension d'ancienneté ou proportionnelle bénéficient, le cas échéant, des avantages familiaux servis aux agents en activité à l'exclusion du supplément familial de traitement et dans la limite de six enfants. Pour un même enfant, la majoration de pension et l'avantage familial ne sont pas cumulables entre eux.

B./ Le paiement de la pension

1034. Pour jouir de la pension de retraite, il faut avoir été préalablement, soit admis sur demande à faire valoir ses droits à la retraite, soit admis d'office. Bien que le paiement des pensions soit régi par des règles (**1**), il peut avoir des incidents et exceptions de paiement (**2**).

1. Les règles de paiement

1035. Les règles de paiement renvoient aux dates et périodicité (**a**) de paiement, aux avances sur pension (**c**) et modes de paiement (**b**). Il faut ajouter le remboursement des retenues effectuées au titre de la constitution de la pension (**d**) et le cumul des pensions et rémunérations publiques (**e**).

a) Les dates et périodicité de paiement

1036. Le versement de pension de retraite est mensuel. La pension viagère d'invalidité ainsi que les accessoires à caractère familial des pensions principales sont payées mensuellement et à terme échu.

La mise en paiement, portant rappel du jour de l'entrée en jouissance, doit obligatoirement intervenir au plus tard à la fin du deuxième mois suivant celui de la cessation d'activité.

1037. Le paiement du traitement ou solde d'activité augmenté éventuellement des avantages familiaux à l'exclusion de toute autre indemnité ou allocation est due jusqu'à la fin du mois civil au cours duquel le fonctionnaire ou militaire est, soit décédé en activité. Par conséquent, le paiement de la pension de l'intéressé ou de celle de ses ayants-droit commence au premier jour du mois suivant.

1038. Lorsqu'il s'agit d'une pension à jouissance différée, le paiement prend effet du premier jour du mois civil suivant celui de l'entrée en jouissance. La jouissance différée est celle qui intervient avant la date de mise à la retraite, pour les fonctionnaires ayant acquis 15 ans de service en attendant d'atteindre la limite d'âge.[299]

1039. En cas de décès d'un fonctionnaire ou d'un militaire retraité, la pension ou la rente viagère d'invalidité est payée à la veuve ou aux orphelins jusqu'à la fin du mois civil au cours duquel le fonctionnaire ou militaire est décédé. Le paiement de la pension des ayants droit commence au premier jour du mois suivant. En cas de décès d'un fonctionnaire ou d'un militaire titulaire d'une pension à jouissance différée, le paiement de la pension de veuve ou d'orphelin prend effet du premier jour du mois civil suivant celui du décès.

1040. En cas de décès du pensionné, les arrérages restants dus au décès des titulaires de pensions sont valablement payés entre les mains du conjoint survivant, des orphelins ou des ayants-droit réunissant les conditions exigées, jusqu'à la fin du mois civil au cours duquel le fonctionnaire civil, ou militaire est décédé. Le paiement de la pension commence le premier jour du mois suivant le décès.

b) Les avances sur pension

1041. Dans le cas où la liquidation définitive de la pension ne serait pas achevée au premier jour du premier trimestre civil suivant la cessation d'activité ou le décès du fonctionnaire, des avances sur pensions sont payées aux fonctionnaires et militaires retraités ainsi qu'aux veuves et aux orphelins par le FNR, dans les mêmes conditions d'échéance que les pensions elles-mêmes. Le

---

[299] Voir les articles 39 et 55 du Code des pensions civiles et militaires.

montant de ces avances est égal à la somme arrondie au franc inférieur à laquelle une liquidation sommaire des droits des intéressés permet d'évaluer la pension. Elles sont majorées, le cas échéant des avantages familiaux ainsi que des pensions d'orphelins et des majorations prévues par le Code des pensions civiles et militaires de retraite.

1042. Les avances consenties sont récupérées par voie de précompte sur les premiers arrérages de la pension à laquelle les intéressés auront été reconnus avoir droit et s'il y a lieu, au moyen d'une retenue du cinquième des arrérages postérieurs. Aucune avance n'est consentie au titre de la rente d'invalidité.

c) Les modes de paiement

1043. Le titulaire d'une pension ou son représentant légal désigne le comptable public à la caisse duquel les arrérages de sa pension doivent être rendus payables. Le paiement des arrérages des pensions a lieu soit en numéraire à la caisse du compte du Trésor désigné, soit par virement à un compte courant postal ou bancaire ouvert au nom du titulaire ou de son représentant légal.

1044. Le titulaire d'une pension ou son représentant légal, qui ne peut ou ne sait signer ou qui ne peut se déplacer, a la faculté de faire encaisser les arrérages de la pension par un tiers muni d'un certificat de vie-procuration. Les modalités d'application de cette exigence sont précisées par décret.

d) Le remboursement des retenues

1045. Le fonctionnaire civil ou militaire qui vient à quitter le service pour quelque cause que ce soit avant de pouvoir obtenir une pension ou une rente viagère d'invalidité, perd ses droits auxdites pensions et rentes. Dans ce cas, il peut prétendre au remboursement direct et immédiat, à condition qu'il en fasse la demande dans un délai de 5 ans à compter de la date de radiation sous peine de déchéance, de la retenue subie d'une manière effective sur son traitement.

Le remboursement des retenues est obtenu, sauf dans les hypothèses visées à l'article 79 du Code des pensions civiles et militaires de retraite, sous réserve, le cas échéant, de la compensation avec les sommes dont le fonctionnaire peut être redevable du chef des débets. Lorsque l'État procède à tort à des prélèvements au titre de retenues pour pension, le montant doit être remboursé sans intérêt.

e) Le cumul des pensions et rémunérations publiques

1046. Aucune rémunération publique, civile ou militaire, ne peut se cumuler avec une pension d'ancienneté ou proportionnelle. Ainsi, lorsque le fonctionnaire pensionné perçoit une rémunération publique, le paiement de la pension est suspendu pendant toute la durée de l'activité. Dans tous les cas, la pension de retraite définitive est calculée sur l'ensemble des services effectués par le fonctionnaire ou le militaire au moment de l'admission à la retraite.

1047. À la différence de la pension, la rente viagère d'invalidité peut se cumuler avec une rémunération d'activité. Elle est également cumulable avec une pension d'ancienneté ou proportionnelle.

Le cumul de deux ou plusieurs pensions basées sur la durée des services n'est permis que lorsque lesdites pensions sont fondées sur des services effectués dans des emplois successifs, aucun fonctionnaire ne pouvant acquérir des droits à pension dans deux emplois concomitants, qu'ils soient exercés pour le compte d'un ou de plusieurs des collectivités ou établissements publics. Dans le cas de prohibition de cumul, l'intéressé conserve le droit de désigner la pension dont il entend conserver le bénéfice.

2. Les incidents et exceptions de paiement

1048. Les incidents et exceptions de paiement portent sur la suspension du droit à pension ou à rente (**a**), la déchéance du droit à pension ou à rente (**b**), la prescription des pensions (**c**), l'insaisissabilité ou l'incessibilité des pensions (**d**), et le contentieux lié au paiement (**e**).

a) La suspension du droit à pension ou à rente

1049. Le droit à l'obtention ou à la jouissance de la pension ou de la rente viagère d'invalidité peut être suspendu. Il est suspendu par :

- la révocation avec suspension des droits à pension ;
- la condamnation prononcée par application du Code de justice militaire ;
- la condamnation à une peine afflictive et infamante, pendant la durée de la peine ;
- les circonstances qui font perdre la qualité de citoyen du Sénégal, durant la privation de cette qualité ;

- la déchéance de la puissance paternelle.

Aucun rappel n'est dû pour les arrérages antérieurs s'il y a lieu, par la suite, à la liquidation ou au rétablissement de la pension ou de la rente d'invalidité. Un rappel n'est envisageable que dans le cas d'intervention d'un jugement de révision supprimant la condamnation à une peine afflictive et infamante.

1050. La suspension peut être partielle si le titulaire a une femme ou des enfants mineurs ouvrant droit à pension de réversion. Dans ce cas, la femme ou les enfants mineurs reçoivent pendant la durée de la suspension une pension fixée à 50 % de la pension ou de la rente d'invalidité dont bénéficiait ou aurait bénéficié effectivement le mari. Dans le cas où le fonctionnaire ou militaire n'est pas effectivement en jouissance d'une pension ou d'une rente d'invalidité au moment où doit jouer la suspension, la femme et les enfants mineurs peuvent obtenir la pension si leur auteur remplit, à ce moment, la condition de durée de service exigée pour l'attribution d'une pension d'ancienneté.

Les frais de justice résultant de la condamnation du titulaire ne peuvent être relevés sur la portion des arrérages ainsi réservés au profit de la femme et des enfants.

b) La déchéance du droit à pension ou à rente

1051. La déchéance des droits à pension ne peut intervenir qu'à l'exclusion définitive des cadres, mais sous certaines conditions. Ainsi, peut être déchu de ses droits à pension ainsi qu'à la rente viagère d'invalidité, tout bénéficiaire qui est exclu définitivement des cadres pour :

- avoir été reconnu judiciairement coupable de détournement soit de deniers publics de l'État, des communes ou établissements publics, soit de dépôt de fonds particuliers versés à sa caisse ou de matières reçues dont il doit rendre compte ;
- avoir été convaincu de malversations relatives à son service ;
- s'être démis de ses fonctions à prix d'argent ou à des conditions équivalant à une rémunération en argent ou avoir été complice d'une telle démission.

1052. Si la découverte du détournement, des malversations ou de la démission n'a lieu qu'après la cessation d'activité, la déchéance est appliquée. Il en est ainsi, lorsque les agissements qui lui sont reprochés auraient été de nature à motiver son exclusion définitive des cadres, alors même que sa pension ou rente d'invalidité aurait déjà été concédée.

1053. La déchéance est prononcée par arrêté conjoint du Ministre dont relève l'intéressé et du Ministre chargé des pensions. L'organisme disciplinaire compétent est toujours expressément appelé à donner son avis.

c) La prescription des pensions

1054. Les pensions et les rentes viagères d'invalidité sont rayées des registres de la dette viagère après deux ans de non réclamation. Leur établissement donne lieu à un rappel d'arrérages antérieurs à la réclamation lorsque les justifications nécessaires sont produites.

La même déchéance est applicable aux héritiers ou ayants cause des pensionnés qui n'auront pas produit la justification de leurs droits dans les deux ans qui suivent la date de décès de leur auteur.

d) L'incessibilité et l'insaisissabilité des pensions

1055. En règle générale, les pensions et les rentes viagères d'invalidité instituées sont incessibles et insaisissables. Toutefois, cette règle connaît quelques exceptions, précisément en cas de débet envers l'État, les établissements publics, ou en cas de créances privilégiées.

1056. Les débets, envers les personnes morales, précédemment citées, rendent les pensions et les rentes viagères d'invalidité passibles de retenues jusqu'à concurrence d'un cinquième de leur montant.

1057. Dans le cas de créance alimentaire, la retenue peut s'élever jusqu'au tiers du montant de la pension ou de la rente d'invalidité. En ce qui concerne les autres créances privilégiées, il est procédé comme pour les débets envers l'État, les collectivités et les établissements publics. Les retenues du cinquième et du tiers peuvent s'exercer simultanément. En cas de débets simultanés envers l'État et les collectivités publiques, les retenues doivent être effectuées en premier lieu au profit de l'État. La créance du FNR primera les autres.

e) Le contentieux lié au paiement

1058. Le Code des pensions civiles et militaires de retraite sanctionne plusieurs types de délits. Il sanctionne toute personne qui aura touché ou tenté de toucher les arrérages d'une pension dont il n'est pas titulaire pour l'encaissement de laquelle il n'a pas une procuration du véritable titulaire ou un mandat légal. Il punit également toute personne qui aura fait une fausse déclaration pour obtenir la concession ou le paiement d'une pension.

La peine prévue pour les délits précités est un emprisonnement de 2 ans au moins et de 5 ans au plus et une amende qui ne peut excéder le montant des arrérages d'une année ni être inférieure à 12.000 francs. Ces peines sont encourues, sans préjudice du remboursement des arrérages indûment touchés et de l'action civile des intéressés, et sans préjudice, soit des peines plus graves en cas de faux ou d'autres crimes prévus et punis par les lois en vigueur, soit de la perte de la pension.

1059. Si le coupable est un fonctionnaire ou un officier public en activité de service au moment où la fraude a été commise, ou un employé travaillant dans les bureaux d'un comptable public, d'un notaire ou d'une mairie, la peine est celle de la réclusion sans préjudice de l'amende.

Les coupables, peuvent, en outre, du jour où ils auraient subi leur peine, être privés des droits mentionnés à l'article 34 du Code pénal portant limitation ou suppression de l'exercice de certains droits civiques ou de famille.

CHAPITRE 3 :

LA COUVERTURE DES CATÉGORIES SOCIALES VULNÉRABLES

1060. Depuis quelques années, l'expression « catégories sociales vulnérables » s'est imposée dans le lexique de la protection sociale. La notion de vulnérabilité fait référence à l'incapacité d'une personne de résister aux effets d'un environnement hostile. Elle prend en compte la place de l'individu dans la société et est intrinsèquement liée au risque de fragilisation auquel est exposé ce dernier. [300]

1061. La fragilité, associée à la vulnérabilité sociale et liée à l'incertitude des revenues ou à l'instabilité familiale, entraîne la précarité.[301] Elle se traduit par l'exclusion sociale. Pour prévenir et lutter contre ces risques, le Sénégal a étendu la protection sociale aux couches vulnérables, en leur permettant, notamment, de bénéficier d'une couverture maladie, d'avoir accès à des soins de santé. Cette protection concerne les personnes handicapées (**section 1**), les personnes âgées, les étudiants et élèves (**section 2**).

SECTION 1 : LES PERSONNES HANDICAPÉES

1062. Les personnes handicapées font partie des couches sociales les plus vulnérables, car la plupart d'entre elles sont sous-scolarisées et sous-employées.[302] Elles sont confrontées aux difficultés d'insertion sociale. Aussi, avant d'examiner les mesures prises en vue d'assurer la protection sociale des personnes

---

[300] Marion BORDERON et Sébastien OLIVEAU, « Vulnérabilités sociales et changement d'échelle », Espace populations sociétés [En ligne], 2016/ 3 | 2017, mis en ligne le 31 janvier 2017, consulté le 08 octobre 2019. URL : http://journals.openedition.org/eps/7012 ; DOI : 10.4000/eps.7012

[301] Hélène THOMAS, *Les vulnérables – La démocratie contre les pauvres*, Paris, Éditions du Croquant, 2010, p. 47.

[302] Selon le recensement général de la population de 2013, 59 sénégalais sur 1000 souffrent d'un handicap quelconque. (Rapport initial du Sénégal sur la mise en œuvre de la Convention des Nations Unies relative aux droits des personnes handicapées, déc. 2014).

handicapées (**§ 2**), il est nécessaire de s'entendre sur la notion de personne handicapée (**§ 1**).

§ 1 – La présentation des personnes handicapées

1063. La Convention relative aux droits des personnes handicapées, adoptée le 13 décembre 2006 par l'Assemblée générale des Nations Unies, est le premier instrument international concernant le handicap. Pour mieux appréhender la personne handicapée, il faut définir la notion de handicap (**A**) et présenter les politiques associées à ce handicap (**B**).

A./ La notion du handicap

1064. La vision du handicap est, malheureusement encore, stigmatisée par certaines personnes. Cette notion a connu une évolution significative avec une définition du handicap (**1**) et des risques affectant les personnes handicapées (**2**).

1. La définition du handicap

1065. De manière générale, l'expression handicap désigne l'incapacité d'une personne à vivre et à agir dans son environnement en raison de déficiences physiques, mentales, ou sensorielles. Il se traduit la plupart du temps par des difficultés de déplacement, d'expression ou de compréhension chez la personne atteinte.

La notion de handicap peut donc être appréhendée par le biais de la situation telle que perçue par les personnes concernées. C'est cette dimension qui est d'ailleurs adoptée par la loi d'orientation sociale n° 2010-15 du 6 juillet 2010, relative à la promotion et à la protection des droits des personnes handicapées.[303] Suivant l'article 1er de celle loi, par personnes handicapées, « *on entend toutes les personnes qui présentent des incapacités physiques, mentales, intellectuelles ou sensorielles durables dont l'interaction avec diverses barrières peut porter atteinte à leur pleine et effective participation à la société sur la base de l'égalité.* »

L'expression handicap est donc associée aux individus, qui du fait de la déficience, sont dans l'incapacité d'assurer un véritable rôle dans la société ou de mener une vie sociale normale. Cette

---

[303] JORS n° 6553 du samedi 30 octobre 2010.

incapacité est liée non seulement à la déficience, mais à un environnement inadapté.

2. Les risques affectant les personnes handicapées

1066. Le handicap provoque une aggravation des risques sanitaires et sociaux pour les personnes handicapées. Celles-ci sont plus exposées que les personnes non handicapées aux risques et aux vulnérabilités auxquels les systèmes de protection sociale s'attaquent. On peut citer l'accès aux soins, la pauvreté, le chômage, la vulnérabilité liée à l'âge.

1067. Les personnes handicapées supportent également des coûts supplémentaires liés à leur incapacité. En raison de leur handicap, ils endurent des coûts de vie plus élevés que ceux des personnes non handicapées. À titre d'exemple, là où une personne non handicapée prend un transport en commun pour se déplacer, une personne handicapée est obligée de prendre un taxi, car plus commode au regard de son état.

1068. Les personnes handicapées se trouvent également confrontées à l'accès à des services ordinaires. Il en est ainsi de l'accès à l'éducation, au logement, etc. Ils sont souvent dépendants de leur famille, en raison de l'absence de services sociaux spécifiques prenant en compte leur autonomie.

B./ La politique du handicap

1069. Le Gouvernement sénégalais s'est arrimé à la communauté internationale en mettant en place une politique globale de protection et de promotion des personnes handicapées. La loi d'orientation sociale du 6 juillet 2010 pose les grands principes de la politique du handicap (**1**) et les obligations de l'État dans ce domaine (**2**).

1. Les grands principes de la politique du handicap

1070. La politique du handicap conjugue une stratégie d'accessibilité, généralisée aux dispositifs de droit commun, des personnes limitées dans leur autonomie pour permettre leur accès à la scolarisation, à l'emploi, à la santé, au cadre de vie et aux activités sociales. Elle combine également une stratégie de compensation pour réduire et surmonter les incapacités fonctionnelles des personnes elles-mêmes.

1071. La loi de 2010 vise à garantir l'égalité des chances des personnes handicapées ainsi que la promotion et la protection de leurs droits contre toutes formes de discrimination. Sont *considérées comme discriminatoires, toutes les dispositions ou actes qui ont pour conséquence, l'exclusion ou peuvent causer la réduction des chances ou un préjudice aux personnes handicapées.* Ne sont pas considérées comme discriminatoires, les mesures incitatives spéciales en faveur des personnes handicapées qui visent à garantir l'égalité effective de chance et de traitement.

1072. Toute personne handicapée reçoit une carte spécifique prouvant son handicap et appelée « *carte d'égalité des chances* ». Cette carte est délivrée par le Ministère chargé de l'Action sociale sur proposition des commissions techniques départementales. Les règles relatives à la création, à la composition, aux attributions ainsi que les modalités de fonctionnement des commissions techniques sont fixées par décret[304].

1073. La « *carte d'égalité des chances* » est un instrument de protection sociale destiné à équilibrer les prestations pour les personnes en situation de handicap. Elle permet à son titulaire de bénéficier des droits et avantages en matière d'accès aux soins de santé, de réadaptation, d'aide technique, financière, d'éducation[305], de formation, d'emploi, de transport, ainsi qu'à tout autre avantage susceptible de contribuer à la promotion et à la protection des droits des personnes handicapées.

1074. La personne qui assiste une personne lourdement handicapée peut bénéficier de privilège en vue de lui permettre d'assurer au mieux sa mission d'assistance. L'État et les collectivités locales, dans leurs ressorts respectifs, assurent la pleine et entière participation des personnes handicapées à la vie sociale, économique et culturelle de la Nation.

---

304 Décret n° 2012-1038 du 2 octobre 2012 relatif aux commissions techniques et de l'éducation spéciale.

305 Conseil d'État du Sénégal, 1ère section, 29 juin 2000, *Boubacar Fadiya c./ Association Nationale des Handicapés Moteurs du Sénégal (ANHMS)*, Bulletin des arrêts du Conseil d'Etat, n° 2, années judiciaires 1998-1999-2000, (année 2000), pp. 28-30. Pour rappel, le sieur Boubacar Fadiya, handicapé physique et membre de l'ANHMS subit les épreuves écrites d'un concours. Il est classé second sur une soixantaine d'admissibles, mais à l'épreuve de confirmation, sa candidature est écartée par le jury qui estime que l'infirmité dont il est atteint est incompatible avec la fonction de volontaire dans l'enseignement. Le sieur Fadiya saisit le Conseil d'État pour solliciter l'annulation de la décision du jury pour illégalité. Le Conseil d'État rend une décision qui réaffirme le droit à l'égalité des personnes handicapées.

2. Les obligations de l'État

1075. Les politiques publiques de l'État, nécessaires à la prévention des handicaps, leur traitement, leur prise en charge, la réadaptation, l'éducation, la formation professionnelle, l'insertion socio-économique et l'intégration sociale des personnes handicapées sont considérées comme *obligations nationales.* À cet effet, l'État se doit de :

- créer des centres de réadaptation ;
- élaborer le *programme national de Réadaptation à Base Communautaire (RBC)*[306], lequel est approuvé par décret ;
- veiller à l'insertion socio-économique de même que l'intégration sociale des personnes handicapées par la diffusion de l'information sur leurs droits ;
- créer des conditions de vie décentes au profit des personnes handicapées et leur promotion.

1076. La famille, l'État, les collectivités locales, les organismes publics et privés, les organisations nationales, les associations, les individus, les personnes handicapées et leurs organisations doivent conjuguer leurs efforts pour concrétiser la responsabilité nationale en matière de protection des personnes handicapées. Les collectivités locales impliquent les associations de personnes handicapées et prennent en compte leurs demandes dans la mise en œuvre de leurs compétences en matière sociale.

§ 2 – La protection sociale des personnes handicapées

1077. La protection sociale revêt une importance particulière pour la personne handicapée, dans la mesure où nombre d'entre elles sont privées d'emploi et ne disposent pas de l'accès classique à la couverture sociale. Au-delà du droit au respect de leur dignité humaine, les personnes handicapées bénéficient du droit d'accès à la santé, l'éducation et l'emploi (**A**), et du droit au logement et à un meilleur cadre de vie (**B**).

[306] Arrêté ministériel n° 284 du 24 janvier 2007 portant création et fixant les règles d'organisation et de fonctionnement du Projet de Réadaptation à base communautaire des Personnes handicapées (R.B.C.), JORS n° 6362 du samedi 25 août 2007.

A./ Le droit d'accès à la santé, l'éducation et l'emploi

1078. Les personnes handicapées, en raison de leur vulnérabilité, ont davantage besoin de soins de santé que les autres (**1**). Ils ont également besoin d'accéder à l'éducation et à la formation (**2**).

1. L'accès aux soins médicaux et de réadaptation

1079. Les personnes handicapées doivent bénéficier de l'accès aux soins de santé (**a**) et de réadaptation (**b**). À ce sujet, des mesures de sensibilisation doivent également être prises (**c**).

a) L'accès aux soins médicaux

1080. L'État garantit à la personne handicapée les soins médicaux nécessaires à sa santé physique et mentale. L'article 17 de la Constitution dispose que : « *L'État et les collectivités publiques ont le devoir de veiller à la santé physique et morale de la famille et, en particulier des personnes handicapées et des personnes âgées (...)* ».

1081. Les prestations de soins sont gratuites pour les personnes handicapées si elles sont nécessiteuses et souffrent d'invalidité sévère dûment reconnue, dans les institutions médicales relevant de l'État, des collectivités locales et des organismes publics. Les mêmes prestations sont accordées aux personnes handicapées titulaires de la « *carte d'égalité des chances* », à un prix réduit, dans les services privés de santé.

La lettre circulaire du Ministre de la santé n° 023-95/MSAL du 23 septembre 1995 assure la gratuité des soins aux personnes handicapées dans les centres de santé.[307] Aussi, aux termes de l'article 2 de l'arrêté du 17 juillet 2001 portant Charte du Malade dans les Établissements Publics Hospitaliers[308], *« les personnes handicapées doivent être prises en compte dans l'aménagement des sites d'accueil »*.

1082. L'État, les collectivités locales et les structures compétentes prennent, le cas échéant, des mesures pour la prise

---

[307] De même, la lettre circulaire du Ministre de la santé, du 4 novembre 2004, ajoute que dans le cadre de la stratégie de promotion de l'accès aux services de santé des couches vulnérables, toutes les dispositions nécessaires doivent être prises pour faciliter aux aveugles et aux membres de leurs familles l'accès aux soins dans les structures sanitaires.

[308] JORS n° 5999 du 4 août 2001, p. 501.

en charge des personnes handicapées si elles sont nécessiteuses et souffrent d'invalidité sévère dûment reconnue.
Sont considérées comme mesures de prise en charge :

- la prise en charge de la personne handicapée au sein de sa famille ;
- l'octroi d'une aide matérielle au profit de la personne handicapée nécessiteuse, ou à son tuteur légal, et ceci, pour contribuer aux frais liés à ses besoins fondamentaux;
- le placement de la personne handicapée dans une famille d'accueil ;
- le placement de la personne handicapée dans des établissements spécialisés dans l'hébergement et la prise en charge des personnes handicapées.

b) L'accès aux soins de réadaptation

1083. L'État prend en charge les frais des appareils orthopédiques et des aides techniques nécessaires aux personnes handicapées titulaires de la « *carte d'égalité des chances* » qui ne bénéficient pas de couverture sociale. L'État et les organismes publics favorisent la création des industries de fabrication d'appareils orthopédiques et d'aides techniques.

1084. L'État met du personnel qualifié à la disposition des institutions de prise en charge des personnes handicapées, et peut exonérer d'impôts, taxes et droits de douanes, à la demande du Ministre chargé de l'Action sociale tout matériel, équipement et véhicules destinés aux personnes handicapées, leurs associations ou organisations.[309] Il en est de même, pour les appareils orthopédiques, auditifs et les aides techniques qui leurs sont destinés.

---

[309] La loi n° 2012-31 du 31 décembre 2012 portant Code Général des Impôts permet une exonération du paiement de l'impôt sur les sociétés des associations et organismes à but non lucratif. L'article 177 du Code considère comme étant à la charge du contribuable, à la condition de n'avoir pas de revenus distincts de ceux qui servent de base à l'imposition de ce dernier, les enfants infirmes lorsque ceux-ci poursuivent leurs études. Pour être complet, il faut voir l'arrêté n° 012915/MEF-DGID du 31 juillet 2013 portant organismes pouvant bénéficier de dons déductibles de l'assiette des impôts sur les revenus.

c) Les mesures de sensibilisation

1085. Le droit d'accès aux soins de santé des personnes handicapées recouvre également la participation des organisations de personnes handicapées à certaines campagnes médiatiques relatives à la prévention du handicap. Il s'agit des campagnes d'information, d'éducation et de communication sur le dépistage et la prise en charge des maladies handicapantes à l'occasion des consultations prénatales.

1086. L'État prend les dispositions matérielles et morales pour la prévention de toutes sortes de handicap dans le cadre d'un programme global de prévention et d'information, aussi bien dans le domaine de la santé, de la circulation routière, qu'en milieu professionnel, scolaire et universitaire. Les mesures à prendre par les pouvoirs publics dans le domaine de la prévention du handicap sont fixées par décret.

1087. Les départements ministériels, chacun dans son domaine, préparent et organisent des campagnes médiatiques de sensibilisation. Les organismes publics et privés d'information et de communication diffusent des programmes de sensibilisation sur les causes du handicap et leurs conséquences. Les campagnes médiatiques relatives à la prévention du handicap sont assurées gratuitement par les médias publics.

1088. Les personnes morales de droit public et privé contribuent à la prévention contre les dangers et les maladies susceptibles de menacer la santé physique et mentale de leurs employés. La politique de l'État en faveur des personnes handicapées ou en situation de handicap est intégrative. Aucune discrimination fondée sur le handicap n'est admise dans les projets et programmes de développement de l'État ou des partenaires.[310]

---

[310] Une nouvelle disposition a été insérée dans le Code pénal, l'article 256 bis. Cet article puni d'une peine d'un mois à deux ans et une amende de 250.000 à 300.000 francs, quiconque aura affiché, exposé ou projeté au regard du public, offert, même à titre gratuit, même non publiquement, sous quelque forme que ce soit, directement ou par moyen détourné, distribué ou remis, en vue de leur distribution par un moyen quelconque, tous objets ou images, tous imprimés, tous écrits, discours, affichages, gravures, peintures, photographies, films ou clichés, matrices ou reproductions photographiques, emblèmes destinés à proclamer la supériorité raciale, à faire naître un sentiment de supériorité raciale ou la haine raciale ou constituant une incitation à la discrimination raciale, ethnique ou religieuse.

2. La scolarisation et l'emploi

1089. Les personnes handicapées bénéficient du droit à l'éducation, à la formation professionnelle (**a**) et de l'accès à l'emploi (**b**).

a) Le droit à l'éducation et à la formation

1090. L'État garantit le droit à l'éducation, l'enseignement, la formation et l'emploi pour les personnes handicapées. Les enfants et adolescents handicapés ont droit à une éducation gratuite en milieu ordinaire autant que possible dans les établissements proches de leur domicile.

Lorsque la gravité du handicap empêche l'intéressé de fréquenter dans les bonnes conditions un établissement d'enseignement ordinaire, celui-ci est orienté vers un établissement spécialisé par la Commission départementale d'éducation spéciale (CDEPS).

1091. Dans chaque département, il est créé une commission de l'éducation spéciale dont la composition et le fonctionnement sont déterminés par décret. Cette commission comprend, notamment des personnes qualifiées, nommées sur propositions des associations de parents d'élèves, des associations de familles des enfants et adolescents handicapés et des organisations de personnes handicapées. Le président de cette commission est désigné parmi les membres de la commission.

1092. La commission départementale de l'éducation spéciale désigne les établissements ou les services, ou à titre exceptionnel, l'établissement ou le service dispensant l'éducation spéciale correspondant aux besoins de l'enfant ou de l'adolescent et en mesure de l'accueillir. La décision de la commission s'impose aux établissements scolaires ordinaires et aux établissements d'éducation spéciale dans la limite de leur spécialité au titre de laquelle ils ont été autorisés ou agréés.

Le droit de préférence du représentant légal de l'enfant ou de l'adolescent handicapé, oblige la commission à porter mention de l'établissement choisi pour la scolarisation de l'intéressé.

1093. Les modalités d'admission des enfants et adolescents handicapés aux institutions ordinaires et spécialisées ainsi que les conditions de passage aux examens, concours et le suivi pédagogique de l'enseignement spécialisé font l'objet d'un arrêté ministériel conjoint des Ministres chargés de l'Éducation et de l'Action sociale. Cet arrêté est pris en tenant compte de la discrimination positive et l'égalisation des chances.

1094. L'État et les collectivités locales fournissent aux établissements d'éducation de l'enfant handicapé l'appui technique humain et matériel nécessaire à leur création et à leur fonctionnement. Les modalités pratiques de cet appui sont fixées par arrêté conjoint des ministres chargés de l'Éducation et de l'Action sociale.

1095. Les élèves et étudiants handicapés titulaires de la « *carte d'égalité des chances* » ne sont pas soumis aux dispositions des textes et règlements relatifs à la limite d'âge et aux renvois des établissements scolaires ordinaires, de formation professionnelle et d'enseignement supérieur. Il est tenu compte de leur statut particulier pour la détermination des conditions de passage des examens et concours.

1096. Les élèves et étudiants handicapés titulaires de la « *carte d'égalité des chances* » poursuivant des études quel que soit le cycle, dans les institutions privées, bénéficient d'une réduction sur les frais de scolarité. Le taux de cette réduction est fixé conformément à un accord établi entre les départements chargés de l'éducation et les représentants du secteur privé.

1097. Toutes les personnes handicapées issues de familles démunies titulaires de la « *carte d'égalité des chances* » inscrites dans les institutions d'enseignement supérieur et de formation de cadres, bénéficient d'une bourse universitaire complète qu'elles conservent même si elles redoublent une année.

1098. L'État, les collectivités locales, les organisations publiques et privées encouragent la création des imprimeries brailles, des bibliothèques sonores et institutions unifiant le langage des signes, pour permettre aux non-voyants, malvoyants et sourds d'exercer leur droit à l'éducation et à la formation. L'État assure, par le biais des établissements de formation, aux personnes handicapées, une formation technique et professionnelle appropriée dans le cadre du système ordinaire, en vue de leur faire acquérir des connaissances, compétences techniques et professionnelles facilitant leur préparation à la vie active et leur intégration socio-économique.

1099. Les personnes handicapées qui, par la nature ou la gravité de leur handicap, ne peuvent suivre une formation technique et professionnelle ordinaire, reçoivent, si elles le souhaitent, une formation adaptée.

Un quota des postes de formation dans les centres publics de formation professionnelle est réservé aux personnes handicapées.

1100. Il sera procédé, le cas échéant, à l'aménagement du poste de formation selon les besoins spécifiques de la personne à former. Le système d'éducation au sein des centres de formation des cadres et des centres de formation professionnelle, est adapté pour permettre aux aveugles, mal voyants et sourds-muets de poursuivre leurs études et leur formation.

1101. L'État crée des branches spécialisées pour la formation professionnelle des personnes handicapées dans les centres de formation déjà existants. Il met en place des centres de formation professionnelle spécialisés pour les personnes handicapées qui ne peuvent, en raison de leur handicap, accéder aux établissements existants.

1102. Les modalités d'admission des personnes handicapées dans les centres de formation technique et professionnelle ordinaires et spécialisés sont fixées par arrêté conjoint des ministres chargés de l'Éducation et de l'Action sociale et de la Formation technique et professionnelle. Il en est de même du suivi pédagogique, des conditions des examens et concours.

b) Le droit d'accès à l'emploi

1103. Les enfants et adolescents handicapés ont droit à une formation professionnelle leur assurant une insertion et un emploi. La situation de handicap, ne peut, en aucun cas, constituer un motif de discrimination pour l'accès à l'emploi dans les secteurs public et privé, lorsque sont réunies les conditions de formation et de qualification professionnelle requises.[311] Cette interdiction est valable pour les concours et épreuves professionnels, pour le recrutement dans les secteurs public et privé.

1104. Tout fonctionnaire ou salarié victime d'un handicap l'empêchant de poursuivre l'exercice de son travail habituel, quelle qu'en soit la cause, doit être maintenu à son poste initial ou affecté

---

[311] L'article 166 bis du Code pénal dispose : « *Tout agent de l'ordre administratif et judiciaire, tout agent investi d'un mandat électif, ou agent des collectivités publiques, tout agent ou préposé de l'État, des établissements publics, des sociétés nationales, des sociétés d'économie mixte ou des personnes morales bénéficiant du concours financier de la puissance publique, qui aura refusé sans motif légitime à une personne physique ou morale, le bénéfice d'un droit pour cause de discrimination raciale, ethnique ou religieuse, sera puni d'un emprisonnement de trois mois à deux ans et d'une amende de 10.000 à 2.000.000 francs* ». La rédaction de l'article aurait pu être plus exhaustive, en mentionnant expressément le cas de la personne handicapée.

à un autre poste vacant qui peut lui être attribué selon ses aptitudes et la spécificité de son handicap et après sa réadaptation le cas échéant. Au cas où aucun emploi ne peut être trouvé, les dispositions légales relatives aux régimes de pensions lui sont applicables.

Les entreprises publiques sont tenues d'adresser au Ministère chargé de l'Action sociale et à la Haute Autorité chargée de la Promotion et de la Protection de Droits des personnes handicapées, une déclaration sur toute attribution, suspension ou suppression d'emploi d'une personne handicapée.

1105. Les personnes titulaires de la « *carte d'égalité des chances* » ont, à leur demande, un droit de priorité pour les mutations au sein de la fonction publique. L'État, les organismes publics et privés réservent, autant que possible, aux personnes handicapées, les emplois qui leur sont accessibles dans la proportion de 15 % au moins. Selon l'article L. 180 du Code du travail, les conditions dans lesquelles les employeurs devront réserver certains postes de travail aux personnes handicapées sont fixées par décret[312].

1106. L'État apporte son appui aux personnes handicapées pour la création d'entreprises individuelles, de coopératives de production ou de petites et moyennes entreprises (PME). Cet appui comprend :

- la mise à leur disposition d'encadreurs ;
- l'octroi d'aide à l'installation ;
- des exonérations fiscales partielles ou totales, temporaires ou permanentes ;
- des garanties de crédits et des appuis techniques auprès des organismes publics d'appui au développement.

Les modalités de cet appui de l'État sont fixées par décret.

B./ L'accès à l'habitat, au transport et autres

1107. La personne handicapée doit pouvoir accéder ou utiliser différents services sociaux, sans avoir besoin nécessairement de recourir à une aide particulière. Elle doit avoir accès aux édifices bâtis et aux moyens de transport (**1**), à l'habitat et à un meilleur cadre de vie (**2**).

---

312 Ce décret, semble-t-il, n'est pas toujours pris.

1. L'accès aux édifices bâtis et aux moyens de transports

1108. L'accessibilité est un concept global qui concerne les bâtiments et édifices (**a**), les infrastructures routières et les moyens de télécommunication (**b**).

a) L'accessibilité aux édifices bâtis

1109. Les personnes handicapées ont besoin de vivre de façon indépendante et de participer pleinement à tous les aspects de la vie, sur la base de l'égalité avec les autres. Cela implique qu'un endroit soit aménagé pour permettre à la personne handicapée de pénétrer et circuler sans obstacles dans les édifices bâtis.[313]

1110. L'État, les collectivités locales et les organismes publics et privés ouverts au public, adaptent, chacun dans son domaine, et selon les critères internationaux d'accessibilité, les édifices, les routes, les trottoirs, les espaces extérieurs, les moyens de transports et de communication. Cette adaptation doit être faite de manière à permettre aux personnes handicapées d'y accéder, de s'y déplacer, d'utiliser leurs services et de bénéficier de leurs prestations.

1111. Aucune autorisation de construire, rénover ou réhabiliter un édifice recevant du public, n'est délivrée par les autorités compétentes, si les plans ne respectent pas les normes permettant la mobilité et l'accessibilité à ces édifices aux personnes handicapées. Selon l'article L. 5 de la loi n° 2009-23 du 8 juillet 2009, portant Code de la construction, « les dispositions architecturales et les aménagements des bâtiments servant à l'habitation collective ou destinés à abriter des travailleurs, les édifices publics destinés à la formation, notamment les locaux scolaires, universitaires et les établissements sanitaires doivent être conformes aux normes de constructions, définies dans la partie réglementaire, *pour l'accès des personnes handicapées* ».

Dans le but de garantir l'accessibilité et la mobilité des personnes handicapées, le décret d'application du Code de la construction apporte plus de précisions.[314] Il édicte des normes de

---

313 L'accessibilité est l'utilisabilité ou la facilité d'utilisation d'un environnement ou d'un équipement pour une personne qui ne répond pas aux standards généralement en usage.

314 Décret n° 2010-99 du 27 janvier 2010 portant application du Code de la construction. Ce décret apporte, en ses articles R.18 à R.34, des précisions sur les normes applicables suivant qu'il s'agit de bâtiments collectifs neufs ou bien de la construction, de la création voire de la modification d'établissements

construction qui obligent les promoteurs à prendre en compte les besoins spécifiques des personnes handicapées qui, au même titre que les autres citoyens, doivent pouvoir accéder sans difficulté aux habitations verticales, aux édifices publics ou autres et s'y mouvoir librement.

b) L'accès aux moyens de transports

1112. Les moyens de transports collectifs, publics ou privés, urbains ou interurbains, routiers, ferroviaires, maritimes ou aériens doivent être accessibles aux personnes handicapées pour les places qui leur sont réservées. Des indications y sont obligatoirement signalées par le sigle international des personnes handicapées.

1113. Les personnes handicapées ont droit à l'accès aux transports publics, aux moyens de transports adaptés et à un service de conduite adapté. Une réduction est accordée aux personnes handicapées titulaires de la « *carte d'égalité des chances* » sur le transport public.

Le taux de cette réduction est fixé par arrêté du Ministre chargé des Transports après avis des organisations patronales du secteur des transports. L'accompagnateur de la personne handicapée, bénéficie des mêmes avantages pour le transport à cet effet.

1114. Les associations ou organisations de personnes handicapées bénéficient de l'exonération de droits et taxes pour les véhicules spéciaux des personnes handicapées qu'elles achètent ou qu'elles reçoivent en don pour assurer leur transport. Ces véhicules spéciaux des personnes handicapées importés par des associations ou organisations en franchise des droits et taxes, ne peuvent être exploités qu'à leur usage.

1115. La personne handicapée, titulaire de la « *carte d'égalité des chances* » bénéficie d'une autorisation délivrée par les autorités compétentes pour stationner son véhicule devant son lieu de travail.

---

recevant du public ou d'installations ouvertes au public. La délivrance des autorisations de construire pour de tels programmes est alors subordonnée au respect de ces normes par les projets architecturaux y relatifs.

2. Le droit au logement et à une vie sociale

1116. Les personnes handicapées ont droit à une vie sociale et un meilleur cadre de vie. Elles doivent avoir accès à l'habitat (**a**) et pouvoir pratiquer les sports et loisirs (**b**).

a) L'accès à l'habitat

1117. Les personnes handicapées ont droit au logement. Elles sont d'office éligibles aux programmes de logements sociaux.

1118. Les personnes handicapées ont droit d'accès à la terre et aux outils de production sur l'ensemble du territoire national. Les modalités d'application de cet article sont fixées par décret.

b) Le droit à la pratique des sports et loisirs

1119. Les personnes handicapées ont droit à la pratique du sport, aux loisirs et à l'accès aux centres de formation artistique et à la protection de leurs œuvres d'art. Ces droits sont garantis par l'État qui aménage avec les collectivités locales, les organismes publics et privés, les services et les infrastructures sportives, culturelles et de loisirs en tenant compte des besoins spécifiques des personnes handicapées.

1120. Les institutions publiques et privées fournissent les espaces sportifs nécessaires, les équipements spécifiques et les moyens humains et participent aux financements des activités des clubs sportifs des personnes handicapées. Elles soutiennent la pratique du sport par les personnes handicapées, en subventionnant les associations et les clubs sportifs représentatifs de personnes handicapées, en parrainant et sponsorisant leurs compétitions internationales et nationales.

1121. Au sein des centres de formation sportifs appartenant à l'État, il est créé des branches spécialisées dans les sports pour personnes handicapées. Les sports pour les personnes handicapées sont insérés dans les programmes de sports scolaires et universitaires.

1122. Les institutions culturelles et de loisirs, notamment les salles de cinéma, les théâtres, les complexes culturels et les centres artistiques sont dotés d'équipements spécifiques, permettant aux personnes handicapées d'y accéder et de bénéficier de leurs activités et services. Un décret définit le nombre de places réservées aux personnes handicapées et la nature des équipements spécifiques.

1123. Les institutions publiques et privées créent et réaménagent les espaces de jeux publics et les dotent d'équipements spécifiques pour les rendre accessibles aux enfants handicapés. Des mesures incitatives d'exonération fiscale sont, dans ce cadre, accordées au secteur privé.

SECTION 2 : LES PERSONNES ÂGÉES, LES ÉLÈVES ET ÉTUDIANTS

1124. Si les personnes âgées sont de moins en moins fragiles, il n'en demeure pas moins qu'elles restent vulnérables. Elles sont par nature vulnérables, car soumise au processus de vieillissement avec souvent la perte d'autonomie, de revenus, les maladies, etc. Si la vulnérabilité correspond à l'état d'une personne qui n'est pas ou n'est plus à mesure de pourvoir seule à ses intérêts, on doit associer à cette liste les étudiants et élèves. Il convient donc d'examiner la protection sociale des personnes âgées (**§ 1**), des étudiants et élèves (**§ 2**)

§ 1 – La protection sociale des personnes âgées

1125. Dans presque tous les pays, le vieillissement de la population pose la problématique de la dépendance. Si les personnes âgées peuvent bénéficier d'une pension retraite au titre de la sécurité sociale, il reste qu'il ne s'agit que d'une minorité, en raison du taux d'emploi informel élevé dans nos pays.[315] La prise en charge des personnes âgées (**B**), en raison de leur vulnérabilité et de la précarité dans laquelle bon nombre d'entre elles vivent, repose sur une organisation (**A**).

A./ L'organisation de la protection des personnes âgées

1126. La protection des personnes âgées reste encore plus sociale et familiale. Toutefois, en raison des enjeux liés à leur protection (**1**), un cadre normatif se met progressivement en place (**2**).

---

[315] Suivant le rapport de l'ANSD, publiée en 2015, les personnes âgées de 65 ans et plus représentent plus de 3,65 % de la population sénégalaise. 30 % seulement de ces personnes bénéficient d'une couverture sociale répartie entre l'IPRES et le FNR. Les 70 % restants n'ont pas de couverture sociale en matière de retraite.

1. Les enjeux liés à la protection des personnes âgées

1127. Rarement, les textes qui traitent des problématiques liées aux personnes âgées en donnent une définition, si ce n'est de les décrire. La description donne souvent une vision misérabiliste des personnes âgées, car elles sont présentées comme des personnes faibles, fragilisées, isolées, qui ont besoin d'une assistance ou protection.

1128. L'âge seuil de la vieillesse n'est véritablement pas défini. Selon l'Organisation mondiale de la santé, la personne âgée est une personne âgée de 65 ans et plus. Dans un rapport sur le vieillissement[316], elle propose de définir la vieillesse en deux classes : la première classe représentant les personnes âgées de plus de 65 ans et la seconde, celle des personnes très âgées, les plus de 80 ans. Au Sénégal, pour des raisons sociales, les personnes âgées sont considérées comme les personnes âgées de plus de 60 ans qui est l'âge officiel de la retraite.

1129. L'âge seuil pour la définition de la personne âgée reste imprécise et peut varier suivant les pays. Il ne permet pas de qualifier une personne âgée. Toutefois, les enjeux liés à la personne âgée reposent sur les mêmes constats dans tous les pays. En effet, au-delà d'un certain âge, les attributs physiologiques et sociaux de la personne subissent une baisse, avec notamment le déclin des capacités physiques et mentales, plaçant celle-ci dans un état de dépendance.

1130. Aujourd'hui, le vieillissement de la population constitue un enjeu de santé publique. Presque tous les pays font face à une augmentation de leur population de personnes âgées. Si la santé des personnes âgées s'est améliorée, il reste que ces dernières continuent de subir les effets du vieillissement. Cette étape de la vie se caractérise par l'apparition de maladies chroniques qui ont un impact sur la vie quotidienne et la qualité de vie. Or, les personnes âgées, dans leur majorité, n'ont souvent aucune pension de retraite, aucune sécurité de revenu. Ils sont souvent obligés de continuer à travailler dans des conditions assez précaires, avec de faibles rémunérations, en dépit de leurs capacités physiques déclinantes.[317]

---

316 OMS, *Rapport mondial sur le vieillissement et la santé*, Genève, 2016, 279 p.

317 Esther EYINGA DIMI, « Les personnes âgées dans les politiques sociales en Afrique : état des lieux, enjeux et défis », *Actes du XVIIe colloque international de l'AIDELF sur Démographie et politiques sociales*, Ouaga, nov. 2012, 16 p.

1131. Le vieillissement de la population impacte non seulement le monde du travail, mais tous les autres secteurs de la société. Il a des répercussions sur la politique de logement, de transports, bref sur la protection sociale. Il faut donner les moyens aux personnes âgées de sortir de la dépendance, d'où l'intérêt d'un cadre normatif.

2. Le cadre normatif de la protection des personnes âgées

1132. La protection juridique des personnes âgées est une question qui alimente, aujourd'hui, la plupart des débats politiques. Un cadre normatif se met progressivement en place.

1133. À l'échelle du continent, un cadre normatif existe, même s'il reste imprécis. Suivant l'article 18.4 de la Charte africaine des droits de l'homme et des peuples, « *Les personnes âgées ou handicapées ont également droit à des mesures spécifiques de protection en rapport avec leurs besoins physiques ou moraux.* » Ainsi, au-delà de la protection générale, notamment en matière de non-discrimination, les personnes âgées jouissent des droits spécifiques liés à leur vulnérabilité.

La Charte africaine ne définit pas le système de protection, encore moins les mécanismes. Elle se contente d'en poser le principe. Toutefois, en vue de préserver le développement harmonieux de la famille et œuvrer en faveur de sa cohésion, l'article 29 de la Charte mentionne des devoirs qui intéressent la personne âgée. On peut citer le devoir fait à tout individu « *de respecter à tout moment ses parents, de les nourrir, et de les assister en cas de nécessité.* »

1134. Le Protocole à la Charte africaine des droits de l'homme et des peuples, relatif aux droits des femmes en Afrique s'intéresse également à la personne âgée. Aux termes de son article 22, *consacré à la protection spéciale des femmes âgées*, les États s'engagent à :

- assurer la protection des femmes âgées et prendre des mesures spécifiques en rapport avec leurs besoins physiques, économiques et sociaux ainsi que leur accès à l'emploi et à la formation professionnelle ;
- assurer aux femmes âgées la protection contre la violence, y compris l'abus sexuel et la discrimination fondée sur l'âge et leur garantir le droit d'être traitées avec dignité.

1135. Sur le plan national, les droits des personnes âgées sont garantis par la Constitution et les textes réglementaires. Suivant l'article 17 alinéa 2 de la Constitution, « l'État et les collectivités publiques ont le devoir de veiller à la santé physique et morale de la famille et, en particulier des personnes handicapées et *des personnes âgées.* » En dehors de la Constitution, il y' a des textes réglementaires importants :

- le décret n° 2008-381 du 7 avril 2008 instituant un système d'assistance « sésame » en faveur des personnes âgées de 60 ans et plus[318] ;
- l'arrêté ministériel n° 2794 MSP-DS-SP du 22 mars 2010 définissant les services éligibles au Plan SESAME[319] ;
- l'arrêté ministériel n° 664 en date du 8 février 2007 portant création et fixant les règles d'organisation et de fonctionnement du Projet d'Appui à la Promotion des Ainés (P.A.P.A.)[320].

B./ La prise en charge des personnes âgées

1136. La prise en charge des personnes âgées reste encore du ressort de la famille, même si des efforts ont été faits en ce qui concerne la couverture maladie, à travers le système d'assistance « sésame ».[321] Il convient de préciser les conditions (**1**) et les modalités (**2**) de cette assistance.

1. Les conditions de prise en charge

1137. Le plan « sésame » est institué en faveur des personnes de nationalité sénégalaise âgées de 60 ans et plus. Ces personnes sont réparties en trois catégories :

- les retraités de l'Institut de Prévoyance Retraite du Sénégal (IPRES) ;
- les retraités du Fonds National de Retraite (FNR) ;

---

[318] JORS n° 6415 du 5 juillet 2008.

[319] JORS n° 6565 du 15 janvier 2011. Le plan Sésame a été annoncé le 3 avril 2006, par le président de la République, Me Abdoulaye WADE, lors de son discours à la nation à la veille de la fête de l'indépendance.

[320] JORS n° 664 du 5 janvier 2007. Le Projet d'Appui à la Promotion des Aînés (PAPA) a pour objectif d'améliorer les conditions de vie des aînés et d'assurer leur promotion.

[321] Ousseynou KA, El Hadji MBAYE, Mamadou M. LEYE, Atoumane FAYE, Alioune B. TALL, Awa GAYE, Abdoul A. NDIAYE, Papa G. SOW, Papa M. TOURE et Anta TAL DIA, « Plan Sésame au Sénégal : limites de ce modèle de gratuité », in Santé publique, volume 28/n°1-janvier-février 2016, pp. 91-101. – Adama FAYE et al., « Prise en charge des patients du 3e âge en Afrique : étude des implications financières du plan SESAME sur le budget du centre hospitalier régional de Thiès (Sénégal) », Méd Trop., avr. 2010, 70(2):205-7.

- les personnes âgées qui ne bénéficient d'aucune couverture, dites « personnes à leurs frais ».

1138. Le système « sésame » donne droit au bénéficiaire à la gratuité ou à la réduction des prestations médicales sur l'étendue du territoire national. Le système donne également droit à un accès aux services sociaux et permet d'acquérir d'autres droits et/ou avantages définis par arrêté conjoint du Ministre de la Santé et de la Prévention et du Ministre dont le département est concerné.

1139. Pour bénéficier du système, l'intéressé présente à la structure sa carte nationale d'identité numérisée. Le système lui donne une priorité d'accès aux services de santé. Il faut respecter la pyramide sanitaire. Par conséquent, le bénéficiaire doit se faire consulter au niveau périphérique (poste ou centre de santé) et se présenter à l'hôpital que s'il y est référé ou en urgence.

Les postes et centres de santé sont un passage obligatoire pour une consultation de première intention. Le bénéficiaire du système se présente dans les hôpitaux de niveau 1, 2, et 3 sur référence par une structure périphérique ou en consultation d'urgence. Les établissements publics non hospitaliers sont référés pour la réalisation d'examens paracliniques prescrits par les praticiens des structures de santé publiques.

2. Les modalités de prise en charge

1140. Un arrêté du Ministre de la Santé et de la Prévention définit les services dont l'accès est gratuit et les prestations qui font l'objet d'une réduction ainsi que les taux.[322] Pour les bénéficiaires du Plan « sésame », la gratuité porte sur les :

- consultations ;
- médicaments essentiels (disponibles au niveau des structures de santé publiques, dans le cadre de l'Initiative de Bamako[323]) ;
- examens complémentaires ;
- actes médicochirurgicaux ;
- hospitalisations.

---

[322] Arrêté ministériel n° 2794 MSP-DS-SP du 22 mars 2010 définissant les services éligibles au Plan SESAME.

[323] L'initiative de Bamako correspond à une réforme de la gestion des systèmes de santé. Elle a été lancée en 1987 pour faire évoluer les systèmes de santé des pays en développement vers des modes nouveaux d'application du triptyque universalité/efficacité/équité.

La liste des services offerts est révisable à tout moment. Sont exclus de la gratuité, les prestations suivantes :

- les prothèses (dentaires, de hanches, etc.) ;
- les implants sauf les implants oculaires ;
- les pacemakers ;
- les évacuations sanitaires pour l'étranger ;
- les médicaments de spécialités (des officines privées) ;
- l'Imagerie par Résonance Magnétique (IRM) ;
- les scanners (sauf urgence) ;
- les hospitalisations de 1ère et de 2e catégorie ;
- les soins de beauté ;
- la chirurgie esthétique ;
- le bilan systématique.

1141. La prise en charge dans le cadre du plan « sésame » est de 100 % pour les personnes âgées qui ne bénéficient d'aucune couverture, dites « personnes à leur frais ». Pour les retraités de l'IPRES et du FNR, la prise en charge ne concerne que la part dévolue au patient. Concrètement, les retraités du FNR bénéficient de la prise en charge, par le plan « sésame », d'un cinquième (1/5) des prestations à leur charge, sur imputation budgétaire. Les retraités de l'IPRES bénéficient, grâce à l'appui du Ministère de la Santé qui s'est matérialisé par la signature d'un accord-cadre, de tarifs préférentiels auprès des hôpitaux sur l'ensemble du territoire.

1142. La prise en charge est individuelle. Il n'y a pas d'autres ayants-droit que le détenteur de la carte.

§ 2 – La protection sociale des élèves et étudiants

1143. Pour améliorer leurs performances scolaires, les élèves et étudiants ont besoin d'une couverture[324], notamment en cas de maladie. À défaut, ils peuvent devenir vulnérables, surtout que nombre d'entre eux ne sont pas issus de familles nanties. Les mécanismes de protection mis en place diffèrent suivant qu'il s'agit des élèves (**A**) ou des étudiants (**B**).

---

324 Cette couverture peut contribuer à lutter contre les absences, à assurer leur assiduité.

A./ La couverture médicale des élèves

1144. Dans le cadre du Programme national de Couverture Maladie Universelle (CMU) et du Programme d'Amélioration de la Qualité, de l'Équité et de la Transparence (PAQUET), un régime d'assurance-maladie a été institué pour les élèves (CMU-Élève).[325] Pour bénéficier des prestations de ce régime (**2**), il faut remplir certaines conditions (**1**).

1. Les conditions de couverture

1145. Le régime d'assurance-maladie (CMU-Élève) est ouvert aux élèves des cycles élémentaire, moyen et secondaire du Sénégal. L'affiliation à la CMU-Élève est la première condition pour bénéficier de la couverture médicale. L'élève doit être affilié à la mutuelle de santé communautaire de sa commune de résidence. Cette affiliation est effectuée à la diligence de l'établissement scolaire où il est inscrit.

1146. L'établissement scolaire assure le recouvrement des cotisations. Il transmet le dossier de demande d'adhésion à l'Union départementale des mutuelles de santé dans le ressort duquel il est situé.

Le dossier de demande d'adhésion comporte les éléments suivants :

- un formulaire de demande d'adhésion rempli, selon un modèle fourni par l'Union départementale des mutuelles de santé ;
- une photo d'identité en couleur ;
- mille (1000) francs CFA au titre de la cotisation annuelle de l'élève ;
- un certificat de scolarité.

1147. L'Union départementale des mutuelles de santé effectue auprès de la mutuelle compétente les formalités d'inscription. Elle transmet, ensuite, à l'établissement scolaire la carte de membre de l'élève dans les quinze jours.

1148. L'adhésion à la CMU-Élève est subventionnée par l'Agence de la couverture maladie universelle à raison de trois mille cinq cents (3500) francs par élève. Chaque élève s'acquitte d'une quote-part fixée à mille (1000) francs CFA.

---

[325] Arrêté interministériel n° 1448 en date du 26 janvier 2017 portant création et fixant les règles d'organisation et de fonctionnement d'un régime d'assurance maladie pour élèves, JORS n° 7013 du samedi 13 mai 2017.

1149. Le droit aux prestations est ouvert à l'élève quinze jours après la date de dépôt de sa demande d'adhésion par l'école auprès de l'union départementale. L'adhésion est valable pour une durée de douze mois.

2. Les prestations couvertes

1150. L'élève qui adhère à la CMU-Élève bénéficie de la prise en charge par la mutuelle de santé de quatre-vingts pour cent de ses frais de santé et de médicaments dans les postes de santé. Il bénéficie également dans les centres de santé d'une prise en charge par la mutuelle d'un certain nombre de prestations. Les prestations prises en charge figurent dans le tableau qui suit.

Tableau des prestations prises en charge dans les *centres de santé*

Prestations	Quote-part mutuelle	Quote-part patient
Soins ambulatoires (consultations, soins et petite chirurgie)	80%	20%
Examens complémentaires (analyse et examen de radiologie)	80%	20%
Hospitalisation en catégorie 3 (jusqu'à 7 jours)	80%	20%
Maternité (consultation pré et/ou postnatale, planification familiale, accouchement simple)	80%	20%
Médicaments génériques	80%	20%

1151. Dans les hôpitaux, l'adhérent à la CMU-Élève bénéficie de la prise en charge par l'union départementale des mutuelles de santé. Le montant de la prise en charge représente quatre-vingts pour cent des frais de médicaments et de consultation.

1152. Les médicaments d'officine prescrits par les postes et les centres de santé aux bénéficiaires de la CMU-Élève sont pris en charge à hauteur de cinquante pour cent par la Mutuelle de santé. Les médicaments d'officine prescrits par les hôpitaux ne sont pas pris en charge par la Mutuelle de santé.

1153. Pour les modalités d'accès aux prestations de soins, les élèves sont assujettis aux règles et dispositions prescrites par la mutuelle de santé et l'Union départementale des mutuelles de santé. Pour le pilotage et le suivi de la mise en œuvre de la CMU-Élève, il est mis en place, un comité de coordination national[326] et dans le ressort de chaque académie un comité de suivi.

B./ La couverture médicale des étudiants

1154. Les Centres des œuvres universitaires prennent en charge pour le compte de l'État les étudiants.[327] Ils bénéficient gratuitement, sous certaines conditions (**1**), d'une prise en charge de prestations médicales auprès des centres (**2**).

1. Les conditions de couverture

1155. La couverture médicale est assurée à tous les étudiants sénégalais régulièrement inscrits. Elle s'étend également aux étudiants étrangers, moyennant le versement d'une contribution annuelle.[328]

1156. La couverture médicale vise à assurer au mieux le bien-être physique, psychique et social des étudiants tout au long de leurs études. En cas de nécessité, les étudiants malades sont référés vers les structures hospitalières agréées par le Centre des œuvres universitaires sur avis du médecin chef.

1157. Les étudiants doivent payer un ticket-modérateur pour les consultations.[329] Lorsqu'ils sont référés au niveau des hôpitaux (Hôpital de Saint-Louis, Hôpitaux de Dakar, ...) pour consultations, hospitalisations, analyses, radio, scanners ..., c'est le Centre des œuvres universitaires qui prend totalement en

---

[326] Le comité de coordination national est composé d'un Président, le Ministre de l'Éducation nationale, d'un Vice-président, le Directeur de Cabinet du Ministère de la Santé et de l'Action sociale et d'un Secrétaire exécutif, le Directeur général de l'Agence de la Couverture Maladie Universelle.

[327] Voir not. : – Loi n° 66-23 du 1er février 1966 portant création du Centre des Œuvres Universitaires de Dakar. – Loi n° 1990/23 du 26 juin 1990 portant création d'un Centre des Œuvres auprès de l'Université de Saint-Louis. – Loi n° 2016-08 du 02 mars 2016 portant création des Centres régionaux des Œuvres universitaires sociales (CROUS) de Ziguinchor, de Bambey et de Thiès.

[328] Au CROUS de Thiès, le montant de la contribution pour bénéficier des œuvres sociales est actuellement fixé à 250.000 FCFA.

[329] Le montant du ticket modérateur est actuellement de 50 francs CFA par étudiant et par consultation effectuée dans plusieurs CROUS.

charge les frais, sur la base d'une attestation de prise en charge ou une lettre de garantie.

1158. De manière générale, les médicaments également sont pris en charge. Lorsque les médicaments sont disponibles dans la pharmacie du Centre des œuvres universitaires, l'étudiant paie le un cinquième (1/5) du prix du médicament. Par conséquent, si le médicament coûte mille francs, l'étudiant ne débourse que deux cents francs.

Lorsque les médicaments ne sont pas disponibles à la pharmacie du Centre des œuvres universitaires, l'étudiant achète le médicament et se fait rembourser les quatre cinquième (4/5) du prix du médicament acheté. Ainsi, si l'étudiant a acheté le médicament à mille francs, l'étudiant se fera rembourser la somme de huit cents francs.

2. Les prestations couvertes

1159. La couverture médicale et sanitaire est diversifiée. Elle comprend les consultations, les hospitalisations, les analyses diverses, l'aide psychologique individuelle, les soins dentaires, la gynécologie, les examens complémentaires et radiologiques, le dépistage anonyme et gratuit du VIH[330].

Certains Centres proposent quelques consultations spécialisées. Il en est, ainsi, du Centre des œuvres universitaires de Dakar qui propose des consultations en matière de nutrition, addiction au tabac, contraception, maladies aigües ou chroniques, IST[331]. Des consultations psychologiques sont aussi proposées.

1160. Les consultations et soins médicaux sont assurés par un médecin et plusieurs infirmiers. On trouve également dans les centres : un chirurgien-dentiste, une sage-femme, un laborantin, un pharmacien, une assistante sociale et un chauffeur d'ambulance. Ce personnel est à la disposition des étudiants et des élèves de l'enseignement supérieur et est présent dans les cités universitaires.

1161. Les étudiants sont souvent confrontés aux difficultés de prise en charge au niveau des hôpitaux, en raison des arriérés de paiement qu'enregistrent les centres régionaux des œuvres universitaires.

---

330 Virus de l'immunodéficience humaine.

331 Infections sexuellement transmissibles

CONCLUSION

1162. La protection sociale est un investissement fondamental qui contribue à la croissance économique, à la réduction de la pauvreté et à la lutte contre l'exclusion et la vulnérabilité. La Constitution consacre le droit de tout citoyen à la protection sociale. Il revient donc à l'État de définir une politique nationale de protection sociale, en adéquation avec, d'une part, ses objectifs de lutte contre la pauvreté et l'exclusion sociale et, d'autre part, ses engagements internationaux.[332]

1163. Le système sénégalais de protection sociale s'est construit essentiellement sur un modèle salarié. Ce modèle est de plus en plus mis en mal. Les raisons économiques, sociales et démographiques expliqueraient cette situation. Le secteur informel ne cesse de croître, avec une proportion importante des personnes qui y travaillent sans couverture sociale. Or, en l'absence de mécanismes de protection sociale, la pauvreté et la maladie peuvent très vite se transformer en drame. C'est pour cette raison d'ailleurs, que le Sénégal a lancé en septembre 2013 le programme de couverture maladie universelle (CMU), afin de permettre l'accès de tous les individus aux services de santé.

En dépit des progrès considérables accomplis dans ce domaine, des efforts restent à faire. La nature et le poids relatif des risques sociaux ont changé. De nouveaux risques ont vu le jour. Il faut mettre en place un système de protection sociale plus équitable et plus efficace.[333] Pour ce faire, la politique nationale de

---

[332] Suivant le consensus de Séoul de 2010 sur le développement, l'efficacité du système de protection sociale dépend de la viabilité financière du pays. Toutefois, son articulation aux perspectives de développement économique constitue un impératif majeur.

[333] C'est dans ce sens qu'il faut situer la loi n° 2008-13 du 20 février 2008 modifiant l'article 13 de la loi n° 75-50 du 3 avril 1975 relative aux institutions de prévoyance sociale et autorisant la mise en place de régimes de retraite par capitalisation basés sur une gestion privée (JORS n° 6407 du samedi 10 mai 2008). Conscients de la nécessité et de l'urgence d'une amélioration significative des pensions de retraite, les partenaires sociaux se sont accordés pour l'institution d'un régime complémentaire par capitalisation basé sur une épargne volontaire du futur retraité, lui permettant de faire valoir ses droits à pensions, dans des conditions plus satisfaisantes. Les systèmes par capitalisation permettent l'ouverture de comptes individuels générateurs d'intérêts financiers au profit des travailleurs. Contrairement aux régimes de répartition, ces systèmes sont moins exposés aux risques démographiques, aux risques économiques s'ils sont correctement placés sous la surveillance d'un organe de régulation et de supervision.

protection sociale doit aboutir non seulement à l'élargissement du champ de la couverture sociale à toutes les catégories de la population, mais également à l'extension du domaine des prestations sociales. Il faut créer de nouveaux régimes contributifs orientés notamment vers la prise en charge des travailleurs de l'agriculture, de la pêche, de l'élevage, de l'artisanat, etc.

1164. Le système sénégalais de protection sociale est constitué d'une mosaïque de régimes avec des organisations, des règles et des financements différents. Un même risque peut être pris en charge par une multiplicité d'institutions publiques ou privées. Il en est ainsi, particulièrement, de l'assurance maladie. La multiplicité et la dispersion des organismes de protection sociale n'est pas de nature à aider les citoyens à bien comprendre le fonctionnement de la sécurité sociale.

Il est temps de simplifier le système de protection sociale en réduisant le nombre d'interlocuteurs pour la gestion d'un même risque. L'existence d'une multiplicité de régimes se traduit par une gestion coûteuse. Il faut œuvrer pour l'harmonisation des règles de protection sociale. C'est d'ailleurs l'objet de la Recommandation n° 25/CM/CIPRES du 23 février 2005 du Conseil des Ministres de tutelle de la CIPRES portant sur la gestion technique des branches.

1165. Le cadre juridique de la protection sociale se caractérise par un foisonnement de textes, dont certains datent de la période coloniale. Ces textes sont souvent inconnus des bénéficiaires de la protection sociale, du fait de leur dispersion dans les structures relevant de plusieurs départements ministériels différents. Il s'y ajoute que certains de ces textes ont un contenu parfois très technique, ce qui rend leur compréhension difficile.

Depuis son accession à l'indépendance, l'environnement économique et sociale du Sénégal a fortement changé. Par conséquent, plusieurs textes de l'époque ne sont plus adaptés aux réalités ; il est donc nécessaire de les actualiser. Dans le cadre de cette actualisation, il sera pertinent de regrouper ces textes, suivant les régimes de couverture de risques. Un texte unique pourrait, par exemple, traiter de la couverture des risques famille, professionnels et vieillesse. Cela pourrait constituer, d'ailleurs, un déclic pour la fusion de la CSS et l'IPRES. En outre, ce travail de codification offrirait l'opportunité de mieux internaliser les conventions internationales ratifiées par le Sénégal dans le domaine de la protection sociale.

1166. Le nombre de travailleurs migrants couverts par des accords bilatéraux ou multilatéraux de sécurité sociale reste insignifiant.[334] Les travailleurs migrants sont le plus souvent exclus des garanties et instruments de protection sociale. Cette situation est souvent due soit à l'insuffisante durée de l'emploi et de résidence, soit à leur situation irrégulière dans le pays de migration. Ils ne peuvent donc bénéficier des droits à la protection sociale ni dans leur pays d'origine du fait de leur absence, ni dans le pays d'accueil en raison des conditions restrictives qui s'y appliquent souvent.

Les États doivent donc mettre en place des mesures unilatérales ou bilatérales en vue de faciliter l'accès à la protection sociale aux travailleurs migrants. Il est indispensable d'étendre la protection sociale aux travailleurs migrants et aux réfugiés. Des accords multilatéraux, régionaux ou bilatéraux doivent être conclus avec les principaux pays de destination des migrants.[335] Ces accords doivent offrir aux travailleurs migrants une couverture et des avantages en matière de sécurité sociale, ainsi que la transférabilité des droits.

L'État doit prendre également des mesures unilatérales en vue d'assurer une meilleure protection sociale des travailleurs migrants au moment du retour. Un dispositif doit permettre la possibilité de couvrir rétroactivement les périodes de cotisations manquantes.

1167. Enfin, la couverture du risque chômage reste encore une citadelle imprenable. Or, le chômage est une source majeure d'instabilité et d'insécurité. Il est l'un des principaux facteurs de risque d'entrée dans la pauvreté.

Les politiques publiques en matière de protection sociale doivent faire un pas vers la couverture du risque chômage. Ce pas est désormais incontournable, car depuis la crise économique et financière de 2008, le chômage prend des proportions insoutenables. Il faut accompagner, au moins pour quelques mois, les personnes qui perdent leur emploi et se retrouvent dans une situation d'extrême précarité. Il faut évoluer vers des approches

---

[334] D'après les Nations unies, en 2017, le nombre de migrants internationaux est estimé à 258 millions dans le monde, c'est-à-dire des personnes installées dans un pays différent de leur pays d'origine (Source : *International Migration Report 2017*, Division de la Population, Département des Affaires économiques et sociales (DAES), Nations unies).

[335] Suivant les données du dernier recensement de la population de 2013, les dix premiers pays de destination des Sénégalais se répartissent entre l'Europe (France, Italie, Espagne), l'Afrique de l'Ouest (Mauritanie, Gambie, Côte d'Ivoire, Mali), l'Afrique Centrale (Gabon, Congo) et l'Afrique du Nord (Maroc) – Source : Babacar DIONE, *Immigration au Sénégal, Profil national 2018*, ANSD & OIM, 156 p.

budgétaires qui prennent en compte les conditions de vie et les manques ressentis par cette catégorie sociale.

ANNEXES

Annexe 1 : Barème servant à la détermination du capital représentatif des rentes d'accidents du travail[336]

I. Rentes viagères (victimes de l'accident, conjoints et ascendants)

Age à la constitution	Prix d'une rente viagère de 1 F	Age à la constitution	Prix d'une rente viagère de 1 F
16 ans	17,903	59 ans	10,340
17 ans	17,815	60 ans	10,047
18 ans	17,733	61 ans	9,749
19 ans	17,656	62 ans	9,446
20 ans	17,582	63 ans	9,139
21 ans	17,511	64 ans	8,829
22 ans	17,439	65 ans	8,517
23 ans	17,364	66 ans	8,204
24 ans	17,284	67 ans	7,892
25 ans	17,196	68 ans	7,581
26 ans	17,100	69 ans	7,272
27 ans	16,996	70 ans	6,967
28 ans	16,884	71 ans	6,665
29 ans	19,764	72 ans	6,369
30 ans	16,639	73 ans	6,078
31 ans	16,508	74 ans	5,794
32 ans	16,370	75 ans	5,519
33 ans	16,227	76 ans	5,251
34 ans	16,076	77 ans	4,993
35 ans	15,919	78 ans	4,744
36 ans	15,754	79 ans	4,504
37 ans	15,582	80 ans	4,274
38 ans	15,404	81 ans	4,053
39 ans	15,219	82 ans	3,842

---

336 L'âge à prendre en considération pour l'application des tarifs est donné par la différence entre les millésimes de l'année du versement et de l'année de naissance des bénéficiaires.

Age à la constitution	Prix d'une rente viagère de 1 F	Age à la constitution	Prix d'une rente viagère de 1 F
40 ans	15,029	83 ans	3,642
41 ans	14,833	84 ans	3,455
42 ans	14,630	85 ans	3,283
43 ans	14,419	86 ans	3,125
44 ans	14,201	87 ans	2,981
45 ans	13,975	88 ans	2,852
46 ans	13,741	89 ans	2,733
47 ans	13,500	90 ans	2,623
48 ans	13,255	91 ans	2,514
49 ans	13,006	92 ans	2,404
50 ans	12,754	93 ans	2,285
51 ans	12,501	94 ans	2,160
52 ans	12,245	95 ans	2,019
53 ans	11,987	96 ans	1,867
54 ans	11,725	97 ans	1,697
55 ans	11,459	98 ans	1,503
56 ans	11,187	99 ans	1,257
57 ans	11,910	100 ans	0,951
58 ans	10,628		

II. Rentes temporaires (enfants et descendants)

Age à la constitution	Prix d'un franc de rente	Age à la constitution	Prix d'un franc de rente
0 à 3 ans	10	10 ans	5,3
4 ans	9,2	11 ans	4,5
5 ans	8,6	12 ans	3,7
6 ans	8	13 ans	2,8
7 ans	7,4	14 ans	1,9
8 ans	6,7	15 ans et plus	1
9 ans	6		

Annexe 2 : Barème des taux de cotisations de la branche des accidents du travail et maladies professionnelles[337] (*Application article 143 du Code de la sécurité sociale*)

Suivant l'activité principale de l'établissement, les taux de cotisations de la branche des accidents du travail et maladies professionnelles sont fixés conformément au tableau ci-après :

Catégories	Taux	Activité principale de l'établissement
I	5 %	- Manutention portuaire, maritime et fluviale - Transport routier et aérien (personnel navigant) - Navigation maritime et fluviale - Industries extractives et prospection minière - Bâtiment et travaux publics - Fabrication de matières premières pour le bâtiment (chaux, ciment, agglomérés, béton, plâtre, etc.) - Construction et pose de charpentes métalliques - Pose et réfection de toutes installations attenantes à des bâtiments (peinture, ravalement, installations sanitaires et électriques, vitrerie, carrelage, etc.) - Métallurgie mécanique générale : ateliers de construction et réparation - Fabrication d'explosifs - Manufacture de tabacs et des allumettes - Fabrication de gaz combinés, liquéfiés, dissous ou solidifiés.
II	3 %	- Industries de bois - Abattage de bétail - Industries du froid - Industries alimentaires - Industries chimiques et corps gras - Industries de l'eau, du gaz et de l'électricité (sauf pour la pause d'installations attenantes à des bâtiments) - Commerce de gros, demi-gros et entrepôt avec transport et manutention de tous produits (sauf manutention portuaire)

337 Arrêté n° 14-117 MF-DID du 31 octobre 1969.

Catégories	Taux	Activité principale de l'établissement
		- Station-service - Commerce de détail avec transport et livraison - Industries textiles et vêtements - Blanchissements et teintureries - Industries des cuirs et peaux - Imprimeries - Agriculture avec utilisation d'engins mécaniques - Transports ferroviaires - Entretien et nettoiement.
III	1 %	- Garage sans réparation de véhicule - Agriculture sans utilisation d'engins mécaniques - Hygiène et santé - Gens de maison - Professions libérales - Exploitation de salles de spectacles - Hôtels, restaurants, bars, dancings - Enseignement, formation professionnelle et apprentissage - Banques, assurances, crédits - Agences immobilières, de voyage, de gardiennage, de représentation, de commission, de courtage et de démarches - Bureau d'études et éditions - Vente au détail sans transport ni livraison - Services publics, collectivités publiques, administration - Travail pénal exécuté en régie directe - Élèves des établissements d'enseignement technique, des centres d'apprentissage et de formation professionnelle - Représentations diplomatiques et consulaires - Organisations internationales.

Annexe 3 : Tableau des maladies professionnelles[338]

1. MALADIES CAUSÉES PAR LE PLOMB ET SES COMPOSÉS

Désignation des maladies	Délai de prise en charge	Liste indicative des principaux travaux susceptibles de provoquer ces maladies
Syndrome douloureux abdominal paroxystique apyrétique avec état sub-occlusif (coliques de plomb), habituellement accompagné d'une crise paroxystique hypertensive et d'une poussée d'hématies à granulations basophiles.	30 jours	Extraction, traitement, préparation, emploi, manipulation du plomb, de ses combinaisons et de tout produit en renfermant, notamment : - Extraction et traitement des minerais de plomb et résidus plombifères ; - Métallurgie, affinage, fonte, laminage du plomb, de ses alliages et des métaux plombifères ; Récupération du vieux plomb ; - Soudure et étamage à l'aide d'alliage de plomb ; - Fabrication, soudure, ébarbage, polissage de tous objets en plomb ou en alliage de plomb ; - Fonte de caractères d'imprimerie en alliage de plomb, conduite de machines à composer, manipulation de caractère fabrication, réparation des accumulateurs au plomb ; - Trempe au plomb et tréfilage des aciers trempés au plomb ; - Métallisation au plomb par pulvérisation ; - Fabrication et manipulation des oxydes et sels de plomb ; - Préparation et application de peintures, vernis, laques, encres, mastics enduits à base de composés du plomb, grattage, brûlure, découpage au chalumeau de matières, recouvertes de peintures plombifères ; - Fabrication et application des émaux plombifères ; - Composition de verres au plomb ; - Fabrication et manipulation des dérivés alcoylés du plomb tels que le plomb tétra-méthyle ou le plomb tétraéthyle, notamment préparation de carburant qui renferment ces derniers et
Paralysies des extenseurs des doigts ou des petits muscles de la main.	1 an	
Encéphalopathie aiguë : a) survenant chez un sujet ayant présenté un ou plusieurs des symptômes inscrits au tableau	30 jours	
b)ne s'accompagnant pas de ces symptômes en cas d'intoxication due aux dérivés alcoolés du plomb tétraéthyle.	30 jours	
Néphrite azotémique ou néphrite hypertensive et leurs complications.		
Anémie confirmée par des examens hématologiques répétés et accompagnée d'hématies à granulations basophiles.		
Syndrome biologique caractérisé par un abaissement de l'hémoglobine a moins de 13 grammes par 100 ml de sang par un taux d'hématies ponctuées supérieur à un pour 1000 hématies et une élévation de l'acide delta amino-lévulinique urinaire supérieure à 20 pour 100 ml.		
Le diagnostic doit être confirmé par les résultats des mêmes examens pratiqués dans un délai compris entre le quinzième jour et le		

[338] Arrêté interministériel n° 006048/MTFP/DTS du 24 juillet 1991 portant tableaux des maladies professionnelles.

Désignation des maladies	Délai de prise en charge	Liste indicative des principaux travaux susceptibles de provoquer ces maladies
trentième jour suivant la date du diagnostic. Ou toutes autres manifestations pathologiques d'origine professionnelle causées par le plomb ou ses composés toxiques.		nettoyage des réservoirs contenant ces carburants ; - Glaçure et décoration des produits céramique au moyen de composés du plomb.

2. MALADIES PROFESSIONNELLES CAUSÉES PAR LE MECURE ET SES COMPOSÉS

Désignation des maladies	Délai de prise en charge	Liste indicative des principaux travaux susceptibles de provoquer ces maladies
Encéphalopathie aiguë	10 jours	Extraction, traitement, réparation, emploi, manipulation du mercure, de ses amalgames, de ses combinaisons et de tout produit en renfermant notamment :
Tremblement intentionnel	1 an	
Ataxie cérébelleuse	1 an	- Distillation du mercure et récupération du mercure par distillation de résidus industriels, fabrication et réparation de thermomètres, baromètres, manomètres, pompes ou trompes à mercure ;
Stomatite	30 jours	- Emploi des pompes ou trompes à mercure dans la fabrication des lampes à incandescence, lampes radiophoniques, ampoules radiographiques ;
Coliques et diarrhées	15 jours	- Fabrication et réparation de redresseurs de courant ou de lampes à vapeurs de mercure
Néphrite exophile	1 an	- Emploi du mercure comme conducteur dans l'appareillage électrique ;
Lésions eczématiformes récidivant en cas de nouvelle exposition ou confirmées par un test épicutané ou toutes manifestations pathologiques d'origine professionnelle causées par le mercure et ses composés toxiques		- Préparation du zinc amalgamé pour les piles électriques ;
Néphrite azotémique ou néphrite hypertensive et leurs complications		- Fabrication et réparation d'accumulateurs électriques au mercure ;
Anémie confirmée par des examens hématologiques répétés et accompagnée d'hématies à granulations basophiles		- Emploi du mercure ou de ses composés dans l'industrie, notamment ; - Emploi du mercure ou de ses composés comme agents catalytiques ;
Syndrome biologique caractérisé par un abaissement d'"hémoglobine à moins de 13 grammes par		- Électrolyse avec cathode de mercure au chlorure de sodium ou aux autres sels ;

Désignation des maladies	Délai de prise en charge	Liste indicative des principaux travaux susceptibles de provoquer ces maladies
100 ml de sang par un taux d'hématies ponctuées supérieur à 1 pour 1000 hématies et une élévation de l'acide delta amino-lévulinique urinaire supérieure à 20 mg pour 1000ml Le diagnostic doit être confirmé par les résultats des mêmes examens pratiqués dans un délai compris entre le quinzième jour suivant la date du diagnostic.		- Fabrication des composés du mercure; - Préparation conditionnement et application de spécialités pharmaceutiques ou phytopharmaceutiques contenant du mercure ou des composés ou mercure ; - Travail des peaux au moyen de sels de mercure, notamment : écrêtage des peaux par le nitrate acide de mercure, feutrage des poils sécrétés, naturalisation d'animaux au moyen de sels de mercure. - Dorure, argenture, étamage, bronzage, damasquinage à l'aide de mercure ou de sels de mercure ou de sels de mercure. - Fabrication et emploi d'amorces ou fulminate de mercure ; - Autres applications et traitements par le mercure et ses sels.

3. INTOXICATION PROFESSIONNELLE PAR LE TÉTRACHLORÉTHANE

Désignation des maladies	Délai de prise en charge	Liste indicative des principaux travaux susceptibles de provoquer ces maladies
Névrite ou polynévrite Ictère par hépatite, initialement apyrétique Hépatonéphrite initialement apyrétique, ictérigène ou non Dermites chroniques ou récidivantes Accidents nerveux aigus en dehors des cas considérés comme accidents du travail Ou toutes autres manifestations pathologiques d'origine professionnelle causées par le tétrachloréthane	10 jours 30 jours 30 jours 7 jours 3 jours	Préparation, emploi, manipulation du tétrachloréthane ou des produits en renfermant, notamment : - Utilisation comme matière première dans l'industrie chimique, en particulier pour la fabrication du trichloréthylène - Emploi comme dissolvant, en particulier de l'acétate de cellulose.

4. HÉMOPATHIES PROVOQUÉS PAR LE BENZÈNE OU SES HOMOLOGUES TOXIQUES

Désignation des maladies	Délai de prise en charge	Liste indicative des principaux travaux susceptibles de provoquer ces maladies
Affectations hématologiques, isolées ou associées, de type hypoplasique ou dysplasique : - Anémie ; - Leuconeutropéniques ; - Thrombopénie ; Hypercytoses d'origine myélodysplasique	3 ans	Opération de praticien, transport et utilisation du benzène et autres produits renfermant du benzène, notamment : - production, extraction, rectification du benzène et des produits en renfermant ; - emploi du benzène et des produits en renfermant pour la production de leurs dérivés, notamment en organosynthèse ; - préparation des carburants renfermant du benzène, transvasement, manipulation de ces carburants travaux en citerne ; - emplois divers du benzène comme dissolvant des résines naturelles ou synthétiques ; - production et emploi de vernis, peintures, émaux, rustiques, encres, colles, produits d'entretien renfermant du benzène - fabrication du simili cuir ; - production, manipulation et emploi des dissolutions de caoutchouc naturel ou synthétique ou des solvants d'avivage contenant du benzène ; - autres emplois du benzène ou des produits en renfermant comme agent d'extraction, d'élution, d'imprégnation, d'agglomération ou de nettoyage et comme décapant, dissolvant ou diluant ; - opérations de séchage de tous les produits, articles, préparations, substances où le benzène (ou les produits en renfermant) est intervenu comme agent d'extraction, d'élution, de séparation, d'imprégnation, d'agglomération, de nettoyage, de concentration, et comme décapant, dissolvant diluant ; - emploi du benzène comme déshydratant des alcools et autres substances liquides ou solides ; - emploi du benzène comme dénaturant ou réactif de laboratoire.
Syndrome myéloprolifératif	15 ans	
Leucémies (sous réserve d'une durée d'exposition d'un an)	15 ans	
Ou toutes autres manifestations pathologiques d'origine professionnelle causées par le benzène ou ses homologues toxique		

5. AFFECTIONS GASTRO-INTESTINALES PROVOQUÉES PAR LE BENZÈNE OU SES HOMOLOGUES TOXIQUES

Désignation des maladies	Délai de prise en charge	Liste indicative des principaux travaux susceptibles de provoquer ces maladies
Troubles gastro-intestinaux apyrétiques accompagnés de vomissements à répétition Ou toutes autres manifestations pathologiques d'origine professionnelle causées par le benzène ou les homologues toxiques. Hypercytoses d'origine myélodysplasique Syndrome myéloprolifératif. Leucémies sous réserve d'une durée d'exposition d'un an. Ou toutes autres manifestations pathologiques d'origine professionnelle causées par le benzène ou ses homologues toxiques.	7 jours 3 ans	Opérations de production, transport et utilisation du benzène, du toluène, des xylènes et autres produits en renfermant notamment : - production, extraction, rectification du benzène, du toluène, des xylènes et des produits en renfermant ; - emploi du benzène, du toluène et des xylènes pour la production de leurs dérivés, notamment en organosynthèse ; - préparation des carburants renfermant du benzène du toluène et des xylènes transvasement, manipulation de ces carburants travaux en citerne ; - emploi divers du benzène, du toluène et des xylènes comme dissolvants des résines naturelles ou synthétiques ; - production et emploi de vernis, peinture, émaux, mastics, encres, colles, produits d'entretien renfermant du benzène, du toluène et des xylènes ; - fabrication de simili cuir ; - production, manipulation et emploi des dissolutions de caoutchouc naturel, ou synthétique ou des solvants d'avivage contenant du benzène, du toluène des xylènes ; - autres emplois du benzène, du toluène, des xylènes ou des produits en renfermant comme agents d'extraction, d'élution, d'imprégnation, d'agglomération ou de nettoyage et comme décapants, dissolvants ou diluants ; - opérations de séchage de tous les produits articles, préparations, substances où le benzène, le toluène, les xylènes ou les produits en renfermant interviennent comme agents d'extraction, d'élution de séparation d'imprégnation, d'agglomération, de nettoyage de concentration et comme décapants ; - emploi du benzène comme déshydratant des alcools autres substances liquides ou solides ; - emploi du benzène comme dénaturant ou réactif de laboratoire.

6. AFFECTIONS PROVOQUÉES PAR LES RAYONNEMENTS IONISANTS

Désignation des maladies	Délai de prise en charge	Liste indicative des principaux travaux susceptibles de provoquer ces maladies
Anémie, leucopénie, thrombopénie ou syndrome hémorragique consécutifs à une irradiation aigue.	30 jours	Tous travaux exposant à l'action des rayons X ou des substances radioactives naturelles ou artificielles, ou à toute autre source d'émission corpusculaire, notamment : - extraction et traitement des minerais réactifs ; - préparation des substances radioactives - préparation de produits chimiques et pharmaceutiques radioactifs ; - préparation et application de produits luminescents radifères ; - recherches ou mesures sur les substances radioactives et les rayons X dans les laboratoires ; - fabrication d'appareils pour radiothérapie et d'appareils à rayons X ; - travaux exposant les travailleurs au rayonnement dans les hôpitaux, les sanatoriums, les cliniques, les dispensaires, les cabinets dentaires et radiologiques, dans les maisons de santé et les centres anticancéreux. - travaux dans toutes les industries ou commerces utilisant les rayons X, les substances radioactives, les substances ou dispositifs émettant les rayonnements indiqués ci-dessus.
Anémie, leucopénie, thrombopénie ou syndrome hémorragique consécutifs à une irradiation chronique	1 jour	
Blépharite ou conjonctivite	7 jours	
Kératite	1 jour	
Cataracte	10 jours	
Radiodermites aigues	5 jours	
Radiodermites chroniques	10 jours	
Radio-épithélite aiguë des muqueuses	60 jours	
Radiolésions chroniques des muqueuses	5 jours	
Radionécrose osseuse	30 jours	
Leucémies	30 jours	
Cancer broncho-pulmonaire primitif par inhalation.	30 ans	
Sarcome osseux	50 ans	
Ou toutes autres manifestations pathologiques d'origine professionnelle provoquées par les rayonnements ionisants.		

7. TETANOS PROFESSIONNEL

Désignation de la maladie	Délai de prise en charge	Liste indicative des principaux travaux susceptibles de provoquer ces maladies
Tétanos en dehors des cas consécutifs à un accident du travail. Ou toutes autres manifestations pathologiques d'origine professionnelle causées par le tétanos professionnel.	30 jours	Travaux effectués dans les égouts Travaux agricoles ainsi que tous travaux comportant un contact avec les animaux domestiques, leurs dépouilles ou leurs déjections.

8. AFFECTIONS CAUSÉES PAR LES CIMENTS (ALUMINOSILICATES DE CALCIUM)

Désignation des maladies	Délai de prise en charge	Liste indicative des principaux travaux susceptibles de provoquer ces maladies
Ulcérations dermites primitives, pyodermites, dermites (eczématiformes) Blépharite Conjonctivite Ou toutes autres manifestations pathologiques d'origine professionnelle causées par les ciments.	30 jours	Fabrication, concassage, broyage, ensachage et manutention des ciments Fabrication, à l'aide de ciments, de matériaux agglomérés et d'objets moulés Emplois des ciments dans les chantiers du bâtiment et des travaux publics

9. AFFECTIONS PROVOQUÉES PAR LES DÉRIVES HALOGÈNES DES HYDROCARBURES AROMATIQUES

Désignation des maladies	Délai de prise en charge	Liste indicative des principaux travaux susceptibles de provoquer ces maladies
Acné Accidents nerveux aigues causés par le mono-chlorobenzène et le mono-bromobenzène ...	30 jours	Préparation, emploi, manipulation des chloronaphtalènes et des produits en renfermant, notamment : - fabrication des chloronaphtalènes ; - fabrication de vernis, enduits, produits d'entretien, pâtes à polir, etc..., à base de chloronaphtalènes ; - emploi des chloronaphtalènes comme isolants électriques, en particulier dans la fabrication des condensateurs ; - préparation et emploi de lubrifiants de remplacement contenant des chloronaphtalènes ;

Désignation des maladies	Délai de prise en charge	Liste indicative des principaux travaux susceptibles de provoquer ces maladies
Ou toutes autres manifestations pathologiques d'origine professionnelle provoquées par les rayonnements ionisants.		- préparation, emploi, manipulation des polychlorobiphényles, notamment ; - emploi des polychlorobiphényles comme isolants électriques dans la fabrication et l'entretien des transformateurs des condensateurs ; - emploi des polychlorobiphényles dans les systèmes caloporteurs et les systèmes hydrauliques ; - préparation, emploi, manipulation des polybromobiphényles comme ignifugeants ; - préparation, emploi, manipulation du chlorobenzène et du bromobenzène ou des produits en renfermant, notamment ; - emploi du chlorobenzène comme agent de - dégraissage, comme solvant de pesticides ou comme intermédiaire de synthèse ; - emploi du bromobenzène comme agent de synthèse.

10. AFFECTIONS CAUSÉES PAR LE CHROME OU SES COMPOSÉS TOXIQUES

Désignation des maladies	Délai de prise en charge	Liste indicative des principaux travaux susceptibles de provoquer ces maladies
Ulcérations nasales Ulcérations cutanées et dermites eczématiformes chroniques ou récidivantes Ou toutes autres manifestations pathologiques d'origine professionnelle causées par le chrome ou ses composés toxiques.	30 jours	Préparation, emploi, manipulation de l'acide chromique des chromates et bichromate alcalins, notamment : - Fabrication de l'acide chromique, des chromates et bichromates alcalins ; - Fabrication des pigments (jaune de chrome, etc...) au moyen de chromates ou bichromates alcalins. Emploi de bichromates alcalins dans le vernissage d'ébénisterie Emploi des chromates ou bichromates alcalins comme mordant en teinture Tannage au chrome Préparation, par procédés photomécaniques, de clichés pour impression. Chromage électrolytique des métaux.

11. INTOXICATION PROFESSIONNELLE PAR LE TÉTRACHLORURE DE CARBONE

Désignation des maladies	Délai de prise en charge	Liste indicative des principaux travaux susceptibles de provoquer ces maladies
Néphrite aiguë ou subaiguë avec albuminurie cylindrurie et azotémie progressive	30 jours	Préparation, emploi, manipulation du tétrachlorure de carbone ou des produits en renfermant notamment : - Emploi du tétrachlorure de carbone comme dissolvant en particulier pour l'extraction des matières grasses et pour la teinture dégraissage. - Remplissage et utilisation des extincteurs au tétrachlorure de carbone.
Hépatonéphrite initialement apyrétique ictérigène ou non	30 jours	
Ictère par hépatite, initialement apyrétique	30 jours	
Dermites chroniques ou récidivantes	7 jours	
Accidents nerveux aigus en dehors des cas considérés comme accidents du travail	3 jours	
Ou toutes autres manifestations pathologiques d'origine professionnelle causées par le tétrachlorure de carbone		

12. DÉRIVÉS HALOGÈNES TOXIQUES DES HYDROCARBURES DE LA SERIE GRASSE

Désignation des maladies	Délai de prise en charge	Liste indicative des principaux travaux susceptibles de provoquer ces maladies
A.- TROUBLES NEUROLOGIQUES		Préparation, emploi et manipulation de produits précités (ou des préparations en contenant) notamment comme solvants ou matières premières dans l'industrie chimique ainsi que dans les travaux ci-après : extraction des substances naturelles, décapage, dégraissage des pièces métalliques, des os, peaux et cuirs, et nettoyage des vêtements et tissus. Préparation et application des peintures et vernis, des
Syndrome ébrieux pouvant aller jusqu'à des manifestations psychiques délirantes	7 jours	
Syndrome narcotique pouvant aller jusqu'au coma avec ou sans convulsions	7 jours	
Névrites optiques	7 jours	
Névrites	7 jours	
B.- TROUBLES NEUROLOGIQUES CHRONIQUES :		

Désignation des maladies	Délai de prise en charge	Liste indicative des principaux travaux susceptibles de provoquer ces maladies
Syndrome associant troubles de l'équilibre de la vigilance de la mémoire	90 jours	dissolutions et enduits de caoutchouc.
C.- TROUBLES CUTANEO MUQUEUX AIGUS		Fabrication de polymères de synthèse (chloro-2- butadiène 1-3, dichloro 1-3 éthylène asymétrique, dichlorométhane - 3 dichloro - 1 - 3 éthylène.)
Dermo-épidermite aigue irritative ou eczématiforme récidivant après nouvelle exposition au risque	7 jours	
Conjonctivite aigue	7 jours	Préparation et emploi du dibromo- 1- 2 éther en particulier dans la préparation des carburants
D.- TROUBLES CUTANEO-MUQUEUX CHRONIQUES		
Dermo-épidermite chronique irritative, ou eczématiforme récidivant après nouvelle exposition au risque	90 jours	
Conjonctivite chronique	90 jours	
E.- TROUBLES HEPATO-RENAUX		
Hépatite cytolytique ictérique ou non initialement apyrétique	7 jours	
Insuffisance rénale aigue	7 jours	
F.- TROUBLES CARDIO RESPIRATOIRES		
Œdème pulmonaire	7 jours	
Troubles du rythme ventriculaire cardiaque avec possibilité de collapsus cardiovasculaire	7 jours	
G.- TROUBLES DIGESTIFS		
Syndrome cholériforme apyrétique	7 jours	
Toutes autres manifestations pathologiques d'origine professionnelle causées par les dérives halogènes des hydrocarbures aromatiques.		

13. INTOXICATION PROFESSIONNELLE PAR LES DÉRIVÉS NITRÉS ET AMINES TOXIQUES DU BENZÈNE OU DE SES HOMOLOGUES

DELAI DE PRISE EN CHARGE : INTOXICATION SUBAIGUËS OU CHRONIQUES = 1 AN – ACCIDENTS AIGUS OU DERMITES = 30 JOURS

Maladies engendrées par les dérivés nitrés et chloronitrés des carbures benzéniques	Liste indicative des principaux travaux susceptibles de provoquer ces maladies
Manifestations consécutives à l'intoxication subaiguë ou chronique (cyanose, anémie, sub-ictère) Accidents aigues (coma) en dehors des cas considérés comme accidents du travail Dermites chroniques ou récidivantes causées par les dérivés chloronitrés Ou toutes autres manifestations pathologiques l'origine professionnelle causées par les dérivés nitrés et animés toxiques du benzène ou de ses homologues.	Préparation, emploi, manipulation des dérivés nitrés et chloronitrés des carbures benzéniques notamment : - Fabrication des dérivés nitrés et chloronitrés du benzène et de ses homologues ; - Fabrication des dérivés aigues animés aniline et homologues, et de certaines matières colorantes ; - Préparation et manipulation d'explosifs. Sont exclues les opérations effectuées à l'intérieur d'appareils rigoureux clos en marche normale.

14. AFFECTIONS PROVOQUÉES PAR LES DÉRIVÉS NITRÉS DU PHÉNOL (DINITRTROPHÉNOL, DINITRO-ORTHORESOL, LEURS HOMOLOGUES ET LEURS SELS PAR LE PENTACHLOROPHÉNOL, SES HOMOLOGUES ET SES SELS ET PAR LEURS DÉRIVÉS HALOGÈNES DE L'HYDROXYBENZONITRILE) (BROMOXYNIL, LOXYNIL)

Désignation des maladies	Délai de prise en charge	Liste indicative des principaux travaux susceptibles de provoquer ces maladies
A.- Intoxication suraiguë avec hyperthermie œdème pulmonaire éventuellement atteinte hépatique, rénale et myocardique	3 jours	Préparation, emploi et manipulation des dérivés nitrés du phénol : - Fabrication des produits précités - Fabrication de matières colorante au moyen des produits précités - Travaux de débouchage utilisant les produits précités - Travaux antiparasitaires entraînant la manipulation des produits précités
B.- Intoxication aigue ou subaigüe avec asthénie, amaigrissement, rapide, hypersudation suivie d'hyperthermie avec gêne respiratoire	7 jours	
C.- Manifestations digestives (douleurs abdominales, vomissements, diarrhées) associées à la présence du toxique ou de ses métabolites dans le sang ou les urines.	7 jours	Préparation, emploi et manipulation des dérivés halogènes de l'hydroxybenzonitrile, notamment - Fabrication des produits précités

Désignation des maladies	Délai de prise en charge	Liste indicative des principaux travaux susceptibles de provoquer ces maladies
D.- Irritation des voies aériennes supérieures et conjonctivites E.- Dermites irritatives F.- Syndrome biologique caractérisé par : Neutropénie franche (moins de 1000 polynucléaire neutrophiles par m3 sang) liée à des préparations associant du pentachlorophénol, ses toxiques ou ses sels, à du lindane G.- Ou toutes autres manifestations pathologiques d'origine professionnelle causées par les dérivés nitrés du phénol, du penta-phénol, de leurs homologues et sels, ainsi que des dérivés halogènes de l'hydroxybenzonitrite.	7 jours 7 jours 90 jours	- Fabrication et conditionnement des pesticides en contenant - Préparation, manipulation, emploi du pentachlorophénol, ses homologues et ses sels ainsi que des produits en renfermant notamment au cours des travaux ci-après : o trempage du bois ; o empilage du bois fraîchement trempé ; o pulvérisation du produit ; o préparation des peintures en contenant ; o lutte contre les xylophages ; o traitement des charpentes en place par des préparations associant du pentachlorure lindane.

15. AFFECTIONS PROVOQUÉES PAR LES AMINÉS AROMATIQUES ET LEURS DERIVES HYDROXYLES, HALOGÈNES, NITROSÉS, NITRÉS ET SULFONES

Désignation des maladies	Délai de prise en charge	Liste indicative des principaux travaux susceptibles de provoquer ces maladies
Accidents aigües (manifestations nerveuses avec cyanose) Dermites asthmatiformes confirmé par la positivité des tests épicutanés ou par la récidive à une nouvelle exposition. Anémie avec cyanose et sub-ictère Asthme ou dyspnée asthmatiforme confirmé par tests ou par épreuves fonctionnelles, récidivant après nouvelle exposition. Cystites aigues hémorragiques Lésions vésicales (confirmées par cystoscopies), provoquées par la benzidine, ses homologues, ses sels et ses	3 jours 7 jours 30 jours 7 jours 7 jours	Préparation, emploi et manipulation des amines aromatiques de leurs dérives hydroxyles, halogènes, nitrosés, nitrés et sulfonés et de produits en renfermant, notamment : - Fabrication des amines aromatiques et de leurs dérivés ; - Préparation au moyen d'amines aromatiques de produits chimiques, matières colorantes, produits pharmaceutiques accélérateurs de vulcanisation du caoutchouc ;

Désignation des maladies	Délai de prise en charge	Liste indicative des principaux travaux susceptibles de provoquer ces maladies
dérivés chlorés, la dianisidine, l'aminobiphényle la bétanaphtylamine : - Congestion vésicale avec varicosités - Tumeurs bénignes ou malignes Toutes autres manifestations métrologiques d'origine professionnelle provoquées par vitamines aromatiques et leurs dérivés hydroxyles, halogènes, nitrés et sulfonés.	1 an 30 ans	- Utilisation des amines aromatiques et des produits qui en dérivent, lorsque ces derniers contiennent des amines aromatiques à l'état libre.

16. AFFECTIONS PROVOQUÉES PAR LES GOUDRONS DE HOUILLE, BRAIS, LE BITUME, LES HUILES MINERALES, L'ANTRAGÈNE OU LES COMPOSÉS, PRODUITS, OU RÉSIDUS DE CES SUBSTANCES

Désignation des maladies	Délai de prise en charge	Liste indicative des principaux travaux susceptibles de provoquer ces maladies
Dermites eczématiques Conjonctivites Épithéliomas primitifs de la peau Toutes autres manifestations éthologiques d'origine professionnelle causées par les goudrons, le brai, le bitume, les huiles minérales, l'anthracène ou les composés des produits, ou résidus de ces substances.	7 jours 7 jours 20 jours	Préparation, emploi et manipulation des goudrons de houille du brai, du bitume, des huiles minérales, de l'anthracène ou les composés, produits, ou résidus de ces substances, notamment : - Piquage, changement, déchargement, manutention de ces produits ; - Fabrication d'agglomérés au moyen de brais de houille.

17. AFFECTIONS PROFESSIONNELLES CAUSÉES PAR LE PHOSPHORE OU SES COMPOSÉS TOXIQUES

DELAI DE PRISE EN CHARGE : 3 JOURS

Désignation des maladies	Délai de prise en charge	Liste indicative des principaux travaux susceptibles de provoquer ces maladies
A.- Troubles digestifs : crampes abdominales, hypersalivation, nausées ou vomissements, diarrhée B.- Troubles respiratoires, dyspnée asthmatiforme, œdème broncho-alvéolaire	3 jours 3 jours 3 jours	Travaux exposant au phosphore ou à ces composés toxiques.

Désignation des maladies	Délai de prise en charge	Liste indicative des principaux travaux susceptibles de provoquer ces maladies
C.- Troubles nerveux : céphalées, vertiges, confusion mentale accompagné de myosis D.- Troubles généraux et vasculaires : asthénie, bradycardie et hypotension amblyopie Le diagnostic sera confirmé par un abaissement significatif du taux de la cholinestérase sérique et de l'acétylcholinestérase des globules rouges, à l'exception des affections professionnelles provoquées par les carbonates. E.- Syndrome biologique caractérisé par un abaissement significatif de l'acétyle cholinestérase des globules rouges F.- Ostéomalacie de névrose du maxillaire inférieur G.- Dermite aiguë irritative ou eczématiforme récidivant au contact du sesquisulfure de phosphate H.- Dermite chronique irritative ou eczématiforme récidivant au contact du sesquisulfure de phosphate	3 jours 1 an 7 jours 90 jours	

18. CHARBON PROFESSIONNEL

DELAI DE PRISE EN CHARGE : 30 JOURS

Désignation des maladies	Liste indicative des principaux travaux susceptibles de provoquer ces maladies
Pustule maligne Œdème malin Charbon gastro-intestinal en dehors des cas considérés comme accidentés du travail. Ou toutes autres manifestations pathologiques d'origine professionnelle causées par le charbon.	Travaux susceptibles de mettre les ouvriers en contact avec des animaux atteints d'infection charbonneuse ou avec des cadavres de ces animaux. Manipulation, changement, déchargement ou transport de produits susceptibles d'avoir été souillés par des animaux ou des débris d'animaux infectés.

19. LEPTOSPIROSES PROFESSIONNELLES

DELAI DE PRISE EN CHARGE : 21 JOURS

Désignation des maladies	Liste indicative des principaux travaux susceptibles de provoquer ces maladies
Toutes leptospiroses confirmées par un examen de laboratoire spécifique identification du germe ou sérodiagnostic, à un taux considéré comme significatif. Toutes autres manifestations pathologiques d'origine professionnelle causées par les leptospiroses	Travaux exécutés dans les mines et carrières (travaux de fond), les tranchées, les tunnels, les galeries, les égouts, les caves et les souterrains. Travaux exécutés dans les abattoirs, les tueries particulières, les chantiers d'équarrissage. Travaux exécutés dans les usines de délainage Travaux exécutés dans les cuisines, les fabriques de conserves de viandes ou de poissons Travaux exécutés dans les laiteries, fromageries Travaux imposant le contact avec des animaux Travaux d'aménagement et d'entretien des cours d'eau Travaux de drainage Gardiennage, entretien et réfection des piscines surveillance des nageurs Travaux exécutés dans les boucheries Travaux exécutés dans les poissonneries Travaux exécutés dans les brasseries Travaux exécutés dans les cimenteries Travaux exécutés dans les bateaux et les péniches en navigation.

20. AFFECTIONS PROFESSIONNELLES PROVOQUÉES PAR L'ARSENIC ET SES COMPOSÉS MINERAUX

Désignation des maladies	Délai de prise en charge	Liste indicative des principaux travaux susceptibles de provoquer ces maladies
A.- Intoxication aigue : - Insuffisance circulaire troubles du rythme, arrêt circulatoire - Vomissements, diarrhée, syndrome de cytolyse hépatique - Encéphalopathie :	7 jours	Tous travaux exposant à la manipulation ou à l'inhalation d'arsenic ou de ses composés minéraux, notamment :

Désignation des maladies	**Délai de prise en charge**	**Liste indicative des principaux travaux susceptibles de provoquer ces maladies**
o Troubles de l'hémostase ; o Dyspnée aigue B.- Effets caustiques : - Dermites de contact orthoergique, plaies arsenicales ; - Stomatite, rhinite, ulcération ou perforation de la cloison nasale ; - Conjonctivite, kératite blépharite C.- Intoxication subaiguë : - Polynévrites ; - Mélanodermie - Dyskératoses palmo-plantaires D.- Affections cancéreuses : - Dyskératose lenticulaire en disque (maladie de Bowen) - Épithéliome cutané primitif ; - Angiosarcome du foie - Toutes autres manifestations pathologiques d'origine professionnelle causées par l'arsenic ou ses composés minéraux.	7 jours 90 jours 40 ans	- Traitement pyro-métallurgique de minerais arsenicaux ; - Traitement pyro-métallurgique de métaux non ferreux arsenicaux : - Fabrication ou emploi de pesticides arsenicaux ; - Emploi de composés minéraux dans le travail du cuir, en verrerie, en électronique.

21. INTOXICATION PROFESSIONNELLE PAR L'HYDROGÈNE ARSENIE

DELAI DE PRISE EN CHARGE : 15 JOURS, PORTÉ À 30 JOURS POUR LA NÉPHRITE AZOTÉMIQUE, REDUIT À 3 JOURS POUR LES ACCIDENTS AIGUS

Désignation des maladies	**Liste indicative des principaux travaux susceptibles de provoquer ces maladies**
Hémoglobinurie Ictère avec hémolyse Néphrite azotémique Accidents aigus (coma) en dehors des cas considérés comme accidents du travail Ou toutes autres manifestations pathologiques d'origine professionnelle causées par l'hydrogène arsénié.	Travaux exposant aux émanations d'hydrogène arsénié, notamment : - Traitement des minerais arsénieux - Préparation et emploi des arséniures métalliques - Décapage des métaux, détartrage des chaudières - Gonflement des ballons avec de l'hydrogène impur.

22. SULFOCARBONISME PROFESSIONNEL

DELAI DE PRISE EN CHARGE – ACCIDENTS AIGUS : 30 JOURS – INTOXICATIONS SUBAIGUES OU CHRONIQUES : 1 AN

Maladies engendrées par le sulfure de carbone	**Liste indicative des principaux travaux susceptibles de provoquer ces maladies**
Syndrome aigue neuro-digestif se manifestant par vomissements, gastralgies violentes, diarrhée, avec délire et céphalée interne Troubles psychiques aigus, avec confusion mentale, délire onirique Troubles psychiques chroniques avec états dépressifs et impulsions morbides Polynévrites et névrites, quel qu'en soit le degré avec troubles des réactions électriques (notamment chronaxinétriques) Névrite optique De toutes autres manifestations pathologiques d'origine professionnelle causées sur le sulfocarbonisme	Préparation, manipulation, emploi du sulfure de carbone et des produits en renfermant, notamment : - Fabrication du sulfure de carbone et de ses dérivés. Préparation de la viscose et toute fabrication utilisant la régénération de la cellulose par décomposition de la viscose, telles que fabrication des textiles artificiels et de pellicules cellulosiques Extraction du souffre, vulcanisation à froid du caoutchouc au moyen de dissolution de soufre ou de chlorure de soufre dans le sulfure de carbone. Préparation et emploi des dissolutions de caoutchouc dans le sulfure de carbone Emploi du sulfure de carbone comme dissolvant de la gutta-percha, des résines, des cires des matières grasses, des huiles essentielles et autres substances.

23. NYSTAGMUS PROFESSIONNEL

Désignation des maladies	**Délai de prise en charge**	**Liste indicative des principaux travaux susceptibles de provoquer ces maladies**
Nystagmus	1 an	Travaux exécutés dans les mines

24. BRUCELLOSES PROFESSIONNELLES

DELAI DE PRISE EN CHARGE : 2 MOIS POUR LES CAS AIGUS OU SUBAIGUS 1 AN POUR LES CAS CHRONIQUES

Désignation des maladies	**Liste indicative des principaux travaux susceptibles de provoquer ces maladies**
Brucellose aigue avec septicémie : - Tableau de fièvre ondulante sudoro-algique ; - Tableau pseudo-grippal ; - Tableau pseudo-typhoïdique.	Travaux exposant au contact avec des caprins, ovins, bovins, porcins avec leurs produits ou leurs déjections ;

Désignation des maladies	Liste indicative des principaux travaux susceptibles de provoquer ces maladies
Brucellose subaiguë avec focalisation : - Monopartite aiguë fébrile, polyarthrite ; - Bronchite, pneumopathie ; - Réaction neuro-méningée ; - Forme hépatospléniques subaiguës ; - Forme génitales subaiguës. Brucellose chronique : - Arthrite séreuse ou suppurée, patéo-arthrite ; - Ostéite spondylodiscitée, sacrocoxite épididymite, prostatite salpingite. Brucellose chronique : - Bronchite, pneumopathie, pleurésie sérofibrimeuse ou hépatite ; - Anémie, purpura, hémorragie, adénopathie ; Néphrite ; Endocardite, phlébite ; Réaction méningée arachnoïdite méningo-encéphalite, myélite, névrite radiculaire ; Manifestations cutanées d'allergie ; Manifestations, psychopathologiques ; Asthénie profonde associée ou non à un syndrome dépressif. Ou toutes autres manifestations pathologiques d'origine professionnelle causées par les brucelloses. L'origine brucellose des manifestations aiguës ou subaiguës est démontrée par l'isolement du germe, ou par les résultats combinés de deux réactions sérologiques utilisées par l'Organisation Mondiale de la Santé (O.M.S.) quel que soit leur taux. Les manifestations chroniques de la brucellose doivent être associées à une intradermoréaction positive à toxique positive.	Travaux exécutés dans les laboratoires seront de diagnostic de la brucellose, à la préparation des antigènes brucelliens ou des vaccins anti-brucelliens ainsi que dans les laboratoires vétérinaires

25. PNEUMOCONIOSES CONSÉCUTIVES À L'INHALATION DE POUSSIÈRES MINÉRALES RENFERMANT DE LA SILICE LIBRE

DELAI DE PRISE EN CHARGE : 15 ANS
(Sous réserve des dispositions du décret fixant les modalités spéciales d'application de la silicose et à l'asbestose, du titre II du Code de sécurité sociale)

Désignation des maladies	**Liste indicative des principaux travaux susceptibles de provoquer ces maladies**
Silicose schistose provoquées par ces poussières, ces affections sont caractérisées par des signes radiographiques spécifiques, qu'ils s'accompagnent ou non de troubles fonctionnels. Complications de ces affections : a) Complications cardiaques : insuffisance ventriculaire droite caractérisée b) Complications pleuropulmonaires : Tuberculose ou autre mycobactériose surajoutée et caractérisée : Névrose cavitaire aseptique ; Aspergillose infra cavitaire confirmée par la sérologie : c) Complications non spécifiques ; Pneumothorax spontané ; Suppuration broncho-pulmonaire subaiguë ou chronique : d) Insuffisance respiratoire aiguë nécessitant des soins intensifs en milieu spécialisé. e) Ou toutes autres manifestations pathologiques d'origine professionnelle causées par la silice libre	Travaux exposant à l'inhalation des poussières renfermant de la silice libre, notamment : - Travaux de forage, d'abattage, d'extraction et de transport de minerais ou de roches renfermant de la silice libre ; - Concassage, broyage, tamisage et manipulation effectués à sec, de minerais ou de roches renfermant de la silice libre ; - Taille et polissage de roches renfermant de la silice libre ; - Fabrication et manutention de produits abrasifs, de poudres à nettoyer ou autres produits renfermant de la silice libre ; - Travaux dans les mines de houille ; - Extraction, refonte, taillage, lissage et polissage de l'ardoise ; - Utilisation de poudre d'ardoise (schiste en poudre comme charge en caoutchouterie ou dans la préparation de mastic ou aggloméré ; - Extraction, broyage, conditionnement du talc ; - Utilisation de poudre d'ardoise (schiste en poudre) comme charge en caoutchouterie ou dans la préparation de mastic ou aggloméré ; - Utilisation du talc comme lubrifiant ou comme charge dans l'apprêt du papier, dans certaines peintures, dans la préparation de poudre cosmétique, dans les mélanges de caoutchouterie ; - Fabrication du carborundum, du verre, de la porcelaine de la faïence et autres produits céramiques, des produits réfractaires ; - Travaux de meulage, polissage, aiguisage, effectués à sec, au moyen de meules renfermant de la silice libre ; - Travaux de décapage ou de polissage au jet de sable ;

Désignation des maladies	Liste indicative des principaux travaux susceptibles de provoquer ces maladies
	- Travaux de construction, d'entretien et de démolition exposant à l'inhalation de poussières renfermant de la silice libre.

26. INTOXICATION PROFESSIONNELLE PAR LE BROMURE DE MÉTHYLE

Désignation des maladies	Délai de prise en charge	Liste indicative des principaux travaux susceptibles de provoquer ces maladies
Troubles encéphalo-médullaires : - Tremblements intentionnels ; - Myaclonies - Crises épileptiformes ; - Ataxie ; - Aphasie et dysarthrie ; - Accès confusionnels ; - Anxiété panthophobique ; - Dépression mélancolique.	7 jours	Préparation, manipulation, emploi du bromure de méthyle ou des produits en renfermant notamment : - Préparation du bromure de méthyle ; - Préparations de produits chimiques et pharmaceutiques au moyen du bromure de méthyle - Remplissage et utilisation des extincteurs au bromure de méthyle ; - Emploi du bromure de méthyle comme agent de désinsectisation
Troubles oculaires : - Amaurose ou amblyopie ; - Diplopie.	7 jours	
Troubles auriculaires : - Hyperacousie ; - Vertiges et troubles labyrinthiques	7 jours	
Accidents aigus (en dehors des cas considérés comme accidents de travail) - Crise épileptique - Coma	7 jours	
Ou toutes autres manifestations pathologiques d'origine professionnelles causées par le bromure de méthyle.		

27. INTOXICATION PROFESSIONNELLE PAR LE CHLORURE DE MÉTHYLE

Désignation des maladies	Délai de prise en charge	Liste indicative des principaux travaux susceptibles de provoquer ces maladies
Vertiges	7 jours	Préparation, emploi et manipulation du chlorure de méthyle notamment : - Réparation des appareils frigorifiques
Amnésies	7 jours	
Amblyopie	7 jours	
Ataxie	7 jours	
Accidents aigus (coma, délire) en dehors des cas considérés comme accidents du travail.	3 jours	
Ou autres manipulations pathologiques d'origine professionnelle causées par le chlorure de méthyle.		

28. LÉSIONS PROVOQUÉES PAR DES TRAVAUX EFFECTUÉS DANS LES MILIEUX OU LA PRESSION EST SUPÉRIEURE À LA PRESSION ATHMOSPHÉRIQUE

Désignation des maladies	Délai de prise en charge	Liste indicative des principaux travaux susceptibles de provoquer ces maladies
Ostéonécrose avec ou sans atteinte articulaire intéressant l'épaule, la hanche et le genou confirmé par l'aspect radiologique des lésions.	20 ans	Travaux effectués par les tubistes Travaux effectués par les scaphandriers Travaux effectués par les plongeurs munis ou non d'appareils respiratoires individuels Intervention en milieu hyperbare
Syndrome vertigineux confirmé par épreuve labyrinthique	3 mois	
Otite moyenne subaiguë ou chronique	3 mois	
Hypoacousie par lésion cochléaire réversible, s'accompagnant ou non de troubles labyrinthiques et ne s'aggravant pas après arrêt d'exposition au risque.	3 jours	
Le diagnostic sera confirmé par une audiométrie tonale et vocale effectuée de six mois à un an après la première constatation.	1 an	
Ou toutes autres manifestations pathologiques d'origine professionnelle provoquées par des travaux effectués dans les milieux		

Désignation des maladies	Délai de prise en charge	Liste indicative des principaux travaux susceptibles de provoquer ces maladies
où la pression est supérieure à la pression atmosphérique.		

29. AFFECTIONS PROFESSIONNELLES CONSÉCUTIVES À L'INHALATION DES POUSSIÈRES D'AMIANTE

(Sous réserve des indispositions du décret fixant les modalités spéciales d'application à la silicose et à l'asbestose professionnelles du Code de la Sécurité Sociale)

Désignation des maladies	Délai de prise en charge	Liste indicative des principaux travaux susceptibles de provoquer ces maladies
A.- Asbestose : fibrose pulmonaire diagnostiquée sur des signes radiologiques spécifiques qu'il y ait ou non des modifications des explorations fonctionnelles respiratoires Complications : Insuffisance respiratoire aiguë, insuffisance ventriculaire droite. B.- Lésions pleurales bénignes avec ou sans modifications des explorations fonctionnelles respiratoires. Pleurésie exsudative : Plaques pleurales plus ou moins calcifiées bilatérales pariétales, diaphragmatiques. C.- Mésothéliome malin primitif de la plèvre, du péritoine du péricarde, quand la relation avec l'amiante est médicalement caractérisée. D.- Autres tumeurs pleurales primitives quand la relation avec l'amiante est médicalement caractérisée. E.- Cancers broncho-pulmonaires primitifs, quand la relation avec l'amiante est médicalement caractérisée.	10 ans 10 ans 10 ans 10 ans 15 ans	Travaux exposant à l'inhalation des poussières d'amiante, notamment : - Extraction, manipulation et traitement de minerais et roches amiantifères ; - Manipulation et utilisation de l'amiante brut dans les opérations de fabrication suivantes : Amiante-caoutchouc, cardage, filature, tissage et confection, carton, papier et feutre d'amiante, feuilles et joints en amiante garnitures de friction, produits moulés et isolants ; - Application, destruction et élimination de produits d'amiante ou à base d'amiante projeté, calorifugeage au moyen de produits d'amiante, maintenance et entretien de matériels, démolition, déblocage.

Désignation des maladies	Délai de prise en charge	Liste indicative des principaux travaux susceptibles de provoquer ces maladies
F.- Ou toutes autres manifestations pathologies d'origine professionnelle causées par l'amiante.		

30. MALADIES PROFESSIONNELLES ENGENDRÉES PAR LES AMINOGLYCOSIDES (STREPTOMYCINE, NEOMYCINE ET LEURS SELS)

Désignation des maladies	Délai de prise en charge	Liste indicative des principaux travaux susceptibles de provoquer ces maladies
Lésions eczématiformes récidivant en cas de nouvelle exposition ou confirmées par un test épicutané. Ou toutes autres manifestations pathologiques d'origine professionnelle causées par les aminoglycosides	15 jours	Travaux comportant la manipulation ou l'emploi d'aminoglycosides, notamment la streptomycine et la néomycine et leurs sels.

31. MALADIES PROFESSIONNELLES DUES AU BERYLLIUM OU SES COMPOSÉS

Désignation des maladies	Délai de prise en charge	Liste indicative des principaux travaux susceptibles de provoquer ces maladies
A.- MANIFESTATIONS LOCALES	5 jours	Travaux exposant au béryllium et à ses composés, notamment : - Broyage et traitement du minerai de béryllium (béryl) - Fabrication et usinage du béryllium de ses alliages et de ses combinaisons ; - Fabrication et utilisation de poudres à base de sels de béryllium destinées au revêtement intérieur des tubes à fluorescence.
- Conjonctivites aiguës ou récidivantes	5 jours	
- Dermites aiguës ou récidivantes		
B.- MANIFESTATIONS GENERALES		
- Bronchopneumopathie aiguë ou subaiguë diffuse avec apparition retardée de signes radiologiques le plus souvent discrets	30 jours	
- Fibrose pulmonaire diffuse avec signes radiologiques troubles fonctionnels et signes généraux (amaigrissement, fatigue) confirmée par des épreuves fonctionnelles respiratoires, y compris les complications cardiaques (insuffisance ventriculaire droite) et les complications pleuropulmonaires secondaires (pneumothorax spontané).	25 ans	

Désignation des maladies	Délai de prise en charge	Liste indicative des principaux travaux susceptibles de provoquer ces maladies
- Toutes autres manifestations pathologiques d'origine professionnelle causées par le Béryllium ou ses composés.		

32. HERNIE DISCALE OU DISCOPATHIE LOMBAIRE

DELAI D'EXPOSITION : 30 MOIS

Désignation des maladies	Délai de prise en charge	Liste indicative des principaux travaux susceptibles de provoquer ces maladies
Hernie discale ou discopathie lombaire confirmées par examens radiologiques	1 an	- Conducteurs de véhicules poids lourds - Conducteurs, en position assise, d'engins lourds de chantier et de machines agricoles - Personnel de bord affecté dans les véhicules poids lourds - Manutention manuelle de charges lourdes susceptible de retentir sur la colonne vertébrale.

33. AFFECTIONS PROFESSIONNELLES PROVOQUÉES PAR LES VIBRATIONS ET CHOCS TRANSMIS PAR CERTAINES MACHINES OUTILS ET OBJETS

Désignation des maladies	Délai de prise en charge	Liste indicative des principaux travaux susceptibles de provoquer ces maladies
Affections ostéoarticulaires : Arthrose hyperostosante du coude Ostéonécrose du semi-lunaire (maladie de kienbock) ; Ostéonécrose du scaphoïde carpien (maladie de Kölbert) ; Le diagnostic de ces affections exige un contrôle radiographique. Trouble aiguë neurotoxique de la main, tels que crampes de la main prédominant à l'index et au médius, pouvant s'accompagner de troubles prolongés de la sensibilité. Affections ostéoarticulaires : Arthrose hyperostosante du coude	1 an 10 ans 1 an	Travaux exposant habituellement aux vibrations transmises par : - Les machines-outils tenues à la main, notamment ; - Les machines percutantes, telles que les marteaux burineurs. - Les machines roto-percutantes, telles que les marteaux perforateurs ; - Les machines rotatives, telles que les meuleuses et les scies à chaine ; - Les machines alternatives, telles que les ponceuses et les scies sauteuses ;

Désignation des maladies	Délai de prise en charge	Liste indicative des principaux travaux susceptibles de provoquer ces maladies
Ostéonécrose du semi-lunaire (maladie de kienbâck) ; Ostéonécrose du scaphoïde carpien (maladie de kôlber) ; Le diagnostic de ces affections exige un contrôle radiographique. Ou toutes autres manifestations pathologiques d'origine professionnelle causées par les vibrations et chocs transmis par certaines machines-outils, outils et objets.		- Les outils associés à certaines des machines précitées notamment dans des travaux de burinage : - Les objets en cours de façonnage, notamment dans les travaux de meulage et de polissage et les travaux sur machine à rétreindre. Travaux exposant habituellement aux chocs provoqués par l'utilisation manuelle d'outils percutants.

34. DERMATOSES PROFESSIONNELLES CONSÉCUTIVES À L'EMPLOI DES LUBRIFIANTS ET DE FLUIDES DE REFROIDISSEMENT

Désignation des maladies	Délai de prise en charge	Liste indicative des principaux travaux susceptibles de provoquer ces maladies
Papulo-pustules multiples et leurs complications furonculeuses (les lésions sont habituellement localisées à la face dorsale des mains et des bras et à la partie antérieure des cuisses et sont parfois étendus aux régions en contact direct avec les parties des vêtements de travail imprégnées de lubrifiant).	7 jours	Tournage, décollage, fraisage, perçage, taraudage, alésage, sciage, rectification et d'une façon générale travaux d'usinage mécanique des métaux comportant l'emploi de lubrifiants et de fluide de refroidissement.
Dermites eczématiformes récidivant après nouvelle exposition au risque ou confirmées par un test épicutané positif au produit manipulé. Ou toutes autres manifestations pathologiques d'origine professionnelle consécutives à l'emploi des lubrifiants et des fluides de refroidissement.	7jours	Travaux du bâtiment et des travaux publics comportant l'emploi des toiles de décoffrage.

35. AFFECTIONS PROFESSIONNELLES CAUSEES PAR LES OXYDES ET LES SELS DE NICKEL

DELAI DE PRISE EN CHARGE : SEPT JOURS

Désignation des maladies	Liste indicative des principaux travaux susceptibles de provoquer ces maladies
Asthme ou dyspnée asthmatiforme confirmé par test ou par épreuves fonctionnelles récidivant après nouvelle exposition.	Nickelage électrolytique des métaux.
Dermites eczématiformes récidivant en cas de nouvelle exposition ou confirmées par test.	Nickelage électrolytique des métaux.

36. MALADIES PROFESSIONNELLES ENGENDRÉES PAR LA CHLORPROMAZINE

DELAI DE PRISE EN CHARGE : SEPT JOURS

Désignation des maladies	Liste indicative des principaux travaux susceptibles de provoquer ces maladies
Lésions eczématiformes récidivant en cas de nouvelle exposition ou confirmées par tests épicutanés. Conjonctivite aiguë bilatérale, confirmée par tests épicutanés. Ou toutes autres manifestations pathologiques d'origine professionnelle causées par la chlorpromazine.	Travaux comportant la manipulation ou l'emploi de la chlorpromazine notamment Travaux de conditionnement de la chlorpromazine Application des traitements à la chlorpromazine.

37. MALADIES PROFESSIONNELLES ENGENDRÉES PAR LE MANGANÈSE OU SES COMPOSÉS TOXIQUES

DELAI DE PRISE EN CHARGE : UN AN

Désignation des maladies	Liste indicative des principaux travaux susceptibles de provoquer ces maladies
Syndrome neurologique de type parkinson ou toutes autres manifestations pathologiques d'origine professionnelle causées par le manganèse ou ses composés toxiques	Extraction, concassage, broyage, tamisage, ensachage et mélange à l'état sec du bioxyde de manganèse, notamment dans la fabrication des piles électriques. Emploi du bioxyde de manganèse pour le vieillissement des tuiles. Emploi du bioxyde de manganèse pour la fabrication du verre. Broyage et ensachage des scories thomas renfermant du bioxyde de manganèse.

38. AFFECTIONS RESPIRATOIRES PROFESSIONNELLES DE MÉCANISME ALLERGIQUE

Désignation des maladies	Délai de prise en charge	Liste indicative des principaux travaux susceptibles de provoquer ces maladies
Asthme ou dyspnée asthmatiforme confirmé par tests ou par épreuves fonctionnelles récidivant après nouvelle exposition ;	7 jours	Élevage et manipulation de petits animaux y compris la préparation et le conditionnement d'arthropodes ; Préparation et manipulation des fourrures Emploi des plumes et duvets ; Broyage des grains des céréales alimentaires ensachage et utilisation de la farine. Préparation et manipulation des médicaments contenant : ipéca, quinine, ricin, manipulation des résidus d'extraction des huiles de ricin ; Manipulation ou emploi des macrolides notamment spiromycine et oléandomycine ; Opération de fabrication dans les filatures de coton ; Ouverture de balles, cardage peignage ; Travaux d'imprimerie comportant l'emploi d'anti-accumulateurs contenant de la gomme arabique. Manipulation du café vert :
Fibrose pulmonaire avec signes radiographiques et troubles respiratoires confirmés par l'explication fonctionnelle lorsqu'il y a des signes immunologiques significatifs	1 an	Travaux exposant aux poussières de résidus de canne à sucre (bagasse) ; Travaux exposant à l'inhalation de particules microbiennes ou mycéliennes dans les laboratoires de bactériologie et industriel dont l'atmosphère est climatisée et humidifiée lorsque l'absence de pollution par micro-organismes du système d'humidification n'est pas établie par des contrôles réguliers. Travaux de préparation dans les filatures de coton, ouverture des balles de coton cardage, peignage.

39. MALADIES PROVOQUÉES PAR LE DÉCORTICAGE DES ARACHIDES

Désignation des maladies	Délai de prise en charge	Liste indicative des principaux travaux susceptibles de provoquer ces maladies
Conjonctivites	5 jours	Décorticage
Rhinites allergiques	5 jours	Ensachage
Asthme ou dyspnée asthmatiforme récidivant après nouvelle exposition.	7 jours	Séjour habituel dans les pièces fermées où se manipulent les arachides.
Bronchopneumopathies subaiguës ou aigues	7 jours	Travaux exposant à l'inhalation massive et répétée des poussières dues au décorticage.

40. AFFECTIONS DUES AUX BACILLES TUBERCULEUX

Désignation des maladies	Délai de prise en charge	Liste indicative des principaux travaux susceptibles de provoquer ces maladies
Tuberculose cutanée ou sous-cutanée	8 mois	Travaux susceptibles de mettre en contact avec des animaux porteurs de bacilles tuberculeux ou exécutés dans les installations où sont séjournés de tels animaux.
Tuberculose ganglionnaire Synovite	5 mois	
Ostéo-arthrite	1 an	Travaux exécutés dans les abattoirs, les boucheries, les charcuteries, les triperies ou boyauderies, les entreprises d'équarrissage.
(Pour les synovites et les ostéo-arthrites, la nature tuberculeuse des lésions devra, dans tous les cas, être confirmée par des examens bactériologiques ou anatomopathologiques.)		Manipulation ou traitement du sang, des plantes, des os, des cornes, des cuirs verts, Travaux de laboratoire de bactériologie.
Tuberculose pleurale	1 an	Travaux effectués à l'occasion du prélèvement ou de la manipulation des produits pathologiques ou de matériel contaminé.
Tuberculose pulmonaire	6 mois	
Ou toutes autres manifestations pathologiques d'origine professionnelle causées par un bacille tuberculeux.		

41. RAGE PROFESSIONNELLE

Désignation des maladies	Délai de prise en charge	Liste indicative des principaux travaux susceptibles de provoquer ces maladies
Toutes manifestations de la rage Affections imputables à la séro-vaccinothérapie antirabique Ou toutes autres manifestations, pathologiques d'origine professionnelle causées par la rage.	6 mois 2 mois	Travaux susceptibles de mettre en contact avec des animaux atteints ou suspects de rage ou avec leurs dépouilles. Travaux de laboratoire de diagnostic de la rage.

42. HÉPATITES VIRALES PROFESSIONNELLES

DELAI DE PRISE DE CHARGE : 6 MOIS

Désignation des maladies	Liste indicative des principaux travaux susceptibles de provoquer ces maladies
Hépatites virales à virus A et B et hépatite dite à virus non A, non B Cirrhose post- hépatique La maladie doit être confirmée par la positivité des marqueurs de virus B, ou par des signes biologiques, et éventuellement hématomo-pathologiques, compatibles, en cas de virus A non B.	Tous travaux comportant le prélèvement, la manipulation, le conditionnement ou l'emploi de sang humain ou de ses dérivés. Tous travaux mettant en contact avec les produits pathologiques provenant des malades ou des objets contaminés par eux.

43. AFFECTIONS PROFESSIONNELLES DUES AUX AMIBES

DELAI DE PRISE EN CHARGE : 3 MOIS

Désignation des maladies	Liste indicative des principaux travaux susceptibles de provoquer ces maladies
Manifestations aiguës de l'amibiase, notamment hépatite amibienne, confirmées par la présence d'amibes du type Entamoeba histolytica ou de kystes amibiens dans les selles du par les résultats positifs d'une méthode immunologique reconnus par l'OMS.	Travaux effectués à titre occasionnel, dans les laboratoires de bactériologie ou de parasitologie. Travaux comportant le transport avec manipulation de produits pathologiques. Travaux mettant en contact avec les prélèvements de produits pathologiques et travaux impliqués par l'élimination des selles contaminantes accomplis en milieu d'hospitalisation.

44. MALADIES PROFESSIONNELLES ENGENDRÉES PAR LES PENICILLINES ET LEURS SELS ET LES CEPHALOSPARINES

Désignation des maladies	Délai de prise en charge	Liste indicative des principaux travaux susceptibles de provoquer ces maladies
Lésions eczématiformes récidivant en cas de nouvelle exposition ou confirmées par test. Ou asthmatiforme par épreuves fonctionnelles, récidivant après nouvelle exposition. Ou toutes autres manifestations d'origine professionnelle, engendrées par les pénicillines et leurs sels et les céphalosporines.	30 jours 7 jours	Travaux comportant la préparation ou l'emploi des pénicillines, de leurs sels ou des céphalosporines, notamment : - Travaux de conditionnement - Application des traitements

45. MYCOSES CUTANÉES D'ORIGINE PROFESSIONNELLE

DELAI DE PRISE EN CHARGE : 30 JOURS

Désignation des maladies	Liste indicative des principaux travaux susceptibles de provoquer ces maladies
La nature mycosique de l'atteinte doit être confirmée par examen direct et culturel. A.- Mycoses de la peau glabre Lésions érythémato-vésiculeuses et circinées, appelées encore herpès circiné. B.- Mycose du cuir chevelu Plaques squameuses du cuir chevelu supportant un mélange de cheveux sains et de cheveux accompagnés quelquefois d'une folliculite suppurée (Kérion). C.- Mycose des orteils Lésions érythémato-vésiculeuses et squameuses avec fissuration des plis interdigitaux ou aspect blanc nacré, épaissi de l'épiderme digital ou interdigital accompagné ou non de décollement de fissures épidermiques. Ces lésions peuvent atteindre un ou plusieurs orteils, s'accompagner éventuellement d'onyxis (généralement du gros orteil.)	Maladies désignées en A, B, C Travaux au contact des mammifères, exécutés dans les abattoirs, les chantiers d'équarrissage, les ménageries, les élevages, les animaleries, les garderies d'animaux, les laboratoires où sont utilisés des animaux d'expérience travaux de soins et de toilettage. Travaux exécutés dans les brasseries et les laiteries Maladies désignées en C Travaux exécutés dans les bains et piscines surveillance de baignade, application de soins dans les stations thermales, les établissements de rééducation. Activités sportives exercées à titre professionnel

46. AFFECTIONS PROFESSIONNELLES PÉRIARTICULAIRES

DELAI DE PRISE EN CHARGE : 90 JOURS

Désignation des maladies	**Liste indicative des principaux travaux susceptibles de provoquer ces maladies**
A.- Hygromes ou chronique des bourses sérieuses ou atteinte inflammatoire des tissus sous -cutanés des zones d'appui du genou B.- Hygromes aigues ou chroniques des bourses sérieuses ou atteinte inflammatoire des tissus sous-cutanés des zones d'appui du coude C.- Syndrome du canal carpien (compression du nerf médian). D.- Syndrome de la loge de Guyon (compression du nerf cubital au niveau du poignet) E.- Syndrome de la gouttière épitrochléo-olécrânienne (compression du nerf cubital) F.- Syndrome de compression du nerf sciatique poplité externe au col du péroné G.- Épicondylite H.- Styloïde radiale	Travaux comportant habituellement une position agenouillée. Travaux comportant habituellement un appui prolongé sur le coude Travaux manuels comportant de façon habituelle soit : - Un appui carpien ; - La manipulation d'outils ou d'objets nécessitant un appui sur le talon de la main ; - L'hypertension répétée ou prolongée du poignet. Travaux entraînant de manière habituelle une pression prolongée ou répétée du talon de la main Travaux entraînant de manière habituelle un appui prolongé sur le coude Travaux comportant de manière habituelle une position accroupie prolongée Travaux comportant de manière habituelle soit mouvements répétés de supination maximale Le port d'objet lourds entraînant l'extension complète de l'avant-bras en supination Travaux comportant de façon habituelle l'utilisation d'outils manuels en hyper extension et supination.

47. AFFECTIONS PROFESSIONNELLES PROVOQUÉES PAR LES BRUITS

DELAI DE PRISE EN CHARGE : UN AN APRÈS LA CESSATION DE L'EXPOSITION AU RISQUE ACOUSTIQUE SOUS RÉSERVE D'UNE DURÉE D'EXPOSITION D'UN AN, RÉDUITE A TRENTE JOURS EN CE QUI CONCERNE LA MISE AU POINT DES PROPULSEURS, RÉACTEURS ET AUTEURS À PISTON

Désignation des maladies	**Liste indicative des principaux travaux susceptibles de provoquer ces maladies**
Déficit audiométrique bilatéral, par lésion cochléaire irréversible et ne s'aggravant plus après cessation de l'exposition au risque Ce déficit sera confirmé par une nouvelle audiométrie effectuée trois semaines à un an après cessation de l'exposition aux bruits occasionnels. Cette audiométrie doit être tonale et vocale et faire apparaître au minimum sur la meilleure oreille un déficit moyen de décibels calculé en divisant par 10 la somme des déficits mesurés sur les fréquences 500, 1000, 2000 et 4000 hertz, pondérés respectivement par les coefficients 2, 4, 3 et 1 Ou toutes autres manifestations pathologiques d'origine professionnelle provoquées par les bruits	Travaux exposant aux bruits provoqués par : - Les travaux sur métaux par percussion, abrasion ou projection, tels que : o Le décolletage, l'emboutissage, l'estampage, le broyage, le fraisage, le martelage, le burinage, le rivetage, le laminage, l'étirage, le tréfilage, le découpage, le sciage, le cisaillage, le tronçonnage, l'ébarbage, le meulage, le polissage, la grugeage par procédé arc air, la métallisation. - L'utilisation de marteaux et perforateurs pneumatiques, la manutention mécanisée de récipients métalliques - La manutention mécanisée de récipients métalliques, les travaux de verrerie à proximité des fours, machines de fabrication, broyeurs et concasseurs, l'embouteillage, le tissage sur métiers à navette battante, la mise au point, les essais et l'utilisation de propulseurs, réacteurs, moteurs thermiques ou électriques, groupes électrogènes, groupes hydrauliques, installations de compression ou de détente fonctionnant à des pressions manométriques différentes de la pression atmosphérique. - L'emploi et la destruction de munitions ou explosifs militaires. - L'emploi des explosifs en, galerie souterraine. - L'utilisation de pistolets de scellement. - Le broyage, le concassage, le criblage, le sciage et l'usinage de pierres et de produits minéraux. - Les installations de séchage de matières organiques par ventilation. - L'abattage et le tronçonnage des arbres. - L'emploi de machines à bois en atelier.

Désignation des maladies	Liste indicative des principaux travaux susceptibles de provoquer ces maladies
	- L'utilisation de bouteurs décapeurs, chargeuses moutonnées ; pelles mécaniques. - Le broyage, l'injection et l'usinage des matières plastiques et du caoutchouc. - Le travail sur les rotatives dans l'industrie graphique, la fabrication et le conditionnement mécanisé du papier et du carton. - L'emploi de matériel vibrant pour l'élaboration de produits en béton. - Les essais et la réparation d'appareils sonores.

48. AFFECTIONS OCULAIRES DUES AU RAYONNEMENT THERMIQUE

DÉLAI DE PRISE EN CHARGE : 15 ANS

Désignation des maladies	Liste indicative des principaux travaux susceptibles de provoquer ces maladies
Cataracte Ou toutes autres manifestations pathologiques oculaires d'origine professionnelle dues au rayonnement thermique.	Travaux exposant habituellement au rayonnement thermique de verre ou de métal portés à incandescence.

49. AFFECTIONS PROFESSIONNELLES PROVOQUÉES PAR LES BOIS

Désignation des maladies	Délai de prise en charge	Liste indicative des principaux travaux susceptibles de provoquer ces maladies
Dermites eczématiformes ou érythémateuses ; conjonctivites, rhinites : asthme ou dyspnée asthmatiforme confirmé par tests ou par épreuves fonctionnelles récidivant après nouvelle exposition. Syndrome respiratoire avec dyspnée doux, expectoration, récidivant après nouvelle exposition au risque dont l'étiologie professionnelle est confirmée par la présence dans le sérum d'anticorps précipitants permettant d'identifier l'agent	7 jours	Manipulation, traitement et usinage des bois et tous travaux exposant aux poussières de bois.

Désignation des maladies	Délai de prise en charge	Liste indicative des principaux travaux susceptibles de provoquer ces maladies
pathogène correspondant au produit responsable.		
Fibrose pulmonaire avec signes radiologiques et troubles respiratoires confirmés par l'exploration fonctionnelle lorsqu'il y a des signes immunologiques significatifs.	1 an	
Cancer primitif de l'ethmoïde et des autres sinus de la face. Ou toutes autres manifestations pathologiques d'origine professionnelle provoquées par le bois.	30 ans	Travaux exposant à l'inhalation des poussières de bois, notamment. Travaux d'usinage des bois tels que sciage, fraisage, rabotage, perçage et ponçage. Travaux effectués dans les locaux où sont usinés les bois.

50. AFFECTIONS PROVOQUÉES PAR LE CHLORURE DE SODIUM DANS LES MINES DE SEL ET LEURS DÉPENDANCES

DÉLAI DE PRISE EN CHARGE : 30 JOURS

Désignation des maladies	Liste indicative des principaux travaux susceptibles de provoquer ces maladies
Lésions nasales : - Ulcérations - Perforations Ulcérations cutanées	Travaux exécutés au contact du sel pulvérulent
Ou toutes autres manifestations pathologiques d'origine professionnelle par le chlorure de sodium dans les mines de sel et leurs dépendances.	Travaux exécutés au contact du sel pulvérulent ou au contact des saumures

51. CANCER BRONCHIQUE PRIMITIF PROVOQUÉ PAR L'INHALATION DE POUSSIÈRES OU DE VAPEURS ARSENICALES

Désignation des maladies	Délai de prise en charge	Liste indicative des principaux travaux susceptibles de provoquer ces maladies
Cancer bronchique primitif Ou toutes autres manifestations pathologiques d'origine professionnelles provoquées par l'inhalation de poussières ou de vapeurs arsenicales.	40 ans	Travaux de pyrométallurgie exposant à l'inhalation de poussières ou de vapeurs arsenicales Travaux de fabrication et de conditionnement de l'anhydride arsénieux. Fabrication de pesticides arsenicaux à partir de composés inorganiques, pulvérulents de l'arsenic.

52. AFFECTIONS ENGENDRÉES PAR LES SOLVANTS ORGANIQUES LIQUIDES

- Hydrocarbures liquides aliphatiques, alicycliques, hétérocycliques, aromatiques et leurs mélanges (white-spirit, essences spéciales) ;
- Dérivés nitrés des hydrocarbures aliphatiques ;
- Acétonitrile ;
- Alcools aldéhydes, cétones, esters, éthers dont le tétrahydrofurance glycols et leurs éthers ;
- Diméthylformamide, Diméthysulfamide.

Désignation des maladies	Délai de prise en charge	Liste indicative des principaux travaux susceptibles de provoquer ces maladies
Syndrome ébrieux du narcotique pouvant aller jusqu'au coma.	7 jours	Préparation, emploi, manipulation des solvants.
Dermo épidermite irritative avec association de la peau, récidivante après une nouvelle exposition au solvant.	7 jours	Traitement des résines naturelles et synthétiques. Emploi de vernis, peintures, émaux, mastics colles, laques.
Dermite eczématiforme récidivant après nouvelle exposition au solvant et confirmée par test épicutané positif au produit manipulé.	15 jours	Production de caoutchouc naturel et synthétique. Utilisation de solvants comme agents d'extraction, d'imprégnation, d'agglomération, de nettoyage, comme décapants, dissolvants ou diluants utilisation de solvants en tant que réactifs de laboratoire dans les synthèses organiques en pharmacie dans les cosmétiques.

53. AFFECTIONS PROFESSIONNELLES PROVOQUÉES PAR AMINES ALIPHATIQUES ET ALICYCLIQUES

DÉLAI DE PRISE EN CHARGE : 7 JOURS

Désignation des maladies	Liste indicative des principaux travaux susceptibles de provoquer ces maladies
Dermites eczématiformes provoquées par les éthanolamines, les amines aliphatiques et les cyclophexylamines et confirmées par des tests épicutanés ou par la récidive à une nouvelle exposition. Asthme ou dyspnée asthmatiforme provoqué par les amines aliphatiques confirmés par tests ou par épreuves fonctionnelles, récidivant après nouvelles expositions. Ou toutes autres manifestations pathologiques d'origine professionnelle provoquées par les amines aliphatiques et alicycliques.	Préparation, emploi et manipulation des amines aliphatiques et alicycliques ou de produits et contenant à l'état libre.

54. MALADIES PROFESSIONNELLES PROVOQUÉES PAR LE CADMIUM ET SES COMPOSES

Désignation des maladies	Délai de prise en charge	Liste indicative des principaux travaux susceptibles de provoquer ces maladies
Broncho-pneumopathie aigue	5 jours	Extraction, préparation, emploi du cadmium, de ses alliages et de ses composés notamment : - Préparation du cadmium par fois « sèche » électrométallurgie du zinc ; - Découpage au chalumeau ou soudure de pièces - Soudure avec alliage de cadmium ; - Fabrication d'accumulateurs au nickel cadmium ; - Fabrication de pigments cadmifères, pour peintures, émaux, matières plastiques.
Troubles gastro-intestinaux aigus, avec nausées, vomissements ou diarrhées	3 jours	
Néphropathie avec protéinurie	2 ans	
Ostéomalacie avec ou sans fractures spontanées, accompagnée ou non de manifestations douloureuses, radiologiquement confirmée.	15 jours	
Ou toutes autres manifestations pathologiques d'origine professionnelle causées par le cadmium ou ses composés.		

55. INTOXICATION PROFESSIONNELLE PAR L'OXYDE DE CARBONE

DÉLAI DE PRISE EN CHARGE : 30 JOURS

Désignation des maladies	Liste indicative des principaux travaux susceptibles de provoquer ces maladies
Syndromes associant céphalées, asthénie, vertiges, nausées, confirmé par la présence dans le sang d'un taux d'oxyde de carbone supérieur à 1,5 millilitre pour 100 millilitres de sang. Ou toutes autres manifestations pathologiques d'origine professionnelle provoquées par l'oxyde de carbone.	Travaux exposant aux émanations d'oxyde de carbone provenant d'origines diverses, notamment de foyers industriels, de gazogènes, d'appareils de chauffage ou de moteurs à allumage commandé. Sont exclus les travaux effectués dans des locaux comprenant des installations de ventilation telles que la teneur en oxyde de carbone vérifiées à hauteur des voies respiratoires est, de façon habituelle, intérieure à 50 cm3 par mètre cube, lorsque ces installations sont maintenues en état de bon fonctionnement et contrôlées au moins une fois par an par un organisme agrée.

56. MALADIES PROFESSIONNELLES PROVOQUÉES PAR LES RÉSINES ÉPOXYDIQUES ET LEURS CONSTITUANTS

Désignation des maladies	Délai de prise en charge	Liste indicative des principaux travaux susceptibles de provoquer ces maladies
Dermites eczématiformes récidivant en cas de nouvelle exposition ou confirmées par un test épicutané. Ou toutes autres manifestations pathologiques d'origine professionnelle causées par les résines époxydiques et leurs constituants.	7 jours	Préparation de résines époxydiques Emploi des résines époxydiques Fabrication des stratifiés Fabrication et utilisation de colles, vernis, peintures à base de résines époxydiques

57. AFFECTIONS PROFESSIONNELLES PROVOQUÉES PAR LES ISOCYANATES ORGANIQUES

Désignation des maladies	Délai de prise en charge	Liste indicative des principaux travaux susceptibles de provoquer ces maladies
Blépharo-conjonctivite récidivante Rhino- pharyngite récidivant	7 jours 3 jours	Travaux exposant à l'inhalation ou à la manipulation d'isocyanates organiques notamment.

Désignation des maladies	Délai de prise en charge	Liste indicative des principaux travaux susceptibles de provoquer ces maladies
Syndrome bronchique récidivant Asthme ou dyspnée asthmatique, confirmé par tests ou par épreuves fonctionnelles récidivant après exposition. Lésions eczématiformes récidivant après nouvelle exposition au risque ou confirmées par un test épicutané positif au produit manipulé. Ou toutes autres manifestations pathologiques d'origine professionnelle causées par les isocyanates organiques	7 jours	Fabrication et application de vernis et laques de polyuréthanes, fabrication de fibres synthétiques Préparation des mousses polyuréthanes en application de ces mousses à l'état liquide Fabrication et utilisation des colles à base de polyuréthanes Fabrication et manipulation de peintures contenant des isocyanates organiques.

58. LESIONS ECZEMATIFORMES DE MECANISME ALLERGIQUE

Désignation des maladies	Délai de prise en charge	Liste indicative des principaux travaux susceptibles de provoquer ces maladies
Lésions eczématiformes récidivant après nouvelle exposition au risque ou confirmées par un test épicutané positif au produit manipulé.	15 jours	Préparation, emploi, manipulation des agents nocifs limitativement énumérés ci-après : - Agents chimiques ; - Acide chloroplatinique ; - Chloroplatinates alcalins ; - Cobalt et ses dérivés ; - Persulfates alcalins ; - Hypochlorites alcalins - Agents détergents cationiques ; notamment ammoniums quaternaires et leurs dérivés insecticides organochlorés ; - Phénothiazines ; - Pyéracine ; - Mercaptobenzothiazole (accélérateur de vulcanisation) ; - Sulfure de tétraméthylthiurame (accélérateur de vulcanisation) ; - N-isopropyl N'-phényl-paraphénylène – diamine et des dérivés : - Dithiocarbamates ; - Hydroquinone ; - Chlorure de diéthylaminobenzène ; - Diazonium (papier diazol) ; - Acide mercapto-propionique et ses dérives (acrylates et polythiols) ; - Dérives de l'acide méthacrylique ;

Désignation des maladies	Délai de prise en charge	Liste indicative des principaux travaux susceptibles de provoquer ces maladies
		- Produits végétaux ou d'origine végétale ; - Essence de térébenthine, Colophane et ses dérivés ; - Baume de Pérou ; - Urushiol (laque de Chine) ; - Plantes contenant des lactones sesquiterpéniques (notamment artichaut, armica, tulipe ; - Chrysanthème, camomille, laurier noble saussurea, frullania ; - Primevère.

59. AFFECTIONS PROFESSIONNELLES PROVOQUÉES PAR LE FURFURAL ET L'ALCOOL FURFURYLIQUE

DELAI DE PRISE EN CHARGE : 7 JOURS

Désignation des maladies	Liste indicative des principaux travaux susceptibles de provoquer ces maladies
Asthme ou dyspnée asthmatique confirmé par test ou épreuve fonctionnelle respiratoire récidivant après nouvelle exposition ; Conjonctivite récidivant après nouvelle exposition. Dermite eczématiforme récidivant à une nouvelle exposition ou confirmée par un test épicutané.	Travaux exposant aux émanations de furfural et d'alcool furfurylique utilisés comme : - Solvants réactifs - Agents de synthèse des pesticides, de médicaments ou de matières plastiques en particulier pour la préparation et l'utilisation de moules en fonderie - Accélérateurs de vulcanisation du caoutchouc.

60. AFFECTIONS PROFESSIONNELLES PROVOQUÉES PAR L'ALDÉHYDE FORMIQUE ET SES POLYMÈRES

DELAI DE PRISE EN CHARGE : 7 JOURS

Désignation des maladies	Liste indicative des principaux travaux susceptibles de provoquer ces maladies
Ulcérations cutanées Dermites eczématiformes subaiguës ou chroniques	Préparation, emploi et manipulation de l'aldéhyde formique, de ses solutions (formol) et de ses polymères, notamment :

Désignation des maladies	Liste indicative des principaux travaux susceptibles de provoquer ces maladies
Asthme ou dyspnée asthmatiques confirmés par tests ou par épreuves fonctionnelles, récidivant après nouvelle exposition. Ou toutes autres manifestations pathologiques d'origine professionnelle causées par l'aldéhyde formique et ses polymères	- Fabrication de substances chimiques, à partir de l'aldéhyde formique ; - Fabrication de matières plastiques à base de formol ; - Travaux de collage exécutés avec des matières plastiques renfermant un excès de formol ; - Opérations de désinfection : - Apprêtage des peaux ou des tissus.

61. AFFECTIONS PROVOQUÉES PAR LA PHÉNYLHYDRAZINE

Désignation des maladies	Délai de prise en charge	Liste indicative des principaux travaux susceptibles de provoquer ces maladies
Dermites eczématiformes confirmées par des tests épicutanés ou par la récidive à une nouvelle exposition.	7 jours	Préparation, emploi, manipulation de la phénythydrazine
Arménie de type hémolytique	30 jours	
Asthme ou dyspnée asthmatiformes, confirmé par tests ou par épreuves fonctionnelles, récidivant après nouvelle exposition.	7 jours	
Ou toutes autres manifestations pathologiques d'origine professionnelle causées par la phénylhydrazine.		

62. INTOXICATIONS PROFESSIONNELLES PROVOQUÉES PAR L'HEXANE

DELAI DE PRISE EN CHARGE : 30 JOURS

Désignation des maladies	Liste indicative des principaux travaux susceptibles de provoquer ces maladies
Polynévrites, avec troubles des réactions électriques. Ou toutes autres manifestations pathologiques d'origine professionnelle causées par l'hexane	Travaux de collage, notamment sur cuir ou matière plastique, avec des produits contenant de l'hexane.

63. AFFECTIONS RESPIRATOIRES PROFESSIONNELLES PROVOQUÉES PAR L'ACIDE CHROMIQUE, LES CHROMATES ET BICHROMATES ALCALINS

DELAI DE PRISE EN CHARGE : 7 JOURS

Désignation des maladies	Liste indicative des principaux travaux susceptibles de provoquer ces maladies
Asthme ou dyspnée asthmatiforme confirmé par test ou par épreuves fonctionnelles, récidivant après nouvelle exposition. Ou toutes autres manifestations pathologiques d'origine professionnelle causées par l'acide chromique, les chromates et bichromates alcalins.	Chromage électrolytique des métaux ; Fabrication, manipulation, emploi de chromates et bichromates alcalins

64. AFFECTIONS PROFESSIONNELLES PROVOQUÉES PAR LE CHROME OU SES COMPOSÉS TOXIQUES

DELAI DE PRISE EN CHARGE : 30 ANS

Désignation des maladies	Liste indicative des principaux travaux susceptibles de provoquer ces maladies
Cancer broncho-pulmonaire	Fabrication et conditionnement de l'acide chromique, des chromates et bichromates alcalins. Fabrication du chromate de zinc.

65. AFFECTIONS CANCEREUSES CAUSÉES PAR LE CHROME OU SES COMPOSÉS TOXIQUES

Désignation des maladies	Délai de prise en charge	Liste indicative des principaux travaux susceptibles de provoquer ces maladies
Névrite ou polynévrite Ictère par hépatite, initialement apyrétique Hépatonéphrite initialement apyrétique, ictérigène ou non Dermites chronique ou récidivantes	30 jours 30 jours 30 jours 7 jours	Préparation emploi, manipulation du tétrachloréthane ou des produits en renfermant, notamment : - Utilisation comme matière première dans l'industrie chimique, en particulier pour la fabrication du trichloréthylène ; - Emploi, comme dissolvant, en particulier de l'acétate de cellulose.

Désignation des maladies	Délai de prise en charge	Liste indicative des principaux travaux susceptibles de provoquer ces maladies
Accidents nerveux aigues en dehors des cas considérés comme accidents de travail.	3 jours	

66. AFFECTIONS PROFESSIONNELLES PROVOQUÉES PAR LE FLUOR, L'ACIDE FLUORHYDRIQUE ET SES SELS MINERAUX

Désignation des maladies	Délai de prise en charge	Liste indicative des principaux travaux susceptibles de provoquer ces maladies
A.- Manifestations locales aigues Dermites Brûlures chimiques Conjonctivites Manifestations irritatives des voies aériennes supérieures Bronchopneumopathies aigues, œdèmes aigus du poumon.	5 jours	Préparation, emploi, manipulation du tétrachloréthane ou des produits en renfermant notamment : - fabrication et manipulation des fluorures inorganiques ; Électrométallurgie de l'aluminium ; Fabrication des fluorecarbones ; Fabrication des superphosphates.
B.- MANIFESTATIONS CHIMIQUES Syndromes ostéoligamentaire douloureux ou non, comportant nécessairement ostéocondensation diffuse et as- d'une durée associée à des calcifications des ligaments sacrosciatiques ou des membranes l'interosseuses radiocubitale ou obturatrice. Ou toutes autres manifestations pathologiques d'origine professionnelle causées par le fluor de l'acide fluorhydrique et ses sels minéraux.	10 ans, sous réserve d'une durée d'exposition de 8 ans	

67. AFFECTIONS CONSÉCUTIVES AUX OPÉRATIONS DE POLYMÉRISATION DU CHLORURE DE VINYLE

DURÉE D'EXPOSITION : 6 MOIS

Désignation des maladies	Délai de prise en charge	Liste indicative des principaux travaux susceptibles de provoquer ces maladies
- Troubles angioneurotiques des doigts et des orteils	5 ans	Travaux exposant à l'action de chlorure de vinyle notamment les travaux exécutés dans les ateliers de polymérisation.
- Ostéolyse des phalanges unguéales confirmée radiologiquement	3 ans	
- Angiosarcome du foie		
- Syndrome d'hypertension portale spécifique : o soit avec varices œsophagiennes splénomégalie, et thrombocytopénie ;	30 ans	
o soit avec fibrose ou dysplasie des cellules endothéliales	30 ans	
Ou toutes autres manifestations pathologiques d'origine professionnelle causées par la polymérisation du chlorure de vinyle.		

Annexe 4 : Évolution du barème de calcul des points

I. Régime général

Année	Salaire de référence	Taux contractuel	Coefficient	Plafond salaire annuel	Plafond points
1958	113	9%	0,07965	300.000	239
1959	113	9%	0,07965	300.000	239
1960	130	9%	0,06923	300.000	208
1961	135	9%	0,06667	360.000	240
1962	142	9%	0,06338	600.000	380
1963	153	9%	0,05882	600.000	353
1964	153	9%	0,05660	600.000	353

Année	Salaire de référence	Taux contractuel	Coefficient	Plafond salaire annuel	Plafond points
1965	159	9%	0,05660	600.000	408
1966	159	9%	0,05660	720.000	408
1967	159	9%	0,05660	720.000	408
1968	159	9%	0,05660	720.000	408
1969	159	9%	0,05660	720.000	408
1970	159	9%	0,05660	720.000	408
1971	193	9%	0,04663	720.000	336
1972	193	8,75%	0,04534	720.000	326
1973	193	8%	0,04145	720.000	298
1974	209	8%	0,03828	720.000	276
1975	250	8%	0,03200	720.000	230
1976	250	8%	0,02759	720.000	199
1977	339	8%	0,02360	720.000	170
1978	357	8%	0,02241	840.000	188
1979	391	8%	0,02046	960.000	196
1980	430	8%	0,01860	960.000	179
1981	465	8%	0,01720	1.122.000	193
1982	542	8%	0,01476	1.350.000	199
1983	600	8%	0,01333	1.476.000	197
1984	658	8%	0,01216	1.668.000	203
1985	727	8%	0,01100	1.890.000	208
1986	734	8%	0,01090	2.076.000	226
1987	769	8%	0,01040	2.202.000	229
1988	800	8%	0,01000	2.304.000	230
1989	800	8%	0,01000	2.376.000	238
1990	800	8%	0,01000	2.376.000	238
1991	800	8%	0,01000	2.392.000	239
1992	800	8%	0,01000	2.400.000	240
1993	800	8%	0,01000	2.400.000	240
1994	800	8%	0,01000	2.400.000	240
1995	800	8%	0,01000	2.400.000	240
1996	800	8%	0,01000	2.400.000	240

Année	Salaire de référence	Taux contractuel	Coefficient	Plafond salaire annuel	Plafond points
1997	800	8%	0,01000	2.400.000	240
1998	800	8%	0,01000	2.400.000	240
1999	800	8%	0,01000	2.400.000	240
2000	800	8%	0,01000	2.400.000	240
2001	800	8%	0,01000	2.400.000	240
2002	800	8%	0,01000	2.400.000	240
2003	840	8%	0,00950	2.400.000	229
2004	885	8%	0,00900	2.520.000	228
2005	936	8%	0,00850	2.664.000	228
2006	989	8%	0,00810	2.808.000	227
2007	1040	8%	0,00770	2.952.000	227
2008	1083	8%	0,00740	3.072.000	227
2009	1083	8%	0,00740	3.072.000	227
2010	1115	9%	0,00810	3.072.000	248
2011	1115	9%	0,00810	3.072.000	248
2012	1115	9%	0,00810	3.072.000	248
2013	1115	9%	0,00810	3.072.000	248
2014	1115	9%	0,00810	3.072.000	248
2015	1115	9%	0,00810	3.072.000	248
2016	1198	9%	0,00750	3.468.000	260
2017	1226	9%	0,00730	4.320.000	317
2018	1226	9%	0,00730	4.320.000	317
2019	1226	9%	0,00730	4.320.000	317
2020	1226	9%	0,00730	4.320.000	317

II. Régime complémentaire des cadres

Année	Salaire de référence	Taux contractuel	Coefficient	Plafond salaire annuel	Plafond points
1973	100	6%	0,06000	2.160.000	1296
1974	125	6%	0,04800	2.160.000	1037

Année	Salaire de référence	Taux contra ctuel	Coefficie nt	Plafond salaire annuel	Plafond points
1975	125	6%	0,04800	2.160.000	1037
1976	142	6%	0,04225	2.160.000	913
1977	156	6%	0,03846	2.160.000	831
1978	162	6%	0,03704	2.520.000	933
1979	177	6%	0,03390	2.880.000	976
1980	197	6%	0,03046	2.880.000	877
1981	222	6%	0,02703	3.366.000	910
1982	252	6%	0,02381	4.050.000	964
1983	275	6%	0,02182	4.428.000	966
1984	311	6%	0,01929	5.004.000	965
1985	359	6%	0,01671	5.670.000	948
1986	383	6%	0,01567	6.228.000	976
1987	390	6%	0,01538	6.606.000	1016
1988	436	6%	0,01376	6.912.000	951
1989	436	6%	0,01376	7.128.000	981
1990	436	6%	0,01376	7.128.000	981
1991	436	4,67%	0,01070	7.176.000	658
1992	436	4%	0,00917	7.200.000	661
1993	436	4%	0,00917	7.200.000	661
1994	436	4%	0,00917	7.200.000	661
1995	436	4%	0,00917	7.200.000	661
1996	436	4%	0,00917	7.200.000	661
1997	436	4%	0,00917	7.200.000	661
1998	436	4%	0,00917	7.200.000	661
1999	436	4%	0,00917	7.200.000	661
2000	436	4%	0,00917	7.200.000	661
2001	436	4%	0,00917	7.200.000	661
2002	436	4%	0,00917	7.200.000	661
2003	458	4%	0,00870	7.200.000	629
2004	483	4%	0,00830	7.560.000	626
2005	511	4%	0,00780	7.992.000	626
2006	540	4%	0,00740	8.424.000	624

Année	Salaire de référence	Taux contra ctuel	Coefficie nt	Plafond salaire annuel	Plafond points
2007	568	4%	0,00700	8.856.000	624
2008	591	4%	0,00680	9.216.000	624
2009	591	4%	0,00680	9.216.000	624
2010	609	4%	0,00660	9.216.000	605
2011	609	4%	0,00660	9.216.000	605
2012	609	4%	0,00660	9.216.000	605
2013	609	4%	0,00660	9.216.000	605
2014	609	4%	0,00660	9.216.000	605
2015	655	4%	0,00660	9.216.000	605
2016	670	4%	0,00610	10.404.000	621
2017	670	4%	0,00600	12.960.000	655
2018	670	4%	0,00600	12.960.000	655
2019	670	4%	0,00600	12.960.000	655
2020	670	4%	0,00600	12.960.000	655

Annexe 5 : Tableau des principales conventions de l'OIT sur la sécurité sociale au 1er janvier 2020[339]

N°s	Dénomination	État de ratification par le Sénégal
1	Convention n° 12 sur la réparation des accidents du travailleur dans l'agriculture, 1921	22 octobre 1962
2	Convention n° 18 sur les maladies professionnelles, 1925	Dénoncée le 10 mai 1971
3	Convention n° 19 sur l'égalité de traitement des travailleurs étrangers et nationaux en matière de réparation des accidents du travail, 1925	22 octobre 1962

339 Bien évidemment, cet état de ratification prend en compte la convention n° 18 sur les maladies professionnelles qui a été dénoncée par le Sénégal après sa ratification. Elle n'est donc plus en vigueur.

N°s	Dénomination	État de ratification par le Sénégal
4	Convention n° 102 concernant la sécurité sociale (norme minimum), 1952	22 octobre 1962
5	Convention n° 117 sur les objectifs et les normes de base de la politique sociale, 1962	13 novembre1967
6	Convention n° 118 sur l'égalité de traitement (sécurité sociale), 1962	Non ratifiée
7	Convention n° 121 sur les prestations en cas d'accident du travail et de maladies professionnelles, 1964	25 avril 1966
8	Convention n° 128 concernant les prestations d'invalidité, de vieillesse et de survivants, 1967	Non ratifiée
9	Convention n° 130 concernant les soins médicaux et les indemnités de maladie, 1969	Non ratifiée
10	Convention n° 168 sur la promotion de l'emploi et la protection contre le chômage, 1988	Non ratifiée
11	Convention n° 183 sur la protection de la maternité, 2000	18 avril 2017

De ce tableau, il ressort que le Sénégal a ratifié six conventions sur les onze principales conventions de l'OIT relatives à la sécurité sociale.

INDICATIONS BIBLIOGRAPHIQUES

I - Ouvrages généraux et spécialisés

- BORGETTO (M.) et LAFORE (R.), *Droit de la sécurité sociale*, Paris, Dalloz, 2019, 1350 p.
- ILLY (M.) et RÉBÉ (S.), *Contentieux de la sécurité sociale et de l'aide sociale*, Paris, Gazette du Palais, 2019, 174 p.
- ISSA-SAYEGH (J.), *Le droit sénégalais de la sécurité sociale*, N.E.A. 1992, 302 p.
- KESSLER (F.), *Droit de la protection sociale*, Paris, Dalloz, 2017, 928 p.
- TAGUM FOMBENO (H.-J.) :
  - *Santé et sécurité au travail en Afrique – Aspects juridiques et pratiques*, Paris, L'Harmattan, 2019, 332 p.
  - *Droit du travail sénégalais*, Dakar, L'Harmattan, 2017, 506 p.

II - Encyclopédies, rapports et documents officiels

- Encyclopédie Juridique de l'Afrique, *Droit des relations professionnelles (Travail, sécurité sociale et fonction publique)*, vol. 8, N.E.A., Abidjan, Dakar, Lomé, 1982.
- Lamy social.
- OIT, *Rapport mondial sur la protection sociale 2017-2019 – Protection sociale universelle pour atteindre les objectifs de développement durable*, Genève, 498 p.
- République du Sénégal, *Stratégie Nationale de Protection Sociale (SNPS) du Sénégal 2015-2035*, juin 2016.
- ROUGEAUX (S.), *Sénégal – Revue des dépenses de protection sociale 2010-2015 : synthèses et recommandations*, Washington D.C., Banque mondiale, 2017, 106 p.

III - Sites Internet

- OIT : www.ilo.org/public/french
- Organisation régionale : www.lacipres.org
- Droit national :
  - Journal officiel de la République du Sénégal : www.jo.gouv.sn
  - Assemblée Nationale : www.assemblee-nationale.sn

  - Gouvernement : www.gouv.sn
  - Ministère du travail : www.travail.gouv.sn
  - Cour Suprême : www.coursupreme.sn
  - Caisse de sécurité sociale : www.secusociale.sn
  - Institution de prévoyance retraite : www.ipres.sn
  - Service public sur les démarches administratives : www.servicepublic.gouv.sn
  - Jurisprudence francophone des cours suprêmes : www.juricaf.org
- Autres :
  - www.tagumjoel.com
  - www.onfp.sn

INDEX

(*Les chiffres dans l'index renvoient aux numéros de pages*)

TABLE DES MATIÈRES

Le Sénégal
aux éditions L'Harmattan

Dernières parutions

L'ESTHÉTIQUE SOCIALE DES PULAAR
Socioanalyse d'un groupe ethnolinguistique
Sy Harouna
L'esthétique sociale pulaar est une mise en ordre éthique de la vie sociale. Elle est l'inventaire systématique de ce qu'il y a de beau et de laid dans le social relativement à ses valeurs, à ses normes, à ses règles et à ses codes qui commandent des postures, des relations, des rapports et des qualités appropriés. L'analyse des contradictions de la société pulaar du Fuuta Tooro a révélé des logiques et des stratégies fondées sur des rapports de castes et sur les représentations sociales que ces rapports produisent.
(31.00 euros, 304 p.)
ISBN : 978-2-343-11189-6, ISBN EBOOK : 978-2-14-002810-6

LE BAYNUNK GUNAAMOLO, UNE LANGUE DU SUD DU SÉNÉGAL
Analyse phonologique, morphologique et syntaxique
Diop Sokhna Bao - Préface de Denis Creissels
Le Sénégal est un pays multilingue avec des langues majoritaires et des langues minoritaires, de par le nombre de leurs locuteurs, mais également de par la quantité de travaux dont chacune dispose. Les langues majoritaires ont fait l'objet de nombreuses recherches, à la différences des langues minoritaires. Ce constat est à l'origine du choix porté sur la description de la variante gunaamolo du baynunk (parlé au sud du Sénégal, plus précisément à Niamone, dans la région de Ziguinchor) qui est une langue en danger très peu décrite. L'utilité et l'intérêt de ce travail résident dans la sauvegarde et la connaissance de cette langue et sa communauté. Elle peut servir aussi de référence à des recherches futures.
(Coll. Études africaines, 38.50 euros, 392 p.)
ISBN : 978-2-343-09614-8, ISBN EBOOK : 978-2-14-002913-4

DE L'HÉRITAGE ARABO-ISLAMIQUE SAINT-LOUISIEN
Une illustration par les œuvres d'Abbas Sall et d'Abdoulaye Fall Magatte
Fall Cheikh Tidiane - Préface de Samba Dieng et Postface de Mouhamed Habib Kébé
Cet ouvrage porte sur la réhabilitation du legs culturel arabo-islamique ouest-africain en général et saint-louisien en particulier. Revaloriser un pan du patrimoine culturel par l'entremise de l'imagination poétique locale de deux intellectuels demeure l'objectif principal de cette étude. Une partie descriptive constituée de la traduction d'une cinquantaine de poèmes suivie d'un volet analytique constitue la méthodologie de ce travail de recherche. La moisson tirée de ce travail préliminaire apporte quelques éclairages sur l'intérêt de la traduction de manuscrits arabes, notamment ceux produits par d'éminents ulémas du Sénégal, tels les deux poètes faisant l'objet de cette étude.
(Harmattan Sénégal, 35.00 euros, 340 p.)
ISBN : 978-2-343-11306-7, ISBN EBOOK : 978-2-14-003014-7

L'AGRICULTURE DU SÉNÉGAL SOUS LA COLONISATION
Diop Ismaïla
L'introduction de l'arachide au Sénégal au début du XXe siècle révolutionne le paysage agricole. La France décide alors de faire du Sénégal une colonie arachidière. Le Sénégal devient la troisième puissance arachidière du monde après les États-Unis et l'Inde. Cette monoculture extensive aboutit à un déficit vivrier chronique, une dégradation des sols, une dépendance vis-à-vis des importations de riz en provenance d'Asie. Pour y remédier, le rapport de la mission Roland Portères de 1952 recommande des mesures d'aménagement du territoire, de restauration des sols, de promotion de l'agriculture intégrée sérère.
(Harmattan Sénégal, 23.50 euros, 218 p.)
ISBN : 978-2-343-11129-2, ISBN EBOOK : 978-978-2-14-002836-6

CASAMANCE
À quand la paix ?
Bassène René Capain - Préface du père Nazaire Diatta
Malgré leur volonté et leur engagement affichés d'aller vers la fin du conflit armé en Casamance, la position des parties en guerre n'a jamais réellement évolué. L'État du Sénégal se dit prêt à négocier sur tous les points, sauf sur ceux relatifs à l'intégrité territoriale et l'unité nationale, alors que, de son côté, le MFDC soutient une position contraire en déclarant être disposé à ne négocier que sur la question se rapportant à l'indépendance totale de la Casamance. Cette situation montre que le conflit armé est encore loin de finir en Casamance.
(28.50 euros, 276 p.)
ISBN : 978-2-343-10426-3, ISBN EBOOK : 978-2-14-002593-8

PARCOURS D'UN JOURNALISTE AUTODIDACTE
Ndiaye Pape Ngagne - Préface de Mamoudou Ibra Kane
Pape Ngagne Ndiaye, par son style, est devenu un rendez-vous incontournable de l'espace audiovisuel sénégalais. L'émission « Faram Faccce » qu'il anime présentement sur TFM est très courue des hommes et femmes politiques pressés de se soumettre au feu roulant et nourri des questions du redoutable interviewer, unique dans son genre. Ce livre n'est pas seulement une autobiographie, mais aussi une réflexion thématique et une sélection rigoureuse de certains numéros de la célèbre émission qui se veut « un décryptage des questions majeures de l'actualité nationale ».
(37.00 euros, 360 p.) *ISBN : 978-2-343-09916-3, ISBN EBOOK : 978-978-2-14-002822-9*

DES FRANCENABE AUX MODOU-MODOU
L'émigration sénégalaise contemporaine
Fall Papa Demba - Préface du Professeur Abdoulaye Bara Diop
Principalement centré sur la France et ses anciennes colonies d'Afrique, le champ migratoire sénégalais s'est, de manière originale, progressivement étendu à des destinations naguère méconnues ou peu fréquentées (comme les États-Unis, l'Italie, l'Espagne, l'Afrique du Sud ou le Brésil). Peu à peu, les migrants sont devenus des acteurs incontournables du développement. La prise en compte de ces populations, et de leurs mouvements, devient donc nécessaire aux programmes et politiques de développement durable.
(Harmattan Sénégal, 40.00 euros, 559 p., Illustré en noir et blanc)
ISBN : 978-2-343-10796-7, ISBN EBOOK : 978-2-14-002539-6

« DOYEN » AMADY ALY DIENG, LE TRANSMETTEUR INTÉGRAL (1932-2015)
Économie biographique ou sémio-Histoire
Ngaïdé Abdarahmane
Amady Ali Dieng nous a quittés il y a un an. Pour lui rendre hommage et s'en rappeler les enseignements, l'auteur de cet ouvrage a décidé de compiler ses nombreux écrits ou interventions. Les quatorze textes qui composent cette anthologie sont représentatifs et significatifs de la personnalité, du style et des préoccupations d'Amady Ali Dieng. On y retrouve son style, son humour et son esprit critique.
(Harmattan Sénégal, 23.50 euros, 228 p., Illustré en noir et blanc)
ISBN : 978-2-343-10855-1, ISBN EBOOK : 978-2-14-002561-7

41 RULES TO BE HAPPY
Kane Babaly
Seeing that happiness is the goal towards which all men strive for, the author wrote this book to help the reader in treasuring the joyous of life and realizing his desires in entirety, to be fulfilled, to claw his way to the top and to assure him it will turn out well in the end. Moreover, this book intends to give the keys us to get the secret for reaching we want in this life. 41 rules to be happy is a little self help book which has 41 rules that are meant to allow every reader to live life in full potential.
(Harmattan Sénégal, 14.50 euros, 138 p.)
ISBN : 978-2-343-10904-6, ISBN EBOOK : 978-2-14-002583-9

SÉNÉGAL
Les limites du Plan Sénégal Émergent
Samb El Hadji Mansour
Cet ouvrage présente une analyse profonde des politiques publiques en décortiquant le Plan Sénégal Émergent (PSE) qui jusque-là n'a fait l'objet d'aucune analyse critique sérieuse. Le Sénégal est face à un défi, le défi de son émergence, un défi qu'il compte relever avec tous ses fils. Ce défi qui mobilise aujourd'hui tout le monde doit nous pousser à proposer de nouveaux chemins et à animer un débat nécessaire et incontournable dans tout processus d'émergence.
(Harmattan Sénégal, 27.00 euros, 276 p.)
ISBN : 978-2-343-09721-3, ISBN EBOOK : 978-2-14-002372-9

SÉNÉGAL
Dynamiques paysannes et souveraineté alimentaire
Le procès de production, la tenue foncère et la naissance d'un mouvement paysan
Diop Amadou Makhouredia - Préface d'Yves Guillermou ; Postface de Fodé Niang
Le présent ouvrage contribue à la compréhension des stratégies développées par la petite paysannerie et les dynamiques qui animent les exploitations agricoles familiales permettant la production de biens nécessaires à l'alimentation et l'entretien des familles. La capacité des paysans à prendre en main leurs propres préoccupations a été mise en évidence par l'émergence d'organisations, de groupements, d'associations et d'unions dans tout l'espace rural sénégalais.
(Harmattan Sénégal, 26.00 euros, 256 p.)
ISBN : 978-2-343-10852-0, ISBN EBOOK : 978-2-14-002457-3

HISTOIRE ET SOCIOLOGIE DES RELIGIONS AU SÉNÉGAL
Tamba Moustapha
Le Sénégal reste une exception dans le domaine religieux : 90 % de musulmans, 5 % de chrétiens et 5 % d'adeptes de l'animisme. C'est aussi le pays où les musulmans et les catholiques partagent le même cimetière, où les conjoints partagent des religions différentes, où les écoles privées catholiques comptent 60 à 70 % d'élèves de confession musulmane, etc. Ce phénomène n'est pas dû au hasard. L'histoire et la sociologie des religions permettent de l'expliquer amplement. Cet ouvrage souligne cette exception sénégalaise pour montrer qu'au moment où notre monde est en proie au fanatisme, à l'intolérance et au terrorisme religieux, le Sénégal propose un autre « modèle ».
(Coll. Études africaines, série Economie, 41.00 euros, 426 p.)
ISBN : 978-2-343-10424-9, ISBN EBOOK : 978-2-14-002506-8

FIGURES DU POLITIQUE ET DE L'INTELLECTUEL AU SÉNÉGAL
L.S. Senghor - M. Dia - A. Ly - CH. A. Diop A. Diouf & F. Mitterrand - J.R. De Benoist - A. Seck - TH. Fall - A. M. Samb - A.M. Samb JR - TH. Monod - H. Bocoum - G. R. Thilmans
Samb Djibril
Cet ouvrage réunit des personnalités politiques et/ou intellectuelles très diverses : Léopold Sédar Senghor, l'Immortel Noir ; Mamadou Dia, le brillant économiste ; François Mitterrand et Abdou Diouf, deux experts politiques, ou encore Théodore Monod, le savant probe. Ces figures sont autant de coryphées auxquels l'auteur a voulu rendre hommage, afin de rappeler que la terre africaine du Sénégal ne manque pas de princes de l'esprit ni de nourriture intellectuelle.
(26.00 euros, 266 p.)
ISBN : 978-2-343-10731-8, ISBN EBOOK : 978-2-14-002513-6

TÉLÉVISIONS AU SÉNÉGAL
Entre désert de contenu et sécheresse intellectuelle
Djimbira Cheikh Mouhamadou
« Il faut lire ce livre en considérant qu'il a été sciemment écrit dans l'intention de nuire à la société spectaculaire. Il n'a jamais rien d'outrancier. » Cette pensée de Guy Debord nous permet de comprendre à bien des égards, l'ouvrage de Cheikh Mouhamadou Djimbira qui est un plaidoyer pour la création de programmes audiovisuels de qualité.
(11.50 euros, 80 p.)
ISBN : 978-978-2-343-10790-5, ISBN EBOOK : 978-978-2-14-002528-0

UN SCOUT SÉNÉGALAIS
L'aventure citoyenne (deuxième édition)
Ndene Pascal - Préface de Jacques Moreillon
Lorsque nous parlons de l'adolescence, nous évoquons l'autonomie, la responsabilisation, la citoyenneté, le jeu, les relations avec les parents et avec les pairs. Toutes ces questions sont abordées dans ce livre qui montre avec humour le parcours éducatif d'un adolescent dans le scoutisme. Ce livre s'adresse à tous les jeunes, garçons et filles, aux parents et éducateurs de tout milieu social et culturel, ainsi qu'à tous les scouts et guides du monde.
(14.00 euros, 124 p.)
ISBN : 978-2-343-10965-7, ISBN EBOOK : 978-2-14-002526-6

LA PENSÉE DE CHEIKH AHMADOU BAMBA FACE AUX DÉFIS AFRICAINS
Sow Cheikh Mar
Cheikh Ahmadou Bamba Mbacké a su déterminer une nouvelle vision aux yeux de ses contemporains en formulant d'une façon très claire des idées novatrices capables de faire bouger le peuple. Cette conception de la société dans sa globalité a permis «à chaque individu de devenir un centre d'initiative, de création et de responsabilité à tous les niveaux : celui de l'économie, de la politique, de la culture ; une conception qui ne soit ni individualiste, ni totalitaire mais fondée sur les communautés de base».
(Harmattan Sénégal, 24.00 euros, 238 p.)
ISBN : 978-2-343-10021-0, ISBN EBOOK : 978-2-14-002284-5

LE MODERNISME EN ISLAM
Introduction à la pensée de Sayyid Amir Ali
Diagne Mbengue Ramatoulaye
« Les thèmes abordés par le Professeur Ramatoulaye Diagne dans sa lecture de la pensée d'Amir Ali ont tous un lien indéfectible avec le pluralisme et la paix. (...) Dans la lecture de son ouvrage, on arrive à comprendre que le modernisme d'Amir Ali est une sorte de renouveau dans la pensée islamique. C'est un mouvement d'intellection qui intègre, dans une cohérence architecturale, l'usage de la raison, l'esprit du soufisme pratique ghazalien et la finalité de la prière qui concilie l'ascèse de l'âme à la transformation positive des sociétés. » Abdoul Aziz Kebe, Ancien Chef du Département d'Arabe UCAD-DAKAR.
(Harmattan Sénégal, 15.00 euros, 144 p.)
ISBN : 978-2-343-09977-4, ISBN EBOOK : 978-2-14-002211-1

MA RENCONTRE AVEC ALLAH
De l'obscurité à la lumière
Mbengue Adama Ousmane
Cet ouvrage traite surtout de la question essentielle du Mahdi qui vient pour apporter les solutions idoines en s'appuyant sur la Sharia mouhammadiya et la Tariqah ahmadiya afin d'offrir à tout individu le meilleur profil dans la société idéale qu'il compte établir.
(Harmattan Sénégal, 14.50 euros, 134 p.)
ISBN : 978-2-343-10299-3, ISBN EBOOK : 978-2-14-002277-7

Structures éditoriales du groupe L'Harmattan

L'Harmattan Italie
Via degli Artisti, 15
10124 Torino
harmattan.italia@gmail.com

L'Harmattan Hongrie
Kossuth l. u. 14-16.
1053 Budapest
harmattan@harmattan.hu

L'Harmattan Sénégal
10 VDN en face Mermoz
BP 45034 Dakar-Fann
senharmattan@gmail.com

L'Harmattan Cameroun
TSINGA/FECAFOOT
BP 11486 Yaoundé
inkoukam@gmail.com

L'Harmattan Burkina Faso
Achille Somé – tengnule@hotmail.fr

L'Harmattan Guinée
Almamya, rue KA 028 OKB Agency
BP 3470 Conakry
harmattanguinee@yahoo.fr

L'Harmattan RDC
185, avenue Nyangwe
Commune de Lingwala – Kinshasa
matangilamusadila@yahoo.fr

L'Harmattan Congo
67, boulevard Denis-Sassou-N'Guesso
BP 2874 Brazzaville
harmattan.congo@yahoo.fr

L'Harmattan Mali
Sirakoro-Meguetana V31
Bamako
syllaka@yahoo.fr

L'Harmattan Togo
Djidjole – Lomé
Maison Amela
face EPP BATOME
ddamela@aol.com

L'Harmattan Côte d'Ivoire
Résidence Karl – Cité des Arts
Abidjan-Cocody
03 BP 1588 Abidjan
espace_harmattan.ci@hotmail.fr

L'Harmattan Algérie
22, rue Moulay-Mohamed
31000 Oran
info2@harmattan-algerie.com

L'Harmattan Maroc
5, rue Ferrane-Kouicha, Talaâ-Elkbira
Chrableyine, Fès-Médine
30000 Fès
harmattan.maroc@gmail.com

Nos librairies en France

Librairie internationale
16, rue des Écoles – 75005 Paris
librairie.internationale@harmattan.fr
01 40 46 79 11
www.librairieharmattan.com

Librairie l'Espace Harmattan
21 bis, rue des Écoles – 75005 paris
librairie.espace@harmattan.fr
01 43 29 49 42

Lib. sciences humaines & histoire
21, rue des Écoles – 75005 paris
librairie.sh@harmattan.fr
01 46 34 13 71
www.librairieharmattansh.com

Lib. Méditerranée & Moyen-Orient
7, rue des Carmes – 75005 Paris
librairie.mediterranee@harmattan.fr
01 43 29 71 15

Librairie Le Lucernaire
53, rue Notre-Dame-des-Champs – 75006 Paris
librairie@lucernaire.fr
01 42 22 67 13

www.ingramcontent.com/pod-product-compliance
Lightning Source LLC
LaVergne TN
LVHW050430061026
849532LV00013B/183

* 9 7 8 2 3 4 3 1 9 6 9 6 1 *